中华典藏

全注全译本

国际儒学联合会教育系列丛书

龙文鞭影

〔明〕萧良有 / 撰　〔清〕杨臣诤 / 增订

单承彬 / 译注

丛书指导委员会主任

——滕文生　牟钟鉴　董金裕

总主编

——钱　逊　郭齐家

汉唐书局专家委员会审定

济南出版社

汉唐书局

图书在版编目（CIP）数据

龙文鞭影/（明）萧良有撰；（清）杨臣净增订；单承彬译注. — 济南：济南出版社，2023.4
（中华典藏）
ISBN 978-7-5488-5574-3

Ⅰ.①龙…　Ⅱ.①萧…　②杨…　③单…　Ⅲ.①古汉语—启蒙读物　Ⅳ.①H194.1

中国国家版本馆CIP数据核字（2023）第052255号

出 版 人　田俊林
丛书策划　付晓丽　冀春雨
责任编辑　李家成
专家审读　张圣洁　杜　勇
装帧设计　王铭基　谭　正

出版发行　济南出版社
地　　址　济南市二环南路1号
编辑热线　0531-86131747（编辑室）
发行热线　82709072　86131701　86131729　82924885（发行部）
印　　刷　山东彩峰印刷股份有限公司
版　　次　2023 年 8 月第 1 版
印　　次　2023 年 8 月第 1 次印刷
开　　本　170 mm × 240 mm　16开
印　　张　20.25
字　　数　280千
印　　数　1—4000册
定　　价　78.00元

总　序

中国共产党的二十大报告指出：我们必须坚定历史自信、文化自信，坚持古为今用、推陈出新，把马克思主义思想精髓同中华优秀传统文化精华贯通起来。2023年2月7日，习近平总书记在学习贯彻党的二十大精神研讨班开班式上发表重要讲话，指出：中国式现代化，深深植根于中华优秀传统文化。

中华优秀传统文化的显著特点是启发人的内心自觉，追求的是人的身与心、人与人、人与社会、人与宇宙自然的统一与和谐，表现出人的崇高的精神境界，其思想背后是中国人对天道、天命和道德人格典范的敬畏。中华经典记录了中华优秀传统文化的本和源、根和魂，是构成我们民族文化、民族智慧、民族心灵的庞大载体，是支撑我们民族生存、发展、创新的活水源头，是几千年来维护我中华民族屡经重大灾难而始终不解体的坚强纽带。中华经典是人生教育学典籍，或者说是人生的课本、教材，靠一代代中国人的诵读、解释，并在传承中发展、创造，在极深刻意义上参与塑成了中华民族的历史和生活世界。其中蕴含的天下为公、民为邦本、为政以德、革故鼎新、任人唯贤、天人合一、自强不息、厚德载物、讲信修睦、亲仁善邻等精神，是中国人民在长期生产生活中积累的宇宙观、天下观、社会观、道德观的重要体现，是地地道道的“中国式”。

济南出版社·汉唐书局以习近平新时代中国特色社会主义思想为指导，高度落实习近平总书记关于中华优秀传统文化的一系列重要论述，深度理解中华经典的根源与发展，联合国际儒学联合会组织全国中华优秀传统文化相关领域的专家学者，通过深耕细作，潜心编写，精心注译，严谨校对，专业编排，集结成册，向广大读者隆重推出“中华典藏”系列丛书。本丛书包括20种典籍，即《论语》《孟子》《大学》《中庸》《近思录》《周易》《道德经》《诗经》《史记》《孙子兵法》《孔子家语》《三字经》《百家姓》《千字文》《千家诗》《弟子规》《龙文鞭影》《声律启蒙》《笠翁对韵》《蒙求》，除经典原文、注释、大意（译文）外，还根据每部典籍的特点，设置了知识拓展、释疑解惑等。

终身学习、终身教育已经成了这个时代的常态。中华经典是“母乳”，是最具纯正、最富营养、最有价值的终身学习资源。中华经典是整体之学，是身心之学，是素养之学，是每一个中国人在这个动荡变革时代中培养定力、安身立命的大宝典。因此，中华经典的受益者不仅仅是在校的老师和学生，还包括各级各类领导干部、工农兵学商等各行各业人员（如企业家、工厂工人、手工业者、新农村建设者、解放军官兵、科研工作者、医务工作者等），以及海外侨胞、留学生。

中华民族的祖先曾追求这样一种境界：为天地立心，为生民立命，为往圣继绝学，为万世开太平。我郑重将“中华典藏”这套普及性丛书推荐给读者，希望我们这个团队经过近十年共同奋斗所凝结的智慧，走向大众，让诵读中华经典的琅琅之声传遍祖国的大江南北，让我们每个人心中有山河，心中有宇宙，心中有父母，心中有圣贤，心中有家国天下，心中有我们中华民族的精神，心中有我们中国人的本心、本性。让我们全民为实现中华民族的伟大复兴与构建人类命运共同体凝聚智慧、贡献力量。

是为序！

郭齐家

2023年2月于北京回龙观寓所

目录

篇章体例

◎原文

◎解读

导 读

《龙文鞭影》初名《蒙养故事》，明代萧良有撰，清初杨臣诤增订，是中国古代一部极富特色、能够充分反映传统基础教育理念的十分重要的蒙学教育读物。

此书未成之前，以四字韵文形式介绍古代人物及有关典故的童蒙读物，主要有唐代李翰的《蒙求》。《蒙求》凡598句，四字一句，每句著一人，每人著一事，内容限于唐代以前。萧良有在《蒙求》的基础上，写成了《蒙养故事》，仍用四字韵文的形式，使用的是平水韵的平声韵，将大量唐宋人物的事迹编了进去。此书问世后，曾有夏广文为之作注。清朝初年，安徽私塾先生杨臣诤认为《蒙养故事》仍然不够完备，又嫌夏广文的注多有疏漏，因而增订为一千多句，使用平水韵中三十个平声韵部，内容主要是宋代以前的人物典故，元明两代略有涉及，并改名为《龙文鞭影》。龙文，原是汉代西域骏马名，此马见鞭则疾驰，取此名的意思是童蒙学习此书，学识会增长得更快。

《龙文鞭影》问世后，影响甚大，成为有清一代深受欢迎的童蒙读物之一。清末，广东李晖吉、徐兰畦合撰《龙文鞭影二集》，其取材、体例与杨臣诤增订者咸同，篇幅也大体上相等。有了“二集”，杨臣诤增订者自然被称为“初集”。清末民国时期刊印的《龙文鞭影》，一般都将初集、二集合在一起。现在通行的《龙文鞭影》初集凡4 248字，二集凡4 024字，每四字为一句，两句为一节，节内八字对偶骈行。全书分别按照平水韵上平声从“东”至“删”十五个韵部、下平声从“先”至“咸”十五个韵部排列。就内容而言，每句四字浓缩一个典故，共有2 056个传统故事，体现出非凡的编撰技巧。

作为童蒙读物，《龙文鞭影》最突出的价值在于能够结合当时科举考试的要求，把应试教育和素质教育很好地统一在一部教材里面。其特色主要体现在以下几个方面：第一，它仅仅用了不足万言的篇幅，就涵盖了2 056个故事，其信息量之大令人叹为观止。这对于拓展初学者知识面有很好的效果。第二，全书使用四字韵文的形式，音律严整，读来朗朗上口，极便诵记，也适合儿童长于背诵的年龄特点。第三，全书按照平水韵平声部排列，便于学生掌握特别难以记诵的平水韵部，而平水韵部又是过去作诗填词属对的基础，不通平水韵就根本无法写出符合声律要求的诗歌。第四，全书通用四字句两两对仗的方式，让初学者在反复诵读的过程中体会对偶的韵味，对他们练习属对作文很有帮助。当时，科举考试要求撰写的八股文，其中的“股”就是要求考生结撰对仗的文句。第五，全书选材绝大部分来自子部、史部，而不是出自经部、集部，也是经过慎重考虑的。经部典籍尤其是《论语》《孟子》，为科举考试的必考内容，需要考生专门学习，如此也就容易忽略史部、子部，而史部、子部对于学生知识结构的完善和人文素养的提升又至关重要，《龙文鞭影》正好弥补了这一薄弱环节。集部由于内容芜杂散乱，不成体系，不便初学，可以在早期教育过程中忽略不计。第六，全书所选故事，集中体现了当时忠、孝、节、义、信等伦理观念，可以让学生在掌握知识、练习作文、应付科考的同时，潜移默化地接受思想教育。凡此种种，足以说明《龙文鞭影》以小书涵盖大理念，比较充分地体现了明清时期的基础教育思想，是一部切合当时教学实际的高质量的优秀教材。

该书自民国以来长期被湮没，不为世人所知。2010年秋，笔者前往潍坊学院图书馆探访王筠藏书，发现其中有《龙文鞭影》一部，当时未能详览。后承潍坊学院文学院吴有祥老师函告，“该书一函四册，包括《龙文鞭影》和《龙文鞭影二集》两部书，每书又分上、下卷（每一册一卷）。第一册扉页上著有‘光绪乙酉年新镌《新增龙文鞭影》’‘成文堂藏板’‘萧汉冲先生养蒙故事，龙眠杨古度先生增定’‘训蒙四字经’这四项，书前无序跋，也无藏书印章。卷首先以大字列出正文（约五六页），然后分上、下两栏，分列正文和注文。注文每半叶16行，行25字，上栏正文间有直音注音，如‘田乐烟霞’，‘乐’字右旁注‘音洛’。第一册卷首署名为‘明中楚萧良有汉冲著，龙眠后学杨臣诤古度增订，婿陈士龙荀一编次，平陵王廷伯体仁分校’。查光绪乙酉为1885年，王筠卒于咸丰四年（1854年）十一月，则此书显然不是其藏书；龙眠似是安徽舒城的古称（北宋画家李公麟号龙眠居士），但这几人在《清史稿纪传人名索引》中均查不到；成文堂似是清末潍坊附近的刻书坊，我在旧书市场买的几本书如《千家诗》《诗集传》等均是成文堂藏板，刊刻质量很一般，纸质也较差。第二册卷首署名为‘《龙文鞭影》下卷，龙眠后学杨臣诤古度增订，侄杨绵昌裕宜编次，平原陆泽霖苍分校’，格式完全与上卷一样。第三册卷首署‘龙文鞭影二集上卷，番禺李晖吉子良、徐潜兰畦辑’，亦是光绪乙酉年成文堂刻板，编者为广东人，其事迹未遑详查。书首正文之后有一段例言，略述编纂缘由，格式全同前书。第四册为二集下卷”。越明年，笔者又委托两位家在潍坊的学友陈冬梅博士和李学玲博士，数次往潍坊学院图书馆，影写该书。本次笺注即参校了光绪乙酉成文堂刻版《龙文鞭影》初集部分，解读部分则是在充分吸收《龙》书原注的基础上，对各典故出处一一查证，对不同说法一一辨析，对原文、笺疏中较难理解的地方略作注释，必要时也征引相关资料以作对比参证。至于《龙文鞭影二集》，俟今后更有余暇，再做校理。

有一些情况，尚须向读者说明。第一，本书正文部分均加注了汉语拼音，主要是考虑到有些汉字的古今读音有差异，也有多音歧读的现象。第二，解读部分使用了浅近的文言文。这方面考虑的是如果将《龙文鞭影》每句四字所浓缩的典故用白话文讲述出来，就失去了通过反复诵读以培育文言文语感的良机。如果直接提供古籍中的原文让大家阅读，不仅难度很大，还会影响读者诵读《龙文鞭影》的兴致。因此，我们从每个故事的几个出处中，选择了最浅易最晓畅的一种。遇到较难理解的地方，则一般采用（一）夹注、（二）脚注、（三）更换原文某些词语、（四）删减节略原文等方式，尽量降低难度。且本书上编的解读相对浅易，下编则偏深偏难一些，也是考虑到循序渐进的问题。总之，我们的想法就是希望读者能够稍微努力一下，即可自行克服阅读困难，以求最佳学习效果。第三，本书解读中无论夹注还是脚注，遇有冷僻字、多音字，一律采用直音的方式，而不再加注汉语拼音。采用汉语拼音辅助汉字学习，是最近一百年的事情，此前古人还有其他一些方法，这既是古代文化的一部分，也是我们体会、学习古人汉字教育理念的重要途径。因此，本书选取了直音注音，以便读者领会前人举一反三、连锁学习的教育思想。第四，本书中出现的人名、地名等词汇往往并不统一。这不是编者粗疏，更非懒惰。我们认为，多样性是古代文化的一个重要特征，伏羲另作宓戏，琅琊另作琅邪，这些都是古籍的本来面目。保留、尊重这种多样性，似亦不失为当今面向读者传承中华传统文化的应有态度。

尽管笔者研读《龙文鞭影》有年，但毕竟该书涉及内容过于庞杂，典籍众多，而笔者学力、精力均十分有限，疏漏错讹之处，在所难免，恳请各位读者不吝赐正。同时，也对本书编撰出版付出过心血的各位同仁表示感谢。

单承彬

2023 年 3 月于曲阜

上编

一东

cū chéng sì zì huì ěr tóng méng
粗成四字，诲尔童蒙。（一东·1）

◎**解读** 粗成四字，作者自谦之词。本书每句由四字组成。○诲，教诲。童蒙，正在发蒙之儿童。物生之初，蒙昧未明，《易·序卦》：“蒙者，蒙也，物之稚也。”

jīng shū xiá rì zǐ shǐ xū tōng
经书暇日，子史须通。（一东·2）

◎**解读** 经，指儒家经典。或称“五经”，指《诗》《书》《易》《礼》《春秋》；或称“六经”，“五经”之外，尚有《乐》；或称“九经”，指《诗》《书》《易》《周礼》《仪礼》《礼记》《左氏传》《公羊传》《穀梁传》；或称“十三经”，上述“九经”之外，再加《论语》《孟子》《孝经》《尔雅》。书，盖指“四书”，即《大学》《中庸》《论语》《孟子》。○子史，指子部（诸子百家及释道宗教等著作）和史部（各种历史著作）诸书。古人将天下群籍分为经、史、子、集四类，此处不言“集”，因为“集”知识疏散，对少年并非必需，这说明古人十分重视学习顺序。

chóng huá dà xiào wǔ mù jīng zhōng
重华大孝，武穆精忠。（一东·3）

◎**解读** 重华，即虞舜。《太平御览》卷八十一引《帝王世纪》：舜，姚姓也，其先出自颛顼，其父为瞽瞍。瞽瞍妻曰握登，见大虹，意感而生舜于姚墟，故姓姚氏，字都君。家本冀州，其母早死。瞽瞍更娶妻而生象，象傲，而瞽瞍爱之，常欲杀舜。舜能和谐，大杖则避，小杖则受，年二十以孝闻，后受尧禅为天子。○武穆是南宋爱国名将岳飞的谥号。《宋史·岳飞传》：飞，字鹏举，相州汤阴人。少负气节，沉厚寡言，家贫力学，尤好《左氏春秋》、孙吴兵法。生有神力，未冠挽弓三百斤，弩八石。学射于周同，尽其术，能左右射。绍兴三年秋，“帝手书‘精忠岳飞’字，制旗以赐之”。

yáo méi bā cǎi　shùn mù chóng tóng
尧眉八彩，舜目重瞳。（一东·4）

◎**解读**　尧、舜，皆上古帝王。古人认为杰出不凡的人都生有异相，尧的眉毛有八种颜色，舜目有双瞳孔。汉·王充《论衡·骨相篇》：“传言黄帝龙颜，颛顼戴午①，帝喾骈齿，尧眉八采②，舜目重瞳，禹耳三漏，汤臂再肘，文王四乳，武王望阳③，周公背偻，皋陶马口，孔子反羽④。斯十二圣者，皆在帝王之位。”

shāng wáng dǎo yǔ　hàn zǔ gē fēng
商王祷雨，汉祖歌风。（一东·5）

◎**解读**　商王，即商汤。《吕氏春秋》卷九：昔者汤克夏而正天下，天大旱，五年不收。汤乃以身祷于桑林，曰：“余一人有罪，无及万夫。万夫有罪，在余一人。无以一人之不敏（勤勉），使上帝鬼神伤民之命。”于是剪其发，割其爪（指甲），以身为牺牲，祈福于上帝，民乃甚悦，雨乃大至。○汉祖，即汉高祖刘邦，字季。《史记·高祖本纪》：十二年十月，高祖还归过沛，留，置酒沛宫，悉召故人父老子弟，纵酒，发沛中儿得百二十人，教之歌，酒酣，高祖击筑⑤，自为歌诗曰：“大风起兮

---

① 今按：午，恐为“干”字之误。干，盾牌。

② 今按：晋代葛洪《抱朴子内篇·祛惑》：世云“尧眉八采”，不然也，直两眉头甚竖，似八字耳。

③ 望阳，或作“望羊”，远视也。

④ 反羽，指嘴唇外翻。

⑤ 筑，乐器名，似筝，头安弦，以竹击之。

云飞扬，威加海内兮归故乡，安得猛士兮守四方！”令儿皆和习之。高祖乃起舞，慷慨伤怀，泣数行下。

xiù xún hé běi cè jù jiāng dōng
秀巡河北，策据江东。（一东·6）

◎解读 秀，即刘秀。西汉末年，天下大乱。刘秀于公元22年起兵，次年皇族刘玄称帝，号更始，派刘秀以大司马身份巡行河北，安集百姓。公元25年，刘秀建立东汉，是为光武帝。事迹见《后汉书·光武帝纪》。○策，即孙策，字伯符，东汉末年吴郡人，孙坚之长子，据有江东。及死，托政权于弟孙权。孙权后收复荆州，即帝位，国号吴。事具《三国志·吴志·孙策传》。

tài zōng huái yào huán diǎn chéng cōng
太宗怀鹞，桓典乘骢。（一东·7）

◎解读 太宗，即唐太宗李世民。《太平御览》卷九百二十六：太宗得鹞，绝俊异，私自臂之，望见郑公魏征，乃藏于怀。公知之，遂前白事，因语帝王逸豫，微以讽谏。语久，帝惜鹞且死，而素严敬征，欲尽其言。征语不时尽，鹞死怀中。○《后汉书·桓荣丁鸿列传》：桓典，字公雅，东汉沛郡龙亢人，以《尚书》教授颍川，门徒数百人，举孝廉为郎，灵帝朝拜侍御史。时宦官秉权，典执正无所回避，常乘骢①马，京师畏惮，为之语曰：“行行且止，避骢马御史。”

jiā bīn fù xuě shèng zǔ yín hóng
嘉宾赋雪，圣祖吟虹。（一东·8）

◎解读 南朝梁萧统《文选》卷十三有南朝宋谢惠连《雪赋》，云：岁将暮，时既昏；寒风积，愁云繁。梁王不悦，游于兔园②，乃置旨酒，命宾友，召邹生，延枚

---

① 骢，青白杂毛马。

② 梁孝王，汉文帝子也。汉刘歆撰、晋葛洪辑《西京杂记》：梁孝王好营宫室苑囿之乐，作曜华之宫，筑兔园园中。

叟。相如末至，居客之右。俄而微霰零，密雪下，王乃歌《北风》于卫诗，咏《南山》于周雅①，授简于司马大夫，曰："抽子秘思，骋子妍辞，侔色揣称，为寡人赋之。"相如于是避席而起，逡巡而揖，为《雪赋》云云。〇圣祖，即明太祖朱元璋。清·雍正间修《湖广通志》卷五十五：彭友信，攸县人，洪武初贡试至京。太祖微行，遇之。上口占《虹霓诗》云："谁把青红线两条，和云和雨系天腰。"命续之。友信应声曰："玉皇昨夜銮舆出，万里长虹驾彩桥。"上大悦，命翌晨候于竹桥，同入朝。友信如言候伺，上召至殿前，曰："此秀才有学有行，命为北平布政使。"

yè xiān qiū shuǐ　xuān shèng chūn fēng
邺仙秋水，宣圣春风。（一东·9）

◎**解读**　邺仙，即唐朝李泌。泌（音必），字长源，赵郡中山人，曾被封为邺侯。事具两《唐书》本传及《太平广记》卷三十八引唐·李繁《邺侯外传》。泌少聪慧，七岁能诗赋，玄宗殊爱异之，以为国器。贺知章见之曰："此稚子目如秋水，必拜卿相。"〇宣圣，即孔子，名丘，字仲尼，西汉平帝时追尊为"褒成宣尼公"。明·陈禹谟《骈志》卷四引《翰林杂事》：汉武帝谓东方朔曰："孔子、颜渊之道德何胜？"朔曰："颜渊如桂馨一山，孔子如春风，至则万物生。"

kǎi chóng dòu fù　hún jùn zhēng gōng
恺崇斗富，浑濬争功。（一东·10）

◎**解读**　恺、崇，即晋后将军王恺、散骑常侍石崇。南朝宋·刘义庆《世说新语·汰侈》：石崇与王恺争豪，并穷绮丽，以饰舆服。武帝，恺之甥也，每助恺，尝以一珊瑚树高二尺许赐恺，枝柯扶疏，世罕其比。恺以示崇，崇视讫，以铁如意击之，应手而碎。恺既惋惜，又以为疾己之宝，声色甚厉。崇曰："不足恨，今还卿。"乃命左右悉取珊瑚树，有三尺四尺、条干绝世、光彩溢目者六七枚，如恺许比甚众，恺惘然自失。〇浑、濬，即晋代王浑与王濬。浑，字玄冲，晋武帝婿；濬，字士治，小字阿童。王浑与王濬于公元279年一同率军攻吴王孙皓。濬作战英勇果断，自武昌

① 《诗经·卫风》有《北风》篇，《小雅》有《南山》篇。

顺流而下，一举收复吴都建业，吴主孙皓归降。次日，王浑方渡江，反告王濬不受节制，时人讥之。事具《晋书》卷四十二。

wáng lún shǐ lǔ　　wèi jiàng hé róng
王伦使虏，魏绛和戎。（一东·11）

◎**解读**　王伦，字正道，宋大名莘县人。据《宋史·王伦传》，南宋绍兴七年（1137年）二月，伦奉使往金国议和，往来数次，曾议成收回河南、接回二帝之约，但因金国兀朮政变废止。绍兴九年（1139年）王伦赴金被囚，之后殉国。〇魏绛，即春秋时晋国大夫魏庄子。鲁襄公四年（公元前569年），戎狄侵晋，晋侯欲伐之。绛力辩，主张和戎，并提出和戎五利。晋侯许之，并委派绛与戎结盟。事具《左传》。

xún liú hé nèi　　hé shǒu guān zhōng
恂留河内，何守关中。（一东·12）

◎**解读**　恂，即东汉寇恂，字子翼，上谷昌平人。据《后汉书》本传：刘秀欲北上，邓禹荐恂留守，以固后方。秀拜恂为河内太守。于是恂一面筹饷支前，一面御敌来犯，立下大功。〇何，即萧何，西汉沛人，官至丞相。楚汉相争，萧何留镇关中，转给馈饷，军需无乏。天下既定，封何为酂侯。事具《史记·萧相国世家》。关中，今陕西。

zēng chú dīng wèi　　hào zhé jiǎ chōng
曾除丁谓，皓折贾充。（一东·13）

◎**解读**　曾，即北宋仁宗时宰相王曾，字孝先，青州益都人，敢直谏。事具《宋史》本传。丁谓，字谓之，为人奸滑诡诈，排挤贤良，勾结宦官，独揽朝政，驱逐寇准，京师为之语曰："欲得天下宁，拔去眼前丁；欲得天下好，莫如召寇老。"乾兴元年（1022年），丁谓包庇内侍雷允恭擅移皇陵，王曾以计请求单独面圣，直言丁谓包藏祸心。太后大惊，贬谓为崖州司户参军。〇皓，即孙皓，字元宗，三国时吴末代皇帝，为晋所虏。贾充，字公闾，初事魏，后事晋，依附司马氏，谋弑魏帝曹髦。《资治通鉴》卷八十一：孙皓降晋，晋武帝谓皓曰："朕设此座，待卿久矣！"皓曰："臣于南方亦设此座，以待陛下。"贾充谓皓曰："闻君在南方，凿人目，剥人面皮，此何等刑也？"皓曰："人臣有弑其君及奸贰不忠者，则加此刑耳。"充默然甚愧。

tián jiāo pín jiàn　zhào bié cí xióng

田骄贫贱，赵别雌雄。（一东·14）

◎**解读**　田，即春秋战国之际周贤人田子方。《史记·魏世家》：子击逢魏文侯之师田子方于朝歌，引车避，下谒。田子方不为礼。子击因问曰："富贵者骄人乎？且贫贱者骄人乎？"子方曰："亦贫贱者骄人耳。夫诸侯而骄人则失其国；大夫而骄人则失其家；贫贱者，行不合，言不用，则去之楚、越，若脱躧（现用作屣）然，奈何其同之哉！"〇赵，即东汉赵温。《后汉书·赵温传》：温字子柔，初为京兆郡丞，叹曰："大丈夫当雄飞，安能雌伏！"遂弃官去。遭岁大饥，散家粮以赈穷饿，所活万余人。

wáng róng jiǎn yào　péi kǎi qīng tōng

王戎简要，裴楷清通。（一东·15）

◎**解读**　《晋书·王戎传》：王戎，字濬冲，琅琊临沂人，幼而颖悟，神彩秀彻。〇《晋书·裴秀传》：裴楷字叔则，明悟有识量，弱冠知名，尤精《老》《易》，少与王戎齐名。文帝问其人于钟会，会曰："裴楷清通，王戎简要。"

zǐ ní míng shì　shào yì shén tóng

子尼名士，少逸神童。（一东·16）

◎**解读**　子尼，即蔡克，晋陈留考城人，蔡谟之父也。《晋书·蔡谟传》附《蔡克传》：克少好学，博涉书记，为邦族所敬，行不合己，虽富贵不交也。陈留时为大郡，号称多士。琅邪王澄行经其界，太守吕豫遣吏迎之。澄入境，问吏曰："此郡人士为谁？"吏曰："有蔡子尼、江应元。"是时，郡人多居大位者，澄以其姓名问曰："甲乙等，非君郡人邪？"吏曰："是也。"曰："然则何以但称此二人？"吏曰："向谓君侯问人，不谓问位。”澄笑而止。〇刘少逸，北宋人。宋·阮阅《诗话总龟》卷二引《续归田录》：苏州童子刘少逸，年十一，文辞精敏，有老成体。其师潘阆携以见长洲宰王元之、吴县宰罗思纯，以所作贽①二公。二公名重当时，疑所贽假手，未之信，因试之，与之联句。思纯曰：“无风烟焰直。”少逸曰：“有月竹阴寒。”又曰：“日移竹影侵棋局。”少逸曰：“风递花香入酒尊。”元之曰：“风雨江城暮。”少逸曰：“波涛海寺秋。”元之曰：“一回酒渴思吞海。”少逸曰：“几度诗狂欲上天。”二公惊异，至闻于朝，赐进士及第，官至尚书员外郎。

巨伯高谊，许叔阴功。（一东·17）

jù bó gāo yì　xǔ shū yīn gōng

◎解读　巨伯，即东汉桓帝时荀巨伯。《世说新语·德行》：荀巨伯远视友人疾，值胡贼攻郡，友人语巨伯曰：“吾今死矣，子可去。”巨伯曰：“远来相视，子令吾去，败义以求生，岂荀巨伯所行耶！”贼既至，谓巨伯曰：“大军至，一郡尽空，汝何男子，而敢独止？”巨伯曰：“友人有疾，不忍委之，宁以我身代友人命。”贼相谓曰：“我辈无义之人，而入有义之国。”遂班军而还，一郡并获全。〇许叔，即宋代许叔微，字知可，真州人。宋·曾敏行《独醒杂志》卷七：许知可尝梦有客来谒，坐定，客问知可曰：“汝平生可知恨乎？”知可曰：“我恨有三：父母之死，皆为医者所误，今不及致菽水之养，一也；自束发读书，而今年逾五十，不得一官以立门户，二也；后嗣未立，三也。”其人又曰：“亦有功于人乎？”知可曰：“某以乡无良医，因刻意方书，期以活人。建炎初，真州城中疾疠大作，某不以贫贱，家至户到，察脉观色，给药付之。其间有无归者，某舆置于家，亲为疗治，似有微功，人颇相传。”其人曰：“天政以此将命汝官，及与汝子。若父母，则不可见矣。”因复取书一通示之，知可略记其间语曰：“药市收功，陈、楼间阻。殿上呼卢②，喝六作五。”既觉，异其事，而不知其何祥也。绍兴二年，策进士第，六升作五，乃在陈祖言、楼材之间，其年乃举子。始知梦中之言无不合。

---

① 贽，初次拜访别人时所持的礼物，这里用作动词。

② 卢，即胪，传也，后来专指传告皇帝诏旨为传胪。此指廷试公布结果唱名。

dài yù lǐ jìng　zhǐ báo wáng chóng
代雨李靖，止雹王崇。（一东·18）

◎**解读**　雨，音玉，用作动词，行雨。《太平广记》卷四百十八引《续玄怪录》：唐李靖，微时尝射猎山中，寓食山村，村翁奇其为人，每丰馈焉。忽遇群鹿，乃逐之。会暮，欲舍之而不能，俄阴晦迷路，茫然不知所归。极目有灯火光，因驰赴焉。既至，乃朱门大第，墙宇甚峻。扣门久之，一人出，邀入厅中。有顷，一青衣出，曰："夫人来。"年可五十余，青裙素襦，神气清雅，宛若士大夫家。靖前拜之，夫人答拜，曰："儿子皆不在，不合奉留。今天色阴晦，归路又迷，此若不容，遣将何适？"靖独念山野之外，惧不敢寝，端坐听之。夜将半，闻扣门声甚急，曰："天符报当行雨：周此山七百里，五更须足，无慢滞，无暴厉。"闻夫人曰："儿子二人未归，行雨符到，当如之何？"小青衣曰："适观厅中客，非常人也。盍请乎？"夫人喜，因自扣厅门，曰："此非人宅，乃龙宫也。妾长男赴东海婚礼，小男送妹。适奉天符，次当行雨。辄欲奉烦顷刻间，如何？"靖曰："靖俗客，非乘云者，何能行雨？"夫人曰："苟从吾言，无有不可也。"遂备青骢马来，命取雨器，乃一小瓶子，系于鞍前。诫曰："郎乘马无漏衔勒，信其行。马跑地嘶鸣，即取瓶中水一滴，滴马鬃上。慎勿多也！"于是上马，腾腾而行，其足渐高，但讶其稳疾，不自知其云上也。风急如箭，雷霆起于步下。于是随所跃，辄滴之。既而电掣云开，下见所憩村，思曰："吾扰此村多矣，计无以报。今久旱苗悴，而雨在我手，宁复惜之！"顾一滴不足濡，乃连下二十滴。俄顷雨毕，骑马复归。夫人泣曰："何相误之甚！本约一滴，何乃私滴二十邪？此一滴乃地上一尺雨也！此村夜半平地水深二丈，岂复有人！妾已受谴杖八十矣。"视其背，血痕满焉。○《魏书·孝感传》：王崇字乾邕，阳夏雍丘人也。兄弟并以孝称，身勤稼穑，以养二亲。母亡，杖而后起，鬓发堕落。未及葬，柩殡宅西，崇庐于殡所，昼夜哭泣。母丧始阕，复丁父忧，哀毁过礼。是年阳夏风雹，所过之处，禽兽暴死，草木摧折。至崇田畔，风雹便止，禾麦十顷竟无损落。及过崇地，风雹如初。咸称至行所感。

hé níng yī bō　rén jié yào lóng
和凝衣钵，仁杰药笼。（一东·19）

◎**解读**　和凝，字成绩，五代著名词人。清·郑方坤《五代诗话》卷二引《稗史汇编》："衣钵"二字，始自佛氏五祖传心印于卢行者，谓之"传衣钵"。五代和凝应举，以第五名（一作第十三名）及第。后凝知选举，见范质之文，尤为惊赏，即以第五处之，语范曰："欲君传老夫衣钵耳。"后范历官皆与和同，因而场屋①间谓之"传衣钵"。时有诗曰："从此庙堂添故事，登庸②衣钵亦相传。"○狄仁杰，字怀英，唐朝人，官至凤阁鸾台平章事。据《新唐书·元行冲传》，元行冲博学多才，仁杰深器之。尝谓仁杰曰："下之事上，譬富家储积以自资也。脯、腊（音希）、膎（音协）、胰，以供滋膳，参、术、芝、桂，以防疾疢。③门下充旨味者多矣，愿以小人备一药石，可乎？"仁杰笑曰："君正吾药笼中物，不可一日无也。"

yì lún qīng jié　zhǎn huò hé fēng
义伦清节，展获和风。（一东·20）

◎解读　沈义伦，北宋初人。宋·李焘《续资治通鉴长编》卷八：太祖朝，义伦随军入成都，独居佛寺，蔬食。伪蜀群臣有以珍异奇巧之物为献者，皆却之。东归，箧中所有才图书数卷而已。上尝从容问曹彬以官吏善否，彬曰："臣止监军旅，至于采察官吏，非所职也。"固问之，唯荐义伦可任。上闻义伦清节过人，因擢用之，以为户部侍郎，充枢密副使。○展获，即柳下惠，字禽，春秋时鲁国大夫，居柳下，谥曰惠，以正直诚信称于世。和风，即情意温厚，风范平和之意。汉·刘向《列女传》卷二"柳下惠妻"条：柳下惠处鲁，三黜而不去，忧民救乱。既死，门人将诔之。妻曰："将诔夫子之德耶？则二三子不如妾知之也。"乃诔曰："夫子之不伐兮！夫子之不竭兮！夫子之信诚而与人无害兮！屈柔从俗，不强察兮！蒙耻救民，德弥大兮！虽遇三黜，终不蔽兮！恺悌君子，永能厉兮！嗟呼惜哉，乃下世兮！庶几遐年，今遂逝兮！呜呼哀哉，魂神泄兮！夫子之谥，宜为'惠'兮！"门人从之，以为诔，莫能窜一字。君子谓：柳下惠妻能光其夫矣！

① 场屋，古代指科举考试的考场。

② 登庸，指被选拔任用，或科举考试中选。

③ 脯，干肉，亦指干果。腊，干肉，亦指做成肉干。膎，鱼肉脯，亦泛指肉类。胰，胰脏。参，中药名，参类植物的总称。术，音竹，草名，根、茎可入药。芝，菌类植物，又称灵芝，古以为瑞草。桂，木名，皮即桂皮，可入药或做香料。疢，音趁，热病，此泛指疾病。

zhān fēng lìng yǐn biàn rì ér tóng
占风令尹，辩日儿童。（一东·21）

◎**解读** 占风即望气也。令尹名喜，乃守散关之吏，不知其姓。《列异传》云：老子西游，关令尹喜望见有紫气浮关，而老子果乘青牛而过。〇《列子·汤问》：孔子东游，见两小儿辩斗，问其故。一儿曰："我以日始出时去人近，而日中时远也。"一儿曰："我以日初出远，而日中时近也。"一儿曰："日初出大如车盖，及日中，则如盘盂，此不为远者小而近者大乎？"一儿曰："日初出沧沧凉凉，及其日中如探汤，此不为近者热而远者凉乎？"孔子不能决也。两小儿笑曰："孰谓汝多知乎？"

bì lǚ dōng guō cū fú zhāng róng
敝履东郭，粗服张融。（一东·22）

◎**解读** 《史记·滑（音古）稽列传》：汉武帝时有东郭先生，贫困饥寒，衣敝，履不完。行雪中，履有上无下，足尽践地。道中人笑之，东郭先生应之曰："谁能履行雪中，令人视之，其上履也，其履下处乃似人足者乎？"〇《南齐书·张融传》：张融，字思光，吴郡吴人也。太祖①素奇爱融，为太尉时，时与融款接，见融常笑曰："此人不可无一，不可有二！"即位后，手诏赐融衣，曰："见卿衣服粗故，诚乃素怀有本，交尔蓝缕，亦亏朝望。今送一通故衣，意谓虽故，乃胜新也，是吾所著，已令裁减称卿之体。"

lú qǐ chú huàn péng chǒng yán gōng
卢杞除患，彭宠言功。（一东·23）

◎**解读** 卢杞，字子良，唐代人。据《新唐书·奸臣传》，杞为虢州刺史，奏言虢有官豕三千为民患。德宗曰："徙之沙苑。"杞曰："同州亦陛下百姓，臣谓食之便。"帝曰："守虢而忧他州，宰相材也。"诏以豕赐贫民。〇彭宠，字伯通，东汉人。昔光武帝刘秀征讨天下，彭宠运粮不绝，自负其功，意望甚高。据《后汉书·朱浮传》，幽州牧朱浮与之书曰："伯通自伐，以为功高天下。往时辽东有豕，生子白头，

---

① 太祖，此指齐高帝。

异而献之。行至河东，见群豕皆白，怀惭而还。若以子之功论于朝廷，则为辽东豕也。”

fàng gē yú zhě　gǔ yì shī wēng

放歌渔者，鼓枻诗翁。（一东·24）

◎解读　《太平广记》卷四四六“楚江渔者”条引《潇湘录》：楚江边有一渔者，结茅临流，唯一草衣、小舟、纶竿而已，别无所有。时以鱼换酒，辄自狂歌醉舞。人虽笑之，略无惭色，亦不言其姓氏，识者皆以为渔之隐者。或有问之曰：“君之渔，隐人之渔耶？渔人之渔耶？”渔者曰：“昔姜子牙之渔，严子陵之渔，书于青史，皆以为隐人之渔也，殊不知不钓其鱼钓其名耳！隐人之渔高尚乎？渔人之渔高尚乎？若以渔人之渔，但有明月和风浪静，得鱼供庖宰，一身足，余则易酒独醉，又焉知隐人之渔、渔人之渔也！”问者深叹伏之。〇《宋诗纪事》卷九十六“洞庭渔父”条引《夷坚志》：卓彦恭尝过洞庭，月下有小渔舟，过其旁。卓呼问：“有鱼否？”应曰：“无鱼，有诗。”卓喜曰：“愿闻一篇可乎？”其人鼓枻[①]高吟曰：“八十沧州一老翁，芦花江上水连空。世间多少乘除事，良夜月明收钓筒。”

wéi wén zhū wǔ　yáng xiào zūn zhōng

韦文朱武，阳孝尊忠。（一东·25）

◎解读　《晋书·列女传》：前秦苻坚巡视太学，见《周官礼注》无人讲授，太常博士卢壸（音捆）推荐韦逞之母宋氏，苻坚应允。于是就宋氏家立讲堂，置生员百二十人，隔绛纱幔而受业，号宋氏为宣文君，赐侍婢十人。《周官》学复行于世，时称韦氏宋母焉。《晋书·朱序传》：朱序迁梁州刺史，镇襄阳。苻坚遣军围序，序母韩氏自行城，谓西北角当先弊，遂领百余婢及城中女丁筑二十余丈。贼攻，新筑不败，遂引退。襄阳谓之“夫人城”。〇《汉书·赵尹韩张两王传》：琅邪王阳为益州刺史，行部至邛崃九折阪，叹曰：“奉先人遗体[②]，奈何数乘此险！”后以病去。及涿郡王尊亦为益州刺史，至其阪，问吏曰：“此非王阳所畏道耶？”吏对曰：“是。”尊叱其驭曰：“驱之！王阳为孝子，王尊为忠臣。”

---

① 枻，船舷，一说为短桨。

② 遗，遗体，谓己躯乃父母所遗，不敢毁伤也。

yǐ lǘ jiǎ mǔ　tóu gé yáng xióng
倚闾贾母，投阁扬雄。（一东·26）

◎解读　《战国策·齐策六》：王孙贾年十五，事齐闵王。淖（音闹）齿乱齐国，王出走，贾失王之处。贾母责曰："汝朝出而晚来，则吾倚门而望；汝暮出而不还，则吾倚闾而望。汝今事王，王出走，汝不知其处，汝尚何归？"于是王孙贾乃入市中，曰："淖齿乱齐国，杀闵王，欲与我诛者袒右！"市人从者四百人，与之诛淖齿。○扬雄，西汉文学家。据《汉书》本传，王莽时，扬雄门人刘棻因符命获罪，被流放。扬雄时校书天禄阁，惧见株连，遂自投阁下，几死。

liáng jī zhí hǔ　féng hòu dāng xióng
梁姬值虎，冯后当熊。（一东·27）

◎解读　梁姬，即宋代大将韩世忠夫人梁红玉。值，碰见。宋·罗大经《鹤林玉露》丙编卷二：韩世忠之夫人，京口娼也。尝五更入府，伺候贺朔。忽于庙柱下见一虎卧，鼻息齁齁然，惊骇亟走出，不敢言。已而人至者众，复往视之，乃一卒也。因蹴之起，问其姓名，为韩世忠。心异之，密告其母，谓此卒定非凡人。及邀至其家，具酒食，卜夜尽欢，深相结纳，资以金帛，约为夫妇。世忠后立殊功，为中兴名将，遂封两国夫人。○冯后，即西汉元帝冯昭仪。当，阻挡，抵挡。《汉书·外戚传》：元帝幸虎圈阅兽，后宫皆坐。熊出圈，攀槛欲上殿。昭仪乃当熊而立。及左右格杀熊，上问："人情惊惧，何故当熊？"昭仪曰："夫猛兽得人而止。妾恐熊至御坐，故身当之耳。"帝嗟叹，以此倍敬重之。

luó fū mò shàng　tōng dé gōng zhōng
罗敷陌上，通德宫中。（一东·28）

◎解读　宋·郭茂倩《乐府诗集》卷二十八引崔豹《古今注》曰："《陌上桑》者，出秦氏女子。秦氏，邯郸人，有女名罗敷，为邑人千乘王仁妻。王仁后为赵王家令。罗敷出采桑于陌上，赵王登台见而悦之，因置酒，欲夺焉。罗敷巧弹筝，乃作《陌上桑》之歌以自明，赵王乃止。"○据《飞燕外传·自叙》，樊通德为汉成帝宫人赵飞燕使役，后嫁于伶玄为妾，颇能言宫中赵飞燕姊妹秘事，每与其夫谈及，则凄然泪下。后伶玄据其所述，撰《飞燕外传》。

二　冬

hàn chēng qī zhì　táng xiàn sān zōng
汉称七制，唐羡三宗。（二冬·1）

◎**解读**　据《事林广记》后集卷二，汉七制指汉代七位比较有作为的皇帝：汉高祖刘邦、汉文帝刘恒、汉武帝刘彻、汉宣帝刘询、东汉光武帝刘秀、东汉明帝刘庄、东汉章帝刘炟（音达）。○唐三宗则指唐代三位杰出的皇帝：唐太宗李世民，除隋之乱，奠定国基，有贞观之治；唐玄宗李隆基，剪除韦后，励精图治，有开元盛世；唐宪宗李纯，革除积弊，削平藩镇，唐威复振。

gǎo qīng duàn shé　gāo zǔ shāng xiōng
杲卿断舌，高祖伤胸。（二冬·2）

◎**解读**　杲卿，即唐常山太守颜杲卿。据《新唐书·忠义传》，安史之乱时，颜杲卿率部抗贼，昼夜战，井竭，粮矢尽，兵败被执。贼取其少子季明，加刃颈上，曰："降我，当活而子。"杲卿不答。禄山怒曰："吾擢尔太守，何所负而反？"杲卿瞋目骂曰："汝营州牧羊羯奴耳，窃荷恩宠，天子负汝何事而乃反乎？我世唐臣，守忠义，恨不斩汝以谢上，乃从尔反耶？"禄山不胜忿，缚之天津桥柱，节解以肉啖之，骂不绝，贼钩断其舌，曰："复能骂否？"杲卿含胡而绝。○高祖，即汉高祖刘邦。据《史记·高祖本纪》，楚汉战争中，刘邦斥骂项羽，项羽大怒，伏弩射中刘邦，伤胸，刘邦乃扪足曰："虏中吾趾！"

wèi gōng qiè zhí　shī dé kuān róng
魏公切直，师德宽容。（二冬·3）

◎**解读**　魏公，即宋代韩琦，字稚圭，相州安阳人，封魏国公。据《宋史》本传，琦"凡事有不便，未尝不言，每以明得失、正纪纲、亲忠直、远邪佞为急，前后七十余疏。”被誉为“切而不迂”。○师德，即唐武则天时宰相娄师德。据《新唐书》本传，其弟出守代州，师德教以遇事忍耐。弟曰：“有人唾面，拭之乃已。”师德曰：“未可！拭之，是违其怒，可使自干耳。”

mí héng yí è lù sī jiǔ lóng
祢衡一鹗，路斯九龙。（二冬·4）

◎**解读** 汉代祢衡，少有才辩，性高傲。东汉·孔融《荐祢衡表》云：“鸷鸟累百，不如一鹗[①]。使衡立朝，必有可观。”○宋·王明清《挥麈录》卷六：昭灵侯南阳张公，讳路斯。隋之初，家颍上县百社村，年十六，中明经第。唐景龙中，为宣城令，以才能称。夫人石氏，生九子。自宣城罢归，常钓于焦氏台之阴。一日，顾见钓处有宫室楼殿，遂入居之。自是夜出旦归，归辄体寒而湿。夫人惊问之，公曰：“我龙也。蓼人郑祥远者，亦龙也，与我争此居，明日当战，使九子助我。领有绛绡者，我也；青绡者，郑也。”明日，九子以弓矢射青绡者，中之，怒而去。公亦逐之，所过为溪谷，以达于淮。九子皆化为龙。

chún rén zhù mài dīng gù mèng sōng
纯仁助麦，丁固梦松。（二冬·5）

◎**解读** 纯仁是宋代范仲淹的次子，字尧夫。宋·释惠洪《冷斋夜话》卷十“麦舟助丧”条：范文正公在睢阳，遣尧夫于姑苏取麦五百斛。尧夫时尚少，既还，舟次丹阳，见石曼卿，问：“寄此许久？”曼卿曰：“两月矣！三丧在浅土，欲举之西北归，无可与谋者。”尧夫以所载舟付之，单骑自长芦捷径而去。到家，拜起，侍立良久。文正曰：“东吴见故旧乎？”曰：“曼卿为三丧未举，方困窘留滞丹阳。”文正曰：“何不以麦舟予之？”尧夫曰：“已予之矣。”○丁固，字子贱，三国吴人，事孙皓，为司徒。《艺文类聚》卷八十八引张勃《吴录》：丁固梦松生其腹上，谓人曰：“松字十八公也，后十八年，吾当为公乎？”遂如梦焉。

---

① 梁·顾野王《玉篇》：“雕，鹗也。”

hán qí sháo yào　lǐ gù fú róng
韩琦芍药，李固芙蓉。（二冬·6）

◎解读　宋·沈括《梦溪笔谈》补笔谈卷三：韩琦，北宋人，庆历中以资政殿学士帅淮南。一日，后园中有芍药一干，分四岐，岐各一花，上下红，中间黄蕊间之。公异之，欲招四客以赏之，以应四花之瑞。时王岐公为大理评事通判，王荆公为大理评事佥判，皆召之，尚少一客。时陈秀公①为大理寺丞，遂命同会。至中筵，剪四花，四客各簪一枝，甚为盛集。后三十年间，四人皆为宰相。○李固，乃唐相国李固言之省称。唐·段成式《酉阳杂俎》续集卷二：相国李公固言，元和六年下第游蜀，遇一老姥，言："郎君明年芙蓉镜下及第。"明年，果然状元及第，诗赋题有《人镜芙蓉》之目。

yuè yáng qī zǎi　fāng shuò sān dōng
乐羊七载，方朔三冬。（二冬·7）

◎解读　《后汉书·列女传》：河南乐羊子之妻者，不知何氏之女也。羊子远寻师学，一年来归，妻跪问其故。羊子曰："久行怀思，无它异也。"妻乃引刀趋机而言曰："此织生自蚕茧，成于机杼，一丝而累，以至于寸，累寸不已，遂成丈匹。今若断斯织也，则捐失成功，稽废时日。夫子积学，当日知其所亡，以就懿德。若中道而归，何异断斯织乎？"羊子感其言，复还终业，遂七年不返。○方朔，汉代东方朔之省称。《汉书·东方朔传》载：朔上书曰："臣朔少失父母，长养兄嫂。年十三学书，三冬文史足用。十五学击剑。十六学《诗》《书》，诵二十二万言。十九学孙、吴兵法，战阵之具，钲鼓之教，亦诵二十二万言。凡臣朔固已诵四十四万言。又常服子路之言。臣朔年二十二，长九尺三寸，目若悬珠，齿若编贝，勇若孟贲，捷若庆忌，廉若鲍叔，信若尾生。若此，可以为天子大臣矣。"

---

① 陈秀公，即陈升之。据《宋史》本传：升之字旸叔，建州建阳人，熙宁中为相。

jiāo qí bìng dì　　tán shàng xiāng gōng
郊祁并第，谭尚相攻。（二冬·8）

◎解读　郊、祁，即北宋时宋郊与宋祁兄弟。据《宋史·宋庠传》，郊后改名庠，字公序，祁字子京。宋天圣初，兄弟同时举进士，礼部奏祁第一，庠第三。章献太后不欲以弟先兄，乃擢庠第一，而置祁第十。○谭、尚，即东汉末年的袁谭与袁尚，二人是同父异母的兄弟。据《后汉书》，其父袁绍死后，兄弟二人互相攻伐，以争冀州，曹操乘衅举兵，并夷灭之。

táo wéi wù bào　　hán bǐ yún lóng
陶违雾豹，韩比云龙。（二冬·9）

◎解读　陶，即陶大夫答子也。刘向《列女传》卷二“陶答子妻”条：答子治陶三年，政绩不彰，而家财增至三倍。其妻谏曰：“妾闻南山有玄豹，雾雨七日而不下食者，何也？惜其毛而成文章也，故藏而远害。犬彘不择食，以肥其身，坐而待死耳。今夫子治陶，家富国贫，君不敬，民不戴，败亡之征见矣。”○韩，即唐代文学家韩愈。其《醉留东野》诗云：“昔年因读李白、杜甫诗，常恨二人不相从。吾与东野生并世，如何复蹑二子踪。……我愿身为云，东野变为龙。四方上下逐东野，虽有离别无由逢。”东野，诗人孟郊之字，与韩愈为忘年交，时称“韩孟”。

xǐ ér fēi zǐ　　jiào shì zhāo róng
洗儿妃子，校士昭容。（二冬·10）

◎解读　洗儿，即为初生婴儿洗身。杨贵妃曾收安禄山为养子，据唐·姚汝能《安禄山事迹》，安禄山诞辰后三日，召禄山入内，贵妃以绣绷子绷禄山，令内人以彩舆舁之，欢声动地。玄宗使人问之，报云：“贵妃与禄山作三日洗儿，洗了又绷禄山，是以欢笑。”玄宗就观之，大悦，因加赏赐贵妃洗儿金银钱物，极乐而罢。自是，宫中皆呼禄山为禄儿，不禁其出入。○校士，即考评士人。昭容，即唐代文学家上官仪的孙女上官婉儿。宋·计有功《唐诗纪事》卷三《上官昭容》载：中宗立，进拜昭容。帝引名儒，赐宴赋诗，婉儿常代帝及后，长宁、安乐二公主，众篇并作，而采丽益新。又差第群臣所赋，赐金爵，故朝廷靡然成风。当时属辞大抵浮靡，然皆有可观，昭容力也。

cǎi luán shū yùn　qín cāo cān zōng
彩 鸾 书 韵 ， 琴 操 参 宗 。(二冬·11)

◎解读　彩鸾，即唐代进士文萧之妻，书法家。《宣和书谱》卷五：萧拙于为生，彩鸾乃以小楷书《唐韵》一部，市五千钱，为糊口计。然不出一日间，能了十数万字，非人力可为也。钱囊羞涩，复一日书之，且所市不过前日之数。由是彩鸾《唐韵》世多得之。历十年，萧与彩鸾遂各乘一虎仙去。○琴操乃宋代妓女。宗，禅宗。宋·吴曾《能改斋漫录》卷十六“杭妓琴操”条：东坡在西湖，戏琴曰：我作长老，尔试来问。琴云：“何谓湖中景?”东坡答云：“秋水共长天一色，落霞与孤鹜齐飞。”琴又云：“何谓景中人?”东坡云：“裙拖六幅潇湘水，鬓亸（音朵）巫山一段云。”又云：“何谓人中意?”东坡云：“惜他杨学士，憋杀鲍参军。”琴又云：“如此，究竟如何?”东坡云：“门前冷落鞍马稀，老大嫁作商人妇。”琴大悟，即削发为尼。

三　江

gǔ dì fèng gé　cì shǐ jī chuāng
古帝凤阁，刺史鸡窗。（三江·1）

◎解读　古帝，即黄帝。宋·胡宏《皇王大纪》卷二：黄帝轩辕氏，少典之后，曰公孙氏。母曰附宝，生轩辕于寿丘，长于姬水，为姬姓。黄帝以其生而居中土，时播百谷，故民安乐，不使而成，不禁而止，百官无私。天下和，风雨时，五谷登，而人民寿。凤凰巢阿阁，麒麟游于郊。○刺史，即晋人宋宗，字处宗，官至兖州刺史。南朝宋·刘敬叔《异苑》卷三：晋兖州刺史沛国宋处宗，尝买得一长鸣鸡，爱养甚至。恒笼置窗间，鸡遂作人语，与处宗谈论，极有言致，终日不辍，处宗由此玄言大进。

wáng qín hú hài　xīng hàn liú bāng
亡秦胡亥，兴汉刘邦。（三江·2）

◎解读　《史记·秦本纪》：秦王政立二十六年，初并天下，为三十六郡，号为始皇帝。始皇帝五十一年而崩，子胡亥立，是为二世皇帝，施行暴政。三年诸侯并起叛秦，赵高杀二世，立子婴。子婴立月余，诸侯诛之，遂灭秦。○据《史记·高祖本纪》，楚汉战争中，刘邦战胜项羽，于公元前202年建立汉朝。

dài shēng dú bù　xǔ zǐ wú shuāng
戴生独步，许子无双。（三江·3）

◎解读　戴生，即东汉戴良。《后汉书·逸民传》：戴良，字叔鸾，汝南慎阳人也。良才既高，而论议尚奇，多骇流俗。同郡谢季孝问曰："子自视天下，孰可为比？"良曰："我若仲尼长东鲁，大禹出西羌[①]，独步天下，谁与为偶！"○许子，即东汉许

① 《帝王世纪》曰：夏禹生于石纽，长于西羌，西夷之人也。

慎，撰有《说文解字》。《后汉书·儒林传》：许慎，字叔重，汝南召陵人也。性淳笃，少博学经籍，马融常推敬之，时人为之语曰："五经无双许叔重。"

liǔ mián hàn yuàn　fēng luò wú jiāng
柳眠汉苑，枫落吴江。（三江·4）

◎**解读**　明·陈禹谟《骈志》卷十七引《三辅故事》：汉苑中有柳，状如人，号曰"人柳"，一日三眠三起。〇《旧唐书·文苑传上》：郑世翼，郑州荥阳人也，世为著姓。弱冠有盛名，数以言辞忤物，称为轻薄。时崔信明自谓"文章独步"，世翼遇诸江中，谓之曰："尝闻（公有）'枫落吴江冷'。"信明欣然示百余篇。世翼览之未终，曰："所见不如所闻！"投之于江。信明不能对，拥楫而去。

yú shān jǐng zhí　lù mén yǐn páng
鱼山警植，鹿门隐庞。（三江·5）

◎**解读**　植，即三国魏陈思王曹植。鱼山在今聊城东阿县西。南朝宋·刘敬叔《异苑》卷五：陈思王曹植，字子建，尝登鱼山，临东阿，忽闻岩岫里有诵经声，清通深亮，远谷流响，肃然有灵气，不觉敛衿祇敬，便有终焉之志，即效而则之。今之梵唱，皆植依拟所造。〇庞，即东汉庞公。鹿门山在今湖北襄阳府城东。《后汉书·逸民传》：庞公者，南郡襄阳人也，居岘山之南，未尝入城府，夫妻相敬如宾。荆州刘表数延请，不能屈。后携其妻子登鹿门山，因采药不返。

hào cóng chuáng nì　sōng bì zhàng zhuàng
浩从床匿，崧避杖撞。（三江·6）

◎**解读**　浩，即唐代诗人孟浩然。元·辛文房《唐才子传》卷二：孟浩然，字浩然，襄州襄阳人，少好节义，诗工五言，隐鹿门山。四十游京师诸名士间，尝集秘省联句，浩然曰："微云淡河汉，疏雨滴梧桐。"众钦服，张九龄、王维极称道之。维待诏金銮，一旦私邀入内署，商较《风》《雅》，俄报玄宗临幸，浩然错愕，伏匿床下。维不敢隐，因奏闻。帝喜曰："朕素闻其人而未见也。"诏出，再拜，帝问曰："卿将诗来耶？"因命吟近作，诵至"不才明主弃，多病故人疏"之句，帝怃然曰：

"卿不求仕，朕何尝弃耶？奈何诬我！"因命放还南山。○崧，即东汉明帝时郎药崧。《后汉书·钟离意传》：帝性褊察，好以耳目私发为明，故公卿大臣数被诋毁。常以事怒郎药崧，以杖撞之，崧走入床下。帝怒甚，疾言曰："郎出！郎出！"崧曰："天子穆穆，诸侯煌煌，未闻人君，自起撞郎！"帝赦之。

liú shī bù fù　　hán wén dǐng gāng
刘诗瓿覆，韩文鼎扛。（三江·7）

◎**解读**　刘，即明初诗文家刘基，字伯温，青田人，佐明太祖朱元璋定天下者。瓿[①]覆：覆盖酱瓮也。刘基《诚意伯文集》卷八《答郑子享问齿》："且夫四十无闻，君子耻之。先生闭门而坐，册不离目，笔不离手，日著千言，而不章于人口，传之身后，以覆酱瓿，徒何为乎？"据《明史·艺文志》，刘基有《覆瓿集》二十四卷。○韩，即韩愈，唐代著名文学家。其《病中赠张十八》诗云："文章自娱戏，金石日击撞。龙文百斛鼎，笔力可独扛[②]。"

yuàn guī pán gǔ　　yáng yì shí cóng
愿归盘谷，杨忆石淙。（三江·8）

◎**解读**　盘谷在今河南济源县北，唐代李愿隐居在此。韩愈撰有《送李愿归盘谷序》。○杨，即明代人杨一清，字应宁，少有文名，事迹具《明史》本传。忆，怀念。明·李梦阳《空同集》卷四十九有《石淙精舍记》，略云：昔周子（周敦颐）起濂溪之上，倡明其学，天下宗焉。其后自濂溪徙庐山，遂名庐山之溪曰"濂溪"，名其堂曰"濂溪之堂"。今天下之学宗我师杨公，而公亦自安宁石淙徙镇江，筑精舍丁卯桥，名曰"石淙精舍"。嗟乎！事固有偶同者，非谓是哉！

nǔ míng kè dí　　chéng zhù shòu xiáng
努名克敌，城筑受降。（三江·9）

---

① 瓿，音部，古代盛酱醋之类的瓦器，犹言瓮也。
② 扛，音刚，双手举重物。

◎**解读**　《宋史·兵志十一》：韩世忠造克敌弓，以当敌骑冲突，其发可至百步，其劲可穿重甲，最为利器。〇据《史记·卫将军骠骑列传》，受降城在山西大同府西北，为西汉因杅（音于）将军公孙敖所筑。

wéi qū dù qū　mèng chuāng cǎo chuāng

韦曲杜曲，梦窗草窗。（三江·10）

◎**解读**　韦曲①、杜曲，皆长安地名，为唐代巨室大姓韦氏、杜氏之所居。宋·程大昌《雍录》卷七“韦曲杜曲薛曲”条：韦曲在明德门外，韦后家在此，盖皇子陂之西也。杜曲在启夏门外，向西即少陵原也。〇梦窗，南宋词人吴文英之号。《四库总目提要》著录《梦窗稿》四卷《补遗》一卷，云：宋吴文英撰。文英，字君特，梦窗其自号也，四明人，及与姜夔、辛弃疾游，其词则卓然南宋一大宗。草窗，南宋文学家周密之别号。清·厉鹗《宋诗纪事》卷八十略述其生平云：密，字公谨，先世济南人，其曾祖随高宗南渡，因家湖州。宋亡不仕，放浪山水，每述宋亡之由，慷慨悲愤，有《黍离》之感。著有《草窗词》二卷、《武林旧事》十卷等。

líng zhēng chú gǒu　shī huò huā máng

灵征刍狗，诗祸花尨。（三江·11）

◎**解读**　晋·陈寿《三国志·魏志》卷二十九：周宣，字孔和，乐安人也。尝有问宣曰：“吾昨夜梦见刍狗②，其占何也？”宣答曰：“君欲得美食耳。”有顷，出行，果遇丰膳。后又问宣曰：“昨夜复梦见刍狗，何也？”宣曰：“君欲堕车折脚，宜戒慎之。”顷之，果如宣言。后又问宣：“昨夜复梦见刍狗，何也？”宣曰：“君家欲失火，当善护之。”俄遂火起。语宣曰：“前后三时皆不梦也，聊试君耳！何以皆验邪？”宣对曰：“此神灵动君使言，故与真梦无异也。”又问宣曰：“三梦刍狗而其占不同，何也？”宣曰：“刍狗者，祭神之物，故君始梦当得饮食也；祭祀既讫，则刍狗为车所轹，故中梦当堕车折脚也；刍狗既车轹之后，必载以为樵，故后梦忧失火也。”〇尨，犬也。《明史·高启传》：“启尝赋诗，有所讽刺，帝嗛之未发也。”《静志居诗

---

① 曲，坊巷也。唐·白行简《李娃传》：“至鸣珂曲，见一宅。”

② 刍狗，缚刍草为狗之形，祷雨所用也。既祷则弃之，无复有顾惜之意。

话》云：启尝作《题宫女图》诗，有云“小犬隔花空吠影，夜深宫禁有谁来”，为明太祖所猜，其贾（音谷，招致）祸盖以此。

jiā zhēn sī màn　　lǔ zhí cǎi gāng
嘉贞丝幔，鲁直彩缸。（三江·12）

◎解读　嘉贞，即唐代宰相张嘉贞。五代·王仁裕《开元天宝遗事》卷一“牵红丝娶妇”条：郭元振少时美风姿，有才艺，宰相张嘉正欲纳为婿。元振曰：“知公门下有女五人，未知孰陋，事不可仓卒，更待忖之。”张曰：“吾女各有姿色，即不知谁是匹偶，以子风骨奇秀，非常人也，吾欲令五女各持一丝幔前，使子取便牵之，得者为婚。”元振欣然从命，遂牵一红丝线，得第三女，大有姿色。○宋代文学家黄庭坚，字鲁直，号山谷道人，“苏门四学士”之一。《山谷集》卷二有诗云：“小儿未可知，客或许敦庞[1]。诚堪婿阿巽，买红缠酒缸。”阿巽，苏轼长子苏迈之女。山谷诗意，盖欲为其子（名相）求婚于苏氏也；甚或东坡尝以此许之，故山谷有此语。后世定亲纳吉，例用红彩缠酒壶者，即滥觞于此。

① 庬，音义同“庞”，大也。

四　支

wáng liáng cè mǎ　fù yuè qí jī
王良策马，傅说骑箕。（四支·1）

◎**解读**　王良，春秋末之善御者，死而上配星宿，故王良亦星名也。《孟子·滕文公下》：昔者赵简子使王良与嬖奚乘，终日而不获一禽。嬖奚反命曰："天下之贱工也。"或以告王良。良曰："请复之。"强而后可，一朝而获十禽。嬖奚反命曰："天下之良工也。"《史记·天官书》："汉中四星曰天驷，旁一星曰王良。王良策马，车骑满野。"○傅说，殷商之贤者，相高宗武丁，死而配星辰，故傅说亦星名。箕，二十八宿之一。《庄子·大宗师》：夫道，有情有信，无为无形，可传而不可受，可得而不可见，自本自根，生天生地，在太极之先而不为高，在六极之下而不为深，先天地生而不为久，长于上古而不为老。傅说得之，以相武丁，奄有天下，乘东维，骑箕尾，而比于列星。一说：傅说一星在尾后河中，主后宫。女巫祝祀神灵，祈祷子孕，故曰主王后之内，祭祀以求子孙。

fú xī huà guà　xuān fǔ shān　shī
伏羲画卦，宣父删《诗》。（四支·2）

◎**解读**　伏羲，又称包牺，传说中上古帝王。《易·系辞》曰：古者包牺氏之王天下也，仰观象于天，俯观法于地，观鸟兽之文，与地之宜，近取诸身，远取诸物，于是始作八卦，以通神明之德，以类万物之情。○宣父，即孔子。诗，即《诗经》。《史记·孔子世家》：古者《诗》三千余篇，及至孔子，去其重，取可施于礼义，上采契（音谢）、后稷，中述殷周之盛，至幽、厉之缺，始于衽席。三百五篇，孔子皆弦歌之，以求合《韶》《武》《雅》《颂》之音。

gāo féng bái dì　yǔ mèng xuán yí
高逢白帝，禹梦玄彝。（四支·3）

◎解读 高，即汉高祖刘邦。《史记·高祖本纪》：高祖被酒，夜径[1]泽中，令一人行前。行前者还报曰："前有大蛇当径，愿还！"高祖醉，曰："壮士行，何畏！"乃前，拔剑击斩蛇，径开。行数里，醉，因卧。后人来至蛇所，有一老妪夜哭。人问："何哭？"妪曰："人杀吾子，故哭。"人曰："妪子何为见杀？"妪曰："吾子，白帝子也，化为蛇，当道。今为赤帝子斩之，故哭。"人乃以妪为不诚，欲告之，妪因忽不见。后人至，高祖觉。后人告高祖，高祖乃心独喜，自负。诸从者日益畏之。〇玄彝，一作玄夷。汉·赵晔《吴越春秋·越王无余外传》：禹伤父鲧治水功不成，乃劳身焦思，以行七年，闻乐不听，过门不入，冠挂不顾，履遗不蹑，功未及成，愁然沈思，乃登山仰天而啸。因梦见赤绣衣男子，自称玄夷苍水使者，顾谓禹曰："欲得我山神书者，斋三月，庚子登山发石，金简之书存矣。"禹如言发书，得通水之理，遂巡行名山大泽，召其神而问之，山川脉理，金玉所有，鸟兽昆虫之类，及八方之民俗，殊国异域土地里数，疏而记之，名曰《山海经》。

yín chén qī cè　　guāng jìn wǔ guī

寅陈七策，光进五规。（四支·4）

◎解读 寅，即宋代胡寅，字明仲，胡安国从子也，宣和进士甲科。据宋·李心传《建炎以来系年要录》卷二十七，中原沦陷后，寅于建炎三年除起居郎，上书高宗云："臣不自量，每切愤叹。既未能被坚执锐，先启戎行，而服业简编，讨论古昔，固当忘其昧陋，少赞经纶，辄为陛下画七策，为中兴之术：其一曰罢和议而修战略；二曰置行台以区别缓急之务；三曰务实效而去虚文；四曰大起天下之兵；五曰定根本；六曰选宗室之贤才者，封建任使之；七曰存纪纲以立国体。"〇光，即北宋司马光，字君实，仁宗朝知谏院，著《五规》以奏之。《宋文选》卷五有光《上仁宗〈五规〉状》，其略云：臣幸得备位谏官，夙夜惶惑，口与心谋，伏以祖宗开业之艰难，国家致治之光美，难得而易失，不可以不谨，故作《保业》。隆平之基，因而安之者易为功；颓坏之势，从而救之者难为力，故作《惜时》。道前定则不穷，事前定则不困，人无远虑，必有近忧，故作《远谋》。燎原之火，生于荧荧；怀山之水，漏于涓涓，故作《重微》。象龙不足以致雨，画饼不足以疗饥，华而不

---

[1] 径，小道。夜径泽中，谓不敢由正路，且从小径。

实，无益于治，故作《务实》。合而言之，谓之“五规”，此皆守邦之要道，当世之切务。

lǔ gōng sān yì　yáng zhèn sì zhī
鲁恭三异，杨震四知。（四支·5）

◎**解读**　《后汉书·鲁恭传》：鲁恭，字仲康，扶风平陵人也。拜中牟令，专以德化为理，不任刑罚。建初七年，郡国螟伤稼，独不入中牟。河南尹袁安闻之，疑其不实，使掾肥亲往廉（察）之。恭随行阡陌，俱坐桑下。有雉过止其傍，傍有童儿。亲曰：“儿何不捕之？”儿言：“雉方将雏。”亲瞿然而起，与恭诀曰：“所以来者，欲察君之政迹耳。今虫不犯境，此一异也；化及鸟兽，此二异也；竖子有仁心，此三异也。久留徒扰贤者耳！”〇《后汉书·杨震传》曰：杨震，字伯起，弘农华阴人也，少好学，年五十始仕州郡，四迁荆州刺史、东莱太守。当之郡，道经昌邑，故所举荆州茂才王密为昌邑令，谒见。至夜，怀金十斤以遗（音卫，赠送）震。震曰：“故人知君，君不知故人，何也？”密曰：“暮夜无知者。”震曰：“天知，神知，我知，子知，何谓无知？”密愧而出。

dèng yōu qì zǐ　guō jù mái ér
邓攸弃子，郭巨埋儿。（四支·6）

◎**解读**　《晋书·良吏传》：邓攸，字伯道，平阳襄陵人也。七岁丧父，寻丧母，及祖母居丧，九年以孝致称。清和平简，贞正寡欲，与弟同居。后陷石勒乱，以牛马负妻子而逃，又遇贼掠其牛马，步走，担其儿及其弟子。度不能两全，乃谓其妻曰：“吾弟早亡，唯有一息，理不可绝，止应自弃我儿耳！幸而得存，我后当有子。”妻泣而从之。攸乃弃儿于草中，儿啼呜追之，至暮复及。明日，系儿于树而去。此后，妻不复孕。过江纳妾，甚宠之，讯其家属，说是北人，遭乱，忆父母姓名，乃攸之甥！攸素有德行，闻之感恨，遂不复畜妾，卒以无嗣。时人义而哀之，为之语曰：“天道无知，使邓伯道无儿。”〇晋·干宝《搜神记》卷十一：郭巨，后汉隆虑人也，一云河内温人。兄弟三人，早丧父，二弟求分，以钱二千万，二弟各取千万。巨独与母居客舍，夫妇佣赁以给供养。居有顷，妻产男。巨念与儿妨事亲，一也；老人得食，喜分儿孙，减馔，二也。乃于野凿地欲埋儿，得石盖，下有黄金一釜，中有丹书曰："孝子郭巨，黄金一釜，以用赐汝。"于是名振天下。[①]

gōng yú jià bì　chǔ dào huán jī

公瑜嫁婢，处道还姬。（四支·7）

◎解读　公瑜，乃北宋钟离瑾之字。据《江西通志》卷六十四引《林志》，钟离瑾字公瑜，合肥人，开宝间任德化令，守义爱民。有女将嫁许氏，买一婢于临川。一日，瑾视事归，见女流涕，有戚容。诘之，曰："吾父曾令是邑，不幸与母俱亡，今十年矣。适见明府视事，追感吾父，不觉泪下。"瑾大惊，遂易其衣服，养为己女。时许氏纳采有日，瑾以书告缓其期，曰："吾买媵而得前令之女，将辍吾女奁资先嫁之。"许氏亦恻然，报书曰："君侯能抑己女而拔人之孤女，盛德事也。吾有季子，愿以为妇。"卒与俱归。久之，瑾梦绿衣丈夫造谢曰："不图贱息辱赐于君！今得请于帝，奉公十任官禄。"后果历十郡太守。○处道，乃隋开国功臣杨素之字。唐·孟棨《本事诗》：陈太子舍人徐德言之妻乃后主叔宝之妹，封乐（音勒）昌公主，才色冠绝。时陈政方乱，德言知不相保，谓其妻曰："以君之才容，国亡必入权豪之家，斯永绝矣！傥情缘未断，犹冀相见，宜有以信之。"乃破一镜，人执其半，约曰："他日必以正月望日卖于都市，我倘在，即以是日访之。"及陈亡，其妻果入越公杨素之家，宠嬖殊厚。德言流离辛苦，仅能至京，遂以正月望日访于都市。有苍头卖半镜者，大高其价，人皆笑之。德言直引至其居，设食，具言其故，出半镜以合之。乃题诗曰："镜与人俱去，镜归人不归。无复嫦娥影，空留明月辉。"陈氏得诗，涕泣不食。素知之，怆然改容，即召德言，还其妻，仍厚遗之。遂与德言归江南，竟以终老。

yǔn zhū dǒng zhuó　jiè shā wáng kuí

允诛董卓，玠杀王夔。（四支·8）

---

① 今按：邓、郭所为，令人废书三叹：天下竟有如此无心肠无肺肝之父母！邓氏求义，郭氏惟孝，其实皆名也。清·周召《双桥随笔》卷三：明青州日照县民江伯儿者，母病，割胁以食，不愈。祷于岱岳，愿母病愈，则杀子以祭。已而母愈，遂杀其三岁子祭之。事闻，太祖怒曰："父子天伦至重。礼：父母为长子三年服。今百姓乃手杀其子，绝灭伦理，宜急捕治之！"遂逮伯儿，杖百，谪戍海南。朱元璋此举大快人心！

◎解读　允，即汉末王允。《太平御览》卷五十五引《典略》曰：董卓虽亲爱吕布，然时醉则骂，以刀剑击之，不中而后止。布恐终被害，乃私与司徒王允及尚书仆射孙瑞谋，养死士于窟室。三年四月，天子疾瘳，卓诣宫贺，布先置死士。卓严驾出，马踬不肯行，心怪之，欲还，布劝使行。到宫门，入掖门，死士交戟刺卓，堕车，顾布所在，布下马曰："有诏。"遂杀之。〇玠，即宋人余玠，字义夫，蕲州人，官至资政殿学士，镇蜀。《宋史·余玠传》：初，利司都统王夔素残悍，号"王夜叉"，恃功骄恣，桀骜不受节度，所至劫掠，蜀人患苦之。朝廷虽知其不法，在远不能诘也。玠至嘉定，夔帅所部兵迎谒，才羸弱二百人。玠曰："久闻都统兵精，今疲敝若此，殊不称所望。"夔对曰："夔兵非不精，所以不敢即见者，恐惊从人耳！"顷之，班声如雷，江水如沸，声止，圆阵即合，旗帜精明，器械森然，弥望若林立，无一人敢乱行者。舟中皆战栗失色，而玠自若也，徐命吏班赏有差。玠久欲诛夔，独患其握重兵，居外，恐轻动危蜀。谋于亲将杨成，意遂决。夜召夔计事，潜以成代领其众，夔才离营，而新将已单骑入矣。将士皆愕眙，相顾不知所为，成以帅指譬晓之，遂相率拜贺。夔至，即斩之。

shí qián qiáo jié　zhū hài xióng qí
石虔趫捷，朱亥雄奇。（四支·9）

◎解读　石虔姓桓，晋人。《晋书·桓彝传》：石虔小字镇恶，有才干，趫①捷绝伦。从父在荆州，于猎围中见猛兽，被数箭而伏。诸督将素知其勇，戏令拔箭。石虔用急，往拔，得一箭，猛兽跳，石虔亦跳，高于兽身；猛兽伏，复拔一箭以归。从（桓）温入关，（桓）冲为苻健所围，垂没。石虔跃马赴之，拔冲于数万众之中而还，莫敢抗者，三军叹息，威震敌人。〇朱亥，战国时魏国大梁人，勇侠，隐于屠肆，侯嬴荐之于魏公子无忌。《水经注》卷十九《渭水注》引《列士传》曰：秦昭王会魏王，魏王不行，使朱亥奉璧一双。秦王大怒，置朱亥虎圈中。亥瞋目视虎，眦裂，血出溅虎，虎不敢动。

píng shū fū fěn　hóng zhì níng zhī
平叔傅粉，弘治凝脂。（四支·10）

① 趫，行动敏捷，矫健，善于奔走爬高。

◎解读 傅，音义同“敷”。平叔乃三国时魏人何晏之字，曾任魏尚书，擅经学、玄学，注《论语》《孝经》。《世说新语·容止》：何平叔美姿仪，面至白。魏明帝疑其傅粉，正夏月与热汤饼①，既啖，大汗出，以朱衣自拭，色转皎然。○弘治，乃晋人杜乂（音意）之字。《世说新语·容止》：王右军见杜弘治，叹曰：“面如凝脂，眼如点漆，此神仙中人。”

bó yú qì zhàng　mò dí bēi sī
伯俞泣杖，墨翟悲丝。（四支·11）

◎解读 伯俞，即汉代韩伯俞，古代孝子。《说苑》卷三：伯俞有过，其母笞之，泣。其母曰：“他日笞子，未尝见泣，今泣何也?”对曰：“他日俞得罪，笞尝痛。今母之力不能使痛，是以泣。”○《墨子·所染》：子墨子见染丝者而叹曰：染于苍则苍，染于黄则黄，所入者变，其色亦变，五入而已为五色矣，故染不可不慎也。非独染丝然也，国亦有染。齐桓染于管仲、鲍叔，晋文染于舅犯、高偃，楚庄染于孙叔、沈尹，吴阖闾染于伍员、文义，越句践染于范蠡、大夫种。此五君所染当，故霸诸侯，功名传于后世。

néng wén cáo zhí　shàn biàn zhāng yí
能文曹植，善辩张仪。（四支·12）

◎解读 曹植，字子建，曹操第四子（长子昂，次子丕，三子彰），魏文帝曹丕之弟。《三国志·魏志》卷十九：陈思王植字子建，年十岁余，诵读诗论及辞赋数十万言，善属文。时邺铜爵台②新城，太祖悉将诸子登台，使各为赋。植援笔立成，太祖甚异之。○张仪，战国时纵横家。《史记·张仪列传》：张仪者，魏人也，始尝与苏秦俱事鬼谷先生学术，苏秦自以不及张仪。张仪已学，而游说诸侯，尝从楚相饮。已而楚相亡璧，门下意张仪，曰：“仪贫无行，必此盗相君之璧。”共执张仪，掠笞数百，不服，释之。其妻曰：“嘻！子毋读书游说，安得此辱乎?”张仪谓其妻曰：“视吾舌尚在不（同‘否’）?”其妻笑曰：“舌在也!”仪曰：“足矣!”

---

① 汤饼，即今所谓“面条”也。
② 铜爵台，又称铜雀台。

wēn gōng jǐng zhěn　dǒng zǐ xià wéi
温公警枕，董子下帷。（四支·13）

◎解读　温公，即北宋司马光，字君实，哲宗朝为相，封为温国公。宋代范祖禹作《司马温公布衾铭记》曰：温公一室萧然，图书盈几，终日静坐，泊如也。又以圆木为警枕，小睡则枕转而觉，乃起读书。〇董子，即西汉大儒董仲舒，治《公羊春秋》，撰《春秋繁露》。《汉书》本传：董仲舒，广川人也，少治《春秋》，孝景时为博士，下帷讲诵，弟子传以次相授业，或莫见其面①。

huì shū zhāng xù　shàn huà wáng wéi
会书张旭，善画王维。（四支·14）

◎解读　《新唐书·文艺传》：张旭，字伯高，苏州吴人。嗜酒，每大醉呼叫狂走乃下笔，或以头濡墨而书，既醒自视，以为神，不可复得也，世呼"张颠"。旭自言：始见公主担夫争道，又闻鼓吹，而得笔法意；观倡公孙舞剑器，得其神。〇《旧唐书·文苑传》：王维字摩诘，太原祁人，开元九年进士擢第，与弟缙俱有俊才，博学多艺亦齐名。以诗名盛于开元、天宝间，尤长五言诗，书画特臻其妙。人有得《奏乐图》，不知其名。维视之曰："《霓裳（音尝）》第三叠第一拍也。"好事者集乐工按之，一无差，咸服其精思。故宋·苏轼曰："味摩诘之诗，诗中有画；观摩诘之画，画中有诗。"

zhōu xiōng wú huì　jì shū bù chī
周兄无慧，济叔不痴。（四支·15）

◎解读　周，春秋时晋国国君周子也，即晋悼公。《左传·成公十八年》：晋栾书、中行偃使程滑弑厉公，使荀罃（音英，同"罂"）、士鲂（音仿）逆周子于京师而立之，生十四年矣。周子有兄而无慧，不能辨菽麦，故不可立。〇济叔，晋人王济之叔王湛也。《晋书·王湛传》：湛，字处冲，少有识度，少言语。初有隐德，人莫能知，兄弟宗族皆以为痴，兄子济亦轻之。济尝诣湛，见床头有《周易》，问曰："叔

① 唐·颜师古注：言新学者但就其旧弟子受业，不必亲见仲舒。

父何用此为?”湛曰:“体中不佳时,脱复看耳。”济请言之,湛因剖析玄理,微妙有奇趣,皆济所未闻也。济才气抗迈,于湛略无子侄之敬,既闻其言,不觉栗然,心形俱肃,遂流连弥日累夜,自视缺然,乃叹曰:“家有名士,三十年而不知,济之罪也!”武帝亦以湛为痴,每见济,辄调之曰:“卿家痴叔死未?”济常无以答。及是,帝又问如初,济曰:“臣叔殊不痴!”

dù jī guó shì guō tài rén shī
杜畿国士,郭泰人师。(四支·16)

◎**解读** 杜畿,三国时魏人,字伯侯。宋·马永易《实宾录》卷十二:魏杜畿初至许,见侍中耿纪,语终夜。尚书令荀彧(音玉)与纪比屋,夜闻畿言,异之,且遣人谓纪曰:“有国士而朝不进,何以居官?”既见畿,知之如旧相识,遂进畿于朝。○郭泰,字林宗,东汉太原介休人,博通经典,在家教授子弟。《太平御览》卷八一四引袁宏《后汉纪·郭泰传》:童子魏照求入其房,供给洒扫。泰曰:“当精义讲书,何来相近?”照曰:“经师易获,人师难遭,欲以素丝之质,附近朱蓝。”

chéng yí zhuàn yì jué fàn lùn shī
程颐传《易》,觉范论诗。(四支·17)

◎**解读** 程颐,字正叔,世称伊川先生,洛阳人,北宋理学家,少年时与兄程颢学于周敦颐。先为宋秘书省校书郎、崇政殿说书等职,后被贬,讲学三十余年,著有《易传》《春秋传》等。事具《宋史·道学传》。传,阐述经义,即为经书作注。○觉范,即南宋僧人彭觉范,法名惠洪,一名德洪,筠州人,著有《冷斋夜话》十卷,其卷四“五言四句诗得于天趣”条云:吾弟超然喜论诗,其为人纯至有风味。尝曰:“陈叔宝绝无肺肠,然诗语有警绝者。如曰:‘午醉醒来晚,无人梦自惊。夕阳如有意,偏傍小窗明。’王维摩诘《山中诗》曰:‘荆溪白石出,天寒红叶稀。山路元无雨,空翠湿人衣。’舒王百家衣体①曰:‘相看不忍发,惨淡暮潮平。语罢更携手,月明洲渚生。’此皆得于天趣。”予问之曰:“句法固佳,然何以识其天趣?”超然曰:“能言萧何所以识韩信,则天趣可言。”予竟不能诘,叹曰:“微超然,谁知之!”

---

① 舒王,即王安石。百家衣体,乃集句成诗,犹衲百家衣也。

dǒng zhāo jiù yǐ　　máo bǎo fàng guī
董昭救蚁，毛宝放龟。（四支·18）

◎解读　董昭，乃董昭之的省称。《艺文类聚》卷九十七引《齐谐记》：当阳（一作富阳）董昭之尝乘船过钱塘江，中央见有一蚁著一短芦，走一头回，复向一头，甚遑遽。昭之曰："此畏死也。"取著船上。船中人骂："此是毒螫（音士，蜇）物，不可长，我当蹹（音踏，同'蹋'，踩，踏）杀之。"昭意甚怜此蚁。中夜，梦一人乌衣从百许人来谢，云："仆不慎堕江，惭君济活。仆是虫王，君若有急难之日，当见告语。"后昭之遇事系狱，蚁领群蚁穴狱，昭遂得免。○晋·陶潜《搜神后记》卷十：晋咸康中，豫州刺史毛宝戍邾城。有一军人于武昌市见人卖一白龟子，长四五寸，洁白可爱，便买取持归，著瓮中养之。七日渐大，近欲尺许。其人怜之，持至江边，放江水中，视其去。后邾城遭石季龙攻陷，毛宝弃豫州，赴江者莫不沉溺。于时所养龟人被铠持刀亦同自投江中。既入水中，觉如堕一石上，水裁至腰。须臾游出，中流视之，乃是先所放白龟，甲六七尺。既抵东岸，出头视此人，徐游而去，中江犹回首视此人而没。

chéng fēng zōng què　　lì xuě yáng shí
乘风宗悫，立雪杨时。（四支·19）

◎解读　宗悫，字元干，南朝宋孝文帝时人。据《宋书》本传：悫，南阳人也，叔父炳高尚不仕。悫年少时，炳问其志，悫曰："愿乘长风，破万里浪！"○《宋史·道学传》：杨时，字中立，南剑将乐人，幼颖异能属文。稍长，潜心经史。熙宁九年，中进士第，年四十师程颐于洛。一日见颐，颐偶瞑坐，时与游酢侍立不去。颐既觉，则门外雪深一尺矣。

ruǎn jí qīng yǎn　　mǎ liáng bái méi
阮籍青眼，马良白眉。（四支·20）

◎解读　《晋书·阮籍传》：阮籍，字嗣宗，陈留尉氏人也，容貌瑰杰，志气宏放，傲然独得，任性不羁，而喜怒不形于色，时人多谓之痴。又能为"青白眼"，见礼俗之士，以白眼对之。及嵇喜来吊母丧，籍作白眼，喜不怿而退。喜弟康闻之，乃赍酒挟琴造焉，籍大悦，乃见青眼。由是礼法之士疾之若仇。○《三国志·蜀志》曰：马良，字季常，襄阳宜城人。兄弟五人（其一即马谡），并有才名，乡里为之谚曰：“马氏五常，白眉最良。”良眉中有白毛，故以称之。

hán zǐ gū fèn liáng hóng wǔ yī
韩子《孤愤》，梁鸿《五噫》。（四支·21）

◎**解读** 韩子，即韩非。《史记·老子韩非列传》：韩非者，韩之诸公子也，喜刑名法术之学，而其归本于黄老。非为人口吃，不能道说，而善著书，与李斯俱事荀卿，斯自以为不如非。非见韩之削弱，数以书谏韩王，韩王不能用。于是韩非疾治国不务修明其法制，执势以御其臣下，富国强兵而以求人任贤，反举浮淫之蠹而加之于功实之上，以为儒者用文乱法，而侠者以武犯禁，宽则宠名誉之人，急则用介胄之士。今者所养非所用，所用非所养，悲廉直不容于邪枉之臣，观往者得失之变，故作《孤愤》《五蠹》《内外储》《说林》《说难（音睡南）》十余万言。○《后汉书·逸民传》：梁鸿，字伯鸾，扶风平陵人也，受业太学，家贫而尚节介，博览无不通。与妻孟光隐于霸陵山中，以耕织为业，咏《诗》《书》，弹琴以自娱。因东出关，过京师，登北邙山，作《五噫之歌》曰：“登彼北邙兮，噫！览观帝京兮，噫！宫室崔嵬兮，噫！寥寥未央兮，噫！人之劬劳兮，噫！”

qián kūn shì xiè cuī chén qǐ mí
钱昆嗜蟹，崔谌乞麋。（四支·22）

◎**解读** 钱昆，字裕之，五代人，越王钱镠（音留）之后也，归宋登进士第，善为诗赋，又工草隶，有文集十卷。宋·欧阳修《归田录》卷下：国朝自下湖南，始置诸州通判，既非副贰，又非属官，故常与知州争权。时有钱昆少卿者，家世余杭人也。杭人嗜蟹，昆尝求补外郡，人问其所欲何州，昆曰：“但得有螃蟹无通判处，则可矣。”○《北史·李灵传》：河间太守崔谌恃其弟暹（音先）势，从李绘乞麋角、鸽羽，绘答书曰：“鸽有六翮（音合），飞则冲天；麋有四足，走便入海。下官肤体疏懒，手足迟钝，不能近追飞走，远事佞人。”

yǐn zhī mài quǎn　jǐng bó pēng cí
隐之卖犬，井伯烹雌。(四支·23)

◎解读　《晋书·良吏传》：吴隐之，字处默，濮阳鄄城人，吴质六世孙也。美姿容，善谈论，博涉文史，以儒雅标名，弱冠而介立，有清标。虽日晏啜菽，不取非其道。初，隐之为奉朝请，谢石请为卫将军主簿。隐之将嫁女，石知其贫素，遣女必当率薄，乃令移厨帐助其经营。使者至，方见婢牵犬卖之，此外萧然无办。○井伯，即春秋时秦国贤大夫百里奚。雌，母鸡。宋·郭茂倩《乐府诗集·琴曲歌辞》引《风俗通》：百里奚去虞将适秦，其妻以门关烹鸡母饯之。后百里奚为秦相，堂上作乐，所赁浣妇自言知音，因援琴抚弦而歌曰："百里奚，五羊皮，忆别时，烹伏雌，炊扊扅①，今日富贵忘我为？百里奚，初娶我时五羊皮，临当别时烹乳鸡，今适富贵忘我为！百里奚，百里奚，母已死，葬南溪，坟以瓦，覆以柴，舂黄藜②，扼伏鸡，西入秦，五羖③皮，今日富贵捐我为！"问之，乃其故妻，遂还为夫妇也。

méi gāo mǐn jié　sī mǎ yān chí
枚皋敏捷，司马淹迟。(四支·24)

◎解读　枚皋，字少孺，西汉辞赋家枚乘之庶子也；司马，即西汉文学家司马相如，字长卿。《西京杂记》卷三：枚皋文章敏疾，长卿制作淹迟，皆尽一时之誉。而长卿首尾温丽，枚皋时有累句，故知疾行无善迹矣。扬子云曰："军旅之际，戎马之间，飞书驰檄用枚皋；廊庙之下，朝廷之中，高文典册用相如。"

zǔ yíng chēng shèng　pān yuè chéng qí
祖莹称圣，潘岳诚奇。(四支·25)

◎解读　《魏书·祖莹传》：祖莹，字元珍，范阳遒人也，年八岁能诵《诗》《书》，十二为中书学生，好学耽书，以昼继夜。父母恐其成疾，禁之，不能止，常密于灰中藏火，父母寝睡之后，驱逐僮仆，燃火读书，以衣被蔽塞窗户，恐漏光明为家人

---

① 扊扅，音眼移，或作"剡移"，门闩也。
② 黎，通"藜"，植物名。一年生草本，嫩叶可食。
③ 羖，音骨，黑色公羊。

所觉。由是声誉甚盛，内外亲属呼为“圣小儿”。○《晋书·潘岳传》：潘岳，字安仁，荥阳中牟人也，少以才颖见称，乡邑号为奇童。安仁美姿仪，辞藻绝丽，少时常挟弹出洛阳道，妇人遇之者，皆连手萦绕，投之以果，遂满车而归。

zǐ zhī méi yǔ　sī màn fēng zī
紫芝眉宇，思曼风姿。（四支·26）

◎**解读**　紫芝，即元德秀。《新唐书·卓行传》：元德秀，字紫芝，河南人，质厚少缘饰。少孤，事母孝，举进士，不忍去左右，自负母入京师。既擢第，母亡，庐墓侧，食不盐酪，藉无茵席。为官清廉自守，所得俸禄悉衣食人之孤遗者。后隐居陆浑山中，不为墙垣扃钥，家无仆妾。岁饥，日或不爨，嗜酒，陶然弹琴以自娱。人以酒肴从之，不问贤鄙，俱为酣饫（音玉，饱也）。房琯每见德秀，叹息曰：“见紫芝眉宇，使人名利之心都尽!”天宝十三载卒家，惟枕履箪瓢而已。○思曼，即张绪。《南史·张绪传》：绪，字思曼，少有才文，神姿清雅，吐纳风流，听者皆忘饥疲，见者肃然，如在宗庙，虽终日与居，莫能测焉。官至国子祭酒，口不言利，有财辄散之，清谈端坐，或竟日无食。刘悛之为益州，献蜀柳数株，枝条甚长，状若丝缕。时旧宫芳林苑始成，齐武帝以植于太昌灵和殿前，常赏玩咨嗟曰：“此杨柳风流可爱，似张绪当年时。”其见赏爱如此。

yù huì qiè yǐn　chén jì chéng mí
毓会窃饮，谌纪成糜。（四支·27）

◎**解读**　毓、会，即三国时书法家锺繇之二子锺毓、锺会。《世说新语·言语》：锺毓、锺会兄弟少时，值父昼寝，因共偷服药酒。其父时觉，且托寐以观之。毓拜而后饮，会饮而不拜。既而问毓何以拜，毓曰：“酒以成礼，不敢不拜。”又问会何以不拜，会曰：“偷本非礼，所以不拜。”○谌、纪，即东汉桓帝时太丘长陈寔（音十）的儿子陈谌（字季方）、陈纪（字元方，寔之长子），与父亲齐名，号为“三君”。《世说新语·夙慧》：宾客诣陈太丘宿，太丘使元方、季方炊。客与太丘论议，二人进火，俱委而窃听，炊忘著箅①，饭落釜中。太丘问：“炊何不馏②?”元方、季方长

① 箅，音毕，炊具，覆盖甑底的竹席。

② 饭再蒸曰馏。

跪曰："大人与客语，乃俱窃听，炊忘著箄，饭今成糜①。"太丘曰："尔颇有所识不？"对曰："仿佛志之。"二子俱说，更相易夺，言无遗失。太丘曰："如此但糜自可，何必饭也！"

hán kāng mài yào　zhōu shù rú zhī

韩康卖药，周术茹芝。（四支·28）

◎解读　《后汉书·逸民传》：韩康，字伯休，京兆霸陵人，常采药名山，卖于长安市，口不二价三十余年。时有女子从康买药，康守价不移，女子怒曰："公是韩伯休那②？乃不二价乎！"康叹曰："我本欲避名，今小女子皆知有我焉，何用药为！"乃遁入霸陵山中。〇周术，字元道，人称甪（音路）里先生，是传说中的"四皓"之一。晋·皇甫谧《高士传》卷中：四皓者，一曰东园公，二曰甪里先生，三曰绮里季，四曰夏黄公，皆修道洁己，非义不动。秦始皇时，见秦政虐，乃退入蓝田山，而作《紫芝歌》曰："莫莫高山，深谷逶迤；晔晔紫芝，可以疗饥。唐虞世远，吾将何归？驷马高盖，其忧甚大。富贵之畏人兮，不若贫贱之肆志。"乃共入商洛隐，以待天下定。

liú gōng diàn hǔ　zhuāng zǐ tú guī

刘公殿虎，庄子涂龟。（四支·29）

◎解读　刘公，即北宋官员刘安世，字器之，魏人。《宋史》本传：安世仪状魁硕，音吐如钟。初除谏官，未拜命，入白母曰："朝廷不以安世不肖，使在言路。倘居其官，须明目张胆，以身任责。若有触忤，祸谴立至。主上方以孝治天下，若以老母辞，当可免。"母曰："不然！吾闻谏官为天子诤臣，汝父平生欲为之而弗得。汝幸居此地，当捐身以报国恩。倘得罪流放，无问远近，吾当从汝所之。"于是受命，在职累岁，正色立朝，扶持公道。其面折廷争，或帝盛怒，则执简却，伺怒稍解，复前抗辞。旁侍者远观，蓄缩悚汗，目之曰"殿上虎"，一时无不敬慑。〇庄子，即庄周。《庄子·秋水》：庄子钓于濮水，楚王使大夫二人往先（致意）焉，曰："愿以

---

① 糜，稠粥也。

② 那，音诺，语助词，表疑问。

境内累矣!”庄子持竿不顾，曰：“吾闻楚有神龟，死已三千岁矣，王以巾笥而藏之庙堂之上。此龟者，宁其死为留骨而贵乎？宁其生而曳尾于涂中乎？”二大夫曰：“宁生而曳尾涂中。”庄子曰：“往矣！吾将曳尾于涂中。”

táng jǔ shàn xiàng　biǎn què míng yī
唐举善相，扁鹊名医。（四支·30）

◎解读　唐举，战国人，善相人，曾为蔡泽、李兑看相。《史记·范雎蔡泽列传》：蔡泽者，燕人也。游学干诸侯小大甚众，不遇，而从唐举相，曰：吾闻先生善相，若臣者何如？唐举孰视而笑，曰：“先生曷鼻，巨肩，魋（音颓，大）颜蹙齃膝挛[①]。吾闻圣人不相[②]，殆先生乎？”蔡泽知唐举戏之，乃曰：“富贵吾所自有，吾所不知者，寿也。愿闻之！”唐举曰：“先生之寿，从今以往者四十三岁。”蔡泽笑谢而去，谓其御者曰：“吾持粱齿肥，跃马疾驱，怀黄金之印，结紫绶于要（同‘腰’），揖让人主之前，食肉富贵，四十三年足矣!”○扁鹊，战国时名医。《史记·扁鹊仓公列传》：扁鹊者，勃海郡郑人也，姓秦氏，名越人。少时为人舍长[③]。舍客长桑君过，扁鹊独奇之，常谨遇之。长桑君亦知扁鹊非常人也。出入十余年，乃呼扁鹊私坐，间与语曰：“我有禁方，年老欲传与公，公毋泄。”扁鹊曰：“敬诺。”乃出其怀中药予扁鹊：“饮是以上池之水，三十日当知物矣。”乃悉取其禁方书，尽与扁鹊，忽然不见，殆非人也。扁鹊以其言饮药三十日，视见垣一方人（隔墙见人也）。以此视病，尽见五藏症结，特以诊脉为名耳。为医，或在齐，或在赵，在赵者名“扁鹊”。

hán qí fén shū　jiǎ dǎo jì shī
韩琦焚疏，贾岛祭诗。（四支·31）

◎解读　韩琦，字稚圭，相州安阳人，风骨秀异，弱冠举进士，历仕宋仁宗、英宗、神宗三朝，累官至宰相，为朝廷柱石，国家栋梁。《宋史》有传。《锦绣万花谷》前

---

① 曷，通“蝎”，谓鼻如蝎虫；或曰曷读若“遏”，遏鼻，偃鼻，仰鼻也。巨肩，谓项低而肩竖也。魋颜，额头突出。齃，音饿，鼻梁。挛，卷曲不得伸展。

② 圣人不相，意谓圣人没有好相貌。

③ 守客馆之师，号云“舍长”也。

集卷十一“谏官”条引《韩琦家传》云：韩琦为谏官三年，所存谏草欲敛而焚之，以效古人谨密之义。然恐无以见人主从谏之美，乃集七十余章，为三卷，曰《谏垣稿》，自序于首，大略曰：谏主于理胜，而以至诚将之。〇《唐才子传》卷五：贾岛，字浪仙，范阳人也。初，连败文场，囊箧空甚，遂为浮屠，名无本，往京师居青龙寺。元和中，元、白变尚轻浅，岛独按格入僻，以矫浮艳。当冥搜之际，前有王公贵人，皆不觉。游心万仞，虑入无穷，自称碣石山人，虽行坐寝食，苦吟不辍。每至除夕，必取一岁所作置几上，焚香再拜，酹酒祝曰：“此吾终年苦心也！”痛饮长谣而罢。①

kāng hóu xùn zhí　liáng bì kè ér
康侯训侄，良弼课儿。（四支·32）

◎**解读**　康侯，即胡安国。《宋史·儒林传·胡安国》：胡安国字康侯，建宁崇安人，入太学，以程颐之友朱长文及颍川靳裁之为师。裁之与论经史大义，深奇重之。三试于礼部，中绍圣四年进士第。胡寅字明仲，安国弟之子也。寅将生，弟妇以多男欲不举，安国妻梦大鱼跃盆水中，急往取而子之。寅少桀黠难制，父闭之空阁，其上有杂木，寅尽刻为人形。安国曰：“当有以移其心。”别置书数千卷于其上。年余，寅悉成诵，不遗一卷，中宣和进士甲科。〇良弼，即余良弼。《宋诗纪事》卷六十三引《万姓统谱》：余良弼，南宋顺昌人，子大雅与游敬仲同时，从朱子游，深得求放心之旨。良弼有《教子诗》云：“白发无凭吾老矣，青春不再汝知乎？年将弱冠非童子，学不成名岂丈夫！幸有明窗并净几，何劳凿壁与编蒲。功成欲自殊头角，记取韩公训阿符②。”

yán kuáng mò jí　shān qì nán zhī
颜狂莫及，山器难知。（四支·33）

◎**解读**　颜，即南朝宋文学家颜延之，字延年，琅琊临沂人。少孤贫，居负郭，室巷甚陋，好读书，无所不览，文章之美冠绝当时。饮酒，不护细行。《太平御览》卷

① 唐·冯贽《云仙杂记》卷四“祭诗以酒脯”条：贾岛常以岁除取一年所得诗，祭以酒脯，曰：“劳吾精神，以是补之。”

② 阿符，唐代韩愈之子。

五五二引谢绰《宋拾遗录》曰：太祖尝召颜延之，传诏频曰："寻觅不值。"太祖曰："但酒店中求之，自当得也。"传诏依旨访觅，果见延之在酒肆裸身挽歌，了不应对。《南史·颜延之传》：帝尝问以诸子才能，延之曰："竣得臣笔，测得臣文，奂得臣义，跃得臣酒。"[①] 何尚之嘲曰："谁得卿狂？"答曰："其狂不可及！"〇山，即魏晋名士山涛，字巨源，河内怀人。早孤居贫，少有器量，介然不群，性好庄、老，每隐身自晦。与嵇康、吕安善，后遇阮籍，便为竹林之游。《晋书·王戎传》：戎有人伦鉴识，常目山涛如璞玉浑金，人皆钦（敬慕）其宝，莫知名其器。刘孝标《世说新语注》引顾恺之《画赞》曰：涛无所标明，淳深渊默，人莫见其际，而其器亦入道。故见者莫能称谓，而服其伟量。

lǎn cán wēi yù　　lǐ bì shāo lí
懒残煨芋，李泌烧梨。（四支·34）

◎**解读**　煨芋、烧梨二事，均出自唐代人李泌。李泌，肃宗朝宰相，好神仙道术，每辟谷不食。《太平广记》卷三十八引《邺侯家传》：泌自丁家艰，无复名宦之冀，服气修道，周游名山，与明瓒禅师游。明瓒，释徒谓之"懒残"[②]。泌尝读书衡岳寺，异其所为，曰："非凡人也。"听其中宵梵唱，响彻山林。泌颇知音，候中夜潜往谒之，懒残命坐，拨火出芋以啖之，谓泌曰："慎勿多言，领取十年宰相。"泌拜而退。天宝八载，泌在表兄郑叔则家，已绝粒多岁。肃宗尝夜坐，召颍王等三弟同于地炉罽[③]毯上食。以泌多绝粒，肃宗每自为烧二梨以赐之。时颍王恃恩固求，肃宗不与，曰："汝饱食肉，先生绝粒，何乃争此耶？"颍王曰："臣等试大家[④]心，何乃偏耶？不然三弟共乞一颗。"肃宗亦不许，别命他果以赐之。王等则曰："臣等以大家自烧，故乞，他果何用！"

gān shèn yáng pèi　　jiāo fàn chén yí
干椹杨沛，焦饭陈遗。（四支·35）

---

① 竣、测、奂（音辍）、跃，延之四子也。
② "懒残"与"明瓒"古音近。
③ 罽，音记，一种毛织品，类似毡子。
④ 唐人称皇帝为"大家"，宋人则称为"官家"。

◎解读　宋·郑樵《通志》卷一一五：杨沛字孔渠，冯翊万年人也，为公府令史，除新郑长。兴平末，人多饥穷，沛课民畜干椹、收䝁豆[①]，视其有余，以补不足。如此积得千余斛，藏在小仓。会太祖（曹操）为兖州刺史，西迎天子，所将千余人皆无粮。过新郑，沛谒见，乃皆进干椹，太祖大喜。及太祖辅政，迁沛为长社令，累迁九江、东平、乐安太守，并有治迹。○《南史·孝义传》：南朝宋初，吴郡人陈遗少为郡吏，母好食锅底饭。遗在役，恒带一囊，每煮食，辄录[②]其焦以贻母。后孙恩乱，聚得数升，恒带自随。及败逃窜，多有饿死，遗以此得活。

文舒戒子，安石求师。（四支·36）

wén shū jiè zǐ　ān shí qiú shī

◎解读　文舒，即三国时魏国人王昶。《三国志·魏志·王昶传》：王昶，字文舒，太原晋阳人也，文帝时魏散骑常侍。昶为兄子及子作名字皆依谦实，以见其意。故兄子默字处静，沉字处道，其子浑字玄冲，深字道冲。遂书戒之曰："为子之道，莫大于宝身、全行，以显父母。此三者，人知其善，而或危身破家、陷于灭亡之祸者，何也？由所祖习非其道也。夫孝敬仁义，立身之本也。孝敬则宗族安之，仁义则乡党重之，此行成于内，名著于外者也。人若不笃于至行，而背本逐末，以陷浮华焉，以成朋党焉。浮华则有虚伪之累，朋党则有彼此之患。此二者之戒，昭然著明，而覆车滋众，逐末弥甚，皆由惑当时之誉，昧目前之利故也。夫富贵声名，人情所乐，而君子或得而不处，何也？恶不由其道耳。患人知进而不知退，知欲而不知足，故有困辱之累，悔吝之咎。故知足之足，常足矣。览往事之成败，察将来之吉凶，未有干名要利、欲而不厌而能保身持家、永全福禄者也。欲使汝曹立身行己，遵儒者之教，履道家之言，故以玄默冲虚为名，欲使汝曹顾名思义，不敢违越也。"○安石，即宋代王安石。宋·晁说之《晁氏客语》：王荆公教元泽求门宾须博学善士[③]，或谓："发蒙恐不必然。"公曰："先入者为之主。"予由是悟，未尝讲学改易者，幼年先入者也。

---

① 䝁豆，一种野生豆类植物。

② 录，收集。

③ 王荆公，王安石也。元泽，安石长子王雱（音兵）之字也。门宾，本指门客、食客，此指塾师，犹门馆、西宾也。

fáng nián mò jiǎn　yán wǔ chēng qí
防年末减，严武称奇。（四支·37）

◎**解读**　防年，汉景帝时囚犯。末减，罪后减罪也。唐·杜佑《通典》卷一六六：汉景帝时，廷尉上囚防年：继母陈氏杀防年父，防年杀陈氏。依律：杀母以大逆论。帝疑之。武帝时年十二，为太子，在旁，帝遂问之。太子答曰："夫继母如母，明不及母，缘父之故，比之于母。今继母无状，手杀其父，则下手之日，母恩绝矣。故防年宜与杀人者同，不宜与大逆论。"帝从之，议者称善。○严武，唐代人。《新唐书·严挺之传》：严挺之之子严武，字季鹰，幼豪爽。母裴氏不为挺之所容，而独爱其妾英。武始八岁，怪问其母，母语之故，武奋然以铁锤就英寝碎其首。左右惊白挺之曰："郎戏杀英！"武辞曰："安有大臣厚妾而薄妻者！儿故杀之，非戏也。"父奇之，曰："真严挺之之子也！"①

dèng yún ài ài　zhōu yuē qī qī
邓云艾艾，周曰期期。（四支·38）

◎**解读**　邓，即三国时邓艾，字士载，以口吃不得作干佐，为稻田守丛草吏，每见高山大泽，辄规度指画军营处。后见司马懿，三辟为掾，累迁征西将军，伐蜀。蜀平，进位太尉。《世说新语·言语》：邓艾口吃，语称"艾艾"。晋文王（司马昭）戏之曰："卿云'艾艾'，定是几'艾'？"对曰："'凤兮！凤兮！'②故是一凤。"时人多笑焉。○周，即西汉初御史大夫周昌。《史记·张丞相列传》：周昌者，沛人也，秦时为泗水卒史。及高祖起沛，昌自卒史从沛公。沛公入关破秦，以昌为中尉，后拜为御史大夫，常从。昌为人强力，敢直言。帝欲废太子，而立戚姬子如意为太子，大臣固争之，莫能得，而周昌廷争之强。上问其说，昌为人口吃，又盛怒，曰："臣口不能言，然臣期期③知其不可！陛下虽欲废太子，臣期期不奉诏！"上欣然而笑，遂罢。

---

① 今按：子杀人，父称善，如此父子，真莫名其妙。

② 刘孝标注引《列仙传》曰：陆通者，楚狂接舆也，好养性，游诸名山。尝遇孔子而歌曰："凤兮！凤兮！何德之衰！往者不可谏，来者犹可追。"又《论语·微子》：楚狂接舆歌而过孔子，曰："凤兮！凤兮！何德之衰！往者不可谏，来者犹可追。已而！已而！今之从政者殆而！"孔子下，欲与之言，趋而辟之，不得与之言。

③ 周昌口吃，又盛怒，故发语窘塞，不得畅达，言则"期期"也。

zhōu shī yuán hè　liáng xiàng yuān chī
周师猿鹄，梁相鹓鸱。（四支·39）

◎解读　周师，周穆王之军也。鹄，音义同“鹤”。《艺文类聚》卷九十引《抱朴子》曰：周穆王南征，一军尽化，君子为猿为鹤，小人为虫为沙。〇梁相，战国时魏国相惠施，庄子好友。《庄子·秋水》：惠子相梁，庄子往见之。或谓惠子曰：“庄子来，欲代子相。”于是惠子恐，搜于国中三日三夜。庄子往见之，曰：“南方有鸟，其名鹓雏，子知之乎？夫鹓雏发于南海，而飞于北海，非梧桐不止，非练实不食，非醴泉不饮。于是鸱得腐鼠，鹓雏过之，仰而视之曰：‘嚇！’今子欲以子之梁国而吓①我邪？”

lín táo dà hàn　qióng yá xiǎo ér
临洮大汉，琼崖小儿。（四支·40）

◎解读　《太平御览》卷八一三引张莹《汉南记》曰：安帝见铜人，以问侍中张陵，对曰：“昔秦始皇时，有大人十二，身长五丈，屦（音巨，草鞋）六尺，皆夷狄之服，见于临洮，此天将亡秦之征。而始皇误喜以为瑞，乃铸铜人以为像。”上曰：“何以知之？”对曰：“臣见传载，云其人胸上有铭。”〇宋·朱胜非《绀（音赣）珠集》卷十二引钱易《洞微志》：太平兴国中，李守中为承旨，奉使南方，过海至琼州，逢一翁自称杨遐举。守中诣其居，见其父，曰：“叔连年一百二十。”又见其祖，曰：“宋卿年一百九十五。”语次，其梁上鸡窠中有一小儿出头下视，宋卿曰：“此九代祖也，不语不食，不知其年，朔望取下，子孙列拜而已。”

dōng yáng qiǎo duì　rǔ xī qí shī
东阳巧对，汝锡奇诗。（四支·41）

◎解读　东阳，即明代文学家李东阳。《明史》本传：东阳字宾之，号西涯，茶陵人，四岁能作径尺书。景帝召试之，甚喜，抱置膝上，赐果钞。后两召讲《尚书》大义，称旨，命入京学。天顺八年，年十八成进士，选庶吉士，授编修，累迁侍讲

---

① 吓，同“嚇”，怒斥。

学士，充东宫讲官，卒谥文正。清·姚之骃《元明事类钞》卷十六“神童脚短”条引《李东阳年谱》：文正四岁，能作大书，顺天府以神童荐入内庭，过门限，太监云“神童脚短”，即高应云“天子门高”。召见文华殿，命给纸笔，书“麟凤龟龙”十余字，上甚喜，抱置膝上，赐珍果及宝镪（音抢，成串的钱）。六岁、八岁复两召，试讲《尚书》，命隶京庠。又卷四十：李西涯以神童召见，上试对句云“螃蟹浑身甲胄”，李对曰“蜘蛛满腹经纶”。〇汝锡，即宋代诗人陈汝锡。明·凌迪知《万姓统谱》卷十八：陈汝锡字师予，青田人，幼颖悟，数岁能属文。或以其诗一联示黄庭坚，曰：“闲愁莫浪遣，留为痛饮资。”黄击节称赏，曰：“我辈人也！”宋绍圣四年，由太学登进士第，后官至浙东安抚使，有《鹤溪集》十二卷传世。

qǐ qī sān lè　cáng yòng wǔ zhī

启期三乐，藏用五知。（四支·42）

◎**解读**　启期，指春秋时隐士荣启期。《孔子家语·六本》：孔子游于泰山，见荣启期，行乎郕（音成）之野，鹿裘带索，鼓瑟而歌。孔子问曰：“先生所以为乐者，何也？”期对曰：“吾乐甚多，而至者三。天生万物，唯人为贵，吾既得为人，是一乐也。男女之别，男尊女卑，故人以男为贵，吾既得为男，是二乐也。人生有不见日月、不免襁褓者，吾既以行年九十五矣，是三乐也。贫者，士之常；死者，人之终。处常待终，当何忧哉？”孔子曰：“善哉！能自宽者也。”〇宋初李若拙，字藏用。京兆万年人，太平兴国二年知乾州。然“五知”与其无关。据《宋史·李若拙传》：李若拙之子李绎，字纵之，自以久宦在外，意不自得，作《五知先生传》，谓知时、知难、知命、知退、知足也。尝两知凤翔府，至是又徙凤翔，寻为右谏议大夫，卒。①

duò zèng shū dá　fā wèng zhōng lí

堕甑叔达，发瓮钟离。（四支·43）

◎**解读**　叔达，即东汉孟敏。《后汉书·郭太传》：孟敏字叔达，巨鹿杨氏人也。客居太原，荷甑（音赠，瓦器）堕地，不顾而去。林宗见而问其意，对曰：“甑已破

---

① 今按：《宋史·任布传》：任布字应之，庆历中拜副枢，归休洛中，作“五知堂”，谓知恩、知命、知足、知道、知幸也。

矣，视之何益!”林宗以此异之，因劝令游学，十年知名天下。〇钟离，即钟离意，字子阿，会稽山阴（今浙江绍兴）人，仕后汉光武、明帝朝，官至尚书。《后汉书·钟离意传》注引《钟离意别传》：意为鲁相，到官出私钱万三千文，付户曹孔欣修夫子车。身入庙，拭几、席、剑、履。男子张伯除堂下草，土中得玉璧七枚。伯怀其一，以六枚白意，意令主簿安置几前。孔子教授堂下床首有悬瓮，意召孔欣问：“此何瓮也?”对曰：“夫子瓮也。背有丹书，人莫敢发也。”意曰：“夫子圣人，所以遗瓮，欲以悬示后贤。”因发之，中得素书，文曰：“后世修吾书，董仲舒；护吾车、拭吾履、发吾笥，会稽钟离意；璧有七，张伯藏其一。”意即召问伯，果服焉。

yì qián zhū lì　bàn bì lián jī
一钱诛吏，半臂怜姬。（四支·44）

◎解读　明·何良俊《何氏语林》卷六：五代以来，军卒陵将帅，胥吏陵长官，余风至宋犹未尽除。张乖崖为崇阳令，一吏自库中出，鬓傍巾下有一钱。诘之，乃库中钱也。乖崖命杖之，吏勃然曰：“一钱何足杖我耶？尔能杖我，不能斩我也!”乖崖援笔判云：“一日一钱，千日千钱。绳锯木断，水滴石穿。”自仗剑下阶斩其首，申台府自劾，崇阳人至今传之。按：张咏字复之，号乖崖，濮州鄄城（今属山东）人，《宋史》有传。〇宋·魏泰《东轩笔录》卷十五：宋子京博学能文章，天资蕴藉，好游宴，以矜持自喜，又多内宠，后庭曳罗绮者甚众。尝宴于锦江，偶微寒，命取半臂①。诸婢各送一枚，凡十余枚，皆至。子京视之茫然，恐有厚薄之嫌，竟不敢服，忍冷而归。按：宋祁字子京，雍丘人，北宋天圣二年进士，官至翰林学士，《宋史》有传。

wáng hú suǒ shí　luó yǒu qǐ cí
王胡索食，罗友乞祠。（四支·45）

◎解读　王胡，即王胡之，字修龄，东晋琅琊临沂人。弱冠有声誉，历郡守、侍中、丹阳尹。宋·沈作喆《寓简》卷六：义有可与有可不与，礼有可受有可不受，惟当于礼义之中而已。晋王修龄在东山，贫乏。乌程令陶范载米一舡（古“船”字）遗

---

① 半臂，犹今坎肩、背心也。

之，却去，曰："王修龄若饥，自当就谢仁祖索食，不须陶胡奴米！"① 彼以善意来，勿受则已矣，而戾气以诟之，是为傲物无礼甚矣！〇晋代罗友，字它仁，襄阳人，少好学，性嗜酒。《世说新语·任诞》：襄阳罗友有大韵②，少时多谓之痴。尝伺人祠，欲乞食，往太早，门未开。主人迎神出见，问以非时何得在此，答曰："闻卿祠，欲乞一顿食耳。"遂隐门侧，至晓得食便退，了无怍容。

shào fù dù mǔ yōng yǒu yáng shī

召父杜母，雍友杨师。（四支·46）

◎解读 召、杜分别指召信臣、杜诗。《汉书·循吏传》：召信臣字翁卿，九江寿春人也。以明经甲科为郎，历仕上蔡长，零陵、南阳太守。信臣为人勤力有方略，好为民兴利，务在富之，躬劝耕农，出入阡陌，止舍野次，稀有安居时。开水泉，通沟渎，以广溉灌，民得其利，畜积有余。为民作均水约束，刻石立于田畔，以防纷争禁止。嫁娶送终，务出于俭约。吏民亲爱之，号之曰"召父"。《后汉书·杜诗传》：杜诗字君公，河内汲人也。少有才能，仕郡功曹，有公平称。拜成皋令，再迁为沛郡都尉，转汝南都尉，迁南阳太守。性节俭，而政治清平，省爱民役，造作水排，铸为农器，用力少见功多，百姓便之。又修治陂（音杯）池，广拓土田，郡内比室殷足。时人方于召信臣，故南阳为之语曰："前有'召父'，后有'杜母'。"〇雍，即雍冲，字退翁，洋州（今陕西洋县）人，以太学生擢为兴元府。杨即杨冲远，兴元人。二人皆活动在南宋初年。宋·祝穆《方舆胜览》卷六十六：元符中，张浚试吏兴元，往别乡先生杨用中，曰："公尝往来梁、洋，其人士有与子游者乎?"杨曰："兴元杨冲远可以为师，洋州雍退翁可以为友。"公至兴元，遂与为友。

zhí yán jiě fà jīng zhào huà méi

直言解发，京兆画眉。（四支·47）

◎解读 直言，指唐代贾直言。《新唐书·忠义传》：贾直言，河朔旧族也。父道冲以艺待诏，代宗时坐事，赐鸩将死。直言绐（音待，欺哄）其父曰："当谢四方神

---

① 谢尚，字仁祖，豫章太守。胡奴，陶范小字也。

② 韵，指器度，风度。

祇。”使者少怠，直言辄取鸩代饮，迷而踣（音驳，跌倒）。明日，毒溃足而出，久乃苏。帝怜之，减父死，俱流岭南，直言由是躄（音必，腿瘸）。又同书《列女传》：直言坐事贬岭南，以妻董氏年少，乃诀曰：“生死不可期，吾去可亟（急迫）嫁。”董不答，引绳束发，封以帛，使直言署曰：“非君手不解。”直言贬二十年乃还，署帛宛然。及汤沐，发堕无余。[①] ○京兆，指西汉张敞，字子高，本河东平阳人，宣帝时徙杜陵。《汉书·张敞传》：敞为京兆尹，朝廷每有大议，引古今，处便宜，公卿皆服，天子数从之。然敞无威仪，为妇画眉。有司以奏敞，上问之，对曰：“臣闻闺房之内，夫妇之私，有过于画眉者。”上爱其能，弗备责也。

měi jī gōng dí　lǎo bì chuī chí
美姬工笛，老婢吹篪。（四支·48）

◎解读　《晋书·石苞传》：石崇字季伦，渤海南皮人，拜卫尉。有妓[②]曰绿珠，美而善吹笛。中书令孙秀使人求之。崇时在金谷别馆，方登凉台，临清流，妇人侍侧。使者以告，崇尽出其婢妾数十人以示之，皆蕴兰麝，被罗縠，曰：“任所择！”使者曰：“君侯服御，丽则丽矣！然本受命，指索绿珠，不识孰是。”崇勃然曰：“绿珠吾所爱，不可得也！”使者曰：“君侯博古通今，察远照迩，愿加三思。”崇曰：“不然！”使者出而又反，崇竟不许。秀怒，遂矫诏收崇及潘岳、欧阳建等。崇正宴于楼上，甲士到门，崇谓绿珠曰：“我今为尔得罪。”绿珠泣曰：“当效死于官前！”因自投于楼下而死。○北朝魏·杨衒之《洛阳伽蓝记》卷四：后魏秦州刺史王琛有婢朝云，善吹箎[③]，能为《团扇歌》《陇上声》。时诸羌外叛，屡讨之不降。琛令朝云假为贫妪，吹笛而乞。诸羌闻之，悉皆流涕，迭相谓曰：“何为弃坟井，在山谷为寇也！”即相率归降。秦民语曰：“快马健儿，不如老妪吹箎。”

---

① 《太平御览》卷四二二引《定命录》：贾直言妻，莫知姓氏。贞元中，其舅（公公）得罪，赐鸩。直言欲代父死，夺鸩饮之，不死，流于岭徼（边境）。直言妻一志事姑（婆婆），髽（音抓，以麻束发）髻，绝膏沐。自三二年，虮虱蔽其肉，厥后如枯蓬之植燥土，无复虮虱。迨十五载，直言遇赦归，妻始一沐，其髻自断绝，堕于泔盆，终为秃妇。

② 妓，此指擅长伎艺之姬妾。

③ 箎，同“篪”，古代一种竹管乐器。

五　微

jìng shū shòu xiǎng　wú yòu wèi yī
敬叔受饷，吴祐遗衣。（五微·1）

◎**解读**　《南史·文学传》：何敬叔，东海郯人也，任齐长城令，有能名。在县清廉，不受礼遗。夏节至，忽榜门受饷①，数日中得米二千余斛，悉以代贫人输租。〇《后汉书·吴祐传》：吴祐，字季英，陈留长垣人也。为胶东相，政唯仁简，以身率物。民有争诉者，辄闭阁自责，然后断其讼；或身到闾里，重相和解。自是之后，争隙省息，吏人怀而不欺。啬夫孙性私赋民钱，市衣以进其父。父得而怒曰："有君如是，何忍欺之？促归伏罪！"性惭惧，诣阁持衣自首。祐屏左右问其故，性具谈父言。祐曰：以亲故，受污秽之名，所谓"观过，斯知人矣！"使归谢其父，还以衣遗之。

chún yú qiè xiào　sī mǎ wēi jī
淳于窃笑，司马微讥。（五微·2）

◎**解读**　淳于，即战国时齐人淳于髡（音昆）。《史记·滑稽列传》：齐威王八年，楚大发兵加齐。齐王使淳于髡之赵请救兵，赍金百斤，车马十驷。淳于髡仰天大笑，冠缨尽绝。王曰："先生少之乎？"髡曰："何敢！"王曰："笑岂有说乎？"髡曰："今者臣从东方来，见道傍有穰②田者，操一豚蹄，酒一盂，而祝曰：'瓯窭（音巨，贫穷）满篝，污邪满车，五谷蕃熟，穰穰满家。'③臣见其所持者狭，而所欲者奢，故笑之。"于是齐威王乃益，赍黄金千镒，白璧十双，车马百驷。髡辞而行，至赵。

---

① 饷，音义同"飨"，馈赠。

② 穰，同"禳"，祈祷。

③ 瓯窭，高地狭小之区。篝，笼也。污邪，低洼多草之田。五谷丰登曰穰。意谓：高处狭小的田地收获满笼，低洼多草之田地柴草满沟，年年五谷大丰收。

赵王与之精兵十万，革车千乘。楚闻之，夜引兵而去。○司马，即唐天台山道士司马承祯，字子微，河内温人，事潘师正，传其符箓及辟谷导引服饵之术。《新唐书·卢藏用传》：藏用始隐山中时，有意当世，人目为"随驾隐士"。晚乃徇权利，务为骄纵，素节尽矣。司马承祯尝召至阙下，将还山，藏用指终南曰："何必天台（音胎），此中大有嘉处。"承祯徐曰："以仆视之，仕宦之捷径耳！"藏用惭。

zǐ fáng bì gǔ　　gōng xìn cǎi wēi
子房辟谷，公信采薇。（五微·3）

◎解读　西汉初张良，字子房，辅佐刘邦定天下，封留侯。《史记·留侯世家》：高祖既定天下，留侯曰："家世相韩。及韩灭，不爱万金之资，为韩报仇强秦，天下振动。今以三寸舌为帝者师，封万户，位列侯，此布衣之极，于良足矣！愿弃人间事，欲从赤松子游耳。"乃学辟谷道引轻身。[①] ○公信，据传乃商末周初高士伯夷之字[②]。《史记·伯夷列传》：伯夷、叔齐，孤竹君之二子也。父欲立叔齐，及父卒，叔齐让伯夷。伯夷曰："父命也。"遂逃去，叔齐亦不肯立而逃之。国人立其中子。武王已平殷乱，天下宗周，而伯夷、叔齐耻之，义不食周粟，隐于首阳山，采薇而食之。及饿且死，作歌，其辞曰："登彼西山兮，采其薇矣。以暴易暴兮，不知其非矣。神农、虞、夏忽焉没兮，我安适归矣？于（音虚）嗟徂兮，命之衰矣！"遂饿死于首阳山。

bǔ shāng wén guò　　bó yù zhī fēi
卜商闻过，伯玉知非。（五微·4）

◎解读　卜商，字子夏，孔子弟子。《礼记·檀弓上》曰：子夏丧其子而丧其明[③]，曾子[④]吊之，曰："吾闻之也，朋友丧明则哭之。"曾子哭，子夏亦哭，曰："天乎！

---

① 汉·刘向《新序·善谋》：留侯张子房于汉已定，性多疾，即导引不食谷，杜门不出岁余。

② 今按：宋·王应麟《困学纪闻》卷七引《论语疏》：《春秋少阳篇》：伯夷，姓墨名允字公信，伯，长也。夷，谥。叔齐名智字公达，伯夷之弟，齐亦谥也。《少阳篇》，未详何书。

③ 因哭子而失明也。

④ 曾子，即曾参，孔子弟子。

予之无罪也!”[1] 曾子怒曰:“商!女何无罪也?吾与女事夫子于洙泗之间,退而老于西河之上,使西河之民疑女于夫子,尔罪一也[2];丧尔亲,使民未有闻焉,尔罪二也[3];丧尔子,丧尔明,尔罪三也。女何无罪与!”子夏投其杖而拜,曰:“吾过矣!吾过矣!”〇伯玉,即蘧(音渠)伯玉,名瑗(音愿),春秋时卫国人,孔子称之。《淮南子·原道训》:“蘧伯玉年五十,而知四十九年非。”

shì zhì yuǎn zhì　bó yuē dāng guī
仕治远志,伯约当归。(五微·5)

◎解读 仕治,晋代郝隆的字。南朝宋·刘义庆《世说新语·排调(音条)》:谢安始有东山之志[4],后严命[5]屡至,势不获已,始就桓公司马。时人有饷桓公药草,中有远志[6],公取以问谢:“此药又名小草,何一物而有二称?”谢未即答,时郝隆在坐,应声答曰:“此甚易解,处则为远志,出[7]则为小草。”谢甚有愧色。〇伯约,三国时期姜维的字。《太平御览》卷三一〇引《三国志·蜀志》曰:姜维与母相失。裴松之注引孙盛《杂记》曰:姜维得母书,令求当归[8]。维曰:“良田百顷,不在一亩;但有远志,不在当归也。”

shāng ān chún fú　zhāng qì niú yī
商安鹑服,章泣牛衣。(五微·6)

◎解读 商,即孔子弟子卜商,字子夏。鹑服,破旧衣服。《荀子·大略篇》:子夏贫,衣若县(同“悬”)鹑。人曰:“子何不仕?”曰:“诸侯之骄我者,吾不为臣;大夫之骄我者,吾不复见。”〇章,即西汉元帝时王章。《汉书·王章传》:章

---

① 怨天罚不公,已无罪遭子丧,且使失明也。
② 言子夏教于西河而不称其师也。
③ 言子夏居父母之丧而无异称,人未有闻焉。丧子则痛而失明,轻父母而重子也。
④ 东山之志,即隐居之志。
⑤ 严命,朝廷征召之命。
⑥ 《本草》曰:远志,中药名,一名棘菀,其叶名小草。
⑦ 处,谓隐居不仕。出,应命出仕也。
⑧ 《本草经》曰:当归,中药名,一名子归。

字仲卿，泰山巨平人也，少以文学为官，稍迁至谏大夫，敢直言。初，章为诸生学长安，独与妻居。章疾病，无被，卧牛衣[①]中，与妻决，涕泣。其妻呵怒之，曰："仲卿！京师尊贵在朝廷人谁逾仲卿者？今疾病困厄，不自激昂，乃反涕泣，何鄙也！"

càichén shàn xuè　　wáng gě jiāo jī

蔡陈善谑，王葛交讥。（五微·7）

◎解读　蔡、陈，即北宋时蔡襄（字君谟）、陈亚。古人每以姓名为谑资，宋·沈作喆《寓简》卷十：蔡君谟戏谓陈亚曰："陈亚有心终是恶。"亚应声云："蔡襄无口便成衰！"可谓名对，君谟大不乐。○王、葛，即晋朝名士王导与诸葛恢。《世说新语·排调》：诸葛恢与王丞相导共争姓族先后。王曰："何不言葛王，而云王葛？"诸葛曰："譬言驴马，不言马驴，驴宁胜马耶？"

táo gōng yùn pì　　mèng mǔ duàn jī

陶公运甓，孟母断机。（五微·8）

◎解读　陶公，即晋人陶侃，字士行，本鄱阳人，后徙家庐江之寻阳。《晋书·陶侃传》：侃在州无事，辄朝运百甓（音辟，砖）于斋外，暮运于斋内。人问其故，答曰："吾方致力中原，过尔优逸，恐不堪事。"其励志勤力皆此类也。○孟，即孟子。《列女传》卷一：孟子之少也，既学而归。孟母方绩，问曰："学何所至矣？"孟子曰："自若[②]也。"孟母以刀断其织，孟子惧而问其故。孟母曰："子之废学，若吾断斯织也。夫君子学以立名，问则广知，是以居则安宁，动则远害。今而废之，是不免于厮役，而无以离于祸患也，何以异于织绩而中道废而不为？废学堕德，不为窃盗则为虏役矣！"孟子惧，旦夕勤学不息，师事子思[③]，遂成天下名儒。

---

① 颜师古注：牛衣，编乱麻为之，即今俗呼为笼具者。

② 自若，谓和从前一样，没有什么新变化。

③ 子思，孔子之孙孔伋。今按：孟子不及见子思，盖就学于子思之门人。

六 鱼

shào dì zuò xī tài zǐ qiān jū
少帝坐膝，太子牵裾。（六鱼·1）

◎**解读** 《晋书·明帝纪》：晋明皇帝司马绍，字道畿，元皇帝（司马睿）长子也，幼而聪哲，为元帝所宠异。年数岁，尝坐置膝前，值长安使来，帝曰："汝谓日与长安孰远?"对曰："长安近。不闻人从日边来，居然可知也。"元帝异之。明日，宴群僚，又问之，对曰："日近。"元帝失色，曰："何乃异间者之言①乎?"对曰："举目则见日，不见长安。"由是益奇之。〇《晋书·愍怀太子传》：愍怀太子司马遹（音玉），字熙祖，惠帝（司马衷）长子，幼而聪慧，武帝（司马炎）爱之，恒在左右。尝夜失火，武帝登楼望之。太子时年五岁，牵帝裾入暗中。帝问其故，太子曰："暮夜仓卒，宜备非常，不宜令照见人君也。"由是奇之。

wèi yì hào hè lǔ yǐn guān yú
卫懿好鹤，鲁隐观鱼。（六鱼·2）

◎**解读** 《左传·闵公二年》：冬十二月，狄人伐卫。卫懿公好鹤，鹤有乘轩者。将战，国人受甲者皆曰："使鹤！鹤实有禄位，余焉能战!"及狄人战于荥泽，卫师败绩，遂灭卫。〇《左传·隐公五年》：春，公将如棠观鱼者，臧僖伯谏曰："凡物不足以讲大事②，其财不足以备器用，则君不举焉。君将纳民于轨物者也，故讲事以度轨量谓之轨，取材以章物采谓之物。不轨不物，谓之乱政。乱政亟③行，所以败也。故春蒐、夏苗、秋狝、冬狩④，皆于农隙以讲事也。鸟兽之肉不登于俎，皮革、

---

① 间者之言，即间言，私下的谈话。

② 大事，国之大事，在祀与戎。

③ 亟，音弃，屡次，频繁。

④ 蒐，即搜，搜索择取不孕者。苗，为苗除害也。狝，音显，杀也，以杀为名，顺秋气也。狩（音受），围猎也，冬物毕成，获则取之，无所择也。是皆四时之猎名也。

齿牙、骨角、毛羽不登于器，则公不射，古之制也。若夫山林川泽之实，器用之资，皂隶之事，官司之守，非君所及也。”公曰：“吾将略地焉。”遂往，陈鱼而观之①，僖伯称疾不从。

cài lún zào zhǐ　liú xiàng jiào shū
蔡伦造纸，刘向校书。（六鱼·3）

◎解读　《后汉书·宦者传》：蔡伦，字敬仲，桂阳人，以永平末始给事宫掖，建初中为小黄门。及和帝即位，转中常侍，豫参帷幄。伦有才学，尽心敦慎，数犯严颜，匡弼得失，后加位尚方令。永元九年，监作秘剑及诸器械，莫不精工坚密，为后世法。自古书契多编以竹简，其用缣帛者，谓之为纸。缣贵而简重，并不便于人。伦乃造意，用树肤、麻头及敝布、鱼网以为纸。元兴元年奏上之，帝善其能，自是莫不从用焉，故天下咸称“蔡侯纸”。〇刘向，字子政，西汉末期人。《汉书·艺文志》：汉成帝时，以书颇散亡，使谒者陈农求遗书于天下，诏光禄大夫刘向校经传、诸子、诗赋，步兵校尉任宏校兵书，太史令尹咸校数术，侍医李柱国校方技。每一书已，向辄条其篇目，撮其指意，录而奏之。② 会向卒，哀帝复使向子侍中奉车都尉歆卒父业。歆于是总群书而奏其《七略》。

zhū yún zhé jiàn　qín xī jī jū
朱云折槛，禽息击车。（六鱼·4）

◎解读　朱云，汉代大臣。《汉书·朱云传》：朱云字游，鲁人也。年四十从博士白子友受《易》，又事前将军萧望之，受《论语》，皆能传其业。好倜傥大节，举方正，为槐里令。成帝时，丞相张禹以帝师位特进，甚尊重。云上书求见，公卿在前，云曰：“今朝廷大臣上不能匡主，下亡以益民，皆尸位素餐，孔子所谓‘鄙夫不可与事君’，‘苟患失之，亡所不至’者也。臣愿赐尚方斩马剑，断佞臣一人以厉其余。”上

---

①　陈，设张也。鲁隐公大设捕鱼之备而观之。

②　数术，占卜之书；方技，医药之书。此段谓每书校毕，刘向即抄录其篇目，撮取大意，撰成该书叙录。又集众书之叙录，别成一书，名为《别录》，实为我国最早之群书目录。撮，总取也。下文所谓《七略》，乃刘向之子刘歆在继续其父校书事业过程中，以《别录》为基础，对天下群书辨章学术、考镜源流而完成的一部目录学著作。

问："谁也?"对曰："安昌侯张禹!"上大怒，曰："小臣居下讪上，廷辱师傅，罪死不赦!"御史将云下，云攀殿槛，槛折。云呼曰："臣得下从龙逄、比干游于地下①，足矣！未知圣朝何如耳!"左将军辛庆忌免冠，解印绶，叩头殿下，曰："此臣素著狂直于世。使其言是，不可诛；其言非，固当容之。臣敢以死争!"上意解，然后得已。及后当治槛，上曰："勿易，因而辑之，以旌直臣。"○禽息，春秋时秦国大夫。《汉书·杜邺传》应劭注：禽息荐百里奚于秦穆公，而不见纳。穆公出，息当车，以头击闑②，脑乃播出，曰："臣生无补于国而不如死也!"穆公感寤，而用百里奚，秦以大治。

gěng gōng bài jǐng zhèng guó chuān qú
耿恭拜井，郑国穿渠。（六鱼·5）

◎**解读** 《后汉书·耿恭传》：恭字伯宗，扶风茂陵人也，少孤，慷慨多大略，有将帅才。永平十八年，恭为校尉击匈奴，以疏勒城③傍有涧水，可固守，乃引兵据之。后匈奴复来攻恭，于城下壅绝涧水。恭于城中穿井十五丈，不得水。吏士渴乏，笮④马粪汁而饮之。恭仰叹曰："闻昔贰师将军拔佩刀刺山，飞泉涌出。今汉德神明，岂有穷哉?"乃整衣服向井再拜，为吏士祷。有顷，水泉奔出，众皆称万岁。乃令吏士扬水以示虏，虏出不意，以为神明，遂引去。○《史记·河渠书》：韩闻秦之好兴事，欲罢之，毋令东伐，⑤乃使水工郑国间说秦，令凿泾水，自中山西邸瓠口为渠，并北山东注洛，三百余里，欲以溉田。中作而觉，秦欲杀郑国。郑国曰："始臣为间，然渠成亦秦之利也。"秦以为然，卒使就渠。渠就，用注填阏（音饿，堵塞）之水，溉泽卤之地四万余顷，收皆亩一钟⑥。于是关中为沃野，无凶年，秦以富强，卒并诸侯，因命曰"郑国渠"。

---

① 关龙逄，桀臣。王子比干，纣之叔父。二人皆以谏而死。

② 闑，音聂，指门户。

③ 疏勒城，在今新疆喀什。

④ 笮，音责，压榨。

⑤ 罢，音义同"疲"，谓凿渠令秦疲敝，不能出兵攻韩也。

⑥ 钟，古代容量单位，其容量因时因地而异，或谓六斛四斗，或谓八斛，或谓十斛。

guó huá qǔ yìn　tiān dīng mǒ shū
国华取印，添丁抹书。（六鱼·6）

◎解读　《宋史·曹彬传》：曹彬，字国华，真定灵寿人。始生周岁，父母以百玩之具罗于席，观其所取。彬左手持干戈，右手持俎豆，斯须取一印，他无所视。人皆异之，谓："此远大器，非常流也！"及长，气质淳厚，以功封鲁国公。〇唐代诗人卢仝（音同）有子取名添丁，其《示添丁》诗云："忽来案上翻墨汁，涂抹诗书如老鸦。"

xì hóu zhú mǎ　zōng mèng yín yú
细侯竹马，宗孟银鱼。（六鱼·7）

◎解读　细侯，即东汉郭伋。《后汉书·郭伋传》：郭伋，字细侯，扶风茂陵人也，少有志行。光武帝即位，拜雍州牧，再转为尚书令，数纳忠谏争。建武四年，出为中山太守。明年，转为渔阳太守，在职五岁，户口增倍。为政问民疾苦，所到县邑老幼相携，逢迎道路。有童儿数百，各骑竹马于道次迎拜。伋问："儿曹何自远来？"对曰："闻使君到，喜，故来奉迎。"伋辞谢之。及事讫，诸儿复送至郭外。〇宗孟，即北宋蒲宗孟。《宋史》本传：宗孟，字传正，阆州新井人。神宗时为翰林学士兼侍读。旧制：学士唯服金带。帝曰："学士职清地近，非他官比，而官仪未宠，乃加佩鱼①。"遂著为令。学士佩鱼，自宗孟始。

guǎn níng gē xí　hé jiào zhuān jū
管宁割席，和峤专车。（六鱼·8）

◎解读　管宁，字幼安，汉末北海朱虚人。《世说新语·德行》：管宁、华歆共园中锄菜，见地有片金，管挥锄与瓦石不异，华捉而掷去之。又尝同席读书，有乘轩冕过门者，宁读如故，歆废书出看。宁割席分坐，曰："子非吾友也！"〇《晋书·和峤传》：和峤，字长舆，汝南西平人也。少有风格，有盛名于世，朝野许其能整风

① 鱼，古代官员用以表示品级身份的鱼符，以袋盛之，饰以金、银、铜，称金鱼袋、银鱼袋、铜鱼袋，简称金鱼、银鱼、铜鱼。唐代授予五品以上官员银鱼。

俗、理人伦，累迁颍川太守，为政清简，甚得百姓欢心。入为给事黄门侍郎，迁中书令。晋武帝深器遇之。旧例，中书监与中书令共车入朝。时荀勖为中书监，峤鄙勖为人，以意气加之，每同乘，高抗专车而坐。朝廷乃使监、令异车，自峤始也。

yǒng hé yōng juàn　cì dào cáng shū

永和拥卷，次道藏书。（六鱼·9）

◎解读　永和，即北魏李谧。《魏书·李谧传》：谧字永和，涿郡人。少好学，十三通《孝经》《论语》《毛诗》《尚书》，历数之术，尤尽其长，州闾乡党有“神童”之号。每曰：“丈夫拥书万卷，何假南面百城！”遂绝迹下帏，杜门却扫，弃产营书，手自删削，卷无重复者四千有余矣。○次道，即宋代藏书家、文献学家、史学家宋敏求。《宋史·宋绶传》：敏求字次道，赵州平棘人，赐进士及第，为馆阁校勘，官至史馆修撰、集贤院学士，迁龙图阁直学士，与其父宋绶继世掌史，时以为荣。家藏书三万卷，皆略诵习，熟于朝廷典故，士大夫疑议必就正焉。

wèi yáng yuán zhàn　zhái xiàng wèi shū

渭阳袁湛，宅相魏舒。（六鱼·10）

◎解读　《毛诗·秦风》有《渭阳》篇，云：“我送舅氏，曰至渭阳。何以赠之？路车乘黄。”据《毛诗序》，此诗乃秦康公所作。康公之母，乃晋献公之女、晋文公之姊、秦穆公之妻也。文公遭骊姬之难，秦穆公纳之，时康公为太子，而其母已卒。康公送文公于渭水之阳，既见舅氏，如母存焉，故思而作是诗。后世遂以“渭阳”喻甥舅之情。《南史·袁湛传》：袁湛字士深，晋末宋初陈郡阳夏（音甲）人也。初陈郡谢重，王胡之外孙也，于诸舅敬礼多阙。重子绚，湛之甥也，尝于公坐慢湛，湛正色谓曰：“汝便是两世无渭阳情！”绚有愧色。○《晋书·魏舒传》：魏舒，字阳元，任城樊人也。少孤，为外家[1]宁氏所养。宁氏起宅，相宅者云：“当出贵甥。”外祖母以魏氏甥小而慧，意谓应之。舒曰：“当为外氏成此宅相！”外氏，即今人所谓外公家。

---

① 外家，即外祖父家。

zhèn zhōu zèng bó　fú zǐ qū jū
镇周赠帛，宓[1]子驱车。（六鱼·11）

◎解读　镇周，即唐初张镇周，舒州人。《太平御览》卷八四四引《唐书》：张镇周拜舒州都督，舒州即其本邑。镇周乃多市酒肴，尽召故人亲戚，与之酣宴，散发箕踞，敦畴昔之欢十日，赠以钱帛。既而垂泣，谓亲宾曰："比者张镇周与故人为欢，今日以后，乃为舒州都督，治百姓耳。官民礼隔，不得交游。"因与之诀。自是亲戚有犯法，一无所纵，州境因兹肃然。〇宓子，即孔子弟子宓子贱。《说苑》卷七：宓子贱为单父（音善甫）宰，过于阳昼曰："子亦有以送仆乎?"阳昼曰："吾少也贱，不知治民之术，有钓道二焉，请以送子。"子贱曰："钓道奈何?"阳昼曰："夫扱（音吸，敛取）纶错饵，迎而吸之者，阳桥[2]也，其为鱼薄而不美。若存若亡，若食若不食者，鲂[3]也，其为鱼也博而厚味。"宓子贱曰："善!"于是未至单父，冠盖迎之者交接于道。子贱曰："车驱之！车驱之！夫阳昼之所谓阳桥者至矣!"于是至单父，请其耆老尊贤者，而与之共治单父。

tíng wèi luó què　xué shì fén yú
廷尉罗雀，学士焚鱼。（六鱼·12）

◎解读　廷尉，秦官，掌刑辟，汉景帝中元六年更名大理，武帝建元四年复故名。《史记·汲郑列传》：始翟公为廷尉，宾客阗门。及废，门外可设雀罗。翟公复为廷尉，宾客欲往，翟公乃大署其门曰："一死一生，乃知交情；一贫一富，乃知交态；一贵一贱，交情乃见。"〇学士，即南朝张褒，梁翰林学士。鱼，指象征官员品级身份的鱼符，见前"宗孟银鱼"（六鱼·7）条解读。明·彭大翼《山堂肆考》卷八十一：梁天监中，张褒不供学士职，御史欲劾之。褒曰："碧山不负吾!"乃焚所佩鱼，长啸而去。唐·杜甫《柏学士茅屋》诗"碧山学士焚银鱼"，即用此典。

---

① 宓，姓，古读幅，今多读密。

② 阳桥，一作阳鱎（音缴），鱼名。明·杨慎《阳鱎》："阳乔，鱼名，不钓而来，喻士之不招而至者也。"比喻不召而自至的人。

③ 鲂，鱼名。头小身阔，形似鳊鱼，味鲜美。

míng jiàn jì dá　yù shí lú chǔ
冥鉴季达，预识卢储。（六鱼·13）

◎**解读**　冥鉴，谓阴暗冥昧之中的鉴照，即冥冥中的监视力量。清雍正七年重修《四川通志》卷八：杨希仲，字季达，四川新津人。未第时馆[①]成都富家，主人少妇调客，希仲拒之。其妻是夕梦人告曰："汝夫独处他乡，能自操持，不欺暗室，神明知之，当令魁多士以为报。"岁暮，希仲归，妻因问之，乃言其故。后果发解[②]，登政和进士。〇卢储，中唐人，唐文宗太和元年状元及第。《太平广记》卷一八一"李翺女"条：卢储举进士，投卷[③]尚书李翺。翺礼待之，置文卷几案间。长女及笄[④]，见文卷，寻绎数四，谓小青衣（侍女）曰："此人必为状头。"李闻之，深异其语，乃令宾佐至邮舍，具白于卢，选以为婿。卢谦让久之，终不却其意。来年果状头及第，才过殿试，径赴嘉礼。催妆诗[⑤]曰："昔年将去玉京游，第一仙人许状头。今日幸为秦晋会，早教鸾凤下妆楼。"

sòng jūn dù hǔ　lǐ bái chéng lǘ
宋均渡虎，李白乘驴。（六鱼·14）

◎**解读**　《后汉书·宋均传》：宋均，字叔庠，南阳安众人也。年十五为郎，好经书，通《诗》《礼》，善论难，至二十余，调补辰阳长。其俗信巫鬼，均为立学校，禁绝淫祀，人皆安之。迁九江太守，郡多虎暴，数为民患，人常募设槛阱[⑥]，而犹多伤害。均到，下记[⑦]属县曰："夫虎豹在山，鼋鼍在水，各有所托。且江淮之有猛兽，犹北土之有鸡豚也。今为民害，咎在官吏贪残，张捕非忧恤之本也。其务退奸贪，思进忠善，可一去槛阱，除削课制。"其后传言虎相与东游渡江而去。〇宋·曾慥

---

① 馆，旧指私塾，此指在私塾当老师，又称"坐馆"。

② 唐宋时应贡举合格者谓之"选人"，选人由所在州郡发遣解送至京，参加礼部会试，称"发解"。

③ 唐代科举允许官员向主考官推荐优秀人选，应进士科的考生可以将自己的诗文择优编成长卷，投献给达官显贵或文坛名人以求举荐，是为投卷。

④ 笄，音机，女子成年之礼。《礼记·内则》："十有五年而笄。"

⑤ 旧俗，成婚前夕，赋诗以催新妇梳妆，是为催妆诗。

⑥ 槛，捕兽机也，犹木笼，设饵其中，兽入则关下。阱，陷阱也。

⑦ 记，古时一种公文。

（音躁）《类说》卷三十四“李白游华山”条引《摭遗录》：“李白失意游华山，遇县宰方开门决事，白乘醉跨驴过门。宰怒，引至庭下，曰：‘汝何人？辄敢无礼！’白乞供状，状无姓名，曰：‘曾用龙巾拭吐，御手调羹，贵妃捧砚，力士脱靴。天子门前尚容吾走马，华阴县里不得我骑驴。’宰惊起揖曰：‘不知翰林至此！’太白跨蹇[①]而去。”

cāng jié zào zì　yú qīng zhù shū
苍颉造字，虞卿著书。（六鱼·15）

◎解读　苍颉，也作“仓颉”。汉·许慎《说文解字》：古者庖牺氏之王天下也，仰则观象于天，俯则观法于地，视鸟兽之文与地之宜，近取诸身，远取诸物，于是始作《易》八卦，以垂宪象。黄帝之史仓颉，见鸟兽蹄迒[②]之迹，知分理之可相别异也，初造书契。仓颉之初作书，盖依类象形，故谓之文。其后形声相益，即谓之字，字者，言孳乳而浸多也。〇《史记·平原君虞卿列传》：虞卿者，游说之士也，蹑蹻担簦[③]，说赵孝成王，一见赐黄金百镒，白璧一双，再见为赵上卿，故号为虞卿。以魏齐之故[④]，不重万户侯卿相之印，卒去赵，困于梁，不得意，乃著书，上采《春秋》，下观近世，凡八篇，以刺讥国家得失，世传之，曰《虞氏春秋》。

bān fēi cí niǎn　féng dàn tóng yú
班妃辞辇，冯诞同舆。（六鱼·16）

◎解读　班妃，即班婕妤[⑤]，班况之女，班彪之姑，西汉成帝之婕妤也。《汉书·外戚传》：成帝游于后庭，尝欲与倢伃同辇载。倢伃辞曰：“观古图画圣贤之君，皆有名臣在侧。三代末主，乃有嬖女。今欲同辇，得无近似之乎！”上善其言而止。太后闻之，喜曰：“古有樊姬[⑥]，今有班倢伃。”〇《魏书·外戚传》：冯诞，字子正，与高祖同岁，幼侍书学，特蒙亲待，尚高祖妹乐安公主，拜驸马都尉。高祖宠诞，同舆而载，同案而食，同席而坐卧。

---

① 蹇，跛脚或驽劣的驴马。
② 迒，音航，兽迹。
③ 蹻，通“屩”，草鞋。簦，音登，长柄笠。
④ 参见本书“平原十日”（一先·23）条解读。
⑤ 婕妤，又作倢伃，汉宫中女官名。
⑥ 张晏曰：楚王好田（猎），樊姬为不食禽兽之肉。

七　虞

xī shān jīng wèi　dōng hǎi má gū
西山精卫，东海麻姑。（七虞·1）

◎**解读**　精卫，传说为炎帝之女。《山海经·北山经》：又北二百里曰发鸠之山，其上多柘木。有鸟焉，其状如乌，文首白喙赤足，名曰精卫，其鸣自詨（呼叫）。是炎帝之少女，名曰女娃。女娃游于东海，溺而不返，故为精卫，常衔西山之木石，以堙（音因，塞也）于东海。○麻姑，传说为东海神仙。《艺文类聚》卷八引《神仙传》：麻姑谓王方平[①]曰："自接待以来，见东海三为桑田。向到蓬莱，水乃浅于往者略半也，岂复为陵乎？"

chǔ yīng xìn fó　qín zhèng kēng rú
楚英信佛，秦政坑儒。（七虞·2）

◎**解读**　楚英，即东汉楚王刘英，光武帝之幼子，建武十五年封为楚公，十七年晋爵为楚王。少时好游侠，交通宾客，晚节更喜黄老学，为浮屠斋戒祭祀。《后汉书·西域传》：世传明帝梦见金人，长大，顶有光明，以问群臣。或曰："西方有神，名曰佛，其形长丈六尺，而黄金色。"帝于是遣使天竺问佛道法，遂于中国图画形像焉。楚王英始信其术，中国因此颇有奉其道者。后桓帝好神，数祀浮图、老子，百姓稍有奉者，后遂转盛。○秦政，即秦始皇嬴政。《史记·秦始皇本纪》：三十四年，丞相李斯奏曰："古者天下散乱，莫之能一，是以诸侯并作，语皆道古以害今，饰虚言以乱实。人善其所私学，以非上之所建立。今皇帝并有天下，别黑白而定一尊。私学而相与非法教，人闻令下，则各以其学议之，入则心非，出则巷议，夸主以为名，异取以为高，率群下以造谤。如此弗禁，则主势降乎上，党与成乎下。禁之便。

① 王方平，名远，西汉峄县人，一夕蝉蜕去。或曰，魏青龙初，于平都山升天。事见《神仙传》。

臣请史官非秦记皆烧之，非博士官所职，天下敢有藏《诗》、《书》、百家语者，悉诣守尉杂烧之。有敢偶语《诗》《书》者弃市。以古非今者，族。吏见知不举者，与同罪。令下三十日不烧，黥为城旦。所不去者，医药、卜筮、种树之书。若欲有学法令，以吏为师。”秦既焚书，患苦天下不从所改更法，乃使御史悉案问诸生。诸生传相告引，乃自除犯禁者四百六十余人，皆坑之咸阳，使天下知之，以惩后。

cáo gōng duō zhì　yán zǐ fēi yú
曹公多智，颜子非愚。（七虞·3）

◎**解读**　曹公，即曹操。宋·司马光《资治通鉴》卷六十六《汉纪·孝献皇帝》：建安十六年九月，曹操征马超、韩遂，韩遂请与操相见。操与遂有旧，于是交马语移时，不及军事，但说京都旧故，拊手欢笑。时秦胡观者前后重沓，操笑谓之曰：“尔欲观曹公邪？亦犹人也！非有四目两口，但多智耳！”既罢，超等问遂：“操何言？”遂曰：“无所言也。”超等疑之。他日，操又与遂书，多所点窜，如遂改定者，超等愈疑遂。〇颜子，即颜回，孔子弟子。《论语·为政》：子曰：“吾与回言终日，不违，如愚。退而省其私，亦足以发，回也不愚。”

wǔ yún fù chǔ　gōu jiàn miè wú
伍员覆楚，句践灭吴。（七虞·4）

◎**解读**　《史记·伍子胥列传》：伍子胥者，楚人也，名员（音云）。员父曰伍奢，员兄曰伍尚。楚平王有太子名建，使伍奢为太傅，费无忌为少傅。无忌不忠于太子建，乃谗太子外交诸侯，且欲为乱。于是平王怒，囚伍奢而使人往杀太子。无忌言于平王曰：“伍奢有二子，皆贤，不诛且为楚忧。可以其父质而召之，不然且为楚患。”王使人召二子，曰：“来，吾生汝父。不来，今杀奢也。”伍尚欲往，员曰：“楚之召我兄弟，非欲以生我父也，恐有脱者后生患。故以父为质，诈召二子。二子去，则父子俱死。何益父之死？往而令仇不得报耳！不如奔他国，借力以雪父之耻。俱灭，无为也！”伍尚谓员曰：“汝能报杀父之仇，我将归死。”伍胥遂亡奔吴。五年而楚平王卒，昭王立。吴王阖庐乃召伍员，而与谋国事，兴师伐楚，大破楚军，楚昭王出奔。伍子胥求昭王既不得，乃掘楚平王墓，出其尸，鞭之三百，然后已。〇《史记·越王句践世家》：越王句践元年，吴王阖庐兴师伐越。越王因袭击吴师，射伤吴王阖庐。阖庐且死，告其子夫差曰："必毋忘越！"三年，吴王悉发精兵击越，大败之。越王乃以余兵五千人保栖于会稽，吴王追而围之。越王乃令大夫种（音崇，姓）行成于吴，膝行顿首曰："君王亡臣句践，使陪臣种敢告下执事：句践请为臣，妻为妾。"吴王将许之，伍子胥曰："天以越赐吴，勿许也！"种还，以报句践。句践欲自杀。种止之曰："夫吴太宰嚭（音匹）贪，可诱以利。"于是句践乃以美女、宝器，令种间献吴太宰嚭。嚭受，乃见大夫种于吴王。种顿首言曰："愿大王赦句践之罪，尽入其宝器。不幸不赦，句践将尽杀其妻子，燔其宝器，悉五千人触战，必有当也。"嚭因说吴王曰："越以服为臣，若将赦之，此国之利也。"吴王将许之，子胥进谏曰："今不灭越，后必悔之！句践贤君，种、蠡良臣，若反国，将为乱。"吴王弗听，卒赦越，罢兵而归。句践之困会稽也，乃苦身焦思，置胆于坐，坐卧即仰胆，饮食亦尝胆也，曰："女（同'汝'）忘会稽之耻邪！"身自耕作，夫人自织，食不加肉，衣不重采，折节下贤人，厚遇宾客，振贫吊死，与百姓同其劳。后吴王北会诸侯于黄池，吴国精兵从王，惟独老弱与太子留守。句践乃发兵伐吴，杀吴太子。吴王乃使人厚礼以请成越，越自度亦未能灭吴，乃与吴平。其后四年，越复伐吴，大破之，因栖吴王于姑苏之山。吴王使公孙雄肉袒膝行而前，请成越王，曰："孤臣夫差，敢布腹心，异日尝得罪于会稽，夫差不敢逆命，得与君王成以归。今君王举玉趾而诛孤臣，孤臣惟命是听。意者亦欲如会稽之赦孤臣之罪乎？"句践不忍，欲许之。范蠡曰："会稽之事，天以越赐吴，吴不取。今天以吴赐越，越其可逆天乎？且夫君王蚤朝晏罢，非为吴邪？谋之二十二年，一旦而弃之，可乎？且夫天与弗取，反受其咎，君忘会稽之厄乎？"乃鼓进兵，曰："王已属政于执事。使者去！不（同'否'）者，且得罪！"吴使者泣而去，吴王遂自杀。

jūn mó lóng piàn　　wáng sù lào nú
君谟龙片，王肃酪奴。（七虞·5）

◎解读　宋代蔡襄，字君谟。龙片，茶名，即龙团茶。宋·王辟之《渑水燕谈录》卷九：建茶盛于江南，近岁制作尤精，龙团茶最为上品，一斤八饼。庆历中，蔡君谟为福建运使，始造小团，以充岁贡，一斤二十饼，所谓上品龙茶者也。仁宗尤所珍惜，虽宰相未尝辄赐。○王肃，字恭懿，琅琊人。初为南齐秘书丞，后入北魏，为魏文帝尚书令。酪奴，茶之别称，又称“酪苍头”或“苍头奴”。《洛阳伽蓝记》卷三：王肃初入国，不食羊肉及酪浆①等物，常饭鲫鱼羹，渴饮茗汁。经数年后，肃与高祖殿会，食羊肉、酪粥甚多。高祖怪之，谓肃曰：“羊肉何如鱼羹？茗饮何如酪浆?”肃对曰：“羊者是陆产之最，鱼者乃水族之长，所好不同，并各称珍。以味言之，甚是优劣。羊比齐鲁大邦，鱼比邾（音朱）莒小国。唯茗不中，与酪作奴。”因复号茗饮为“酪奴”。

cài héng biàn fèng yì fǔ tí wū
蔡衡辨凤，义府题乌。（七虞·6）

◎**解读** 蔡衡，东汉初人，为太史令。《艺文类聚》卷九十引《决疑注》曰：辛缮字公文，治《春秋》谶纬，隐居华阴，光武征不至。有大鸟高五尺，鸡头燕颔，蛇颈鱼尾，五色备举而多青，栖缮槐树，旬时不去。弘农太守以闻，诏问百寮，咸以为凤。太史令蔡衡对曰：“凡象凤者有五，多赤色者凤，多青色者鸾，多黄色者鹓雏，多紫色者鸑鷟（音越浊），多白色者鹄。今此鸟多青，乃鸾，非凤也。”上善其言。〇李义府，初唐瀛州饶阳人，两《唐书》均有传。唐·刘肃《唐新语》：李义府侨居于蜀，袁天纲见而奇之，曰：“此郎君贵极人臣，但寿不长耳。”因请舍之，托其子曰：“此子七品相，愿公提挈之。”义府许诺，因问：“天纲寿几何?”对曰：“五十二外非所知也。”安抚使李大亮、侍中刘洎（音寄）等连荐之，召见，试令咏乌，立成。其诗曰：“日里扬朝彩，琴中伴夜啼。上林许多树，不借一枝栖。”太宗深赏之，曰：“我将全树借汝，岂唯一枝!”自门下典仪超拜②监察御史，其后位、寿咸如天纲之言。

sū qín cì gǔ lǐ jì fén xū
苏秦刺股，李勣焚须。（七虞·7）

◎**解读** 苏秦，战国末期纵横家。《战国策·秦策一》：苏秦始将连横说秦王，书十

① 酪浆，用牛、羊、马等乳汁制成的食品。
② 超拜，越级提拔。

上而说不行，黑貂之裘弊，黄金百斤尽，资用乏绝，去秦而归，羸縢履蹻，负书担橐，[①] 形容枯槁，面目黧黑，状有愧色。归至家，妻不下纴，嫂不为炊，父母不与言。苏秦喟叹曰："妻不以我为夫，嫂不以我为叔，父母不以我为子，是皆秦之罪也！"乃夜发书，陈箧数十，得太公阴符之谋，伏而诵之，简练以为揣摩。读书欲睡，引锥自刺其股，血流至足，曰："安有说人主不能出其金玉锦绣、取卿相之尊者乎！"〇李勣，即初唐徐世勣，唐太宗赐姓李，官至仆射（音葡夜）。《唐新语》卷六：李勣既贵，其姊病，必亲为煮粥，火爇[②]其须。姊曰："仆妾幸多，何为自苦若是！"勣对曰："岂无人耶？顾姊年长，勣亦年老，虽欲长为姊煮粥，其可得乎！"

jiè chéng kuáng zhí duān bù hú tu
介诚狂直，端不糊涂。（七虞·8）

◎**解读** 介，即唐介，字子方，江陵（今属湖北）人。举进士，事宋仁宗、英宗、神宗，官至参政。《宋史》本传云：张尧佐者，以侄女有宠于仁宗，一日中骤迁宣徽、节度、景灵、群牧四使。侍御史唐介上疏引杨国忠为戒，与谏官包拯、吴奎等论列殿上，卒夺尧佐宣徽、景灵两使。皇祐三年冬十月，复除张尧佐宣徽使，知河阳。介又独争之，不能夺。仁宗谓曰：尧佐除拟本出宰相。介遂极言宰相文彦博曾以间金奇锦媚贵妃而致相位，今又以宣徽使结尧佐，请逐彦博。语甚切直。仁宗怒，却其奏不视，且曰将远贬之。介徐读毕，曰："臣忠愤所激，鼎镬不避，何辞于谪！"帝曰："介论事，是其职。至谓彦博由妃嫔致宰相，此何言也！"时彦博在帝前，介责之曰："彦博宜自省，即有之，不可隐。"彦博拜谢不已，帝怒益甚。枢密副使梁适叱介下殿，介诤愈切。仁宗大怒，声色甚厉。众恐祸出不测，蔡襄曰："介诚狂直。然纳谏容言，人主之美德。乞赐宽贷！"遂贬介英州别驾。帝虑介或道死，有杀直臣名，命中使护之至贬所，必令全之。由是介直声闻天下，天下称真御史者，必曰唐子方云。[③] 〇端，即吕端，字易直，幽州安次（今属河北）人，北宋太宗时官至

---

① 羸，缠绕，捆绑。縢，袋，囊。橐，囊也，无底曰囊，有底曰橐。

② 爇，音弱，烧也。

③ 今按：或以此"介"为北宋石介。据《宋史·儒林传》，石介字守道，兖州奉符人。进士及第，历郓州南京推官，笃学有志尚，乐善疾恶，喜声名，遇事奋然敢为。庆历中擢太子中允，作《庆历圣德诗》，所称多一时名臣，其中言大奸者，盖斥宰相夏竦也。诗且出，其师孙复曰："子祸始于此矣！"然未见其"狂直"也。

宰相。据《宋史》本传：初，吕蒙正为相，太宗欲相端。或曰："端为人糊涂。"太宗曰："端小事糊涂，大事不糊涂。"决意相之。后太宗晏驾，内侍王继恩忌太子英明，阴谋立故楚王元佐。端知有变，乃锁继恩于阁内，使人守之，而奉太子至福宁庭中立之。真宗既立，垂帘引见群臣。端平立殿下，不拜，请卷帘，升殿审视，然后降阶，率群臣拜呼万岁。

guān xī kǒng zǐ　jiāng zuǒ yí wú
关西孔子，江左夷吾。(七虞·9)

◎解读　《东观（音灌）汉记》卷二十：杨震，字伯起，后汉弘农人。受欧阳《尚书》于太常桓郁，明经博览，无不穷究，诸儒为之语曰："关西孔子杨伯起。"○夷吾，即管夷吾，春秋时齐相管仲也，辅佐桓公称霸诸侯，桓公呼为"仲父"。东晋初定江左，朝政多赖王导，时人方之管仲。《晋书·王导传》：王导，字茂弘，少有风鉴，识量清远。导为政务在清静，每劝帝克己励节，匡主宁邦，于是尤见委仗，情好日隆，朝野倾心，号为"仲父"。桓彝初过江，见朝廷微弱，谓周顗（音倚）曰："我以中州多故，来此欲求全活，而寡弱如此，将何以济！"忧惧不乐。及往见导，极谈世事，还谓顗曰："向见管夷吾，无复忧矣！"又《晋书·温峤（音叫）传》：于时江左草创，纲维未举，温峤殊以为忧。及见王导，共谈欢然，曰："江左自有管夷吾，吾复何虑！"

zhào biàn xié hè　zhāng hàn sī lú
赵抃携鹤，张翰思鲈。(七虞·10)

◎解读　《宋史·赵抃传》：抃，字阅道，衢州西安人，进士及第，荐为殿中侍御史，弹劾不避权幸，声称凛然，京师目为"铁面御史"。其言务欲朝廷别白君子小人，以谓小人虽小过，当力遏而绝之；君子不幸诖（音挂，贻误）误，当保全爱惜以成就其德。后知睦州，移梓州路转运使，改益州。抃匹马入蜀，以一琴一鹤自随，为政简易。蜀地远民弱，吏肆为不法，州郡公相馈饷。抃以身帅之，蜀风为变。○《晋书·文苑传》：张翰，字季鹰，吴郡吴人也。有清才，善属文，而纵任不拘，时人号为"江东步兵"。齐王冏辟为大司马东曹掾，执权。翰谓同郡顾荣曰："天下纷纷，祸难未已。夫有四海之名者，求退良难。吾本山林间人，无望于时。子善以明防前，以智虑后。”荣执其手，怆然曰：“吾亦与子采南山蕨，饮三江水耳！”翰因见秋风起，乃思吴中菰菜、莼羹、鲈鱼脍，曰：“人生贵得适志，何能羁宦数千里，以要（同‘邀’）名爵乎？”遂命驾而归。俄而冏败，人皆谓之见机然。

lǐ jiā guó shì niè mǐn tián fū

李佳国士，聂悯田夫。（七虞·11）

◎解读 李，即李膺，字元礼，东汉颍川襄城人，事具《后汉书·党锢列传》。《太平广记》卷一六四引《商芸小说》：李元礼一世龙门。时同县聂季宝小家子，不敢见膺。杜周甫[①]知季宝贤，不能定名，以语元礼。元礼呼见，坐置砌下牛衣[②]上，一与言，即决曰：“此人当作国士！”后卒如元礼言。○聂，即晚唐诗人聂夷中，字坦之，河南中都人。咸通十二年知举，为华阴尉。宋·孙光宪《北梦琐言》卷二：夷中少贫苦，精于古体，又《咏田家》诗云：“父耕原上田，子斫山下荒。六月禾未秀，官家已修仓。”又云：“锄禾当日午，汗滴禾下土。谁念盘中餐，粒粒皆辛苦。”又云：“二月卖新丝，五月粜新谷。医得眼前疮，剜却心头肉。我愿君王心，化为光明烛。不照绮罗筵，只照逃亡屋。”所谓言近意远，合《三百篇》之旨也。

shàn ōu wáng bào zhí bǐ dǒng hú

善讴王豹，直笔董狐。（七虞·12）

◎解读 《孟子·告子下》：昔者王豹处于淇，而河西善讴。汉赵岐注：王豹，卫之善讴者。淇，水名。河西善讴，即所谓郑卫之音也。○董狐，春秋时晋国太史，以秉笔直书著称。《左传·宣公二年》：夏，晋灵公不君，宣子[③]骤谏，公患之。秋九月，公饮（音印）赵盾酒，伏甲，将攻之，赵盾遂亡也。乙丑，赵穿攻灵公于桃园，杀之。宣子未出山而复。太史书曰：“赵盾弑其君。”以示于朝。宣子曰：“不然！”对曰：“子为正卿，亡不越境，反不讨贼，非子而谁？”宣子曰：“乌呼！‘我之怀矣，自诒伊戚。’其我之谓矣！”孔子曰：“董狐，古之良史也，书法不隐。赵宣子，古之良大夫也，为法受恶，惜也！越境乃免。”

---

① 杜周甫，即杜密，《后汉书》与李膺同传。

② 牛衣，参见本书“章泣牛衣”（五微·6）条解读。

③ 不君，失为君之道。宣子，即赵盾，晋国卿大夫。

zhào dǐng jué jiàng　zhū mù zhuān yú

赵鼎倔强，朱穆专愚。（七虞·13）

◎解读　《宋史·赵鼎传》：赵鼎，字元镇，解州闻喜人。通经史百家之书，登崇宁五年进士第，累官为河南洛阳令，擢为开封士曹。南宋初拜尚书右仆射，同中书门下平章事，兼知枢密院事。鼎尝辟[1]和议，与秦桧意不合，桧乘间挤鼎，鼎引疾求免，出知绍兴府。桧往饯其行，鼎不为礼，一揖而去。后鼎上谢表曰："白首何归，怅馀生之无几；丹心未泯，誓九死以不移。"桧见之，曰："此老倔强犹昔！"〇《后汉书·朱穆传》：穆，字公叔，年五岁便有孝称，父母有病，辄不饮食，差（同"瘥"，病愈）乃复常。及壮耽学，锐意讲诵。或时思至不自知，亡失衣冠，颠坠坑岸（山崖）。其父常以为专愚，几（音鸡）不知马之几（音己）足。

zhāng hóu huà shí　mèng shǒu huán zhū

张侯化石，孟守还珠。（七虞·14）

◎解读　晋·干宝《搜神记》卷九：常山张颢为梁州牧，天新雨后，有鸟如山鹊，飞翔入市，忽然坠地，人争取之，化为圆石。颢椎（同"捶"）破之，得一金印，文曰"忠孝侯印"。〇《后汉书·循吏传》：孟尝，字伯周，会稽上虞人也。尝少修操行，仕郡为户曹史。迁合浦太守。郡不产谷实，而海出珠宝，与交阯比境，常通商贩，贸籴粮食。先时宰守并多贪秽，诡人采求，不知纪极，珠遂渐徙于交阯郡界。于是行旅不至，人物无资，贫者饿死于道。尝到官，革易前敝，求民病利。曾未逾岁，去珠复还，百姓皆反其业，商货流通，称为神明。

máo suì tuō yǐng　zhōng jūn qì rú

毛遂脱颖，终军弃繻。（七虞·15）

◎解读　《史记·平原君虞卿列传》：秦之围邯郸，赵使平原君求救于楚，约与食客门下有勇力文武备具者二十人偕。得十九人，余无可取者。门下有毛遂者，前，自赞于平原君曰："愿君即以遂备员而行矣。"平原君曰："夫贤士之处世也，譬若锥

---

① 辟，指排斥、反对。

之处囊中，其末立见。今先生处胜之门下三年于此矣，左右未有所称诵，胜未有所闻，是先生无所有也。先生不能，先生留。”毛遂曰：“臣乃今日请处囊中耳！使遂蚤得处囊中，乃颖脱而出，非特其末见而已。”平原君竟与毛遂偕，十九人相与目笑之。比至楚，平原君与楚合从（同“纵”），言其利害，日出而言之，日中不决。十九人谓毛遂曰：“先生上！”毛遂按剑历阶而上，谓平原君曰：“从之利害，两言而决耳！今日出而言从，日中不决，何也？”楚王叱曰：“胡不下！吾乃与而君言，汝何为者也？”毛遂按剑而前曰：“王之所以叱遂者，以楚国之众也。今十步之内，王不得恃楚国之众也，王之命县于遂手。吾君在前，叱者何也？且遂闻汤以七十里之地王（音旺，称王）天下，文王以百里之壤而臣诸侯，岂其士卒众多哉？诚能据其势而奋其威。今楚地方五千里，持戟百万，此霸王之资也。以楚之强，天下弗能当。白起，小竖子耳！率数万之众，兴师以与楚战，一战而举鄢郢，再战而烧夷陵，三战而辱王之先人，此百世之怨而赵之所羞也，而王弗知恶焉？合从者为楚，非为赵也。吾君在前，叱者何也？”楚王曰：“唯唯！诚若先生之言，谨奉社稷而以从。”毛遂曰：“从定乎？”楚王曰：“定矣！”毛遂谓楚王之左右曰：“取鸡狗马之血来！”毛遂奉铜槃而跪进之楚王曰：“王当歃（音霎）血而定从，次者吾君，次者遂。”遂定从于殿上。毛遂左手持槃血，而右手招十九人曰：“公相与歃此血于堂下。公等录录（随从之貌），所谓因人成事者也。”遂以为上客。〇《汉书·终军传》：终军，字子云，济南人也。少好学，以辩博能属文闻于郡中。年十八，选为博士弟子，至府受遣[①]。太守闻其有异材，召见军，甚奇之，与交结。军揖太守而去，步入关，关吏予军繻[②]。军问：“以此何为？”吏曰：“为复传还，当以合符。”军曰：“大丈夫西游，终不复传还！”弃繻而去。后军为谒者，使行郡国，建节东出关。关吏识之，曰：“此使者乃前弃繻生也。”

zuǒ qīng huà hè　cì zhòng wéi wū

佐卿化鹤，次仲为乌。（七虞·16）

◎解读　唐·薛用弱《集异记》“徐佐卿”条：唐天宝十三载重阳日，明皇猎于沙

---

① 汉制：博士弟子属太常。受遣者，由所选郡遣送京师也。

② 繻，音如，帛也。苏林曰：繻，帛边也。旧关出入皆以传（符信）。传烦，因裂繻头，合以为符信也。

苑云间，有孤鹤徊翔焉。上亲御弧矢，一发而中。其鹤则带箭徐坠，将及地丈许，欻然矫翼，西南而逝。益州有明月观，依山临水，松桂深寂，道流非修习精悫者莫得而居。观之东廊第一院尤为幽绝，每有自称青城道士徐佐卿者，风局[①]清古，一岁率三四至焉，观之耆旧因虚其院之正堂以俟其来。而佐卿至则栖焉，或三五日，或旬朔言归，甚为道流之所倾仰。一日忽自外至，不怡，谓院中人曰："吾行山中，偶为飞矢所加，寻已无恙矣。然此箭非人间所有，吾留之于壁上，后年箭主到此，即宜付之，慎无坠失。"乃援毫记壁云："留箭之日，则十三载九月九日也。"及玄宗避狄幸蜀，暇日命驾行游，偶至斯观，忽睹挂箭，则命侍臣取而玩之，盖御箭也。因询观之道士，皆以实对。而佐卿所题，乃前岁沙苑纵畋之日也，佐卿盖中箭孤鹤也。〇梁·任昉（音仿）《述异记》卷下：大翮山、小翮山，在妫（音归）州。昔有王次仲，年少入学而家远，常先到。其师怪之，谓其不归，使人候之，又实归在其家。同学者常见仲捉一小木，长三尺余，至则著屋间，欲共取之，辄寻不见。及年弱冠，变苍颉旧书为隶书[②]。秦始皇遣使征之，不至。始皇怒，槛车囚之赴国，路次化为大鸟，出车而飞去。至西山，乃落二翮[③]，一大一小，遂名其落处为大、小翮山。

wéi shù qǐ zǐ　lú zhí kǎi mó
韦述杞梓，卢植楷模。（七虞·17）

◎**解读**　韦述，唐中期人。据《新唐书》本传：述少聪敏，笃志文学，家聚书二万卷，皆自校定铅椠（音欠），虽御府不逮也。兼古今朝臣图，历代知名人画，魏晋已来草、隶真迹数百卷，古碑、古器、药方、钱谱、玺谱之类，当代名公尺题，无不毕备。述弟逌（音由）、迪学业亦亚述，缙绅高之。时赵冬曦兄弟亦各有名，张说尝曰："韦赵兄弟，人之杞梓。"〇《后汉书·卢植传》：卢植，字子幹，涿郡涿人也。身长八尺二寸，音声如钟。少与郑玄俱事马融，能通古今学术，而不守章句。学终辞归，阖门教授。性刚毅，有大节，常怀济世志，不好辞赋，能饮酒一石。建安中，曹操北讨柳城，过涿郡，告守令曰："故北中郎将卢植，名著海内，学为儒宗，士之

---

① 风局，指器量、气度。

② 唐·张怀瓘《书断》卷上：八分者，秦羽人上谷王次仲所作也。又萧子良云：灵帝时王次仲饰隶为八分。

③ 翮，音合，鸟羽之硬管。

楷模，国之桢干也。”

shì héng huáng ěr　zǐ shòu fēi nú
士衡黄耳，子寿飞奴。（七虞·18）

◎**解读**　晋代陆机，字士衡。《晋书·陆机传》：初，机有骏犬名曰黄耳，甚爱之。既而羁寓京师，久无家问，笑语犬曰：“我家绝无书信，汝能赍书取消息不（同‘否’）？”犬摇尾作声。机乃为书，以竹筒盛之，而系其颈。犬寻路南走，遂至其家，得报还洛，其后因以为常。〇唐代张九龄，字子寿，两《唐书》有传。五代·王仁裕《开元天宝遗事》卷一“传书鸽”条：张九龄少年时，家养群鸽，每与亲知书信往来，只以书系鸽足上，依所寄之处飞往投之。九龄目之为“飞奴”。

zhí bǐ wú jīng　gōng yì yuán shū
直笔吴兢，公议袁枢。（七虞·19）

◎**解读**　《新唐书·吴兢传》：吴兢，汴州浚仪人。少励志，贯知经史，才堪论撰，诏直史馆修国史。兢叙事简核，号“良史”。初与刘子玄撰定《武后实录》，叙张昌宗诱张说诬证魏元忠事。后说为相，读之心不善。知兢所为，即从容谬谓曰：“刘生书魏齐公事，不少假借。奈何？”兢曰：“子玄已亡，不可受诬地下。兢实书之，其草故在。”闻者叹其直。说屡以情蕲改，辞曰：“徇公之情，何名‘实录’！”卒不改，世谓“今董狐”云。〇《宋史·袁枢传》：袁枢，字机仲，建之建安人。兼国史院编修官，修国史。章惇①以其同里，宛转请文饰其传。枢曰：“子厚为相，负国欺君。吾为史官，书法不隐。宁负乡人，不可负天下后世公议！”

chén shèng chuò chā　jiè zǐ qì gū
陈胜辍锸，介子弃觚。（七虞·20）

◎**解读**　陈胜，字涉，秦末农民起义领导者。锸，锹也。《史记·陈涉世家》：陈涉少时，尝与人佣耕，辍耕之垄上，怅恨久之，曰：“苟富贵，无相忘。”庸者笑而应

① 章惇（音敦），字子厚，北宋宰相。

曰："若为庸耕，何富贵也？"陈涉太息曰："嗟乎！燕雀安知鸿鹄之志哉！"〇介子，即西汉人傅介子。觚，木简，用于书写。《西京杂记》卷三：傅介子年十四，好学书，尝弃觚而叹曰："大丈夫当立功绝域，何能坐事散儒！"后卒斩匈奴使者，还拜中郎，复斩楼兰王首，封义阳侯。

xiè míng hú dié　zhèng hào zhè gū
谢名蝴蝶，郑号鹧鸪。（七虞·21）

◎解读　谢，即宋代谢无逸。清·徐釚（音求）《词苑丛谈》卷三：临川谢无逸尝作咏蝶诗三百首，其警句云："飞随柳絮有时见，舞入梨花何处寻。"人盛称之，因呼为"谢蝴蝶"。〇郑，即晚唐郑谷，字守愚，袁州人。《唐才子传》卷九：谷幼颖悟绝伦，七岁能咏，司空图见而奇之，问曰："予诗有病否？"曰："大夫《曲江晚望》云：'村南斜日闲回首，一对鸳鸯落渡头。'此意深矣！"图拊谷背曰："当为一代风骚主也！"乾宁四年为都官郎中，诗家称"郑都官"，又尝赋鹧鸪警绝，复称"郑鹧鸪"云。

dài hé shū jiǎn　zhèng xiá chéng tú
戴和书简，郑侠呈图。（七虞·22）

◎解读　戴和，字弘正，汉代人。唐·冯贽《云仙杂记》卷五"金兰簿"条引《宣武盛事》：戴弘正每得密友一人，则书于编简，焚香告祖考，号为"金兰簿"。〇郑侠，北宋人。《宋史》本传：郑侠字介夫，福州福清人。时王安石初行变法之令，自熙宁六年七月不雨，至于七年之三月，人无生意，流民扶携塞道，羸瘠愁苦，身无完衣，或茹木实草根，至身被锁械，而负瓦楬（音杰，用作标志的小木桩）木卖以偿官，累累不绝。侠悉绘所见为图上奏，其略云："去年大蝗，秋冬亢旱，麦苗焦枯，五种不入，群情惧死，方春斩伐，竭泽而渔，灾患之来莫之或御！愿陛下开仓廪，赈贫乏，取有司害民不道之政，一切罢去，冀下召和气，上应天心，延万姓垂死之命。臣谨以逐日所见绘一图，但经眼目，已可涕泣，而况有甚于此者乎！如陛下行臣之言，十日不雨即乞斩臣宣德门外，以正欺君之罪！"疏奏，神宗反复观图，长吁数四，袖以入，是夕寝不能寐。翌日命罢新法凡十有八事，民间欢叫相贺，又下责躬诏求言。越三日，大雨，远近沾洽，辅臣入贺，帝示以侠所进图状且责之，皆再拜谢。

xiá qiū mài yào　yè lìng tóu wū
瑕丘卖药，邺令投巫。（七虞·23）

◎解读　《列仙传》卷上：瑕邱仲者，宁人也。卖药于宁百余年，人以为寿矣。地动舍坏，仲及里中数十家屋临水皆败，仲死。民人取仲尸弃水中，收其药卖之。仲披裘而从，诣之取药。弃仲者惧，叩头求哀。仲曰："恨汝使人知我耳！吾去矣。"后为夫馀（古国名）驿使，复来至宁，北方谓之谪仙人焉。[①] ○《史记·滑稽列传》：魏文侯时，西门豹为邺令。豹往到邺，会长老，问之民所疾苦。长老曰："苦为河伯娶妇，以故贫。"豹问其故，对曰："邺三老、廷掾常岁赋敛百姓，收取其钱，得数百万，用其二三十万为河伯娶妇，与祝、巫共分其余钱持归。当其时，巫行视人家女好者，云是当为河伯妇，即聘取洗沐之，为治新缯绮縠衣，闲居，斋戒，为治斋宫河上，张缇绛帷，女居其中，为具牛酒饭食。行十余日，共粉饰之，如嫁女床席，令女居其上，浮之河中。始浮行，数十里乃没。其人家有好女者，恐大巫祝为河伯取之，多持女远逃亡，以故城中益空无人，又困贫，所从来久远矣。民人俗语曰'即不为河伯娶妇，水来漂没，溺其人民'云。"西门豹曰："至为河伯娶妇时，愿三老、巫、祝、父老送女河上，幸来告语之，吾亦往送女。"皆曰："诺。"至其时，西门豹往会之河上，三老、官属、豪长者、里父老皆会，人民往观之者三二千人。其巫，老女子也，已年七十，从弟子女十人所，皆衣缯单衣，立大巫后。西门豹曰："呼河伯妇来，视其好丑。"即将女出帷中，来至前。豹视之，顾谓三老、巫、祝、父老曰："是女子不好，烦大巫妪为入报河伯，得更求好女，后日送之。"即使吏卒共抱大巫妪投之河中。有顷，曰："巫妪何久也？弟子趣之！"复以弟子一人投河中。有顷，曰："弟子何久也？复使一人趣之！"复投一弟子河中。凡投三弟子，西门豹曰："巫妪、弟子，是女子也，不能白事。烦三老为入白之。"复投三老河中。西门豹簪笔磬折，向河立待良久，长老、吏傍观者皆惊恐。西门豹顾曰："巫妪、三老不来还，奈之何？"欲复使廷掾与豪长者一人入趣之，皆叩头且破，额血流地，色如死灰。西门豹曰："诺！且留待之须臾。"邺吏民大惊恐，从是以后，不敢复言为河伯娶妇。西门豹即发民凿十二渠，引河水灌民田。当其时，民治渠少烦苦，不欲也。豹曰："民可以乐成，不可与虑始。今父老子弟虽患苦我，然百岁后期令父老子

---

① 今按：瑕丘仲者，传为古得道仙人也，不知生于何世，或云周，或云汉，或云晋，或云唐。

孙思我言。”至今皆得水利，民人以给足富。

冰山右相，铜臭司徒。（七虞·24）

bīng shān yòu xiàng　tóng xiù sī tú

◎解读　宋·司马光《资治通鉴》卷二一六：庚申，以杨国忠为右相，兼文部尚书。[1] 国忠为人强辩而轻躁，无威仪，既为相，以天下为己任，裁决机务，果敢不疑，居朝廷攘袂扼腕，公卿以下颐指气使，莫不震慑。或劝陕郡进士张彖谒国忠，曰：“见之富贵立可图。”彖曰：“君辈倚杨右相如泰山，吾以为冰山耳。若皎日既出，君辈得无失所恃乎！”遂隐居嵩山。〇《说郛（音福，古代指城外面围着的大城）》卷五十九引司马彪《九州春秋》：灵帝卖官，廷尉崔烈入钱五百万以买司徒。烈子均亦有时名，烈问曰：“吾作三公，天下人谓何如？”对曰：“大人少有高名，不谓不当为公。今登其位，海内嫌其铜臭！”烈举杖击之。

武陵渔父，闽越樵夫。（七虞·25）

wǔ líng yú fǔ　mǐn yuè qiáo fū

◎解读　《陶渊明集》卷五《桃花源记》：晋太元中，武陵人捕鱼为业，缘溪行，忘路之远近。忽逢桃花林，夹岸数百步，中无杂树，芳草鲜美，落英缤纷。渔人甚异之，复前行，欲穷其林。林尽水源，便得一山，山有小口，髣髴若有光。便舍船，从口入，初极狭，才通人。复行数十步，豁然开朗，土地平旷，屋舍俨然，有良田美池桑竹之属，阡陌交通，鸡犬相闻。其中往来种作，男女衣着，悉如外人，黄发垂髫，并怡然自乐。见渔人，乃大惊，问所从来，具答之。便要还家，设酒杀鸡作食。村中闻有此人，咸来问讯。自云先世避秦时乱，率妻子邑人来此绝境，不复出焉，遂与外人间隔。问今是何世，乃不知有汉，无论魏晋。此人一一为具言所闻，皆叹惋。余人各复延至其家，皆出酒食。停数日，辞去，此中人语云：“不足为外人道也。”既出，得其船，便扶向路，处处志之。及郡下，诣太守，说如此。太守即遣人随其往，寻向所志，遂迷，不复得路。南阳刘子骥，高尚士也。闻之，欣然亲往，未果，寻病终，后遂无问津者。〇明·陈耀文《天中记》卷五十二引《方舆胜览》：

---

① 右相，即中书令；文部，即吏部。

闽县东山有榴花洞，唐永泰中，樵者蓝超遇白鹿，逐之，渡水入石门。始极窄，忽豁然，有鸡犬人家。主翁谓曰："吾避秦人也，留卿可乎?"超云："欲与亲旧诀，乃来。"与榴花一枝而出，恍然若梦中。再往，竟不知所在。

yú rén yù bàng　tián fǔ qūn lú
渔人鹬蚌，田父逡卢。（七虞·26）

◎解读　《战国策·燕策二》：赵且伐燕，苏代为燕谓赵惠王曰："今者臣来，过易水，蚌方出曝，而鹬啄其肉，蚌合而拑其喙。鹬曰：'今日不雨，明日不雨，即有死蚌。'蚌亦谓鹬曰：'今日不出，明日不出，即有死鹬。'两者不肯相舍，渔者得而并禽之。今赵且伐燕，燕赵久相支，以弊大众，臣恐强秦之为渔父也。故愿王之孰计之也。"惠王曰："善!"乃止。〇《战国策·齐策三》：齐欲伐魏，淳于髡谓齐王曰："韩子卢者，天下之疾犬也；东郭㕙[①]者，海内之狡兔也。韩子卢逐东郭，环山者三，腾山者五，兔极于前，犬废于后，犬兔俱罢（同'疲'），各死其处。田父见之，无劳倦之苦，而擅其功。今齐魏久相持，以顿其兵，弊其众，臣恐强秦大楚承其后，有田父之功。"

zhèng jiā shī bì　xī shì wén nú
郑家诗婢，郗氏文奴。（七虞·27）

◎解读　郑，即汉代郑玄。《世说新语·文学》：郑玄家奴婢皆读书。尝使一婢不称旨，将挞之。方自陈说，玄怒，使人曳著泥中。须臾，复有一婢来问曰："胡为乎泥中?"答曰："薄言往愬，逢彼之怒!"[②] 〇郗氏，即晋代郗愔。《世说新语·品藻》：郗司空家有伧[③]奴，知及文章，事事有意。王右军向刘惔称之。刘问："何如方回[④]?"王曰："此正小人有意向耳，何得便比方回!"刘曰："若不如方回，故是常奴耳!"

---

① 㕙，音义同"逡"，狡兔名。一说音"俊"。

② 两婢对答，上句出《诗经·邶风·式微》，下句出《诗经·邶风·柏舟》。

③ 伧，音仓，魏晋以后，南人对江淮以北的人的蔑称，有粗俗、鄙陋义。

④ 《郗愔别传》曰：愔字方回，高平金乡人，太宰鉴长子也。

八　齐

zǐ xū mù shǐ　xiān wēng zhù jī
子胥牧豕，仙翁祝鸡。（八齐·1）

◎解读　《列仙传》卷下“商邱子胥”条：商邱子胥者，高邑人也。好牧豕、吹竽，年七十不娶妇而不老，邑人多奇之。从受道，问其要，言但食术、菖蒲根，饮水，不饥不老。贵戚富室闻之，取而服之，不能终岁，辄止惰慢矣，谓将复有匿术也。〇《列仙传》卷上“祝鸡翁”条：祝鸡翁者，洛人也。居尸乡北山下，养鸡百余年。鸡有千余头，皆立名字，暮栖树上，昼放散之，欲引呼名，即依呼而至。卖鸡及子，得千余万，辄置钱去之吴，作养鱼池，后升吴山，白鹤、孔雀数百常止其傍。

wǔ wáng guī mǎ　péi dù huán xī
武王归马，裴度还犀。（八齐·2）

◎解读　武王，即周武王，在太公望辅助下灭殷商。《尚书·武成》：武王既伐殷，来自商至于丰，乃偃武修文①，归马于华山之阳，放牛于桃林之野，示天下弗用。〇裴度，字中立，唐河东闻喜人，官至宰相，封晋公。《唐摭言》卷四：裴晋公质状眇小，相不入贵，既屡屈名场，颇亦自惑。会有相者在洛中，大为缙绅所神，公时造之问命，相者曰：“郎君形神稍异于人，不入相书，若不至贵，即当饿死。然今则殊未见贵处，候旬日为郎君细看。”因退游香山佛寺，徘徊廊庑之下，见一素衣妇人致一锦囊于栏楯之上，祈祝良久，叩头瞻拜而去，而遗其锦囊焉。度既不可追，必料其再至，因为收取，踌躇至暮，妇人竟不至。度不得已，携之归所止，旦复携至彼。时寺门始开，俄睹向者素衣疾趋而至，逡巡抚膺惋叹。度从而讯之，妇人曰：

① 偃武，倒载干戈，包以虎皮，示不用也。修文，行礼射，设庠序，修文教也。

“新妇阿父无罪被系，昨告人假得玉带二、犀带一，直千余缗，以遗津要，不幸遗失于此。今老父不测之祸无所逃矣！”度怃然，复细诘其物色，因而授之。妇人拜泣，请留其一，度不顾而去。寻诣相者，相者审度颜色，惊曰：“郎君形神大异，必有阴德及物，此后前途万里，非某所知也。”再三诘之，度偶以此言之，相者曰：“只此便是阴功矣！他日无相忘，勉旃勉旃[①]！”度后果位极人臣。

chóng ěr bà jìn　　xiǎo bái xīng qí

重耳霸晋，小白兴齐。（八齐·3）

◎**解读**　重耳，即晋文公，姬姓，名重耳，“春秋五霸”之一。曾因骊姬之乱出逃十九年，后得以返国，称霸诸侯。〇小白，即齐桓公，姜姓，名小白。任用管仲为相，大兴齐国，遂为“春秋五霸”之首。

jǐng gōng ráng huì　　dòu yǎn zhān kuí

景公禳彗，窦俨占奎。（八齐·4）

◎**解读**　景公，即齐景公。《史记·齐太公世家》：昭公三十二年，彗星见[②]。景公曰：“彗星出东北，当齐分野，寡人以为忧。”晏子曰：“君高台深池，赋敛如弗得，刑罚恐弗胜，茀星[③]将出，彗星何惧乎！”公曰：“可禳[④]否？”晏子曰：“使神可祝而来，亦可禳而去也。百姓苦怨以万数，而君令一人禳之，安能胜众口乎！”是时景公好治宫室，聚狗马，奢侈厚赋重刑，故晏子以此谏之。〇窦俨，宋代翰林学士。奎，奎星也。南宋·朱熹《宋名臣言行录》前集卷一引《玉壶清话》：俨尤善推步、星历，与卢多逊、杨徽之同在谏垣，谓二公曰：“丁卯岁，五星当聚奎。奎主文明，又在鲁分，自此天下始太平。二拾遗必见之，老夫不预也。”至乾德间，五星果聚于奎。

---

① 旃，音沾，兼词，代词“之”与助词“焉”的合音词。

② 彗星见，古人认为，彗星若帚形，见（同“现”），其境有乱也。

③ 茀，同“孛”，茀星乃彗星之一种。《史记·天官书》：“星茀于河戍。”司马贞《索隐》：“茀，音佩，即孛星也。”

④ 禳，音瓤，祭祷以消灾求福也。

zhuó jìng píng hǔ　xī bā shì ní
卓敬冯虎，西巴释麑。（八齐·5）

◎解读　卓敬字惟恭，明瑞安人。颖悟过人，读书十行俱下，举洪武二十一年进士，《明史》有传。冯，音义同“凭”。明·李维樾《忠贞录》卷二：卓敬生质秀敏孝悌，七岁嬉戏，相工曰：“此儿骨发殊异，必为名卿。”年十五，读书宝香山，风雨夜归，迷失道路，得一兕牛，凭之归。比入门，乃黑虎也。〇《韩非子·说林上》：孟孙猎得幼麑，使秦西巴载之持归。其母随之而啼，秦西巴弗忍而与之。孟孙归，至而求麑，答曰：“余弗忍，而与其母。”孟孙大怒，逐之。居三月，复召以为其子傅。其御曰：“曩将罪之，今召以为子傅，何也？”孟孙曰：“夫不忍麑，又且忍吾子乎？”

xìn líng bǔ yào　zǔ tì wén jī
信陵捕鹞，祖逖闻鸡。（八齐·6）

◎解读　战国时魏公子无忌，号信陵君。《艺文类聚》卷九十一引《列士传》云：魏公子无忌方食，有鸠飞入案下。公子使人顾望，见一鹞在屋上飞去。公子乃纵鸠，鹞逐而杀之。公子暮为不食，曰：“鸠避患归无忌，竟为鹞所得，吾负之。为吾捕得此鹞者，无忌无所爱！”于是左右宣公子慈声，捕得鹞二百余头，以奉公子。公子欲尽杀之，恐有辜，乃自按剑至其笼上，曰：“谁获罪无忌者耶？”一鹞独低头，不敢仰视，乃取杀之，尽放其余。名声流布，天下归焉。〇《晋书·祖逖传》：祖逖，字士稚，范阳遒人也。为北州旧姓。少孤，性豁荡，不修仪检。年十四五犹未知书，诸兄每忧之。然轻财好侠，慷慨有节尚。每至田舍，辄称兄意散谷帛以赒贫乏，乡党宗族以是重之。后乃博览书记，该涉古今，往来京师，见者谓逖有赞世才具。与司空刘琨俱为司州主簿，情好绸缪，共被同寝。中夜闻荒鸡鸣，蹴琨觉，曰：“此非恶声也！”因起舞。

zhào bāo qì mǔ　wú qǐ shā qī
赵苞弃母，吴起杀妻。（八齐·7）

◎解读　《后汉书·独行列传》：赵苞，字威豪，甘陵东武城人。初仕州郡，举孝廉，再迁广陵令，视事三年，政教清明。郡表其状，迁辽西太守，抗厉威严，名振边俗。到官明年，遣使迎母及妻子。垂当到郡，道经柳城，值鲜卑万余人入塞，劫苞母及妻子，遂为所质，载以击郡。苞率骑二万与贼对阵，贼出母以示苞。苞悲号谓母曰："为子无状，欲以微禄奉养朝夕，不图为母作祸。昔为母子，今为王臣，义不得顾私恩，毁忠节，唯当万死，无以塞罪！"母遥谓曰："威豪，人各有命，何得相顾以亏忠义！昔王陵母对汉使伏剑，以固其志①，尔其勉之！"苞即时进战，贼悉摧破，其母、妻皆为所害。苞殡敛母毕，奏请归葬。灵帝遣策吊慰，封为列侯。苞葬讫，谓乡人曰："食禄而避难，非忠也；杀母以全义，非孝也。如是，有何面目立于天下！"遂呕血而死。○《史记·孙子吴起列传》：吴起者，卫人也，好用兵，尝学于曾子，事鲁君。齐人攻鲁，鲁欲将吴起。吴起取齐女为妻，而鲁疑之。吴起于是欲就名，遂杀其妻，以明不与齐也。鲁卒以为将，将而攻齐，大破之。曾子薄之，而与起绝。

chén píng duō zhé　lǐ guǎng chéng xī
陈平多辙，李广成蹊。（八齐·8）

◎**解读**　《史记·陈丞相世家》：陈平者，阳武户牖乡人也。少时家贫，好读书，为人长，美色。及长可娶妻，富人莫肯与者，贫者平亦耻之。久之，户牖富人有张负，女孙五嫁而夫辄死，人莫敢娶，平欲得之。邑中有丧，平贫侍丧，张负既见之丧所，独视伟平，随平至其家。家乃负郭穷巷，以弊席为门，然门外多有长者车辙。张负归谓其子仲曰："吾欲以女孙予陈平。"张仲曰："平贫不事事，一县中尽笑其所为，独奈何予女乎？"负曰："人固有好美如陈平而长贫贱者乎？"卒与女。○《史记·李将军列传》：李将军广者，陇西成纪人也，悛（音巡）悛如鄙人，口不能道辞。及死，知与不知，皆为尽哀，彼其忠实心诚信于士大夫也。谚曰："桃李不言，下自成蹊。"此言虽小，可以喻大。

liè yì kè hǔ　wēn jiào rán xī
烈裔刻虎，温峤燃犀。（八齐·9）

① 参见本书"陵母知兴"（十蒸·7）条解读。

◎解读　《太平御览》卷七五二引王子年《拾遗记》：始皇二年，骞霄国献善画之工名烈裔，刻白玉为两虎，削玉为毛如真矣，不点两目睛。始皇使他工夜往点之，即飞去。明年，南郡有献白虎二头，始皇使视之，乃是先刻玉虎也。始皇命去目睛，二虎不复能去。○《晋书·温峤传》：温峤字太真。武昌至牛渚矶，水深不可测，世云其下多怪物。峤遂毁犀角而照之，须臾见水族奇形异状，或乘马车、著赤衣者。峤其夜梦人谓己曰："与君幽明道别，何意相照也？"意甚恶之。峤先有齿疾，至是拔之，因中风，未旬而卒，时年四十二。

梁(liáng)公(gōng)驯(xùn)雀(què)，茅(máo)容(róng)割(gē)鸡(jī)。（八齐·10）

◎解读　梁公，即唐代名臣狄仁杰。据《新唐书·狄仁杰传》：狄仁杰，字怀英，并州太原人。始，仁杰居母丧，有白雀驯扰之祥。[①] ○《后汉书·郭泰传》：茅容，字季伟，陈留人也，年四十余耕于野。时与等辈避雨树下，众皆夷踞[②]相对，容独危坐愈恭。林宗（郭泰字林宗）行见之，而奇其异，遂与共言，因请寓宿。旦日，容杀鸡为馔。林宗谓为己设，既而以供其母，自以草蔬与客同饭。林宗起拜之，曰："卿贤乎哉！"因劝令学，卒以成德。

---

① 宋·吴曾《能改斋漫录》卷十四引《狄仁杰家传》云：丧亲，有白乌、连理枝绕于墓侧。

② 夷，平也。踞，蹲也。

九　佳

yǔ jūn wǔ guì　wáng yòu sān huái
禹钧五桂，王祐三槐。（九佳·1）

◎**解读**　五代窦禹钧，蓟州渔阳人。以词学名，义风家法，为一时标表。《绀珠集》卷十二引钱易《洞微志》：窦禹钧有子五人：仪、俨、侃、偁、僖，俱以进士及第，俱历显仕，俱著清望，仪、俨尤擅文名于时。冯道赠诗云："燕山窦十郎，教子有义方。灵椿一株老，丹桂五枝芳。"故号曰"窦氏五龙"。○王祐，字景叔，大名莘人，事具《宋史》本传。三槐，三公位焉。《周礼·秋官·朝士》：朝士掌建邦。外朝之法：左九棘，孤、卿、大夫位焉，群士在其后；右九棘，公、侯、伯、子、男位焉，群吏在其后。面三槐，三公位焉，州长、众庶在其后。明·李濂《汴京遗迹志》卷八"三槐堂"条：三槐堂在开封仁和门外，宋兵部侍郎王祐手植三槐于庭，曰："吾后世子孙必有为三公者。"祐子旦相宋真宗，遂号"三槐王氏"，因匾其堂曰"三槐堂"，苏轼为作《三槐堂铭》。

tóng xīn xiàng xiù　xiào mào bó jiē
同心向秀，肖貌伯喈。（九佳·2）

◎**解读**　《晋书·向秀传》：向秀，字子期，河内怀人也。清悟有远识。少为山涛所知，雅好老庄之学，乃为之隐解，发明奇趣，振起玄风，读之者超然心悟，莫不自足一时也。秀与嵇康、吕安相善，康善锻，秀为之佐，相对欣然，傍若无人，又共吕安灌园于山阳。嵇康既被诛，向秀乃作《思旧赋》，追想曩昔游宴之好，援翰以写心云云。○《太平御览》卷三九六引《风俗通》曰：陈国张伯喈①、弟仲喈兄弟酷肖。仲喈妇炊于灶下，至井上，谓伯喈曰："我今日妆好不?"伯喈曰："我伯喈

① 喈，《艺文类聚》引作偕。

也。”妇大惭愧。其夕，时伯喈到，更衣，妇复逐牵其背曰：“今旦大误！谓伯喈为卿。”答曰：“我故伯喈也！”

yuán hóng tǔ shì yáng kǎn shuǐ zhāi
袁闳土室，羊侃水斋。（九佳·3）

◎解读 《后汉书·袁闳传》：闳，字夏甫，汝南汝阳人也。少励操行，苦身修节。见时方险乱，累征聘举召皆不应，以耕学为业。后遂散发绝世，欲投迹深林，以母老不宜远遁，乃筑土室，四周不为户，自牖纳饮食而已。旦于室中东向拜母，母思闳时往就视，母去便自掩闭，兄弟妻子莫得见也。时或以为狂生，潜身十八年，卒于土室。〇《梁书·羊侃传》：羊侃，字祖忻，泰山梁甫人。性豪侈，善音律，姬妾侍列，穷极奢靡。初赴衡州，于两艖艀（音插扶，小船）起三间通梁水斋，饰以珠玉，加之锦缋，盛设帷屏，陈列女乐，乘潮解缆，临波置酒，缘塘傍水，观者填咽①。

jìng zhī shuō hǎo guō nè yán jiā
敬之说好，郭讷言佳。（九佳·4）

◎解读 《新唐书·杨敬之传》：杨敬之，字茂孝，唐元和初擢进士第，官至工部尚书，兼国子祭酒。爱才喜推誉，人以为癖。雅爱项斯，为诗称之。《唐才子传》卷七：项斯，字子迁，江东人也。筑草庐于朝阳峰前，交结静者，盘薄岩林，戴藓花冠，披鹤氅，就松阴，枕白石，饮清泉，长哦细酌，凡如此三十余年。其警联如“病尝山药遍，贫起草堂低”，如“客来因月宿，床势向山移”，又“湖山万叠翠，门树一行春”，又“一灯愁里梦，九陌病中春”，又“月明古寺客初到，风度闲门僧未归”之类，不一而足。杨敬之祭酒赠诗云：“几度见诗诗总好，及观标格过于诗。平生不解藏人善，到处逢人说项斯。”〇郭讷（旧读纳），字敬言，晋永嘉五年任广州刺史，官至太子洗（音险）马。《太平御览》卷五七〇引邓粲《晋纪》：郭讷尝入洛，观伎人歌，言佳。石崇问其曲，讷不知。崇笑：“卿不识曲，那得言佳！”讷答：“譬如见西施，何必识其姓名，然后知美？”崇无以难。

---

① 填咽，阻塞。

chén guàn zé jǐ ruǎn jí yǒng huái

陈瓘责己，阮籍咏怀。（九佳·5）

◎**解读** 陈瓘，字莹中，号了翁，南剑州沙县人。少好读书，不喜为进取学。《宋史》有传。《宋文鉴》卷一二七收有其所撰《责沈文贻知默侄》，其中云："予元丰乙丑夏为礼部贡院点检官，适与校书郎范公淳夫同舍，公尝论：'颜子之不迁不贰，惟伯淳[①]有之。'予问公曰：'伯淳谁也？'公默然久之，曰：'不知有程伯淳耶？'予谢曰：'生长东南，实未知也。'时予年二十有九矣。自是以来，常以寡陋自愧。"○《晋书·阮籍传》：阮籍，字嗣宗，陈留尉氏人也。志气宏放，傲然独得，任性不羁。能属文，初不留思，作《咏怀诗》八十余篇，为世所重。

① 伯淳，程颢之字。

十　灰

chū píng qǐ shí　zuǒ cí zhì bēi
初平起石，左慈掷杯。（十灰·1）

◎解读　初平，即皇初平，传为晋代得道仙人。晋·葛洪《神仙传》卷二：皇初平者，丹溪人也，年十五而家使牧羊。有道士见其良谨，将至金华山石室中四十余年，不复念家。其兄初起入山索初平，历年不能得见。后在市中有道士善卜，乃问之曰："吾有弟名初平，不知死生所在，愿道君为占之。"道士曰："金华山中有一牧羊儿，姓皇名初平，是卿弟非耶?"初起闻之惊喜，寻求果得相见。兄弟悲喜，因问弟曰："羊皆何在?"初平曰："羊近在山东。"初起往视，了不见羊，但见白石无数。初平曰："羊在耳，但兄自不见之。"乃叱曰："羊起!"于是白石皆变为羊数万头。〇左慈，传为东汉末得道仙人。《神仙传》卷八：左慈，字元放，卢江人。少明五经，兼通星气，见汉祚将尽，乃学道术，能役鬼神，坐致行厨。精思于天柱山中，得石室《九丹金液经》，神变百端。曹操闻而召之，为设酒，慈乞分杯饮酒。时天寒，温酒尚未热，慈拔簪以画杯，酒即中断分为两向，慈饮其半，送半与操。饮毕，以杯掷屋栋，杯便悬著栋，动摇似鸟飞之状，似欲落不落。一坐瞩目视杯，已失慈所在。

míng gāo lín gé　gōng xiǎn yún tái
名高麟阁，功显云台。（十灰·2）

◎解读　麟阁、云台，皆汉宫阁名。《汉书·李广苏建传》：甘露三年，宣帝思股肱（音弓）之美，乃图画大臣于麒麟阁，法其形貌，署其官爵、姓名，皆有功德，知名当世，是以表而扬之，明著中兴辅佐，凡十一人，皆有传。自丞相黄霸等，皆著名宣帝之世，然不得列于名臣之图，以此知其选矣。〇《后汉书·二十八将传论》曰：永宁年中，明帝追感前世功臣，乃图画二十八将于南宫云台，其外又有王常、李通、窦融、卓茂，合三十二人。

zhū xī zhèng xué　sū shì qí cái

朱熹正学，苏轼奇才。（十灰·3）

◎**解读**　朱熹，南宋著名理学家、学者，注述“六经”，集诸儒之大成。《宋史·汤琇（音赎）传》：汤琇，字君宝，浏阳人。国子博士。时召朱熹为侍讲，未几辞归，朝廷从其请。琇上疏言：“熹以正学为讲官，四方颙望其有启沃之益。曾未逾时，辄听其去，必骇物论。宜追召熹还，仍授讲职。”○苏轼，字子瞻，号东坡居士，宋代著名文学家。《宋史·苏轼传》：轼尝锁宿禁中，召入对便殿。宣仁后问曰：“卿前年为何官？”曰：“臣为常州团练副使。”曰：“今为何官？”曰：“臣今待罪翰林学士。”曰：“何以遽至此？”曰：“遭遇太皇太后、皇帝陛下。”曰：“非也。”曰：“岂大臣论荐乎？”曰：“亦非也。”轼惊曰：“臣虽无状，不敢自他途以进。”曰：“此先帝意也。先帝每诵卿文章，必叹曰：‘奇才，奇才！’但未及进用卿耳。”轼不觉哭失声，宣仁后与哲宗亦泣，左右皆感涕。

yuān míng shǎng jú　hé jìng guān méi

渊明赏菊，和靖观梅。（十灰·4）

◎**解读**　渊明，即东晋陶渊明，本名元亮，后改名陶潜，弃官隐居，种菊东篱。《太平御览》卷三十二引《续晋阳秋》曰：陶潜九月九日无酒，宅边东篱下菊丛中摘盈把，坐其侧。未几，望见白衣人至，乃王弘送酒也，即便就醉而后归。○和靖，即宋代林逋，谥和靖。清·吴之振《宋诗钞》卷十三：林逋字君复，杭之钱塘人。少孤力学，刻志不仕。结庐西湖孤山，不娶，无子，所居多植梅畜鹤，泛舟湖中，客至则放鹤致之，因谓“梅妻鹤子”云。其诗平澹邃美，而趣向博远。欧阳修爱其咏梅花诗“疏影横斜”一联①，谓前世未有此句。

jī shǔ zhāng fàn　jiāo qī chén léi

鸡黍张范，胶漆陈雷。（十灰·5）

---

①　林逋《山园小梅》：“众芳摇落独暄妍，占尽风情向小园。疏影横斜水清浅，暗香浮动月黄昏。霜禽欲下先偷眼，粉蝶如知合断魂。幸有微吟可相狎，不须檀板共金樽。”

◎解读　张，即张劭；范，即范式。均为东汉人。鸡黍，杀鸡蒸黍以待客也。《后汉书·独行传》：范式字巨卿，山阳金乡人也，少游太学为诸生，与汝南张劭字元伯为友。二人并告归乡里，式谓元伯曰："后二年当还，将过拜尊亲。"乃共克期日。后期方至，元伯具以白母，请设馔以候之。母曰："二年之别，千里结言，尔何相信之审邪？"对曰："巨卿信士，必不乖违。"母曰："若然，当为尔酝酒。"至其日，巨卿果到，升堂拜饮，尽欢而别。式仕为郡功曹，后元伯寝疾笃，叹曰："恨不见吾死友！山阳范巨卿，所谓死友也。"寻而卒。式忽梦见元伯玄冕垂缨屣履而呼曰："巨卿！吾以某日死，当以尔时葬，永归黄泉。子未我忘，岂能相及！"式恍然觉寤，悲叹泣下，具告太守，请往奔丧。太守虽心不信，而重违其情，许之。式便驰往赴之。未及到，丧已发引，而柩不肯进。其母抚之曰："元伯岂有望邪？"遂停柩。移时，乃见有素车白马号哭而来，其母望之曰："是必范巨卿也！"巨卿既至，叩丧言曰："行矣元伯！死生路异，永从此辞！"会葬者千人，咸为挥涕。式因执绋①引柩，留止冢次，为修坟树乃去。○陈，即陈重；雷，即雷义，亦为东汉人。胶漆，即胶与漆，均属黏结之物，比喻情谊极深，亲密无间。《后汉书·独行传》：雷义字仲公，豫章鄱阳人也。初为郡功曹，尝擢举善人，不伐其功。义举茂才，让于陈重。刺史不听，义遂佯狂被发，走不应命。乡里为之语曰："胶漆自谓坚，不如雷与陈。"官府同时俱辟②二人。

gěng yǎn běi dào　sēng rú xī tái
耿弇北道，僧孺西台。（十灰·6）

◎解读　北道，犹东道。北道主人，犹东道主也。《后汉书·耿弇传》：耿弇字伯昭，扶风茂陵人也。从光武北至蓟，闻邯郸兵方到，光武将欲南归，召官属计议。弇曰："今兵从南来，不可南行。渔阳太守彭宠，公之邑人；上谷太守，即弇父也。发此两郡，控弦万骑，邯郸不足虑也。"光武官属腹心皆不肯，曰："死尚南首，奈何北行入囊中！"光武指弇曰："是我北道主人也。"○僧孺，即牛僧孺，字思黯，唐元和初，以贤良方正对策第一。初为河南伊阙县尉，历事四朝，官至宰相。西台，指朝廷中书省。唐·康骈《剧谈录》卷上"御史滩"条：河南府伊阙县前临大溪，每僚佐有入台者，即水中先有小滩涨出，石砾金沙，澄澈可爱。牛相国为县尉，一

---

① 绋，音浮，牵引灵柩之绳索。

② 辟，推举，征召。

旦忽报滩出。翌日，同僚列筵于亭上观之，因召耆宿询其事。有老吏云："此必分司御史，非西台之命。若是西台，滩上当有双鸂鶒[①]立前。"僧孺因举杯祝曰："既能有滩，何惜一双鸂鶒！"宴未终，俄有鸂鶒一双飞下。不旬日，僧孺拜西台监察御史。

jiàn fēng shòu kuàng xiào jī huán cái

建封受贶，孝基还财。（十灰·7）

◎解读 建封，即唐代张建封，字本立，兖州人，事具《唐书》本传。贶，赠赐之物。宋·王谠（音挡）《唐语林》卷三：裴宽尚书罢郡，西归汴中，日晚维舟，见一人坐树下，衣服故敝。召与语，大奇之，谓："君才识自当富贵，何贫也？"举船钱帛奴婢与之。客亦不让，语讫上船，裴公益以为奇。其人乃张建封也。○张孝基，宋代许昌人。宋·赵善璙（音聊）《自警编》卷四：张孝基娶同里富人女。富人只一子，不肖，斥逐之。富人病且死，尽以家财付孝基，孝基与治后事如礼。久之，其子丐于途。孝基见之，恻然谓曰："汝能灌园乎？"答曰："如得灌园以就食，何幸！"孝基使灌园，其子稍自力。孝基复谓曰："汝能管库乎？"答曰："得灌园已出望外，况管库乎！又何幸也！"孝基使管库。其子驯谨，无他过。孝基徐察之，知其能自新，不复有故态，遂以其父所委财产归之。其子自此治家励操，为乡间善士。不数年，孝基卒，其友数辈游嵩山，忽见旌幢驺御满野，如守土之臣，乃孝基也。惊喜前揖，询其所以至此，孝基曰："吾以还财之事，上帝命主此山。"

zhǔn tí huà yuè chuò fù tiān tāi

准题华岳，绰赋天台。（十灰·8）

◎解读 准，即宋代寇准，华州人。《山堂肆考》卷一百八"吟华山诗"条：寇准，字平仲，八岁吟华山诗："只有天在上，更无山与齐。举头红日近，回首白云低。"其师谓准父曰："贤郎怎不作宰相！"○绰，即晋代孙绰。《晋书·孙绰传》：绰字兴公，博学善属文，尝作《天台山赋》，辞致甚工。初成，以示友人范荣期云："卿试掷地，当作金石声也。"荣期曰："恐此金石非中宫商。"然每至佳句，辄云："应是我辈语。"

---

① 鸂鶒，音溪赤，水鸟名，即紫鸳鸯。

mù shēng jué qù　　jiǎ yù chóng lái
穆生决去，贾郁重来。（十灰·9）

◎解读　穆生，西汉初人。《汉书·楚元王传》：楚元王交，字游，高祖同父少弟也，好书，多材艺。少时尝与鲁穆生、白生、申公俱受《诗》于浮丘伯。初，元王敬礼申公等，穆生不嗜酒，元王每置酒，常为穆生设醴。及王戊即位，后忘设焉。穆生退，曰："可以逝矣！醴酒不设，王之意怠。"因称疾卧。申公、白生强起之，曰："独不念先王之德与？今王一旦失小礼，何足至此！"穆生曰："《易》称'知幾其神乎'。幾者，动之微，吉凶之先见者也。君子见幾而作，不俟终日。先王之所以礼吾三人者，为道之存故也。今而忽之，是忘道也。忘道之人，胡可与久处？岂为区区之礼哉！"遂谢病去。〇贾郁，五代闽人。宋初路振编《九国志·闽志·贾郁传》：贾郁，字正文，福建侯官人。为仙游令，峭直不容人过，正身奉法，吏多畏惮之。后郁任满，移地为官而未行，一吏酣醉于庭。郁怒曰："吾当再典此邑，以惩汝！"吏扬言："公欲再来，犹造铁船渡海。"后郁为赞善大夫，再令仙游。会醉吏为库史，盗官钱数万。郁署牍尾曰："窃铜镪以润家，非因鼓铸；造铁船而渡海，不假炉锤。"竟决杖遣徒。

tái wū chéng zhào　　píng què wéi méi
台乌成兆，屏雀为媒。（十灰·10）

◎解读　台乌，即御史台之代称。①《汉书·朱博传》：汉兴，袭秦官，置三公②。至武帝罢太尉，始置大司马，以冠将军之号，非有印绶官属也。及成帝时，何武为九卿，建言："宜置三公官，定卿大夫之任，分职授政，以考功效。"上以为然。时曲阳侯王根为大司马、骠骑将军，而何武为御史大夫。于是上赐曲阳侯根大司马印绶，置官属，罢骠骑将军官；以御史大夫何武为大司空，封列侯。皆增俸如丞相，以备三公官焉。议者多以为不可。是时御史府吏舍百余区井水皆竭，又其府中列柏树，常有野乌数千栖宿其上，晨去暮来，号曰"朝夕乌"。此则乌去不来者数月，长老异之。〇《旧唐书·后妃传》：高祖（李渊）太穆皇后窦氏，京兆始平人，隋定州总管窦毅之女也，其母乃周武帝姊襄阳长公主。后生而发垂过颈，三岁与身齐。周武帝特爱重之，养于宫中。时武帝纳突厥女为后，无宠。后尚幼，窃言于帝曰："四边未

① 台，指御史台；乌，乌鸦也。因御史台府植柏树，上多栖乌，故称御史台为乌台。
② 三公，汉初谓丞相、御史大夫、太尉为三公。

静，突厥尚强，愿舅抑情抚慰，以苍生为念。但得突厥之助，则江南、关东不能为患矣。”武帝深纳之。毅闻之，谓长公主曰：“此女才貌如此，不可妄以许人，当为求贤夫。”乃于门屏画二孔雀，诸公子有求婚者，辄与两箭射之，潜约中目者许之。前后数十辈莫能中，李渊后至，两发，各中一目。毅大悦，遂归于渊。

píng zhòng wú shù　ān dào duō cái

平仲无术，安道多才。（十灰·11）

◎**解读**　寇准，字平仲，华州下邽人也，相宋真宗。《宋史》本传：初，张咏在成都，闻准入相，谓其僚属曰：“寇公奇材，惜学术不足尔。”及准出陕，咏适自成都罢还，准严供帐，大为具待。咏将去，准送之郊，问曰：“何以教准?”咏徐曰：“《霍光传》不可不读也。”准莫谕其意。归取其传读之，至“不学无术”，笑曰：“此张公谓我矣。”○《宋史·张方平传》：张方平字安道，南京人，少颖悟绝伦。家贫无书，从人假三史，旬日即归之，曰：“吾已得其详矣!”凡书皆一阅，不再读，宋绶、蔡齐以为天下奇才。

yáng yì hè tuì　dòu wǔ shé tāi

杨亿鹤蜕，窦武蛇胎。（十灰·12）

◎**解读**　杨亿，字大年，建州浦城人，《宋史》有传。胡仔《苕溪渔隐丛话》后集卷三十六引《本朝名臣传》云：母章氏始生亿，梦羽衣人，自称武夷君托化。既诞，则一鹤雏。尽室惊骇，贮而弃之江。其叔父曰：“我闻间世之人，其生必异。”追至江滨，开视则鹤蜕，而婴儿具焉，体犹有紫毛尺余，既月乃落。○《后汉书·窦武传》：窦武字游平，扶风平陵人。少以经行著称，常教授于大泽中，不交时事，名显关西。初，武母产武，而并产一蛇，送之林中。后母卒，及葬，有大蛇自榛①草而出，径至丧所，以头击柩，涕血皆流，若哀泣之容。时人知为窦氏之祥。

xiāng fēi qì zhú　chú ní chù huái

湘妃泣竹，鉏麑触槐。（十灰·13）

---

① 木丛生曰榛。

◎**解读**　古帝尧之二女，曰娥皇、女英，为帝舜之二妃，随舜南巡而不返，堕于湘水之渚，因为湘夫人。梁·任昉《述异记》卷上：湘水去岸三十里许，有相思宫、望帝台。昔舜南巡而葬于苍梧之野，尧之二女娥皇、女英追之不及，相与恸哭，泪下沾竹，竹文上为之斑斑然。〇《左传·宣公二年》：晋灵公不君，厚敛以雕墙，从台上弹人而观其辟丸也，宰夫胹熊蹯不熟[①]，杀之，置诸畚，使妇人载以过朝。宣子[②]骤谏，公患之，使鉏麑贼之。晨往，寝门辟矣，盾盛服将朝，尚早，坐而假寐。麑退，叹而言曰："不忘恭敬，民之主也。贼民之主，不忠。弃君之命，不信。有一于此，不如死也！"触槐而死。

yáng yōng wǔ bì　wēn jiào yì tái
阳雍五璧，温峤一台。（十灰·14）

◎**解读**　阳雍，即阳[③]伯雍。晋·干宝《搜神记》卷十一：杨公伯雍，洛阳县人也。本以侩卖[④]为业，性笃孝。父母亡，葬无终山，遂家焉。山高八十里，上无水，公汲水作义浆于坂头，行者皆饮之。三年，有一人就饮，以一斗石子与之，使至高平好地有石处种之，云"玉当生其中"。杨公未娶，又语云："汝后当得好妇。"语毕不见。乃种其石，数岁时时往视，见玉子生石上，人莫知也。有徐氏者，右北平著姓女，甚有行，时人求多不许。公乃试求徐氏，徐氏笑以为狂，因戏云："得白璧一双来，当听为婚。"公至所种玉田中，得白璧五双以聘，徐氏大惊，遂以女妻公。天子闻而异之，拜为大夫，乃于种玉处四角作大石柱各一丈，中央一顷，地名曰"玉田"。〇《晋书·温峤传》：温峤，字太真，风仪秀整，美于谈论，见者皆爱悦之。《世说新语·假谲》：温峤丧妇，从姑刘氏家值乱离散，唯有一女，甚有姿慧，姑以属峤代为觅婚。峤密有自婚意，答曰："佳婿仓猝难得，但如峤等，则如何？"姑云："丧败之馀，乞粗存活，便足慰吾馀年，何敢希汝比！"后数日，峤报姑云："已觅得婚处，门第粗可，婿身名宦，尽不减峤。"因下玉镜台一枚为定。姑大喜。既婚，交礼，女以手披纱扇，抚掌大笑，曰："我固疑是汝老奴，果如所卜。"

---

① 胹，音而，煮。蹯，音繁，脚掌。

② 宣子，指赵盾。

③ 阳，或作"杨"，或作"羊"。

④ 侩卖，买卖之经纪人。

十一　真

kǒng mén shí zhé　yīn shì sān rén
孔门十哲，殷室三仁。（十一真·1）

◎解读　十哲，即孔子门下最优秀之十位高足。《论语·先进》："子曰：'从我于陈蔡者，皆不及门也。德行：颜渊、闵子骞、冉伯牛、仲弓；言语：宰我、子贡；政事：冉有、季路；文学：子游、子夏。'"[①] ○三仁，即商代末年的三位大臣：微子、箕子和比干。《论语·微子》：微子去之，箕子为之奴，比干谏死。孔子曰："殷有三仁焉。"

yàn néng chǔ jǐ　hóng chǐ yīn rén
晏能处己，鸿耻因人。（十一真·2）

◎解读　《世说新语·夙慧》：何晏七岁，明慧若神。魏武奇爱之，因晏在宫内，欲以为子。[②] 晏乃画地令方，自处其中。人问其故，答曰："何氏之庐也！"魏武知之，即遣还。○东汉梁鸿，字伯鸾，扶风平陵人。家贫而尚节介，博览无不通。《东

---

① 颜渊，即颜回，字子渊，小孔子三十岁，鲁人。蚤死，是孔子最得意的学生，明嘉靖九年封"复圣"。闵子骞，名损，小孔子十五岁，鲁人。大孝，是孔门弟子中唯一明确主张不做官的人。冉伯牛名耕，小孔子七岁，鲁人。身患恶疾，孔子无比痛心："斯人也而有斯疾也！"仲弓即冉雍，小孔子二十九岁，鲁人。气量宽宏，深得孔子器重。宰我，姓宰名予，字子我，鲁人。口齿伶俐，能说善辩，屡受孔子批评。子贡，姓端木名赐，小孔子三十一岁，卫人。雄辩滔滔，又能料事经商，最擅长外交活动，深得孔子器重。孔子死后，子贡守墓六年，师生之情胜过父子。冉有，姓冉名求，字子有，小孔子二十九岁，鲁人。性谦退，多才艺，长于政事理财，又能带兵打仗，深受孔子称许。子路，姓仲名由，又称季路，小孔子九岁，鲁人。出身微贱，生性豪爽，为人耿直，有勇力才艺，与孔子感情深厚。子游，姓言名偃，小孔子四十五岁，吴人。长于文学，极力推行礼乐教化。子夏，姓卜名商，小孔子四十四岁，卫人。对后世儒家学术影响很大。

② 《魏略》曰：晏父蚤亡，太祖为司空时，纳晏母。其时晏亦随母在宫，并宠如子，常谓晏为假子也。

观汉记》卷十八：梁鸿少孤，以童幼诣太学受业，治《礼》《诗》《春秋》，常独坐止，不与人同食。比舍先炊，已，呼鸿及热釜炊。鸿曰：“鸿不因[①]人热者也。”灭灶更燃火。

wén wēng jiào shì　zhū yì ài mín

文翁教士，朱邑爱民。（十一真·3）

◎解读　《汉书·循吏传》：文翁，庐江舒人也。少好学，通《春秋》。景帝末为蜀郡守，仁爱好教化。见蜀地僻陋，有蛮夷风，文翁欲诱进之，乃选郡县小吏开敏有材者张叔等十余人，亲自饬砺，遣诣京师受业博士，或学律令，而减省少府用度，以遗博士。数岁，蜀生皆成就还归，文翁以为右职，有至郡守刺史者。又修起学官于成都市中，招下县子弟以为学官弟子，为除更繇[②]，高者以补郡县吏，次为孝弟力田。每出行县，多从学官诸生明经饬行者与俱，使传教令，出入闺阁。县邑吏民见而荣之，争欲为学官弟子，富人至出钱以求之。由是大化。后文翁终于蜀，吏民为立祠堂，岁时祭祀不绝，至今巴蜀好文雅，文翁之化也。○《汉书·循吏传》同卷：朱邑字仲卿，庐江舒人也。少时为舒桐乡啬夫，廉平不苛，未尝笞辱人，存问耆老孤寡，遇之有恩，所部吏民爱敬焉。后迁北海太守，以治行第一入为大司农。为人淳厚，笃于故旧，然性公正，不可交以私。天子器之，朝廷敬焉。邑病且死，属其子曰：“我故为桐乡吏，其民爱我，必葬我桐乡。后世子孙奉祭我，不如桐乡民。”及死，其子葬之桐乡，民果然共为邑起冢立祠，岁时祠祭，至今不绝。

tài gōng diào wèi　yī yǐn gēng shēn

太公钓渭，伊尹耕莘。（十一真·4）

◎解读　太公，即姜太公吕尚，又称姜子牙。《史记·齐太公世家》：太公望吕尚者，东海上人，其先祖尝封于吕。尚本姓姜氏，从其封姓，故曰吕尚。吕尚盖尝穷困，年老矣，以鱼钓干周西伯[③]。西伯将出猎，卜之曰：“所获非龙非螭，非虎非罴，

---

① 因，趁也，犹今所谓“沾光”。

② 繇，指徭役。

③ 干，因某种目的而请见。周西伯，即周文王姬昌。

所获霸王之辅。”于是周西伯猎，果遇太公于渭之阳，与语，大说，曰：“自吾先君太公曰：‘当有圣人适周，周以兴。’子真是邪？吾太公望子久矣！”故号之曰“太公望”，载与俱归，立为师。○伊尹，商汤之贤臣。莘，古国名，在今山东曹县西北。《孟子·万章上》：伊尹耕于有莘之野，而乐尧舜之道焉。非其义也，非其道也，禄之以天下弗顾也，系马千驷弗视也。非其义也，非其道也，一介不以与人，一介不以取诸人。汤使人以币聘之，嚣嚣然[1]曰：“我何以汤之聘币为哉？”

gāo wéi tuán lì bì jǐn xiàn shēn
皋惟团力，泌仅献身。（十一真·5）

◎**解读** 皋，即李皋，字子兰，唐太宗庶子曹王明之后也。据《新唐书·太宗诸子传》：皋天宝十一年嗣王，事母太妃郑氏，以孝闻。李希烈反，皋迁江西节度使，受命日不宿家。至豫章，治战舰，集兵二万，自将五百人，教以秦兵团力法，联其赏罚，弛张如一，敌莫能当其锋。○泌，即唐相李泌。《资治通鉴》卷二百二十四《唐代宗纪》：端午日，王公妃主各献服玩，帝谓泌曰：“先生何独无所献？”对曰：“臣居禁中，自巾至履皆陛下所赐，所余惟一身耳，何以为献？”上曰：“朕所求正在此耳！”泌曰：“臣身非陛下有，谁则有之？”上曰：“先帝欲以宰相屈卿，而不能得。自今既献其身，当惟朕所为，不为卿有矣。”泌曰：“陛下欲使臣何为？”上曰：“朕欲卿食酒肉，有室家，受禄位，为俗人。”泌泣曰：“臣绝粒二十余年，陛下必使臣隳（音灰，毁也）其志乎？”上曰：“泣复何益！卿在九重之中，欲何之？”乃命中使为泌葬二亲，又为泌娶卢氏女为妻。

sàng bāng huáng hào wù guó zhāng dūn
丧邦黄皓，误国章惇。（十一真·6）

◎**解读** 黄皓，三国时蜀后主刘禅之宦竖也。《三国志·蜀志·董允传》：后主渐长大，爱宦人黄皓。皓便辟佞慧，欲自容入。董允上则正色匡主，下则数（音朔，多次）责于皓。皓畏允，不敢为非。终允之世，皓位不过黄门丞。允既卒，陈祗（音支）代允为侍中，与黄皓互相表里，皓始预政事。祗死后，皓从黄门令为中常侍、

---

① 嚣嚣然，自得无欲之貌。

奉车都尉，操弄威柄，终至覆国。○章惇，字子厚，建州浦城人。《宋史》入《奸臣传》。《宋史·陈瓘传》：章惇入相，瓘从众道谒。惇闻其名，独邀与同载，询当世之务。瓘曰："请以所乘舟为喻，偏重可行乎？移左置右，其偏一也。明此，则可行矣。天子待公为政，敢问将何先？"惇曰："司马光奸邪，所当先辨，势无急于此。"瓘曰："公误矣！此犹欲平舟势，而移左以置右。果然，将失天下之望。"惇厉色曰："光非奸邪而何？"瓘曰："若此，则误国益甚矣！为今之计，唯消朋党，持中道，庶可以救弊。"

yāng gēng qín fǎ　pǔ dú　lǔ lún

鞅更秦法，普读《鲁论》。（十一真·7）

◎解读　《史记·商君列传》：商君者，卫人，名鞅，姓公孙氏。少好刑名之学，乃西入秦，因宠臣景监求见，以强国之术说孝公。孝公大说（音悦）之，以为左庶长，定变法之令。令民为什伍，而相连坐。不告奸者腰斩，告奸者与斩敌首同赏，匿奸者与降敌同罚。民有二男以上不分异者，倍其赋。有军功者以率受上爵，为私斗者以轻重被刑大小。耕织致粟帛多者复其身；事末利及怠而贫者，举以为收孥①。宗室非有军功，不得为属籍。有功者显荣，无功者虽富无所芬华。行之十年，秦民大说，道不拾遗，山无盗贼，家给人足，民勇于公战，怯于私斗，乡邑大治。○普，即北宋赵普，字则平，幽州蓟人。于太祖、太宗两朝为相，卒封韩王。汉代《论语》计有三部，为《鲁论》《齐论》《古论》，据说后来流传的《论语》就是《鲁论》的本子。宋·罗大经《鹤林玉露》卷七：杜少陵诗云："小儿学问止《论语》，大儿结束随商贾。"盖以《论语》为儿童之书也。赵普再相，人言普山东人，所读者止《论语》，盖亦少陵之说也。太宗尝以此论问普，普曰："臣平生所知，诚不出此。昔以其半辅太祖定天下，今欲以其半辅陛下致太平。"②

lǚ zhū huá shì　kǒng lù wén rén

吕诛华士，孔戮闻人。（十一真·8）

---

① 孥，音奴，纠举而收录其妻子，没为官奴婢。

② 按，此即俗语"半部《论语》治天下"出典也。

◎解读 吕，即吕尚，又称吕望，即姜太公望也。《韩非子·外储说右上》：太公望东封于齐，齐东海上有居士曰狂矞、华士昆弟二人者，立议曰："吾不臣天子，不友诸侯，耕作而食之，掘井而饮之，吾无求于人也，无上之名，无君之禄，不事仕而事力。"太公望至于营丘，使吏执而杀之，以为首诛。周公旦从鲁闻之，发急传而问之曰："夫二子贤者也。今日飨国而杀贤者，何也？"太公望曰："彼不臣天子者，是望不得而臣也；不友诸侯者，是望不得而使也。耕作而食之，掘井而饮之，无求于人者，是望不得以赏罚劝禁也。且无上名，虽知（同'智'）不为望用。不仰君禄，虽贤不为望功。不仕则不治，不任则不忠，且先王之所以使其臣民者，非爵禄则刑罚也。今四者不足以使之，则望当谁为君乎？是以诛之。"○孔，即孔子。《荀子·宥坐》：孔子为鲁摄相①，七日而诛少正卯。门人问曰："夫少正卯，鲁之闻人②也，夫子为政而诛之，得无失乎？"孔子曰："居！吾语汝！人有恶者五，而盗窃不与焉。一曰心达而险，二曰行辟而坚，三曰言伪而辩，四曰记丑而博，五曰顺非而泽。此五者，有一于人，则不得免于君子之诛，而少正卯兼有之。故居处足以聚徒成群，言谈足以饰邪营众，强足以反是独立，此小人之桀雄也，不可不诛也！"

bào shèng chí fǔ　zhāng gāng mái lún

暴胜持斧，张纲埋轮。（十一真·9）

◎解读 暴胜，即暴胜之，西汉武帝时为绣衣直指使。《汉书·武帝纪》：天汉二年，群盗徐勃等依山攻城，道路不通。遣直指使者暴胜之等衣绣衣，杖斧，分部逐捕，刺史郡守以下皆伏诛。又《隽不疑传》：武帝末，郡国盗贼群起，暴胜之为直指使者，衣绣衣，持斧，逐捕盗贼，督课郡国，东至海，以军法诛不从命者，威振州郡。○张纲，字文纪，犍（音钱）为武阳人，留侯张良裔孙。少经明行修，举孝廉，不就。司徒辟以高第，为侍御史。埋轮，停车不行。轮，车轮，代指车子。《后汉书》本传：汉安元年，纲与侍中杜乔等八人同日受诏，持节分出，案行天下贪廉。是时，大将军梁冀侵扰百姓，杜乔等七人皆奉命四出，唯纲独埋车轮于洛阳都亭，不发，曰："豺狼当路，安问狐狸！自古无有权奸在位，而能澄清吏治者矣。"遂上

---

① 《史记·孔子世家》："孔子由中都宰为司空，由司空为大司寇。定公十年，摄相事。"摄，代理也。

② 闻人，谓有名望为人所闻知者。

书劾外戚梁冀等恃宠弄权，专行不法，皆天下所切齿者。京师为之震怵。

sūn fēi shí miàn wéi qǐ chéng shēn
孙非识面，韦岂呈身。（十一真·10）

◎**解读** 孙，即北宋人孙抃。《宋史·孙抃传》：抃，字梦得，眉山人，皇祐中以右谏议大夫权御史中丞，在台数言事，不为矫激，尤喜称荐人才，尝荐并不相识之吴中复为监察御史。另据《吴中复传》：吴中复，字仲庶，兴国永兴人，进士及第，知峨眉县。边夷民事淫祠太盛，中复悉废之。廉于居官，代还不载一物。御史中丞孙抃荐为监察御史，初不相识也。或问之，抃曰："昔人耻为呈身御史，今岂有识面台官耶?"〇韦，即唐代人韦澳。呈，呈送也。《旧唐书·韦澳传》：澳字子斐，太和六年擢进士第，性贞退寡欲，登第后十年不仕。伯兄韦温与御史中丞高元裕友善，温请用澳为御史，谓澳曰："元裕持宪纲，欲与汝相面，汝必得御史。"澳不答。温曰："高君端士，汝不可轻。"澳曰："然恐无呈身御史。"竟不诣元裕之门。

lìng gōng qǐng shuì zhǎng rú shū mín
令公请税，长孺输缗。（十一真·11）

◎**解读** 晋人裴楷，字叔则，河东闻喜人。累迁河南尹、中书令，故称"令公"。《世说新语·德行》：梁王、赵王①国之近属，贵重当时。裴令公岁请二国租钱数百万，以恤中表之贫者。或讥之曰："何以乞物行惠?"裴曰："损有余补不足，天之道也。"〇杨长孺，字伯子，南宋诗人杨万里之子。古制千钱为一缗。《鹤林玉露》卷十四：士大夫若爱一文，不值一文。杨伯子尝为予言："士大夫清廉，便是七分人了。盖公忠仁明，皆自此生。"伯子清节高文，克肖其父。其帅番（音潘）禺，有俸钱七千缗，尽以代下户输租。有诗云："两年枉了鬓霜华，照管南人没一些。七百万缗都不要，脂膏留放小民家。"

bái zhōu cì shǐ jiàng xiàn lǎo rén
白州刺史，绛县老人。（十一真·12）

---

① 晋宣帝张夫人生梁孝王肜，字子徽，位至太宰。桓夫人生赵王伦，字子彝，位至相国。

◎解读 白州刺史，纸之别称也。唐·冯贽《云仙杂记》卷六：薛稷为笔封九锡①，拜墨曹都统、黑水郡王，兼毛州刺史。为墨封九锡，拜松燕督护、玄香太守兼亳（音博）州诸郡平章事。又为纸封九锡，拜楮国公、白州刺史，统领万字军、界道中郎将。又为砚封九锡，拜离石乡侯，使持节即墨军事长史兼铁面尚书。〇《左传·襄公三十年》：二月癸未，晋悼夫人食舆人②，绛县人或年长矣，无子而往与于食。问其年，曰："臣小人也，不知纪年。臣生之岁，正月甲子朔。四百有四十五甲子矣，其季于今，三之一也。"吏走问诸朝，师旷曰："七十三年矣。"士文伯曰："然则二万六千六百有六旬也。"赵孟③召之而谢过焉，曰："武不才，不能由吾子，使吾子辱在泥涂久矣，武之罪也！"而废其舆役。④

jǐng xíng lián mù jǐn xuǎn huā yīn
景行莲幕，谨选花裀。（十一真·13）

◎解读 景行，南朝齐庾杲（音稿）之之字。幕，幕僚也。《南史·庾杲之传》：庾杲之字景行，新野人也。清贫自业，累迁尚书左丞。宰相、卫军将军王俭谓人曰："昔袁公作卫军，欲用我为长史，虽不获就，要是意向如此。今亦应须如我辈人也。"乃用杲之为卫将军长史。安陆侯萧缅与俭书曰："盛府元僚，实难其选。庾景行泛渌水，依芙蓉，何其丽也！"时人以入俭府为莲花池，故缅书美之。〇谨，当作慎。许慎，字慎选，唐学士，不拘小节。王仁裕《开元天宝遗事》卷二"花裀"条：学士许慎选放旷不拘小节，多与亲友结宴于花圃中，未尝具帷幄、设坐具。使童仆辈聚落花，铺于坐下，曰："吾自有花裀，何消坐具？"

---

① 九锡，古代天子赐给诸侯、大臣的九种器物，是最高礼遇的象征。

② 食，音四，馈饷也。舆人，服役之众人。

③ 赵孟，此处指赵武。

④ 今按：此事殊难晓，尝试而释之。绛县有服役之老人，自言其年，曰：生在正月甲子，该日朔。至今日（二月癸未）已历445甲子，然其末甲子仅仅过了三分之一。推其言，自老人生年之正月甲子，历445甲子，其末甲子只20天（由甲子至癸未），则实为444又三分之一甲子，乃26 660日也。以每岁6甲子计，则为74岁矣。正月甲子朔在文公十一年，至宣公三十年，得74年。然言"正月甲子朔"者用夏历，周历在三月；言"二月癸未"者用周历，夏历在上年十二月，据此实得73年。赵武以其老孤犹服役，故谢罪焉。

xī chāo zào zhái　　jì yǎ mǎi lín

郗超造宅，季雅买邻。（十一真·14）

◎解读　《晋书·郗超传》：超，字景兴，一字嘉宾，郗愔（音因）之子也。少卓荦不羁，有旷世之度。奉佛好施，闻人栖遁能辞荣拂衣者，辄为之起屋宇，作器服，畜仆竖，费百金而不惜。《世说新语·栖逸》：郗超每闻欲高尚隐退者，辄为办百万资，并为造立居宇。在剡为戴公起宅，甚精整。〇南朝梁官员宋季雅，广陵人。任南康郡太守，后为衡州刺史。《南史·吕僧珍传》：初，宋季雅罢南康郡，市宅，居僧珍宅侧。僧珍问宅价，曰："一千一百万。"怪其贵，季雅曰："一百万买宅，千万买邻。"

shòu chāng xún mǔ　　dǒng yǒng mài shēn

寿昌寻母，董永卖身。（十一真·15）

◎解读　宋·王称《东都事略·卓行传》：朱寿昌字康叔，扬州天长人也。初，寿昌生七岁，父出其母刘氏，嫁民间，母子不相知者五十年。寿昌既仕，而念母之不见也，行四方求之不已，饮食罕御酒肉，与人言辄流涕。以浮屠法灼臂烧顶，刺血写佛书，冀遂其志。熙宁初，弃官入秦，与家人诀，誓不见母不复还。行次同州得焉，刘氏时年七十余矣。由是天下皆知其孝。〇晋·干宝《搜神记》卷一：汉董永，千乘人。少偏孤，与父居肆力田亩，鹿车①载父自随。父亡，无以葬，乃自卖为奴，以供丧事。主人知其贤，与钱一万遣之。永行三年，丧毕，欲还主人，供其奴职，道逢一妇人，曰："愿为子妻。"遂与之俱。主人谓永曰："以钱与君矣。"永曰："蒙君之惠，父丧收藏。永虽小人，必欲服勤致力，以报厚德。"主曰："妇人何能？"永曰："能织。"主曰："必尔者，但令君妇为我织缣②百匹。"于是永妻为主人家织，十日而毕。女出门谓永曰："我天之织女也。缘君至孝，天帝令我助君偿债耳。"语毕，凌空而去，不知所在。

---

① 鹿车，指小车。

② 缣，音坚，双丝细绢。

jiàn ān qī zǐ dà lì shí rén
建安七子，大历十人。（十一真·16）

◎**解读** 建安（196—220），汉献帝年号。七子，指当时七位著名文学家。魏文帝曹丕《典论·论文》：今之文人，鲁国孔融文举，广陵陈琳孔璋，山阳王粲仲宣，北海幹伟长，陈留阮瑀元瑜，汝南应玚德琏，东平刘桢公幹，斯七子者，于学无所遗，于辞无所假，咸以自骋骥騄①于千里，仰齐足而并驰，以此相服，亦良难矣。○大历（766—779），唐代宗年号。《旧唐书·李虞仲传》：虞仲父李端工诗，大历中与韩翃（音弘）、钱起、卢纶等文咏唱和，驰名都下，号“大历十才子”。又《新唐书·卢纶传》：纶字允言，与吉中孚、韩翃、钱起、司空曙、苗发、崔峒（音洞）、耿沣、夏侯审、李端皆能诗，齐名，号“大历十才子”。

xiāng shān shī jià sūn jì gū mín
香山诗价，孙济酤缗。（十一真·17）

◎**解读** 《新唐书·白居易传》：白居易，字乐天，其先盖太原人。敏悟绝人，工文章。贞元中擢进士。暮节惑浮屠道尤甚，至经月不食荤，称香山居士。居易于文章精切，然最工诗，颇以规讽得失，至数千篇。当时士人争传，鸡林②行贾售其国相，率篇易一金，甚伪者，相辄能辩之。又白居易《与元九书》云：及再来长安，又闻有军使高霞寓者，欲聘倡妓。妓大夸曰：“我诵得白学士《长恨歌》，岂同他哉！”由是增价。○陶宗仪《说郛》卷二十六引胡珵（音成，美玉）《苍梧杂志》：三国吴孙权叔父孙济嗜酒，不治生产，尝欠人酒缗。谓人曰：“寻常行处，欠人酒债，欲质③此缊袍偿之。”

---

① 騄，音录，“騄駬”的省称，亦作“騄耳”，良马名。

② 鸡林，古国名，即古暹（音先）罗国，今泰国。

③ 质，以人或钱物作抵押。

lìng yán sūn wǔ　fǎ biàn zhāng xún
令严孙武，法变张巡。（十一真·18）

◎解读　《史记·孙子吴起列传》：孙武者，齐人也，以兵法见于吴王阖庐。阖庐曰："子之十三篇，吾尽观之矣。可以小试勒兵乎？"对曰："可。"阖庐曰："可试以妇人乎？"曰："可。"于是许之，出宫中美女得百八十人，孙子分为二队，以王之宠姬二人各为队长，皆令持戟。令之曰："汝知而心与左右手背乎？"妇人曰："知之。"孙子曰："前则视心，左视左手，右视右手，后即视背。"妇人曰："诺。"约束既布，乃设鈇钺，即三令五申之。于是鼓之右，妇人大笑。孙子曰："约束不明，申令不熟，将之罪也。"复三令五申而鼓之左，妇人复大笑。孙子曰"约束不明，申令不熟，将之罪也。既已明而不如法者，吏士之罪也。"乃欲斩左右队长。吴王从台上观，见且斩爱姬，大骇，趣使使下令曰："寡人已知将军能用兵矣！寡人非此二姬，食不甘味。愿勿斩也！"孙子曰："臣既已受命为将，将在军，君命有所不受。"遂斩队长二人以徇，用其次为队长。于是复鼓之，妇人左右、前后、跪起皆中规矩绳墨，无敢出声。于是孙子使使报王曰："兵既整齐，王可试下观之。唯王所欲用之，虽赴水火犹可也！"吴王曰："将军罢休就舍！寡人不愿下观！"孙子曰："王徒好其言，不能用其实。"〇《新唐书·忠义传》：张巡，字巡，邓州南阳人。博通群书，晓战阵法，气志高迈，略细节，所交必大人长者，不与庸俗合。开元末擢进士第，由太子通事舍人出为清河令，更调真源令，治绩著而负节义。或以困厄归者，倾资振护无吝。其用兵未尝依古法，勒大将教战各出其意。或问之，答曰："古者人情敦朴，故军有左右前后，大将居中，三军望之，以齐进退。今胡人务驰突，云合鸟散，变态百出。故吾止使兵识将意，将识士情，上下相习，人自为战尔。"

gēng yī fàn rǎn　guǎng bèi mèng rén
更衣范冉，广被孟仁。（十一真·19）

◎解读　范冉，又作范丹，字史云，陈留外黄人。桓帝时以为莱芜长，遭母忧不到官。后辟太尉府，以狷急不能从俗，常佩韦于朝。议者欲以为侍御史，因遁身逃命于梁沛之间，徒行敝服，卖卜于市。遭党人禁锢，遂推鹿车，载妻子，捃（音俊）拾自资，或寓息客庐，或依宿树荫，如此十余年，乃结草室而居焉。所止单陋，有时绝粒，穷居自若，言貌无改。闾里歌之曰："甑中生尘范史云，釜中生鱼范莱芜。"

事在《后汉书·独行传》。《何氏语林》卷一记其“更衣”事云：范史云与同郡尹苞[①]同志友善，二人居贫，出入共一单衣。到人门外，尹年长，常先着衣入。须臾出，解与史云。〇孟仁，三国时吴人，官至司空。《三国志·吴志》卷三裴松之注引《吴录》曰：仁字恭武，江夏人也，本名宗。少从南阳李肃学，其母为作厚褥大被。或问其故，母曰：“小儿无德致客，学者多贫，故为广被，庶可得与气类接也。”

bǐ chuáng chá zào　　yǔ shàn guān jīn
笔床茶灶，羽扇纶巾。（十一真·20）

◎**解读**　《新唐书·隐逸传》：陆龟蒙，字鲁望，少通六经大义，尤明《春秋》。举进士不中，居松江甫里，多所论撰，虽幽忧疾痛，资无十日计，不少辍也。得书熟诵乃录，雠比勤勤，朱黄不去手。所藏虽少，其精皆可传。借人书篇帙坏舛，必为辑褫（音齿）刊正。嗜茶，置园顾渚山下，岁取租茶，自判品第。以松江水为佳，人助其好者，虽百里为致之。不喜与流俗交，虽造门不肯见。不乘马，升舟设蓬席，赍束书、茶灶、笔床、钓具往来，时谓江湖散人。〇羽扇纶巾[②]，一谓诸葛亮。《艺文类聚》卷六十八引裴启《语林》曰：诸葛武侯与宣皇[③]在渭滨，将战。宣皇戎衣莅事，使人视武侯，乘素舆，葛巾毛扇，指麾三军，各随其进止。宣皇闻而叹曰：“可谓名士矣！”一谓周瑜。苏轼《念奴娇·赤壁怀古》：“大江东去，浪淘尽，千古风流人物。故垒西边，人道是，三国周郎赤壁。乱石穿空，惊涛拍岸，卷起千堆雪。江山如画，一时多少豪杰。遥想公瑾当年，小乔初嫁了，雄姿英发。羽扇纶巾，谈笑间，樯橹（一作‘强虏’）灰飞烟灭。故国神游，多情应笑我，早生华发。人间如梦，一樽还酹江月。”

guàn fū shǐ jiǔ　　liú sì mà rén
灌夫使酒，刘四骂人。（十一真·21）

◎**解读**　《史记·魏其（音基）武安侯列传》：灌夫者，颍阴人也。父张孟尝为颍

---

① 谢承《后汉书》曰：尹苞字延博，陈留人。
② 纶巾，古时用青丝带做成的头巾，传为诸葛亮所创，故又称诸葛巾。
③ 宣皇，指司马懿。

阴侯灌婴舍人，得幸，故姓灌氏。魏其侯窦婴者，文帝皇后从兄子也。景帝三年，吴楚反，拜婴为大将军，封魏其侯，诸游士宾客争归之。武安侯田蚡（音坟）者，景帝皇后同母弟也。蚡为诸郎，未贵，往来侍酒魏其，跪起如子侄。及景帝崩，武帝立，武安侯新欲用事，欲以倾魏其。天下吏士趋势利者皆去魏其，归武安，武安日益横。建元六年，窦太后崩，以武安侯蚡为丞相，天下士、郡国诸侯愈益附武安，武安由此滋骄。魏其失窦太后，益疏不用，无势。诸客稍稍引去，唯灌夫独不失故。魏其日默默不得志，而独厚遇灌夫。灌夫为人刚直使酒，不好面谀，贵戚诸有势在己之右，不欲加礼，必陵之。诸士在己之左，愈贫贱，尤益敬重，士以此多之。灌夫尝过丞相田蚡，蚡从容曰："吾欲与仲孺过魏其侯。"灌夫曰："将军乃肯幸临！请语魏其侯帐具，将军旦日蚤临。"武安许诺。灌夫具语魏其侯如所谓武安侯。魏其与其夫人益市牛酒，夜洒扫，早帐具，至旦平明令门下候伺。至日中，丞相不来。魏其谓灌夫曰："丞相岂忘之哉？"灌夫不怿，乃驾自往迎丞相。及至门，丞相尚卧。于是夫入见，曰："将军昨日幸许过魏其。魏其夫妻治具，自旦至今，未尝敢食。"武安愕，谢曰："吾昨日醉，忽忘与仲孺言。"乃驾往，又徐行，灌夫愈益怒。及饮酒酣，夫起舞属丞相，丞相不起，夫从坐上语侵之。武安由此大怨灌夫、魏其。元光四年夏，蚡取燕王女为夫人，有太后诏召列侯宗室皆往贺。魏其侯过灌夫，欲与俱。夫谢曰："夫数以酒得过丞相，丞相今者又与夫有隙。"魏其强与俱。饮酒酣，武安起为寿，坐皆避席伏。已而魏其侯为寿，独故人避席耳，馀半膝席。灌夫不悦，起行酒，至武安，武安膝席曰："不能满觞！"夫怒，因嘻笑曰："将军贵人也！"次至临汝侯，又不避席，夫无所发怒，乃骂临汝侯。武安遂怒，曰："此吾骄灌夫罪！"乃令骑留灌夫，按灌夫项令谢。夫愈怒，不肯谢。武安乃麾骑缚夫，置传舍，召长史论罪，遣吏分曹逐捕诸灌氏支属，皆得弃市罪。魏其侯大愧，为资使宾客请，莫能解。丞相乃劾魏其他过，罪当弃市。五年春，武安侯病，专呼服谢罪。使巫视鬼者视之，见魏其、灌夫共守欲杀之，竟死。○宋·司马光《资治通鉴》卷一百九十二《唐纪八》：隋秘书监刘子翼，入唐为著作郎、宏文馆直学士，有学行，性刚直，朋友有过，常面责之。李百药尝称："刘四虽复骂人，人终不恨。"

yǐ niú yì mǎ　gǎi shì wèi mín
以牛易马，改氏为民。（十一真·22）

◎解读 《晋书·元帝纪》：元皇帝讳睿，字景文，宣帝曾孙，琅邪恭王觐之子也。初，《玄石图》有“牛继马后”，故宣帝深忌牛氏，遂为二榼[①]共一口，以贮酒焉。帝先饮佳者，而以毒酒鸩其将牛金。而恭王妃夏侯氏竟通小吏牛氏，而生元帝，亦有符云。〇《三国志·吴志·是仪传》：是仪，字子羽，北海营陵人也。本姓氏，初为县吏，后仕郡。郡相孔融嘲仪曰：“氏字‘民无上’，可改为‘是’。”乃遂改焉。

kuàng xiān biǎo shèng dēng hòu shěn bīn

圹先表圣，灯候沈彬。（十一真·23）

◎解读 《旧唐书·文苑传》：司空图，字表圣，本临淄人。咸通十年登进士第。图晚年为文放达，尝拟白居易《醉吟传》为《休休亭记》曰：“休休亭，本名濯缨亭，为陕军所焚。天复癸亥岁，复葺于坏垣之中，乃更名曰休休休休也。盖量其才，一宜休；揣其分，二宜休；耄且聩，三宜休；又少而惰，长而率，老而迂，是三者皆非济时之用，又宜休也。”因号“耐辱居士”，预为寿藏终制墓所，故人来者，引之圹（坟墓）中，赋诗对酌。〇元·辛文房《唐才子传》卷七：沈彬字子文，瑞州高安人。自幼苦学，南游湖湘，隐云阳山。后徙居宜春，与韦庄、杜光庭、贯休俱避难在蜀，多见酬酢。彬临终指葬处示家人。及窆（音贬，下棺于圹穴，即埋葬），果掘得一空冢，有漆灯青荧，圹头立一铜板，篆文曰：“佳城今已开，虽开不葬埋。漆灯终未灭，留待沈彬来。”遂窀穸[②]于此。

---

① 榼，音科，盛酒器。

② 窀穸，音谆西，埋葬。

十二　文

xiè fū chǔ shì　sòng jǐng xián jūn
谢敷处士，宋景贤君。（十二文·1）

◎解读　《晋书·隐逸传》：谢敷，字庆绪，会稽人也。性澄静寡欲，入太平山十余年。镇军郗愔召为主簿，台征博士，皆不就。初，月犯少微，少微一名处士星，占者以隐士当之。谯国戴逵有美才，人或忧之。俄而敷死，故会稽人士以嘲吴人云："吴中高士，便是求死不得死。"〇宋景，即春秋时期宋景公。汉·刘向《新序》卷四：宋景公时，荧惑在心①，惧，召子韦而问曰："荧惑在心，何也？"子韦曰："荧惑，天罚也。心，宋分野也。祸当君身。虽然，可移于宰相。"公曰："宰相所使治国也，而移死焉不祥，寡人请自当也。"子韦曰："可移于民。"公曰："民死，将谁君乎？宁独死耳！"子韦曰："可移于岁。"公曰："岁饥民饿，必死。为人君欲杀其民以自活，其谁以我为君乎？是寡人之命固尽矣，子无复言矣！"子韦还走，北面再拜曰："臣敢贺君！天之处高而听卑，君有仁人之言三，天必三赏君。今夕星必徙舍，君延寿二十一岁。"公曰："子何以知之？"对曰："君有三善，故三赏，星必三舍。舍行七星，星当一年。三七二十一，故曰延寿二十一年。臣请伏于陛下以伺之，星不徙，臣请死之！"是夕也，星三徙舍，如子韦言。老子曰："能受国之不祥，是谓天下之王也。"

jǐng zōng xiǎn yùn　liú huī qí wén
景宗险韵，刘辉奇文。（十二文·2）

◎解读　景宗，指南朝曹景宗。《南史·曹景宗传》：景宗，字子震，新野人也。幼善骑射，好畋猎，颇爱史书，每读《穰苴》《乐毅传》，辄放卷叹息曰："丈夫当

① 荧惑，古指火星。心，指心宿，二十八星宿之一。

如是!”梁武帝天监元年封竟陵县侯。武帝于华光殿宴饮，令左仆射沈约赋韵。景宗不得韵，意色不平，启求赋诗。帝曰：“卿伎能甚多，人才英拔，何必止在一诗?”景宗已醉，求作不已。诏令约赋韵，时韵已尽，唯余“竞”“病”二字，均属险韵。景宗便操笔，斯须而成，其辞曰：“去时儿女悲，归来笳鼓竞。借问行路人，何如霍去病?”帝叹不已，约及朝贤惊嗟竟日。〇刘辉，初名幾，宋信州人。宋·沈括《梦溪笔谈》卷九：嘉祐中，士人刘幾，累为国学第一人，骤为怪崄之语，学者翕然效之，遂成风俗。欧阳公深恶之。会公主科考，有一举人论曰：“天地轧，万物茁，圣人发。”公曰：“此必刘幾也。”戏续之曰：“秀才剌，试官刷。”乃以大朱笔横抹之，自首至尾，谓之“红勒帛”，判“大纰缪”字榜之。既而果幾也。复数年，公为御试考官，试《尧舜性仁》赋。有曰：“故得静而延年，独高五帝之寿；动而有勇，形为四罪之诛。”公大称赏，擢为第一人。及唱名，乃刘辉。人有识之者，曰：“此刘幾也，易名矣。”公愕然久之。因欲成就其名，小赋有“内积安行之德，盖禀于天”，公谓“积”近于学，改为“蕴”，人莫不以公为知言。

yuán ān wò xuě　rén jié wàng yún

袁安卧雪，仁杰望云。（十二文·3）

◎**解读**　《后汉书·袁安传》：袁安，字邵公，汝南汝阳人也。为人严重有威，见敬于州里。李贤注引《汝南先贤传》曰：时大雪，积地丈余。洛阳令见人家皆除雪出，至袁安门，无有行路，谓安已死，令人除雪入户，见安僵卧，问何以不出，安曰：“大雪人皆饿，不宜干人。”令以为贤，举为孝廉。〇仁杰，即唐代名臣狄仁杰。据《新唐书》本传：狄仁杰为并州法曹参军，亲在河阳。仁杰登太行山，反顾，见白云孤飞，谓左右曰：“吾亲舍其下。”瞻怅久之，云移乃去。

mào shū zǎi xiàng　fù fù jiāng jūn

貌疏宰相，腹负将军。（十二文·4）

◎**解读**　宋·释文莹《湘山野录》卷中：宋王钦若乡荐赴阙，以书谒钱希白。希白时以才名方独步馆阁，适延一术士以考休咎（吉凶），不容通谒。钦若局促门下，因厉声诟阍人。术者遥闻之，谓钱曰：“不知何人耶。若声形相称，世无此贵者。愿邀之，使某获见。”希白召之。钦若单微远人[①]，神骨疏瘦，复赘[②]于颈，而举止山野。希白蔑视之。术者悚然，侧目瞻视。钦若起，术者稽颡（叩头），兴叹曰：“人中之贵，有此十全者！”钱戏曰：“中堂内便有此等宰相乎？”术人正色曰：“公何言欤？此君不作则已，若作之，则天下康富，君臣相得，至死有庆。”钱戏曰：“他日将陶铸吾辈乎？”术者曰：“恐不在他日，即日可待。愿公毋忽！”后希白方为翰林学士，钦若已真拜相矣。〇宋·吴坰（音赏）《五总志》：古谚云：大将军食饱，扪腹而叹曰：“我不负汝！”左右曰：“将军固不负此腹，此腹却负将军！未尝出少智虑也。”

liáng tíng qiè guàn　zēng pǔ wù yún
梁亭窃灌，曾圃误耘。（十二文·5）

◎解读　汉·刘向《新序》卷四：梁大夫有宋就者，尝为边县令，与楚邻界。梁之边亭与楚之边亭皆种瓜，各有数。梁之边亭人，劬[③]力数灌其瓜，瓜美。楚人窳[④]，而稀灌其瓜，瓜恶。楚亭人心恶梁亭之贤己，因往夜窃搔梁亭之瓜，皆有死焦者矣。梁亭觉之，因请其尉，亦欲窃往报搔楚亭之瓜。尉以请宋就，就曰：“恶是何可！构怨，祸之道也。人恶亦恶，何褊之甚也？若我教子，必每暮令人往，窃为楚亭灌其瓜，勿令知也。”于是梁亭乃每暮夜窃灌楚亭之瓜。楚亭瓜日以美，楚亭怪而察之，则乃梁亭也。楚令闻之大悦，因具以闻楚王。楚王闻之愧，以告吏曰：“此梁之阴让也！”乃谢以重币，而请交于梁王，故梁楚之欢由宋就始。〇《孔子家语·六本》：曾子耘瓜，误斩其根。曾皙[⑤]怒，以大杖击其背。曾子仆地，有顷乃苏，欣然而起，进于曾皙曰：“向也参得罪于大人，大人用力教参，得无疾乎？”退而就房，援琴而歌，欲令曾皙而闻之，知其体康也。孔子闻之而怒，告门弟子曰：“参来勿内（同‘纳’）！”曾参自以为无罪，使人请于孔子。子曰：“汝不闻乎？昔瞽叟有子曰舜，舜之事瞽叟，欲使之，未尝不在于侧；索而杀之，未尝可得。小棰则受之，大杖则逃走。故瞽叟不犯不父之罪，而舜不失烝烝[⑥]之孝。今参事父委身，以待暴怒，殪

---

① 远人，谓其单微出常人远甚。

② 赘，指肉瘤。

③ 劬，音渠，勤劳。

④ 窳，音雨，懒惰。

⑤ 曾皙，名点，曾参之父，亦孔子弟子也。

⑥ 烝烝，见《尚书·尧典》，厚美貌，谓孝德之盛也。

（音艺，致之以死）而不避，既身死而陷父于不义，其不孝孰大焉！汝非天子之民也，杀天子之民，其罪奚若？”曾参闻之，曰：“参罪大矣！”遂造孔子而谢过。

zhāng xún jūn lìng chén lín xí wén
张巡军令，陈琳檄文。（十二文·6）

◎**解读**　《新唐书·忠义传》：安禄山反，张巡起兵讨贼，从者千余人。后孤军守睢阳，每战必亲临行阵，有退者，巡已立其所，谓曰：“我不去此，为我决战！”士感其诚，皆一当百。待人无所疑，赏罚信，与众共甘苦寒暑，虽厮养必整衣见之，下争致死力，故能以少击众，未尝败。雷万春事巡为偏将，令狐潮围雍丘，万春立城上与潮语，伏弩发六矢，著万春面，万春不动，潮疑刻木人。谍得其实，乃大惊，遥谓巡曰：“向见雷将军，知君之令严矣。”〇陈琳，字孔璋，东汉末广陵人。“建安七子”之一。长于檄文，曹操以为祭酒掾（音愿，属员），管记室。《三国志·魏志·王粲传》裴松之注引《典略》曰：琳作诸书及檄草成，呈太祖。太祖先苦头风，是日疾发，卧读琳所作，翕然而起，曰：“此愈我病！”数加厚赐。又《文选》卷四十四有陈琳《为袁绍檄豫州》，其略云：“司空曹操祖父腾，故中常侍，与左悺（音贯）、徐璜并作妖孽，饕餮（音涛帖(去)）放横，伤化虐民。父嵩乞匄[1]携养，因赃假位，舆金辇璧，输货权门，窃盗鼎司，倾覆重器。操赘阉遗丑，本无懿德，僄（音票）狡锋协，好乱乐祸。”后绍败，琳归曹公。曹公曰：“卿昔为本初[2]移书，但可罪状孤而已，何乃上及父祖邪？”琳谢罪曰：“矢在弦上，不可不发。”曹公爱其才，不责之。

yáng zhí yì shàng nìng yuè mí qín
羊殖益上，宁越弥勤。（十二文·7）

◎**解读**　羊殖，春秋时期晋国大夫。汉·刘向《说苑·善说》：赵简子问于成抟曰：“吾闻夫羊殖者，贤大夫也。其行奚然？”对曰：“臣抟不知也。”简子曰：“吾闻子与之友亲。子而不知，何也？”抟曰：“其为人也数变。其十五年也，廉以不匿其过；

① 匄，音义同“丐”。

② 本初，即袁绍，字本初。

其二十也，仁以喜义；其三十也，为晋中军尉，勇以喜仁；其年五十也，为边城将，远者复亲。今臣不见五年矣，恐其变，是以不敢知。”简子曰：“果贤大夫也，每变益上矣。”〇宁越，战国人。《吕氏春秋·博志》：宁越，中牟之鄙人也，苦耕稼之劳，谓其友曰：“何为而可以免此苦也？”其友曰：“莫如学，学三十岁则可以达矣。”宁越曰：“请以十五岁。人将休，吾将不敢休；人将卧，吾将不敢卧。”十五岁而周威公①师之。

cài yōng dào xǐ　wèi guàn pī yún
蔡邕倒屣，卫瓘披云。（十二文·8）

◎**解读**　蔡邕，字伯喈，东汉末陈留圉人也，著名文学家、书法家。《三国志·魏志·王粲传》：王粲，字仲宣，山阳高平人也。献帝西迁，粲徙长安，左中郎将蔡邕见而奇之。时邕才学显著，贵重朝廷，常车骑填巷，宾客盈坐。闻粲在门，倒屣迎之。粲至，年既幼弱，容状短小，一坐尽惊。邕曰：“此王公孙也，有异才，吾不如也。”〇《晋书·乐广传》：乐广，字彦辅，南阳淯（音育）阳人也。父早卒，广孤贫，侨居山阳，寒素为业，人无知者。性冲约有远识，寡嗜欲，与物无竞。尤善谈论，每以约言析理，以厌人之心。其所不知，默如也。尚书令卫瓘见广而奇之，曰：“自昔诸贤既没，常恐微言将绝。而今乃复闻斯言于君矣！”命诸子造焉，曰：“此人之水镜，见之莹然，若披云雾而睹青天也。”

jù shān guī xī　zūn yàn lóng wén
巨山龟息，遵彦龙文。（十二文·9）

◎**解读**　《新唐书·李峤传》：李峤，字巨山，赵州赞皇人。十五通五经，二十擢进士第，举制策甲科，迁长安，授监察御史。明·陆楫编《古今说海》卷五十七录《袁天纲外传》云：李峤幼有清才，昆弟五人皆年不过三十而卒，母忧之，请天纲。天纲曰：“郎君神气清秀，而寿若不永，恐不出三十。”其母大以为戚。峤时名振，咸望贵达，闻此言不信。其母又请袁生诊视，纲遂与峤于书斋连榻坐寝。袁登床稳睡，李独不寝，至五更忽睡。袁适觉，视峤无喘息，以手候之，鼻下气绝。初大惊

① 周威公，战国时西周国君。

怪，良久侦候，出入息乃在耳中。遂起，贺其母曰："郎君必大贵寿，是龟息也，贵寿而不富耳。"后果如其言。〇《北齐书·杨愔传》：杨愔，字遵彦，小名秦王，弘农华阴人。愔儿童时口若不能言，而风度深敏。六岁学史书，十一受《诗》《易》，好《左氏春秋》。愔一门四世同居，家甚隆盛，昆季就学者三十余人。学庭前有奈树①，实落地，群儿咸争之。愔颓然独坐，其季父玮适入学馆，见之，大用嗟异，顾谓宾客曰："此儿恬裕，有我家风。"愔从父兄黄门侍郎昱特相器重，曾谓人曰："此儿驹齿未落，已是我家龙文②。更十岁后，当求之千里外。"

---

① 奈树，木名，与林檎同类。有青、白、赤三种，果可食。

② 《汉书·西域传赞》："蒲梢、龙文、鱼目、汗血之马，充于黄门。"注曰："四骏马名也。"

十三　元

ào nì zhāo jiàn　mào yì jiǎn yán
傲睨昭谏，茂异简言。（十三元·1）

◎**解读**　《唐才子传》卷七：罗隐，字昭谏，钱塘人也。少英敏，善属文，诗笔尤俊拔，养浩然之气。乾符中，连举进士不中。性简傲，阔谈高论，满座风生。好谐谑，感遇辄发，恃才忽睨，众颇憎忌。〇明·黄仲昭《八闽通志》：宋吴简言，长汀人，以茂异决科累官祠部郎中。尝经巫山神女庙，题诗云："惆怅巫娥事不平，当时一梦是虚成。只因宋玉闲唇吻，流尽巴江洗不清。"是夜梦神女来见，曰："君诗雅正，当以顺风为谢。"明日解缆，一瞬数十里。

jīn shū mèng jué　shā hù bǔ fān
金书梦珏，纱护卜藩。（十三元·2）

◎**解读**　珏，即唐代李珏。据明·余寅《同姓名录》卷十，唐代有两李珏。其一字待价，赵郡人。进士擢第，又登书判拔萃科，累官至右拾遗，开成年间拜相。事具两《唐书》本传。其一为江阳人，以贩籴为业。人有籴者，即令其自量，每斗只求利两文，以资父母，年八十余不改其业。适宰相李珏节制淮南，梦入洞府，见石壁填金书"李珏"字，视之极喜。忽二仙童出，云："此非相公，乃江阳部民也。"及晓，遍访得珏，遂迎置静室，师其胎息，年百余岁，一夕尸解。〇藩，即唐代李藩，字叔翰，赵郡人。宪宗朝拜相。两《唐书》有传。宋·曾慥《类说》卷四"纱笼中人"条引《两京杂记》：李藩未第时，有僧告曰："公是纱笼中人。"藩问其故，曰："凡宰相，冥司必立其像，以纱笼护之。"后果至台辅。

tóng huī bǔ hǔ　gǔ yě chí yuán
童恢捕虎，古冶持鼋。（十三元·3）

◎解读 《后汉书·循吏传》：童恢，字汉宗，琅邪姑幕人也。父早卒，恢少仕州郡为吏，辟公府，除不其令。吏人有犯违禁法，辄随方晓示。若吏称其职，人行善事者，皆赐以酒肴之礼，以劝励之。耕织种收，皆有条章，一境清静，牢狱连年无囚。民尝为虎所害，乃设槛捕之，生获二虎。恢闻而出，呪[①]虎曰："天生万物，唯人为贵。虎狼当食六畜，而残暴于人。王法：杀人者死，伤人则论法。汝若是杀人者，当垂头服罪。自知非者，当号呼称冤。"一虎低头闭目，状如震惧，实时杀之。其一视恢鸣吼，踊跃自奋，遂令放释。吏人为之歌颂，迁丹阳太守。○古冶，即古冶子，春秋时齐国勇士。据《晏子春秋·内篇·谏下》，古冶子尝从君济于河，鼋衔左骖以入砥柱之流。当是时也，冶少不能游，潜行逆流百步，顺流九里，得鼋而杀之。左操骖尾，右挈鼋头，鹤跃而出津。人皆曰："河伯也！"

hé qí hán xìn xiāng huà chén yuán
何奇韩信，香化陈元。（十三元·4）

◎解读 何，即萧何，与韩信、张良为汉初三杰，辅佐刘邦平定天下。《史记·淮阴侯列传》：韩信初属项羽，羽以为郎中，数以策干项羽，羽不用。后信亡楚归汉，未得知名，上[②]未之奇也。信数与萧何语，何奇之。至南郑，诸将行道亡者数十人，信度何等已数言上，上不我用，即亡。何闻信亡，不及以闻，自追之。人有言上曰："丞相何亡！"上大怒，如失左右手。居一二日，何来谒上。上且怒且喜，骂何曰："若亡，何也？"何曰："臣不敢亡也，臣追亡者。"上曰："若所追者谁？"何曰："韩信也。"上复骂曰："诸将亡者以十数，公无所追。追信，诈也！"何曰："诸将易得耳，至如信者，国士无双。王必欲长王（音旺，称王）汉中，无所事信；必欲争天下，非信无所与计事者。顾王策安所决耳。"王曰："吾亦欲东耳，安能郁郁久居此乎！"何曰："王计必欲东，能用信，信即留。不能用，信终亡耳。"王曰："吾为公以为将。"何曰："虽为将，信必不留。"王曰："以为大将。"何曰："幸甚！"于是王欲召信拜之。何曰："王素慢无礼，今拜大将如呼小儿耳，此乃信所以去也。王必欲拜之，择良日，斋戒，设坛场，具礼，乃可耳！"王许之。诸将皆喜，人人各自以为得大将。至拜大将，乃信也！一军皆惊。○香，即汉代仇览。《后汉书·循吏

---

① 呪，同"咒"，祝告。
② 上，指刘邦。

传》：仇览，字季智，一名香，陈留考城人也。为蒲亭长，劝人生业，为制科令。农事既毕，乃令子弟群居，还就黉（音弘）学。躬助丧事，赈恤穷寡，期年称大化。览初到，亭人有陈元者，独与母居，而母诣览告元不孝。览惊曰："吾近日过舍，庐落整顿，耕耘以时，此非恶人，当是教化未及至耳。母守寡养孤，苦身投老，奈何肆忿于一朝，欲致子以不义乎？"母闻感悔，涕泣而去。览乃亲到元家，与其母子饮，因为陈人伦孝行，譬以祸福之言，元卒成孝子。乡邑为之谚曰："父母何在在我庭，化我鸣枭[1]哺所生。"

xú gàn zhōng lùn yáng xióng fǎ yán

徐幹《中论》，扬雄《法言》。（十三元·5）

◎**解读**　《四库全书总目提要·子部·儒家类》：《中论》二卷，东汉徐幹撰。幹，字伟长，北海剧人。建安中为司空军谋、祭酒掾，属五官将（曹丕）文学事。事迹附见《三国志·魏志·王粲传》。是书凡二十篇，大都阐发义理，原本经训，而归之于圣贤之道，故列之儒家。○《四库全书总目提要·子部·儒家类》亦有《扬子法言》十卷，汉扬雄撰，宋司马光集注。考《汉书·艺文志》：儒家扬雄所序三十八篇。注曰：《法言》十三。雄本传具列其目，曰学行第一，吾子第二，修身第三，问道第四，问神第五，问明第六，寡见第七，五百第八，先知第九，重离第十，渊骞第十一，君子第十二，孝至第十三。凡所列汉人著述，未有若是之详者，盖当时甚重雄书也。

lì chèn wū huò yǒng shàng mèng bēn

力称乌获，勇尚孟贲。（十三元·6）

◎**解读**　乌获，古之大力士。《史记·秦本纪》：秦武王有力，好戏。力士任鄙、乌获、孟说皆至大官。王与孟说举鼎，绝膑[2]。○孟贲，卫人，一说齐人，有力之勇

---

① 枭，即鸱枭也，猫头鹰。

② 膑，指胫骨。

士。《吕氏春秋·必己》：孟贲过于河，先其五[①]。船人怒，而以楫虓[②]其头，顾不知其孟贲也。中河，孟贲瞋目而视，船人发植（竖）、目裂、鬓指（直），舟中之人尽扬播（冲散）入于河。

bā lóng xún shì　wǔ zhì táng mén
八龙荀氏，五豸唐门。（十三元·7）

◎解读　《后汉书·荀淑传》：荀淑，字季和，颍川颍阴人，荀卿十一世孙也。少有高行，博学而不好章句，多为俗儒所非，而州里称其知人。安帝时征拜郎中，后再迁当涂长，去职还乡里，闲居养志，产业每增，辄以赡宗族知友。有子八人：俭、绲、靖、焘、汪、爽、肃、专，并有名称，时人谓“八龙”。〇豸，即獬（音谢）豸，传说为神羊也。《后汉书·舆服志》：法冠一曰柱后，执法者服之，或谓之獬豸冠。獬豸，神羊，能别曲直。李贤注引《异物志》曰：东北荒中有兽，名獬豸，一角，性忠，见人斗则触不直者，闻人论则咋不正者，楚执法者所服也。[③]宋·王应麟《小学绀珠》卷七以宋代唐坰（音扃）及其祖肃、父询、叔父介、从兄淑问五人继为御史，称“五豸”。

zhāng zhān chuī jiù　zhuāng zhōu gǔ pén
张瞻炊臼，庄周鼓盆。（十三元·8）

◎解读　唐·段成式《酉阳杂俎》卷八：卜人徐道升言：江淮有王生者，榜言解梦。贾（音谷）客张瞻将归，梦炊于臼中，问王生。生言：“君归不见妻矣！臼中炊，固无釜[④]也。”贾客至家，妻果卒已数月，方知王生之言不诬矣。〇《庄子·至乐》：庄子妻死，惠子吊之，庄子则方箕踞鼓盆而歌。惠子曰：“与人居，长子老身。死不哭亦足矣，又鼓盆而歌，不亦甚乎？”庄子曰：“不然！是其始死也，我独何能无慨然！察其始而本无生，非徒无生也，而本无形。非徒无形也，而本无气。杂乎

---

① 五，同“伍”，行伍，此指次序。
② 虓，音义同“敲”。
③ 今按：“法”字古或体作“灋”，即从獬豸，象其公正能别曲直也。
④ 古时“釜”与“妇”同音。

芒芴之间，变而有气。气变而有形，形变而有生。今又变而之死，是相与为春秋冬夏四时行也。人且偃然寝于巨室，而我噭噭然随而哭之，自以为不通乎命，故止也。”

shū tuō shì jiǎn　bó ào wén yuán
疏脱士简，博奥文元。（十三元·9）

◎解读　士简，即南朝人张率。《梁书·张率传》：张率字士简，吴郡吴人。年十二能属文，建武三年举秀才，除太子舍人。性嗜酒，事事宽恕，于家务尤忘怀。在新安遣家僮载米三千石还吴宅，既至，遂耗太半。率问其故，答曰：“雀鼠耗也。”率笑而言曰：“壮哉雀鼠！”竟不研问。〇文元，即唐代萧颖士，字茂挺，与李华齐名，号萧李。开元二十三年登进士第，补秘书正字。事具《旧唐书·文苑传》。唐·张鷟（音啄）《朝野佥载》卷六：开元中，萧颖士年十九擢进士，至二十余该博三教（儒释道）。然性躁忿浮戾，举无其比。常使一仆杜亮，每一决责，皆由非义。平复，遭其指使如故。或劝亮曰：“子佣夫也，何不择其善主，而受苦若是乎？”亮曰：“愚岂不知！但爱其才学博奥，以此恋恋不能去。”卒至于死。

mǐn xiū wèi qǔ　chén jiào chū hūn
敏修未娶，陈峤初婚。（十三元·10）

◎解读　明·彭大翼《山堂肆考》卷八十四：宋陈敏修，福州人，号市隐居士。绍兴中黄公度榜第三人。及唱名，高宗问云：“卿便是陈敏修耶？”又问：“卿年几何？有几子？”对曰：“臣年七十三，尚未娶。”乃诏出内人（宫女）施氏嫁之，年三十，赀奁甚厚。时人戏为语曰：“新人若问郎年纪，五十年前二十三。”〇宋·钱易《南部新书》卷五：陈峤，字景山，闽人也。孑然无依，数举不遂，蹉跎辇毂①。至于暮年，逮获一名还乡，已耳顺②矣。乡里以宦情既薄，身后无依，乃以儒家女妻之，至

---

① 皇帝的车舆，代指京城。

② 《论语·为政》：子曰：“六十而耳顺。”

新婚近八十矣。合卺[1]之夕，峤自成催妆诗一章，其末曰："彭祖尚闻年八百，陈郎犹是小孩儿。"座客皆绝倒。

chánggōng sī guò dìng guó píng yuān
长 公 思 过，定 国 平 冤。（十三元·11）

◎**解读** 《汉书·韩延寿传》：韩延寿，字长公，燕人也，徙杜陵。为淮阳太守，治甚有名。在东郡三岁，令行禁止，断狱大减，为天下最。入守左冯翊，民有昆弟相与讼田者，延寿大伤之，曰："幸得备位为郡表率，不能宣明教化，至令民有骨肉争讼，当先自退。"是日移病不听事，因入卧传舍，闭合思过。一县莫知所为，令丞、啬夫、三老亦皆自系待罪。于是讼者宗族传相责让，此两昆弟深自悔，皆自髡肉袒谢，愿以田相移，终死不敢复争。〇《汉书·于定国传》：于定国，字曼倩，东海郯人也。少学法于父。宣帝时为廷尉，迁为御史大夫，代黄霸为丞相，谨厚爱人。朝廷称之曰："张释之为廷尉，天下无冤民。于定国为廷尉，民自以不冤。"

chén zūn tóu xiá wèi bó sǎo mén
陈 遵 投 辖，魏 勃 扫 门。（十三元·12）

◎**解读** 《汉书·游侠传》：陈遵，字孟公，杜陵人也，少孤。为京兆史，放纵不拘，极舆马衣服之好，门外车骑交错，又日出醉归，曹事数废。嗜酒，每大饮，宾客满堂，辄关门，取客车辖[2]投井中。虽有急，终不得去。〇魏勃，西汉初齐人。《史记·齐悼惠王世家》：魏勃少时欲求见齐相曹参，家贫无以自通，乃常独早夜扫齐相舍人门外。相舍人怪之，以为物（神怪之物）而伺之，得勃。勃曰："愿见相君，无因，故为子扫，欲以求见。"于是舍人见勃。曹参因以为舍人，言事，参以为贤。言之齐悼惠王，悼惠王召见，则拜为内史。

sūn liǎn zhī jù ruǎn xián pù kūn
孙 琏 织 屦，阮 咸 曝 裈。（十三元·13）

---

① 卺，音仅，古代婚礼所用酒器。将一个瓠分成两个瓢，叫卺，新婚夫妇各取一瓢饮酒，称合卺。

② 辖，插在车轴两端孔中的键，可使车轮不致向外脱落。

◎**解读** 孙琏，字器之，宋大庾人。元·杜本《谷音》卷下：琏家贫，益嗜书，不应选举，躬耕织屦以食，终百岁。○阮咸，字仲容，陈留尉氏人也，阮籍兄子，"竹林七贤"之一。《晋书·阮籍传》：咸任达不拘，与叔父籍为竹林之游，当世礼法者讥其所为。咸与籍居道南，诸阮居道北，北阮富而南阮贫。七月七日，北阮盛晒衣服，皆锦绮粲目；咸以竿挂大布犊鼻裈于庭。人或怪之，答曰："未能免俗，聊复尔耳！"

huì táng wú yǐn　wéi shān bù yán

晦堂无隐，沩山不言。（十三元·14）

◎**解读** 宋·罗大经《鹤林玉露》卷三：黄龙寺晦堂老子尝问山谷[①]以"吾无隐乎尔"[②]之义，山谷诠释再三，晦堂终不然其说。时暑退凉生，秋香满院。晦堂因问曰："闻木犀香乎？"山谷曰："闻。"晦堂曰："吾无隐乎尔！"山谷乃服。○沩山，即潭州沩山灵祐禅师，因居湖南沩山而得名。宋·释赞宁《宋高僧传》卷十三《梁邓州香严山智闲传》：释智闲，青州人也，身裁七尺，博闻强记，有干略，俄尔辞亲出俗，既而慕法心坚。沩山一日召对，茫然将诸方语要一时煨烬。沩山曰："画饼弗可充饥也！"遂不言。后智闲偶芟除草木，击瓦砾失笑，冥有所证，抒颂唱之，由兹盛化。[③]

---

① 山谷，即北宋人黄庭坚，号山谷道人。

② 《论语·述而》：子曰："二三子以我为隐乎？吾无隐乎尔！吾无行而不与二三子者，是丘也。"

③ 《传灯录》云：智闲既无所悟，遂泣辞沩山。一日因山中芟除草木，以瓦砾击竹作声，俄失笑间，廓然省悟。遽归沐浴，焚香遥礼沩山，赞曰："和尚大悲，恩逾父母。当时若为我说，却何有今日事耶！"后谥袭灯大师。

十四　寒

zhuāng shēng hú dié　lǚ zǔ hán dān
庄生蝴蝶，吕祖邯郸。（十四寒·1）

◎解读　《庄子·齐物论》：昔者庄周梦为胡蝶，栩栩然胡蝶也。自喻适志，与不知周也。俄然觉，则蘧蘧然周也。不知周之梦为胡蝶与，胡蝶之梦为周与？周与胡蝶则必有分矣，此之谓物化。〇唐·沈既济《枕中记》：开元七年，道士吕翁者，得神仙术，行邯郸道中，息邸舍。俄见少年卢生，衣短褐，乘青驹，亦止邸中，与翁言笑。卢生顾其衣装敝亵，乃叹曰："大丈夫生世不谐，困如是也？"又曰："吾尝志于学，自惟青紫[①]可拾。今已过壮，犹勤畎亩，非困而何？"言讫而目昏思寐。时主人方蒸黍，翁乃探囊中枕以授之，曰："子枕吾枕，当令子荣，适如志。"其枕青磁而窍其两端。生俯首就之，见其窍渐大明朗，乃举身而入，遂至其家。数月，娶清河崔氏女，女容甚丽，生资愈厚。明年，举进士登第，释褐[②]，转渭南尉，俄迁监察御史，转起居舍人，知制诰。三载出，征为京兆尹。是岁，神武皇帝方事戎狄，除御史中丞，河南道节度，大破戎虏。归朝册勋，恩礼极盛，转吏部侍郎，迁户部尚书，兼御史大夫。为时宰所忌，以蜚语中之，贬端州刺史，同列复诬与边将交结，图不轨，下狱。卢生欠伸而寤，见其身方偃于邸舍，吕翁坐其傍，主人蒸黍未熟。生蹶然而兴，曰："岂其梦寐也耶？"翁谓生曰："人世之适，亦如是矣！"生怃然良久，谢曰："夫宠辱之道，穷达之运，得丧之理，死生之情，尽知之矣。此先生所以窒吾欲也，敢不受教！"稽（音乞）首再拜而去。或以吕翁即吕洞宾。

xiè ān shé jī　gòng yǔ tán guān
谢安折屐，贡禹弹冠。（十四寒·2）

---

① 青紫，卿大夫之服也，此代指卿大夫。

② 褐，平民的衣服。释褐，谓脱去平民的衣服，喻进士及第后授予官职。

◎解读　《晋书·谢安传》：谢安，字安石，神识沉敏，风宇条畅，善行书。王导深器之，由是少有重名。寓居会稽，与王羲之及高阳许询、桑门支遁游，出则渔弋山水，入则言咏属文，无处世意。尝与孙绰等泛海，风起浪涌，诸人并惧，安吟啸自若，众咸服其雅量。后征拜侍中，迁吏部尚书、中护军。时苻坚强盛，疆埸（音艺，边境）多虞，诸将败退相继。安遣弟石及兄子玄等应机征讨，所在克捷。苻坚后率众号百万，次于淮肥，京师震恐。安指授将帅，各当其任。玄等既破坚，有驿书至，安方对客围棋，看书既竟，便摄放床上，了无喜色，棋如故。客问之，徐答云："小儿辈遂已破贼。"既罢还内，过户限，心喜甚，不觉屐齿之折，其矫情镇物如此。〇《汉书·王吉贡禹传》：贡禹，字少翁，琅邪人也，以明经絜（"洁"的异体字）行著闻，征为博士。王吉字子阳，琅邪皋虞人也，少好学明经，以郡吏举孝廉为郎。吉与贡禹为友，世称："王阳在位，贡公弹冠。"言其取舍同也。[①]

yǐ róng wáng dǎo　jùn shā qū duān

颚容王导，浚杀曲端。（十四寒·3）

◎解读　《晋书·周颚传》：周颚，字伯仁，少有重名，神采秀彻，而友爱过人。王导甚重之，尝枕颚膝，而指其腹曰："卿此中何所有也?"答曰："此中空洞无物，然足容卿辈数百人!"导亦不以为忤。〇浚，即张浚，字德远，汉州绵竹人。宋靖康初为太常簿。高宗即位，驰赴南京除枢密院编修官，迁侍御史。事具《宋史》本传。据《宋史·曲端传》，曲端，字正甫，镇戎人。知书善属文，长于兵略，然性刚愎，恃才凌物，与张浚政见有异。绍兴元年，浚欲复用端。吴玠与端有憾，言："曲端再起，必不利于张公。"浚入其说，于是送端恭州狱。武臣康随者，尝忤端，鞭其背，随恨端入骨。浚以随提点夔路刑狱，端闻之曰："吾其死矣!"呼天者数声。端有马名铁象，日驰四百里，至是，连呼"铁象可惜"者又数声。乃赴逮，九窍流血而死，年四十一。陕西士大夫莫不惜之，军民亦皆怅怅，有叛去者。

xiū nuó tí jié　shū shào píng guān

休那题碣，叔邵凭棺。（十四寒·4）

---

① 弹冠者，言入仕也。取，进趣也。舍，止息也。

◎解读 清·雍正修《江南通志》卷一六七：明末姚康，原名士晋，字休那，又字康伯，安徽桐城人。诸生，博通经术，肆力于诗、古文、词，崇祯中举贤良方正，不就。史可法镇皖，延为记室。明亡后，退居乡里，抑郁以终。生前史可法曾预题其墓曰"明读书之人姚康之墓"，康亦自题墓碣联云："吊有青蝇，几见礼成徐孺子；赋无白凤，免得书称莽大夫。"后同乡姚鼐为作墓表，述其生平事迹，收入《惜抱轩文后集》卷六。○方叔邵，字虎玉，明代书法家，桐城人。豪放不羁，诗酒自适。书法媲美"草圣"，识者宝之。崇祯壬午夏，忽病齿，遂自整衣冠坐棺中，凭棺援笔书曰："千百年之乡而不去，争此瞬息而奚为？无干戈剑戟之乡而不去，恋此枳棘而奚为？清风明月如常在，翠壁丹崖我尚归。笔砚携从棺里去，山前无事好吟诗。"书毕就寝，遗命勿掩殓。

rú lóng zhū gě　sì guǐ cáo mán

如龙诸葛，似鬼曹瞒。（十四寒·5）

◎解读 诸葛，即诸葛亮，人称卧龙。《三国志·蜀志·诸葛亮传》：时先主屯新野，徐庶见先主，先主器之。庶谓先主曰："诸葛孔明者，卧龙也。将军岂愿见之乎？"○《三国志·魏志·武帝纪》：曹操，字孟德，小字阿瞒。少机警有权数，而任侠放荡，不治行业。似鬼，言其奸诈也。裴注引《曹瞒传》：操少好飞鹰走狗，游荡无度。叔父数言之于操父嵩，操患之，逢叔父于路，乃佯败面歪口。叔父以告嵩，嵩呼操，曰："叔父言汝中风，已瘥（病愈）乎？"操曰："初不中风，但失爱叔父，故见罔耳。"后叔父有所告，嵩不复信。

shuǎng xīn yù lǐ　bái yuàn shí hán

爽欣御李，白愿识韩。（十四寒·6）

◎解读 爽，即荀爽；李，乃李膺，俱东汉人。御，驾车也。《后汉书·党锢传》：李膺，字元礼，颍川襄城人也。性简亢，无所交接，唯以同郡荀淑、陈寔为师友。风格秀整，高自标持，欲以天下名教是非为己任，士有被其容接者，名为"登龙门"。荀爽尝就谒膺，因为其御。既还，喜曰："今日乃得御李君矣！"其见慕如此。○白，即李白；韩，乃韩朝宗，韩思复之子，天宝初召为京兆尹、荆州刺史，喜识拔后进，尝荐崔宗之、严武于朝，当时士咸归重之。李白《与韩荆州书》云："白闻天下谈士相聚而言曰：‘生不用封万户侯，但愿一识韩荆州。’”

qián lóu bù bèi　yōu mèng yī guān
黔娄布被，优孟衣冠。（十四寒·7）

◎**解读**　黔娄，春秋时期鲁国隐士。汉·刘向《列女传》卷二：鲁黔娄先生死，曾子与门人往吊之。其妻出户，曾子吊之，上堂见先生之尸，在牖（音有，窗户）下枕墼席稿，缊袍不表，覆以布被，手足不尽敛，覆头则足见，覆足则头见。① 曾子曰：“斜引其被则敛矣。”妻曰：“斜而有余，不如正而不足也。先生以不斜之故至于此。生时不邪，死而邪之，非先生意也。”曾子不能应。〇《史记·滑稽列传》：优孟者，故楚之乐人也。长八尺，多辩，常以谈笑讽谏。楚庄王之时，楚相孙叔敖知其贤人也，善待之。病且死，属（同“嘱”）其子曰：“我死，汝必贫困。若往见优孟，言我孙叔敖之子也。”居数年，其子穷困，负薪，逢优孟，与言曰：“我，孙叔敖子也。父且死时，属我贫困往见优孟。”优孟即为孙叔敖衣冠，抵掌谈语。岁余，像孙叔敖，楚王及左右不能别也。庄王置酒，优孟前为寿。庄王大惊，以为孙叔敖复生也，欲以为相。优孟曰：“请归与妇计之，三日而为相。”庄王许之。三日后，优孟复来，王曰：“妇言谓何？”孟曰：“妇言慎无为，楚相不足为也！如孙叔敖之为楚相，尽忠为廉以治楚，楚王得以霸。今死，其子无立锥之地，贫困负薪，以自饮食。必如孙叔敖，不如自杀。”于是庄王谢优孟，乃召孙叔敖子，封之寝丘四百户，以奉其祀。

cháng gē nìng qī　hān shuì chén tuán
长歌宁戚，鼾睡陈抟。（十四寒·8）

◎**解读**　宁戚，一作宁越，春秋时卫国人，一说谓赵中牟人。《吕氏春秋·举难》：宁戚欲干齐桓公，穷困无以自进，于是为商旅，将任车以至齐，暮宿于郭门之外。

---

①　墼，音击，砖头，砖坯。稿，音搞，树枝。缊，破絮。

桓公郊迎客，从者甚众。宁戚饭牛居车下，望桓公而悲，击牛角疾歌。[①] 桓公闻之，抚其仆之手曰："异哉之歌者，非常人也！"命后车载之，赐之衣冠。宁戚见，说桓公以为天下。桓公大说。〇《宋史·隐逸传》：陈抟，字图南，亳州真源人。读经史百家之言，一见成诵，悉无遗忘，颇以诗名。后唐长兴中举进士不第，遂不求禄仕，以山水为乐。自言武当山九室岩可以隐居，遂往栖焉。因服气辟谷，历二十余年，但日饮酒数杯。移居华山云台观，又止少华石室。每寝处，多百余日不起。宋太宗赐号"希夷先生"。

zēng shēn wù yì　páng dé wèi ān
曾参务益，庞德遗安。（十四寒·9）

◎解读　曾参，孔子弟子，后学尊之曰曾子。汉·刘向《说苑·敬慎》：曾子有疾，曾元抱首，曾华抱足。[②] 曾子曰："吾无颜氏之才，何以告汝？虽无能，君子务益。夫华多实少者，天也；言多行少者，人也。夫飞鸟以山为卑，而层巢其巅；鱼鳖以渊为浅，而穿穴其中。然所以得者，饵也。君子苟能无以利害身，则辱安从至乎？官怠于宦成，病加于少愈，祸生于懈惰，孝衰于妻子。察此四者，慎终如始。"〇庞德，即东汉末庞德公。遗，赠予，送给；一说音移，遗留。《后汉书·逸民传》：庞公者，南郡襄阳人也，居岘山之南，未尝入城府。夫妻相敬如宾，荆州刺史刘表数延请，不能屈，乃就候之，曰："夫保全一身，孰若保全天下乎？"庞公笑曰："鸿鹄巢于高林之上，暮而得所栖。鼋鼍穴于深渊之下，夕而得所宿。夫趣舍行止，亦人之巢穴也。且各得其栖宿而已，天下非所保也。"因释耕于垄上，而妻子耘于前。表指而问曰："先生居畎[③]亩而不肯官禄，后世何以遗子孙乎？"庞公曰："世人皆遗之以危，今独遗之以安。虽所遗不同，未为无所遗也。"后遂携其妻子登鹿门山，因采药不反。

---

① 《艺文类聚》卷九十四引《琴操》曰：宁戚饭牛车下，叩角而商歌曰："南山矸（音甘，山石白净），白石烂，生不逢尧与舜禅。短布单衣才至骭（音干去声，小腿），从昏饭牛薄夜半，长夜漫漫何时旦。"齐桓公闻之，举以为相。

② 曾元、曾华，俱曾参之子。

③ 畎，音犬，田亩，田地，亦指田间水沟。

mù qīn chǔ jiù　shāng huà zhī lán
穆亲杵臼，商化芝兰。（十四寒·10）

◎**解读**　穆，即东汉公沙穆。据《后汉书·方术传》，穆字文乂，北海胶东人。家贫贱，长习《韩诗》《公羊春秋》，尤锐思河洛推步之术。《后汉书·吴祐传》：时公沙穆来游太学，无资粮，乃变服客佣，为祐赁舂。祐与语，大惊，遂共定交于杵臼之间。○商，即卜商，字子夏，孔子弟子。《孔子家语·六本》：孔子曰："吾死之后，则商也日益，赐[1]也日损。"曾子曰："何谓也?"子曰："商也好与贤己者处，赐也好悦不若己者。与善人居，如入芝兰之室，久而不闻其香，即与之化矣。与不善人居，如入鲍鱼之肆，久而不闻其臭，亦与之化矣。丹之所藏者赤，漆之所藏者黑，是以君子必慎其所与处者焉。"

gě hóng fù jí　gāo fèng chí gān
葛洪负笈，高凤持竿。（十四寒·11）

◎**解读**　《晋书·葛洪传》：葛洪，字稚川，丹阳句容人也。好神仙导养之法，止罗浮山炼丹著书，自号"抱朴子"。《抱朴子·自叙》：洪年十有三而慈父见背，夙失庭训，饥寒困瘁，躬执耕穑，承星履草。又累遭兵火，先人典籍荡尽，农隙之暇无所读，乃负笈徒步行借。常乏纸，每所写反覆有字，人尠（音显，同"鲜"）能读也。年十六，始读《孝经》《论语》《诗》《易》。贫乏无以远寻师友，孤陋寡闻，明浅思短，大义多所不通，但贪广览，于众书乃无不暗诵精持，曾所披涉，自正经、诸史、百家之言，下至短杂文章，近万卷。○《后汉书·逸民传》：高凤，字文通，南阳叶人也。少为书生，家以农亩为业，而专精诵读，昼夜不息。妻尝之田，曝麦于庭，令凤护鸡。时天暴雨，而凤持竿诵经，不觉潦水流麦。妻还怪问，凤方悟之。其后遂为名儒。

shì zhī jié wà　zǐ xià gēng guān
释之结袜，子夏更冠。（十四寒·12）

---

① 赐，即端木赐，字子贡，孔子弟子。

◎**解读** 西汉文帝时廷尉张释之，字季，南阳堵阳（今河南方城东）人也。《史记·张释之冯唐列传》：王生者，善为黄老言，处士也。尝召居廷中，三公九卿尽会立，王生老人，曰："吾韈①解。"顾谓张廷尉："为我结韈。"释之跪而结之。既已，人或谓王生曰："独奈何廷辱张廷尉，使跪结韈？"王生曰："吾老且贱，自度终无益于张廷尉。张廷尉方今天下名臣，吾故聊辱廷尉，使跪结韈，欲以重之。"诸公闻之，贤王生而重张廷尉。○《汉书·杜周传》：杜钦，字子夏，少好经书，家富而目偏盲，故不好为吏。茂陵杜邺与钦同姓字，俱以材能称。京师故谓钦为"盲杜子夏"，以相别。钦恶以疾见诋，乃为小冠，高广才二寸。由是京师更谓钦为"小冠杜子夏"，而邺为"大冠杜子夏"云。

zhí yán táng jiè yǎ liàng liú kuān

直言唐介，雅量刘宽。（十四寒·13）

◎**解读** "直言唐介"，见前"介诚狂直"（七虞·8）条解读。○《后汉书·刘宽传》：刘宽，字文饶，弘农华阴人也。宽尝行，有人失牛者，乃就宽车中认之。宽无所言，下驾步归。有顷，认者得牛，而送还宽牛，叩头谢曰："惭负长者，随所刑罪。"宽曰："物有相类，事容脱误。幸劳见归，何为谢之！"桓帝延熹八年，征拜尚书令，迁南阳太守。吏人有过，但用蒲②鞭罚之，示辱而已，终不加苦。宽简略嗜酒，尝坐客，遣苍头市酒。久之，苍头大醉而还。客不堪之，骂曰："畜产！"宽须臾遣人视奴，谓左右曰："此人也，骂言畜产，辱孰甚焉！故吾惧其羞死也。"宽妻欲试之令恚（音会，怨恨），伺其朝会，装严已讫，使侍婢奉肉羹翻污朝衣。婢遽收之，宽神色不异，乃徐言曰："羹烂汝手耶？"其性度如此，海内称为长者。

lǚ xū hé diǎn zhuō bí xiè ān

捋须何点，捉鼻谢安。（十四寒·14）

◎**解读** 何点，字子晳，南朝庐江灊（音潜，古地名，在今安徽霍山东北）人也。容貌方雅，博通群书，善谈论。虽不入城府，而遨游人世，不簪不带，或驾柴车，

① 韈，音义同"襪（袜）"。
② 蒲，多年生草本植物，即香蒲。叶可编席、扇，嫩叶可食。

蹑草屩（音撅，草鞋），恣心所适，致醉而归。士大夫多慕从之，时人号为“通隐”。事具《梁书·处士传》。《南史·何尚之传》：梁武帝与点有旧，及践阼（音做），手诏论旧，赐以鹿皮巾等，并召之。点以巾褐引入华林园，帝赠诗酒，恩礼如旧，仍下诏征为侍中。点捋帝须曰：“乃欲臣老子！”辞疾不起。〇《晋书·谢安传》：谢安少有重名，前后征辟皆不就，寓居会稽，以山水文籍自娱，虽为布衣，时人皆以公辅期之。士大夫自相谓曰：“安石不出，当如苍生何？”安妻，刘惔之妹也，见家门贵盛，而安独静退，谓曰：“丈夫不如此也！”安捉鼻曰：“恐不免耳！”及弟万废黜，始有仕进之志，时已年四十余。捉鼻，掩鼻，不屑的样子。

zhāng huá lóng zhǎ　mǐn gòng zhū gān

张华龙鲊，闵贡猪肝。（十四寒·15）

◎解读　《晋书·张华传》：张华，字茂先，范阳方城人也。少孤贫，自牧羊。学业优博，辞藻温丽朗赡，多通图纬方伎之书，莫不详览。雅爱书籍，身死之日，家无余财，惟有文史溢于几箧。尝徙居，载书三十乘。由是博物洽闻，世无与比。陆机尝饷华鲊①，于时宾客满座，华发器便曰：“此龙肉也。”众未之信。华曰：“试以苦酒濯之，必有异。”既而五色光起。机还问鲊主，果云：“园中茅积下得一白鱼，质状殊常，以作鲊，过美，故以相献。”〇《东观汉记》卷十六《闵贡传》：闵贡，字仲叔，太原人也。恬静养神，勿役于物。客居安邑，老病家贫，不能得钱买肉，日买一片猪肝，屠或不肯为断。安邑令候之，问诸子何饭食，对曰：“但食猪肝，屠者或不肯与。”令出敕市吏，后买辄得。贡怪问其子，道状如此，乃叹曰：“闵仲叔岂以口腹累安邑耶？”遂去之沛。

yuān cái wǔ hèn　guō yì sān tàn

渊材五恨，郭奕三叹。（十四寒·16）

◎解读　渊材，即宋人彭渊材。宋·释惠洪《冷斋夜话》卷九：渊材迂阔好怪，尝曰：“吾平生无所恨，所恨者五事耳。”人问其故，渊材敛目不言，久之曰：“吾论不入时听，恐汝曹轻易之。”问者力请说，乃答曰：“第一恨鲥鱼多骨，第二恨金橘太

① 鲊，用盐和红曲腌的鱼。

酸，第三恨莼菜性冷，第四恨海棠无香，第五恨曾子固不能作诗[①]。”闻者大笑，而渊材瞠目曰：“诸子果轻易吾论也！”〇郭奕，字太业，太原阳曲人也。少有重名，山涛称其高简，有雅量。《晋书》有传。《世说新语·赏誉》：羊公[②]还洛，郭奕为野王令。羊至界，遣人要之，郭便自往。既见，叹曰：“羊叔子何必减郭太业！”少往复还，又叹曰：“羊叔子去人远矣！”羊既去，郭送之弥日，一举数百里，遂以出境免官。复叹曰：“羊叔子何必减颜子！”

hóng jǐng zuò xiàng yán zǔ qì guān

弘景作相，延祖弃官。（十四寒·17）

◎**解读** 《南史·隐逸传》：陶弘景，字通明，丹阳秣陵人也。读书万余卷，一事不知，以为深耻。善琴棋，工草隶。南朝宋时为诸王侍读，虽在朱门，闭影不交外物，唯以披阅为务。齐永明十年，脱朝服挂神武门上，表辞禄，诏许之。于是止于句容之句曲山，自号华阳陶隐居。国家每有吉凶征讨大事，无不前以咨询，月中常有数信，时人谓为“山中宰相”。〇《新唐书·元结传》：元延祖，字逮长，元结之父。延祖三岁而孤，不仕。年过四十，亲娅[③]强劝之，再调春陵丞，辄弃官去，曰：“人生衣食可适饥饱，不宜复有所须。每灌畦掇薪，以为有生之役，过此吾不思也。”

èr shū gòng zhàng sì hào yī guān

二疏供帐，四皓衣冠。（十四寒·18）

◎**解读** 《汉书·疏广传》：疏广，字仲翁，东海兰陵人也。少好学，明《春秋》，为太傅。广兄子受，字公子，亦以贤良举为太子家令，为少傅。太子每朝见，太傅在前，少傅在后，父子并为师傅，朝廷以为荣。在位五岁，广谓受曰：“吾闻知足不辱，知止不殆，功遂身退，天之道也。今仕官至二千石，宦成名立，如此不去，惧有后悔。岂如父子相随出关，归老故乡，以寿命终，不亦善乎？”受叩头曰：“从大人议。”即日父子俱移病，上疏乞骸骨。上以其年笃老，皆许之。公卿、大夫、故

---

① 曾子固，即曾巩，字子固。宋代文学家，散文“唐宋八大家”之一。

② 羊公，羊祜也，字叔子。

③ 娅，音亚，姐妹的丈夫相互之间的称呼，俗称连襟。

人、邑子设祖道（设宴践行于路），供帐东都门外，送者车数百辆，辞决而去。道路观者皆曰："贤哉二大夫！"〇四皓，即商山四皓。《史记·留侯世家》：上[1]欲废太子，立戚夫人子赵王如意。大臣多谏争，未能得。吕后恐，乃用留侯计，使人奉太子书，卑辞厚礼，迎东园公、甪里先生、绮里季、夏黄公四人至。汉十二年，上疾益甚，愈欲易太子。及燕置酒，太子侍，四人从太子，年皆八十有余，须眉皓白，衣冠甚伟。上怪之，问曰："彼何为者？"四人前对。上乃大惊，曰："吾求公数岁，公辟逃我。今公何自从吾儿游乎？"四人皆曰："陛下轻士善骂，臣等义不受辱，故恐而亡匿。窃闻太子为人仁孝，恭敬爱士，天下莫不延颈欲为太子死者，故臣等来耳！"上曰："烦公幸卒调护太子。"四人为寿已毕，趋去。上目送之，召戚夫人指示四人者，曰："我欲易之，彼四人辅之，羽翼已成，难动矣！吕后真而主矣！"竟不易太子者，留侯本招此四人之力也。

màn qīng háo yǐn, lián pō xióng cān
曼卿豪饮，廉颇雄餐。（十四寒·19）

◎解读 曼卿，指石延年，北宋文学家。《宋史·文苑传》：石延年，字曼卿，先世幽州人也，后迁宋城。延年为人跌宕任气节，读书通大略，为文劲健，于诗最工，而善书。喜剧饮，尝与刘潜造王氏酒楼对饮，终日不交一言。王氏怪其饮多，以为非常人，益奉美酒肴果。二人饮啖自若，至夕无酒色，相揖而去。明日都下传王氏酒楼有二仙来饮，已乃知刘、石也。延年虽酣放，若不可撄[2]以世务，然与人论天下事，是非无不当。〇廉颇，战国时赵国名将。《史记·廉颇蔺相如列传》：赵使廉颇伐魏之繁阳，拔之。赵悼襄王立，使乐乘代廉颇。廉颇怒，攻乐乘，乐乘走，廉颇遂奔魏之大梁。廉颇居梁久之，魏不能信用，赵以数困于秦兵，赵王思复得廉颇，廉颇亦思复用于赵。赵王使使者视廉颇尚可用否，廉颇之仇郭开多与使者金，令毁之。赵使者既见廉颇，廉颇为之一饭斗米，肉十斤，被甲上马，以示尚可用。赵使还报王曰："廉将军虽老，尚善饭。然与臣坐，顷之三遗矢矣！"赵王以为老，遂不召。楚闻廉颇在魏，阴使人迎之。廉颇一为楚将，无功，曰："我思用赵人。"卒死于寿春。

---

① 上，古书中指皇帝，此处指汉高祖刘邦。

② 撄，指扰乱。

cháng kāng sān jué　yuán fāng èr nán
长康三绝，元方二难。（十四寒·20）

◎解读　长康，即顾恺之。《晋书·文苑传》：顾恺之字长康，晋陵无锡人也。博学有才气，尤善丹青，图写特妙。谢安深重之，以为有苍生以来未之有也。尤信小术，桓玄尝以一柳叶绐之曰："此蝉所翳①叶也，取以自蔽，人不见己。"恺之喜，引叶自蔽，玄就溺焉，恺之信其不见己也，甚以珍之。故俗传恺之有三绝：才绝，画绝，痴绝。○元方，即陈纪，字元方，陈太丘长子也，其子陈群字长文。陈谌字季方，太丘之少子也，其子陈忠字孝先。《世说新语·德行》：陈元方子长文，有英才，与季方子孝先各论其父功德，争之不能决。咨于太丘，太丘曰："元方难为兄，季方难为弟。"②

zēng cí wēn bǎo　chéng rěn jī hán
曾辞温饱，城忍饥寒。（十四寒·21）

◎解读　曾，即王曾，字孝先，青城益都人。由乡贡试礼部、御前皆第一，相宋仁宗，封沂国公，谥文正。宋·魏泰《东轩笔录》卷十四：王沂公曾青州发解及南省程试，皆为首冠。中山刘子仪为翰林学士，戏语之曰："状元试三场，一生吃著不尽。"沂公正色答曰："曾平生之志，不在温饱。"○《新唐书·卓行传》：阳城，字亢宗，定州北平人，徙陕州夏县，世为官族。好学，贫不能得书，求为吏，隶集贤院，窃院书读之，昼夜不出户。隐中条山，与弟常易衣出。尝绝粮，遣奴求米，奴以米易酒，醉卧于路。城怪其迟，与弟迎之。奴未醒，乃负以归。及觉，痛咎谢，城曰："寒而饮，何责焉！"岁饥，屏迹不过邻里，屑榆为粥，讲论不辍。

mǎi chén huái shòu　páng méng guà guān
买臣怀绶，逄萌挂冠。（十四寒·22）

◎解读　《汉书·朱买臣传》：朱买臣，字翁子，吴人也。家贫好读书，不治产业，

---

① 翳，音艺，使不得见，即遮蔽、遮盖。
② 一作"元方难为弟，季方难为兄"。

常刈（音忆，割）薪樵卖以给食，担束薪行且诵书。后数岁，买臣随上计吏为卒，将重车至长安。会邑子严助贵幸，荐买臣，召见，说《春秋》，言楚词，帝甚悦之，拜买臣为中大夫。后迁会稽太守。初，买臣常从会稽守邸①者寄居饭食。既拜为太守，买臣衣故衣，怀其印绶，步归郡邸。时会稽邸吏方相与群饮，不视买臣。买臣入室中，守邸与共食，食且饱，少（通“稍”）见其绶。守邸怪之，前引其绶，视其印，会稽太守章也。其故人素轻买臣者入视之，还走，举座惊骇。○逄萌，东汉人。《东观汉记》卷十六：萌字子庆，北海人。少有大节，志意抗厉。家贫，给事为县亭长。尉②过，萌迎拜问事卑微。尉去，萌举拳挞地，叹曰：“大丈夫安能为人役耶！”遂去学问。王莽摄政，萌谓其友人曰：“三纲绝矣！不去，祸将及！”解冠挂东都城门归，将家浮海，客于辽东。

xún liáng fú zhàn　rú yǎ ní kuān

循良伏湛，儒雅兒宽。（十四寒·23）

◎解读　循，优良，美好。《后汉书·伏湛传》：伏湛字惠公，琅邪东武人也。更始立，以为平原太守。时仓卒兵起，天下惊扰，而湛独晏然，教授不废，谓妻子曰：“夫一谷不登，国君彻（通“撤”）膳。今民皆饥，奈何独饱！”乃共食粗粝，悉分奉禄以赈乡里，来客者百余家。光武即位，知湛名儒旧臣，征拜尚书，使典定旧制。时大司徒邓禹西征关中，帝以湛才任宰相，拜为司直，行大司徒事，车驾每出征伐，常留镇守，总摄群司。建武三年，遂代邓禹为大司徒，封阳都侯。南阳太守杜诗上疏曰：“臣窃见伏湛自行束修，讫无毁玷，笃信好学，守死善道，经为人师，行为仪表。遭时反复，不离兵凶，秉节持重，有不可夺之志。”○兒宽，千乘人也。治《尚书》，事欧阳生，以郡国选，诣博士受业孔安国。贫无资用，尝为弟子都养③，时行赁作，带经而锄，休息辄读诵，其精如此。宽为人温良有廉，善属文，然懦于武，口弗能发明也。时张汤为廷尉，汤召宽与语，乃奇其材，以为掾，上宽所作奏章，实时得可。汤由是向学，以宽为奏谳掾，以古法义决疑狱，甚重之。及汤为御史大夫，以宽见上，语经学，上说（同“悦”）之，从问《尚书》一篇，擢为中大夫，

---

① 邸，古代诸侯国及地方政府在京城所设的馆舍，供国宾或来京办事的官员居住。

② 尉，官名，多为武职，如太尉、廷尉、都尉等。

③ 都养，犹今之伙夫、厨师也。都，众也；养，供奉饮食也，即为众人供给饮食也。

迁左内史。后为御史大夫，以称意任职，居位九岁，以官卒。《汉书·兒宽传赞》曰：汉兴六十余载，海内乂安，府库充实，而四夷未宾，制度多阙。上方欲用文武，求之如弗及。汉之得人于兹为盛，儒雅则公孙弘、董仲舒、兒宽，笃行则石建、石庆，质直则汲黯、卜式，推贤则韩安国、郑当时，定令则赵禹、张汤，文章则司马迁、相如，滑稽则东方朔、枚皋，应对则严助、朱买臣，历数则唐都、洛下闳，协律则李延年，运筹则桑弘羊，奉使则张骞、苏武，将率则卫青、霍去病，受遗则霍光、金日磾（音秘低），其余不可胜纪。

ōu mǔ huà dí　liǔ mǔ huò wán

欧母画荻，柳母和丸。（十四寒·24）

◎**解读**　《宋史·欧阳修传》：欧阳修，字永叔，庐陵人，四岁而孤。母郑氏守节自誓，亲诲之学，家贫，至以荻①画地学书。修幼敏悟过人，读书辄成诵。举进士，试南宫第一，擢甲科。为古文议论当世事，与梅尧臣游，为歌诗相唱和，遂以文章名冠天下。〇宋·刘清之《戒子通录》卷二有唐代柳玭（音频，珍珠）《柳氏序训》：柳公绰夫人韩氏，家法严肃俭约，为缙绅家楷范。来归三年，无少长未尝见启齿。常衣绢素，不用绫罗锦绣。每归觐，不乘金碧舆，只乘竹兜子，二青衣步屣以随。常命粉苦参、黄连、熊胆和为丸，赐其子仲郢等，每永夜习学含之，以资勤苦。

hán píng tí yè　yān jí mèng lán

韩屏题叶，燕姞梦兰。（十四寒·25）

◎**解读**　韩屏者，唐僖宗宫女也。宋·曾慥《类说》卷四十六引《青琐高议》之《流红记》：唐僖宗时，有于祐晚步禁衢，流一红叶，上有二句云："殷勤谢红叶，好去到人间。"祐复题云："曾闻叶上题红怨，叶上题诗问阿谁？"好事者赠诗曰："君恩不禁东流水，流出宫情是此沟。"祐后取一宫人韩氏，于祐书笥（音肆）中见红叶，惊曰："此吾所作！吾于水亦得红叶。"即祐所题。得叶之初，尝有诗云："独步天沟岸，临流得叶时。此情谁会得，肠断一联诗。"于是相对感泣，曰："事岂偶然，

---

① 荻，芦苇。

莫非前定。”○《左传·宣公三年》：冬，郑穆公卒。初，郑文公有贱妾曰燕姞①，梦天使与己兰，曰：“余为伯儵（音条），余而祖也。以是为而子，以兰有国香，人服媚之如是②。”既而文公见之，与之兰而御之。辞曰：“妾不才，幸而有子，将不信，敢征兰乎？”公曰：“诺。”生穆公，名之曰兰。

piǎo mǔ jìn shí　huàn fù fēn cān
漂母进食，浣妇分餐。（十四寒·26）

◎解读　《史记·淮阴侯列传》：淮阴侯韩信者，淮阴人也。始为布衣时，贫无行，不得推择为吏，又不能治生商贾，常从人寄食饮，人多厌之者。信钓于城下，诸母漂③。有一母见信饥，饭信，竟漂数十日。信喜谓漂母曰：“吾必有以重报母。”母怒曰：“大丈夫不能自食，吾哀王孙而进食，岂望报乎！”汉五年正月，信为楚王，都下邳。至国，召所从食漂母，赐千金。○汉·赵晔《吴越春秋》卷一：五年，楚之亡臣伍子胥来奔吴。楚杀其父伍奢，子胥遂行。至吴，疾于中道，乞食溧阳。适会女子击绵于濑水之上，筥④中有饭。子胥遇之，谓曰：“夫人，可得一餐乎？”女子知非恒人，遂许之。子胥已餐而去，又谓女子曰：“掩夫人之壶浆，无令其露。”女子叹曰：“嗟乎！妾独与母居三十年，自守贞明，不愿从适，何宜馈饭！而与丈夫越亏礼仪，妾不忍也。子行矣！”子胥行，反顾女子，已自投于濑水矣。

---

① 姞，音及，南燕姓。

② 谓欲人媚爱之如兰。

③ 洗涤衣物曰漂。《史记集解》引韦昭曰：以水击絮为漂，故曰漂母。

④ 筥，音举，竹制的圆形盛器。

十五　删

lìng wēi huá biǎo　dù yǔ xī shān
令威华表，杜宇西山。（十五删·1）

◎**解读**　晋·陶潜《搜神后记》卷一：丁令威，本辽东人，学道于灵虚山，后化鹤归辽，集城门华表柱。时有少年举弓欲射之，鹤乃飞，徘徊空中而言曰："有鸟有鸟丁令威，去家千年今始归，城郭如故人民非，何不学仙冢累累。"遂高上冲天。今辽东诸丁云其先世有升仙者，但不知名字耳。○杜宇，鸟名，即子规，亦曰望帝、杜鹃、周燕、怨鸟，名异而实同也。出蜀中，今所在有之。其大如鸠，以春分先鸣，至夏尤甚，夜啼达旦，血渍草木，凡鸣皆北向，啼苦则倒悬于树，农家候（预测节候）之。晋·常璩《华阳国志》卷三《蜀志》：蜀之为国，有王曰杜宇，教民务农，一号杜主。战国时七国称王，杜宇称帝，号曰望帝。会有水灾，其相开明决玉垒山以除水害。帝遂委以政事，法尧舜禅授之义，遂禅位于开明，帝升西山隐焉。时适二月，子鹃鸟鸣，故蜀人悲子鹃鸟鸣也。①

fàn zēng jǔ jué　yáng hù tàn huán
范增举玦，羊祜探环。（十五删·2）

◎**解读**　范增，项羽之谋士。《史记·项羽本纪》：沛公旦日从百余骑来见项王，至鸿门。项王即日因留沛公与饮。项王、项伯东向坐，亚父南向坐。亚父者，范增也。沛公北向坐，张良西向侍。范增数目项王，举所佩玉玦以示之者三，项王默然不应。○羊祜，字叔子，晋泰山南城人也。晋·干宝《搜神记》卷十五：羊祜年五岁时，令乳母取所弄金环。乳母曰："汝先无此物。"祜即诣邻人李氏东垣桑树中探得之。

① 《太平御览》卷一六六引扬雄《蜀王本纪》云：望帝使鳖灵治水，而淫其妻。灵还，帝惭，遂化为子规。杜宇死时，适二月，而子规鸣。故蜀人闻之，皆曰："我望帝也。"

主人惊曰："此吾亡儿所失物也，云何持去？"乳母具言之，李氏悲惋，时人异之。

shěn zhāo kuáng shòu　féng dào chī wán
沈昭狂瘦，冯道痴顽。（十五删·3）

◎解读　沈昭，即南朝齐沈昭略之省称。《南史·沈庆之传》：昭略字茂隆，性狂狷，不事公卿，使酒仗气。尝负杖携家宾子弟至娄湖苑，逢王约，张目视之，曰："汝是王约耶？何乃肥而痴？"约曰："汝沈昭略邪？何乃瘦而狂？"昭略抚掌大笑，曰："瘦已胜肥，狂已胜痴。奈何王约！奈汝痴何！"○冯道，字可道，五代时瀛州景城人。据欧阳修《新五代史·杂传》，冯道相后唐明宗嗣源十余年，明宗崩，复相愍帝从厚。潞王从珂反于凤翔，愍帝出奔卫州，道率百官迎从珂以入，是为唐废帝，遂相之。后晋灭后唐，道又事晋，封鲁国公。敬瑭崩，道相晋出帝重贵，加太尉，封燕国公。契丹灭晋，道又事契丹，朝耶律德光于京师。德光责道事晋无状，道不能对。又问曰："何以来朝？"对曰："无城无兵，安敢不来！"德光诮之曰："尔是何等老子？"对曰："无才无德，痴顽老子。"德光喜，以道为太傅。后汉高祖刘知远立，道乃归之，以太师奉朝请。后周灭后汉，道又事周，周太祖郭威拜道太师兼中书令。其视丧君亡国，亦未尝以屑意。当是时，天下大乱，外患交侵，生民之命急于倒悬。道方自号长乐老，著书数百言陈己更事四姓及契丹，以所得阶勋官爵为荣。自谓：孝于家，忠于国，为子、为弟、为人臣、为司长、为夫、为父，有子，有孙，时开一卷，时饮一杯，食味别声被色，老安于当代。老而自乐，何乐如之！

chén fān xià tà　zhì yùn jù guān
陈蕃下榻，郅恽拒关。（十五删·4）

◎解读　《后汉书·徐稺传》：徐稺，字孺子，豫章南昌人也。家贫常自耕稼，非其力不食，恭俭义让，所居服其德，屡辟公府不起。时陈蕃为太守，在郡不接宾客，唯稺来特设一榻，去则县（同"悬"）之。○《后汉书·郅恽传》：郅恽，字君章，汝南西平人也。客居江夏教授，郡举孝廉，为上东城门候（守门小吏）。帝尝出猎，车驾夜还，恽拒关不开。帝令从者见面于门间，恽不受诏。帝乃回从东中门入。明日，恽上书谏曰："陛下远猎山林，夜以继昼，其如社稷宗庙何？"书奏，赐布百匹，贬东中门候。

xuě yè qín cài　dēng xī píng mán
雪夜擒蔡，灯夕平蛮。（十五删·5）

◎解读　《新唐书·李晟传》：李愬，字元直，有筹略，善骑射，唐宪宗时讨叛军吴元济，谋袭蔡州。每得降卒，愬必亲引问委曲，由是贼中险易远近虚实尽知之。元和十一年十月己卯，命李祐、李忠义帅突将三千为前驱，自将三千人为中军，命田进诚将三千人殿其后，夜引兵出门。诸将请所之，愬曰："入蔡州取吴元济。"众皆失色。时大风雪，旌旗裂，人马冻死者相望。天阴黑，道路皆官军所未尝行，人人自以为必死。夜半雪愈甚，行七十里，至蔡州。近城有鹅鸭池，愬令击之以混军声。四鼓，愬至城下，无一人知者。遂凿其城为坎以先登，守城卒方熟寐，尽杀之，而留击柝（音唾，打更用的梆子）者，使击柝如故。及里城，亦然，城中皆不之觉。鸡鸣雪止，愬入居元济外宅。或告元济曰："官军至矣！"元济尚寝，笑曰："此必洄曲子弟就吾求寒衣也。"起，听于廷，闻愬军号令，始惧，帅左右登牙城拒战。愬毁其外门，得甲库，取器械。元济于城上请罪，乃梯而下之，以槛车送诣京师。〇狄青，字汉臣，汾州西河人。初以善骑射为骑御散直。《宋史》有传。宋·沈括《梦溪笔谈》卷九：皇祐中，广源州蛮侬智高反，仁宗以为忧。青时为枢密副使，上表请行。五年正月，侬智高守昆仑关，青至宾州，值上元令节，大张灯烛。首夜宴将佐，次夜宴从军官，三夜飨军校。首夜乐饮彻晓，次夜二鼓时，青忽称疾，暂起如内。久之，使人谕孙元规令暂主行酒，少服药乃出，数使人勤劳座客。至晓，各未敢退。忽有驰报者云：是夜三鼓，青已夺昆仑关矣。

guō jiā jīn xué　dèng shì tóng shān
郭家金穴，邓氏铜山。（十五删·6）

◎解读　《后汉书·光武郭皇后纪》：光武郭皇后，真定稾（音稿）人也，为郡著姓。父昌仕郡功曹，娶真定恭王女，生后及子况。更始二年春，光武击王郎，至真定，因纳后，有宠。建武元年，生皇子强。帝善况小心谨慎，年始十六，拜黄门侍郎。二年，封况绵蛮侯，以后弟贵重，宾客辐凑。况恭谦下士，颇得声誉。二十年，迁大鸿胪。帝数幸其第，会公卿诸侯亲家饮燕，赏赐金钱缣帛，丰盛莫比。京师号况家为“金穴”。〇《史记·佞幸列传》：邓通，蜀郡南安人也，以濯船为黄头郎①。汉文帝梦欲上天，不能，有一黄头郎从后推之上天，顾见其衣裻带后穿。觉乃以梦中阴自求推者郎，即见邓通，其衣后穿，梦中所见也。召问其名姓，尊幸之日异。上使善相者相通，曰当贫饿死。文帝曰：“能富通者在我也，何谓贫乎！”于是赐邓通蜀严道铜山，得自铸钱。“邓氏钱”布天下，其富如此。及文帝崩，景帝立，邓通免，家居。居无何，人有告邓通盗出徼（音叫，边界）外铸钱，下吏验问，颇有之，遂竟案，尽没入邓通家，竟不得名一钱，寄死人家。

bǐ gān shòu cè　yáng bǎo zhǎng huán
比干受策，杨宝掌环。（十五删·7）

◎解读　比干，即西汉人何比干。《后汉书·何敞传》唐·李贤注引《何氏家传》云：比干字少卿，经明行修，兼通法律。为汝阴县狱吏，决曹掾平，活数千人。后为丹阳都尉，狱无冤囚，淮、汝号曰何公。征和三年三月辛亥，天大阴雨，比干在家，日中梦贵客车骑满门。觉以语妻，语未已，而门有老妪可八十余，求寄避雨。雨止，送至门，乃谓比干曰：“公有阴德，今天赐君策，以广公之子孙。”因出怀中符策，状如简，长九寸，凡九百九十枚，以授比干，云：“子孙佩印绶者，当如此算。”比干年五十八，有六男，又生三子。本始元年，何氏自汝阴徙平陵，代为名族。〇晋·干宝《搜神记》卷二十：汉时弘农杨宝，年九岁时见一黄雀为鸱枭所搏，坠于树下，为蝼蚁所困。宝见愍之，取归，置巾箱中，食以黄花，百余日毛羽成，朝去暮还。一夕三更，宝读书未卧，有黄衣童子向宝再拜曰：“我西王母使者，使蓬莱，不慎为鸱枭所搏。君仁爱见拯，实感盛德。”乃以白环四枚与宝，曰：“令君子孙洁白，位登三事，当如此环。”

---

① 濯，音照，通“櫂（‘棹’的繁体）”，划船，谓通能持棹行船也。土，水之母，故施黄旄于船头，因以名其郎曰“黄头郎”。

yàn yīng néng jiǎn　　sū shì wéi qiān
晏婴能俭，苏轼为悭。（十五删·8）

◎解读　《史记·管晏列传》：晏平仲婴者，莱之夷维人也。[1] 事齐灵公、庄公、景公，以节俭力行重于齐。既相齐，食不重肉，妾不衣（音艺，穿）帛。〇苏轼《与李公择》云：仆行年五十，始知作活大要是悭尔，而文以美名，谓之俭素。然吾侪为之，则不类俗人，真可谓淡而有味者。又，轼《答秦太虚书》：初到黄，廪[2]入既绝，人口不少，私甚忧之。但痛自节俭，日用不得过百五十。每月朔，便取四千五百钱，断为三十块，挂屋梁上。平旦用画叉挑取一块，即藏去叉。仍以大竹筒别贮用不尽者，以待宾客。

táng kāi luò shuǐ　　shè jié xiāng shān
堂开洛水，社结香山。（十五删·9）

◎解读　宋·赵善璙《自警编》卷五：宋元丰五年，文彦博以太尉留守西都，时富弼以司徒致仕。彦博慕白乐天"九老会"，乃集洛中公卿大夫年德高者为"耆英会"，就资圣院建大厦曰"耆英堂"，命闽人郑奂绘像堂中。时富弼年七十九，文公与郎汝言皆七十七，王尚恭年七十六，赵丙、刘幾、冯行己皆年七十五，楚建中、王慎言皆年七十二，张问、张焘皆年七十。时王拱辰留守北京，贻书彦博，愿预其会，年七十一。独司马光年未七十，文公素重其人，请入会。光辞以晚进，不敢班文、富二公之后，文公不从。令郑奂自幕后传温公像，又之北京传王公像，于是预其会者凡十二人。洛阳多名园古刹，有水竹林亭之胜，诸老鬓眉皓白，衣冠甚伟，每宴集，都人随观之。文公又为"同甲会"，司马公与数公又为"真率会"，皆洛阳盛事也。〇《旧唐书·白居易传》：唐会昌中，白居易以刑部尚书致仕，与香山僧如满结香火社，每肩舆往来，白衣鸠杖，自称"香山居士"。

---

① 唐·司马贞《史记索隐》：晏婴，字仲，谥曰平。莱，今山东莱州。
② 廪，俸米，俸禄。

là huā qí fàng chūn guì tóng pān
腊花齐放，春桂同攀。（十五删·10）

◎解读 《锦绣万花谷后集》卷八引《卓异记》：武则天天授二年腊月，卿相诈称上苑花开。则天宣诏曰："明朝游上苑，火急报春知。花须连夜发，莫待晓风吹。"凌晨名花皆发。① ○《尚友录》：明仪真蒋南金、王大用二公未遇时，元旦同游于庙，闻桂花香，各折得已开桂花一枝。众诧之。持花出门，闻群儿歌曰："一布政，一知府，掇高魁，花到手。"众问之，儿曰："信口戏耳！"后二公同中正德戊辰进士。蒋官知府，王官至布政。

---

① 《全唐诗》卷五收录武则天《腊日宣诏幸上苑》诗，注云："天授二年，腊。卿相欲诈称花发，请幸上苑，有所谋也。许之，寻疑有异图，乃遣使宣诏云云。于是凌晨名花布苑，群臣咸服其异，后托术以移唐祚。此皆妖妄，不足信也。大凡后之诗文，皆元万顷、崔融等为之。"

下 编

一 先

fēi fú yè lìng　jià hè gōu xiān
飞凫叶令，驾鹤缑仙。（一先·1）

◎**解读**　《后汉书·方术传·王乔》：王乔者，河东人也，显宗世为叶令。乔有神术，每月朔望，常自县诣台朝帝。帝怪其来数（频繁），而不见车骑，密令太史伺望之，言其临至，辄有双凫从东南飞来。于是候凫至，举罗张之，但得一只舄①焉。百姓乃为立庙，号叶君祠。或云此即古仙人王子乔也。〇唐·李贤注《后汉书》引刘向《列仙传》：王子乔，周灵王太子晋也。好吹笙，作凤鸣。游伊洛间，道士浮丘公接上嵩山，二十余年后来于山上，曰："告我家：七月七日待我缑氏山②头。"果乘白鹤驻山颠，望之不得到，举手谢时人而去。

liú chén cǎi yào　mào shū guān lián
刘晨采药，茂叔观莲。（一先·2）

◎**解读**　唐·释道世《法苑珠林》卷四十一：汉永平五年，剡县刘晨、阮肇共入天台山，迷不得返。遥望山上有一桃树，大有子实，攀缘藤葛乃得至上，各啖数枚，而饥止体充。复下山，持杯取水欲盥嗽，见芜菁叶从山腹流出，甚鲜新。复一杯流出，有胡麻饭糁。便共没水，逆流行二三里得出。至一大溪边，有二女子姿质妙绝。见二人持杯出，便笑曰："刘、阮二郎捉向所失流杯来。"乃相见，而悉问来何晚，

① 舄，音戏，《龙龛手镜·臼部》："履也。又古文鹊字。"

② 缑氏山，在河南偃师。

因邀还家。其家铜瓦屋，南壁及东壁下各有一大床，皆施绛罗帐，帐角悬铃，金银交错。床头各有十侍婢，敕云："刘、阮二郎经涉山阻，向虽得琼实，犹尚虚弊，可速作食。"食胡麻饭、山羊脯、牛肉，甚甘美。食毕行酒，有一群女来，各持五三桃子，笑而言"贺汝婿来"，酒酣作乐。至暮，令各就一帐宿，女往就之，言声清婉。遂停半年，春时百鸟啼鸣，更怀悲思，求归甚苦。女遂呼前来女子，有三四十人，集会奏乐，共送刘、阮，指示还路。既出，亲旧零落，邑屋改异，无相识问讯。得七世孙，传闻上世入山，迷不得归。至晋太元八年，忽复去，不知何所。〇周敦颐，字茂叔，道州营道人。宋代理学早期代表人物，《宋史》有传。其《爱莲说》云："水陆草木之花，可爱者甚蕃。晋陶渊明独爱菊，自李唐来，世人甚爱牡丹。予独爱莲之出淤泥而不染，濯清涟而不妖，中通外直，不蔓不枝，香远益清，亭亭净植，可远观而不可亵玩焉！予谓菊，花之隐逸者也；牡丹，花之富贵者也；莲，花之君子者也。噫！菊之爱，陶后鲜有闻。莲之爱，同予者何人？牡丹之爱，宜乎众矣！"

yáng gōng huī rì　wǔ yǐ shè tiān
阳公麾日，武乙射天。（一先·3）

◎解读　麾，即挥。《淮南子·览冥训》：鲁阳公与韩构难，战酣，日暮，援戈而挥之，日为之反三舍。〇武乙，商代帝王。《史记·殷本纪》：武乙无道，为偶人，谓之"天神"，与之博。天神不胜，乃戮辱之。为革囊盛血，仰而射之，命曰"射天"。后猎于河渭之间，暴雷，武乙震死。

táng zōng sān jiàn　liú chǒng yì qián
唐宗三鉴，刘宠一钱。（一先·4）

◎解读　《新唐书·魏征传》：魏征卒，唐太宗临朝叹曰："以铜为鉴，可正衣冠；以古为鉴，可知兴替；以人为鉴，可明得失。朕尝保此三鉴，内防己过。今魏征逝，一鉴亡矣！"〇《后汉书·循吏·刘宠传》：刘宠，字祖荣，东莱牟平人。以明经举孝廉，除东平陵令，以仁惠为吏民所爱。后拜会稽太守，简除烦苛，禁察非法，郡中大化。征为将作大匠，山阴县有五六老叟，尨（音忙）眉皓发，自若耶山谷间出，人赍百钱以送宠。宠劳之曰："父老何自苦！"对曰："山谷鄙生，未尝识郡朝。它守时吏发求民间，至夜不绝，或狗吠竟夕，民不得安。自明府下车以来，狗不夜吠，民不见吏，年老遭值圣明。今闻当见弃去，故自扶奉送。”宠曰：“吾政何能及公言邪？勤苦父老！”乃人选一大钱受之。

shū wǔ shǒu guó lǐ mù bèi biān
叔武守国，李牧备边。（一先·5）

◎**解读** 叔武，春秋时卫成公之弟也。“叔武守国”乃晋文公称霸期间有关卫国的一段公案：卫侯（卫成公）得罪了晋文公，被迫出奔，使大夫元咺（音宣）辅佐其弟叔武守国，却又听信谗言杀了跟随自己的元咺的儿子元角。元咺不计私怨，继续辅佐叔武以待卫侯返国。孰料卫侯鼠肚鸡肠，害死了朝夕盼望自己返国的弟弟叔武。元咺不平，诉于晋，晋文公便羁押了卫侯，甚至想毒杀他。因宁俞贿赂下毒之医，卫侯得以活命。后来卫侯为再回到卫国执政，又收买周歂（音船）、冶廑（音勤），杀死了元咺和自己的儿子公子瑕。详见《左传·僖公二十八年》和《僖公三十年》。〇《史记·廉颇蔺相如列传》：李牧者，赵之北边良将也，常居雁门备匈奴，以便宜置吏，市租皆输入莫府，为士卒费。日击数牛飨士，习射骑，谨烽火，多间谍，厚遇战士。为约曰：“匈奴即入盗，急入收保，有敢捕虏者斩！”匈奴每入，辄入收保，不敢战，如是数岁，亦不亡失。然匈奴以李牧为怯，虽赵边兵亦以为吾将怯。赵王让李牧，李牧如故。赵王怒，召之，使他人代将。岁余，匈奴每来，出战，数不利，失亡多，边不得田畜。复请李牧，牧杜门不出，固称疾。赵王乃复强起使将兵，牧曰：“王必用臣，臣如前，乃敢奉令。”王许之。李牧至，如故约，匈奴数岁无所得，终以为怯。边士日得赏赐而不用，皆愿一战，于是悉勒习战，大纵畜牧，人民满野。匈奴小入，佯北不胜。单于闻之，大率众来入。李牧多为奇阵，张左右翼击之，大破杀匈奴十余万骑，单于奔走。其后十余岁，匈奴不敢近赵边城。

shào wēng zhì guǐ luán dà qiú xiān
少翁致鬼，栾大求仙。（一先·6）

◎**解读** 少翁、栾大，皆汉武帝时方术之士。晋·干宝《搜神记》卷二：汉武帝时幸李夫人，夫人卒后，帝思念不已。方士齐人李少翁言能致其神，乃夜施帷帐，明灯烛，而令帝居他帐遥望之。见美女居帐中，如李夫人之状，又不得就视。帝愈益悲感，为作诗曰：“是耶非耶？立而望之，何姗姗其来迟？”令乐府诸音家弦歌之。

○《史记·孝武本纪》：栾大，胶东宫人，故尝与文成将军同师。时天子既诛文成，后悔恨其早死，惜其方不尽。及见栾大，大悦。大为人长美，言多方略，而敢为大言，处之不疑。大言曰："臣尝往来海中，见安期、羡门之属①，顾以为臣贱，不信臣。臣之师曰：'黄金可成，而河决可塞，不死之药可得，仙人可致也。'臣恐效文成，则方士皆掩口，恶敢言方哉。"上曰："子诚能修其方，我何爱（舍不得，吝惜）乎？"大曰："臣师非有求人，人者求之。陛下必欲致之，则贵其使者，令为亲属，以客礼待之，勿卑。使各佩其信印，乃可使通言于神人。"于是上乃拜大为五利将军、乐通侯，赐列侯甲第，僮千人，斥车马帷帐器物以充其家。又以卫长公主妻之，赍金万斤。天子又刻玉印曰"天道将军"，使使衣羽衣夜立白茅上，五利将军亦衣羽衣立白茅上受印，以示弗臣也。大见数月，佩六印，贵振天下。而海上燕齐之间，莫不扼腕，而自言有禁方，能神仙矣。

yù chén cáo cāo　měng xiàng fú jiān

彧臣曹操，猛相苻坚。（一先·7）

◎解读　彧，即汉末荀彧。《后汉书·荀彧传》：荀彧，字文若，颍川颍阴人。见汉室崩乱，每怀匡佐之义。时曹操在东郡，彧闻操有雄略，乃从操。操与语，大悦曰："吾子房也！"以为奋武司马。时年二十九。○猛，即王猛，为前秦苻坚之丞相。《晋书》本传云：王猛字景略，北海剧人也。瑰姿俊伟，博学好兵书，谨重严毅，气度雄远。隐于华阴山，怀佐世之志，希龙颜之主，敛翼待时，候风云而后动。苻坚将有大志，闻猛名，招之，一见便若平生，语及废兴大事，异符同契，若玄德之遇孔明也。及坚即位，以猛为中书侍郎，屡迁尚书左丞、咸阳内史、京兆尹，未几除吏部尚书、太子詹事，又迁尚书左仆射、辅国将军、司隶校尉，加骑都尉。时猛年三十六，岁中五迁，权倾内外。

hàn jiā sān jié　jìn shì qī xián

汉家三杰，晋室七贤。（一先·8）

◎解读　三杰，指辅佐汉高祖刘邦平定天下的三位杰出人才：萧何、张良、韩信。

---

① 安期，即安期生；羡门，即羡门子高。皆古仙人名。

唐·司马贞《史记索隐·汉兴已来将相名臣年表赞》：高祖初起，啸命群雄。天下未定，王我汉中。三杰既得，六奇献功。○晋室七贤，即魏晋时期“竹林七贤”。《晋书·嵇康传》：嵇康字叔夜，谯国铚人也。早孤，有奇才，远迈不群，所与神交者，惟陈留阮籍、河内山涛；豫其流者，河内向秀、沛国刘伶、籍兄子咸、琅邪王戎。遂为竹林之游，世所谓“竹林七贤”也。

jū yì shí zì tóng wū yù xuán

居易识字，童乌预《玄》。（一先·9）

◎**解读** 白居易《与元九书》：仆始生六七月时，乳母抱弄于书屏下，有指“无”字“之”字示仆者，仆虽口未能言，心已默识。后有问此二字者，虽百十其试，而指之不差。则仆宿习之缘，已在文字中矣。○童乌者，西汉扬雄之九岁儿也，名扬信，字子乌。预，与也，参预。玄，即扬雄之《太玄》。扬雄《法言·问神》：“育而不苗者，吾家之童乌乎？九龄而与我《玄》文。”

huáng wǎn duì rì qín mì lùn tiān

黄琬对日，秦宓论天。（一先·10）

◎**解读** 黄琬，东汉魏郡守黄琼之孙。《后汉书·黄琼传》：琬，字子琰，少失父，早而辩慧。祖父琼初为魏郡太守，建和元年正月日食，京师不见，[①] 而琼以状闻。太后诏问所食多少，琼思其对，而未知所况。琬年七岁，在傍，曰：“何不言‘日食之余，如月之初’？”琼大惊，即以其言应诏，而深奇爱之。○秦宓，三国时蜀国人。《三国志·蜀志》卷八：宓，字子敕，广汉绵竹人也。少有才学。蜀建兴二年，丞相亮领益州牧，选宓迎为别驾，寻拜左中郎将、长水校尉。吴遣使张温来聘，百官皆往饯焉。众人皆集，而宓未往。亮累遣使促之，温曰：“彼何人也？”亮曰：“益州学士也。”及至，温问曰：“君学乎？”宓曰：“五尺童子皆学，何必小人！”温复问曰：“天有头乎？”宓曰：“有之。”温曰：“在何方也？”宓曰：“在西方。《诗》云‘乃眷西顾’，以此推之，头在西方。”温曰：“天有耳乎？”宓曰：“天处高而听卑。《诗》云‘鹤鸣于九皋，声闻于天’，若其无耳，何以听之？”温曰：“天有足乎？”宓曰：

① 今按：建和元年（147）正月辛亥朔，出现了魏郡可见而京师洛阳不可见的日偏食。

"有。《诗》云'天步艰难，之子不犹'，若其无足，何以步之?"① 温曰："天有姓乎?"宓曰："有。"温曰："何姓?"宓曰："姓刘。"温曰："何以知之?"答曰："天子姓刘，故以此知之。"温曰："日生于东乎?"宓曰："虽生于东，而没于西。"答问如响，应声而出，于是温大敬服。

yuán lóng hú hǎi　sī mǎ shān chuān
元龙湖海，司马山川。(一先·11)

◎解读　元龙，即东汉末年陈登。《三国志·魏志》卷七：陈登者，字元龙，有威名。许汜与刘备并在荆州牧刘表坐，表与备共论天下人。汜曰："陈元龙湖海之士，豪气不除。"备谓表曰："许君论是非?"表曰："欲言非，此君为善士，不宜虚言；欲言是，元龙名重天下。"备问汜："君言豪，宁有事邪?"汜曰："昔遭乱，过下邳，见元龙。元龙无客主之意，久不相与语，自上大床卧，使客卧下床。"备曰："君有国士之名，今天下大乱，帝主失所，望君忧国忘家，有救世之意，而君求田问舍，言无可采，是元龙所讳也。何缘当与君语?如小人，欲卧百尺楼上，卧君于地，何但上下床之间邪!"表大笑。〇司马，即司马迁，读万卷书，行万里路，曾弱冠游历天下，足迹遍及大江南北。《史记·太史公自序》云：迁生龙门，耕牧河山之阳。年十岁则诵古文，二十而南游江淮，上会稽，探禹穴，窥九嶷，浮于沅湘，北涉汶泗，讲业齐鲁之都，观孔子之遗风，乡射邹峄，厄困鄱、薛、彭城，过梁、楚以归。于是迁仕为郎中，奉使西征巴蜀以南，南略邛、筰、昆明，还报命。

cāo zhū lǚ bù　bìn shā páng juān
操诛吕布，膑杀庞涓。(一先·12)

◎解读　操，即曹操。《三国志·魏志·吕布传》：建安三年，吕布遣高顺攻刘备于沛，破之。太祖遣夏侯惇救备，为顺所败。太祖自征布，至其城下，遗布书为陈祸福。布遣人求救于袁术，术自将千余骑出战，败走，还保城不敢出。布虽骁猛，然无谋而多猜忌，不能制御其党，故每战多败。太祖堑围之三月，上下离心。其将侯成、宋宪、魏续缚陈宫，将其众降。布与其麾下登白门楼，兵围急，乃下降，遂生缚布。布曰："缚

① 宓所引《诗》，分别见于《诗经》的《皇矣》《鹤鸣》《白华》诸篇。

太急，小缓之！”太祖曰：“缚虎不得不急也！”于是缢杀布。○膑，即孙膑。《史记·孙子吴起列传》：膑生阿、鄄（音倦）之间，亦孙武之后世子孙也。尝与庞涓俱学兵法，庞涓既事魏，得为惠王将军，而自以为能不及孙膑，乃阴使召孙膑。膑至，庞涓恐其贤于己，嫉之，则以法刑断其两足而黥之，欲隐勿见（同“现”）。齐使者如梁，孙膑以刑徒阴见，说齐使。齐使以为奇，窃载与之齐。齐将田忌善而进之于威王，威王问兵法，遂以为师。后十三年，魏与赵攻韩，韩告急于齐。齐使田忌将而往，直走大梁。魏将庞涓闻之，乃弃其步军，与其轻锐倍日并行逐之。孙子度其行，暮当至马陵。马陵道狭，而旁多阻隘，可伏兵，乃斫大树白而书之曰：“庞涓死于此树之下。”于是令齐军善射者万弩夹道而伏，期曰：“暮见火举而俱发。”庞涓果夜至斫木下，见白书，乃钻火烛之。读其书未毕，齐军万弩俱发，魏军大乱相失。庞涓自知智穷兵败，乃自刭（音井），曰：“遂成竖子之名！”齐因乘胜尽破其军。孙膑以此名显天下。

羽救巨鹿（yǔ jiù jù lù），准策澶渊（zhǔn cè chán yuān）。（一先·13）

◎解读 羽，即项羽。《史记·项羽本纪》：项羽已为上将军，威震楚国，名闻诸侯，乃将卒二万渡河救巨鹿，战少利。陈余复请兵，项羽乃悉引兵渡河，皆沈船，破釜甑，烧庐舍，持三日粮，以示士卒必死，无一还心。于是至则围王离，与秦军遇，九战，绝其甬道，大破之，杀苏角，虏王离，涉间不降楚，自烧杀。当是时，楚兵冠诸侯，诸侯军救巨鹿下者十余壁，莫敢纵兵。及楚击秦，诸将皆从壁上观。楚战士无不一以当十，楚兵呼声动天。诸侯军无不人人惴恐。于是已破秦军，项羽召见诸侯将。诸侯将入辕门，无不膝行而前，莫敢仰视。项羽由是始为诸侯上将军，诸侯皆属焉。○准，即北宋寇准。《宋史·寇准传》：景德元年冬，契丹寇大入，急书一夕凡五至。准不发，饮笑自如。明日，同列以闻，帝大骇，以问准。准因请帝幸澶州，同列惧，欲退。准止之，令候驾起。帝难之，欲还内。准曰：“陛下入则臣不得见，大事去矣！请毋还而行。”帝乃议亲征，召群臣问方略。既而契丹围瀛州，直犯贝魏，中外震骇。参知政事王钦若江南人也，请幸金陵。陈尧叟蜀人也，请幸成都。帝问准，准曰：“谁为陛下画此策者？罪可诛也！今陛下神武，将臣协和，若大驾亲征，贼自当遁去。不然，出奇以挠其谋，坚守以老其师，劳佚之势，我得胜算矣。奈何弃庙社，欲幸楚、蜀？远地所在，人心崩溃，贼乘势深入，天下可复保邪?"遂请帝幸澶州。及至南城，契丹兵方盛，众请驻跸以觇军势。准固请曰："陛下不过河，则人心益危，敌气未慑，非所以取威决胜也。且王超领劲兵，屯中山以扼其亢，李继隆、石保吉分大阵以扼其左右肘，四方征镇赴援者日至，何疑而不进?机不可失，宜趣驾!"即麾卫士进辇，帝遂渡河，御北城门楼。远近望见御盖，踊跃欢呼，声闻数十里。契丹相视，惊愕不能成列。帝尽以军事委准，准承制专决，号令明肃，士卒喜悦。遂与敌成约罢兵，准之力也。

yīng róng wán yào　yán chǎng huán qián

应融丸药，阎敞还钱。(一先·14)

◎解读　应融，字义高，东汉人。汉·应劭《风俗通义·穷通》：司徒中山祝恬，字伯休，公交车征，道得温病，过友人邺令谢著。著拒不见，因载病去。至汲，积六七日，止客舍中。诸生见恬转剧，欲告汲令。恬曰："谢著，我旧友也，尚不相见，汲令初不相知，语之何益?死生命也，医药曷为!"诸生潜告汲令，令即汝南应融，闻之惊愕，即严驾出，径诣床蓐，手自抚摩，对之垂涕，曰："伯休不世英才，当为国家干辅。愿相随俱入廨传。"伯休辞让，融遂不听，归取衣车，厚其荐蓐，躬自御之，手为丸药，口尝饘粥，身自分热。宿止传中数十余日，伯休强健，遂邀至室家，酣宴乃别。后伯休拜侍中、尚书令，又拜司隶，荐融自代。谢著浅薄流闻，不为公府所取。○阎敞，字子张，东汉人。《太平御览》卷八三六引《汝南先贤传》曰：阎敞为郡五官掾，太守第五尝①被征，以俸钱百三十万寄敞，敞埋置堂上。后尝举家病死，唯孤孙九岁。尝未死时语孙云："吾有钱三十万，寄掾阎敞。"孙长大来求敞，敞见之悲喜，取钱还之。孙曰："祖唯言三十万，今乃百三十万，诚不敢取。"敞曰："府君病困，谬言耳!郎君无疑。"

fàn jū ràng shuǐ　wú yǐn tān quán

范居让水，吴饮贪泉。(一先·15)

◎解读　范，即南朝范柏年。《南史·胡谐之传》附《范柏年传》：柏年，本梓潼

① 第五，复姓也。此太守姓第五，名尝。

人，土断①属梁州华阳郡。初为州将，刘亮使出都咨事，见宋明帝。帝言次及广州“贪泉”，因问柏年：“卿州复有此水不（通‘否’）？”答曰：“梁州唯有文川武乡，廉泉让水②。”又问：“卿宅在何处？”曰：“臣所居廉、让之间。”帝嗟其善答，因见知，终于梁州刺史。○吴，即晋代吴隐之。《晋书·良吏传》：吴隐之，字处默，濮阳鄄城人。美姿容，善谈论，博涉文史，以儒雅标名，不取非其道。家素贫，居数亩小宅，篱垣仄陋，内外茅屋六间，仅容妻子。将嫁女，无以操办，乃命婢牵犬卖之。元兴元年，为广州刺史，未至州二十里，地名石门，有水曰“贪泉”，饮者怀无厌之欲。隐之既至，乃至泉所酌而饮之，因赋诗曰：“古人云此水，一歃怀千金，试使夷齐饮，终当不易心。”及在州，清操逾厉，常食不过菜及干鱼而已，帷帐器服，皆付外库。时人颇谓其矫然，亦始终不易。

xuē féng léi mǎ　liú shèng hán chán
薛逢羸马，刘胜寒蝉。（一先·16）

◎解读　薛逢，字陶臣，河东蒲州人。唐会昌元年进士，历侍御史、尚书郎。元·辛文房《唐才子传》卷七：逢性褊傲，持论鲠切。初及第，与杨收、王铎同年，而逢文艺最优。收辅政，逢有诗云：“谁知金印朝天客，同是沙堤避路人。”收衔之，斥为蓬、绵二州刺史。及铎相，逢又赋诗云：“昨日鸿毛万钧重，今朝出岳一毫轻。”铎怒，迁秘书监。晚年岨峿（同“龃龉”）宦途，尝策羸马赴朝，值新进士榜下，缀行而出。见逢行李萧条，前导曰：“回避新郎君！”逢輾（音阐，笑貌）然，因遣一介语之曰：“报道莫贫相！阿婆三五少年时，也曾东涂西抹来。”○刘胜，字季陵，东汉人。《后汉书·党锢列传》：杜密字周甫，颍川阳城人也。为人沈质，少有厉俗志。历任代郡太守、太山太守、北海相。后去官还家，每谒守令，多所陈托。同郡刘胜亦自蜀郡告归乡里，闭门扫轨③，无所干及。太守王昱谓密曰：“刘季陵清高士，公卿多举之者。”密知昱讽己，对曰：“刘胜位为大夫，见礼上宾，而知善不荐，闻

---

① 晋以后，流寓人口多为侨户，行法不便，乃统一以所居之地重新登记户籍，名曰“土断”。

② 《明一统志·汉中府》：让水在褒城县西南一百三十里，一名逊水，其源起于廉水。

③ 轨，车迹也。闭门扫轨，谓杜绝人事往来。

恶无言，隐情惜己，自同寒蝉①，此罪人也。今志义力行②之贤，而密达之；违道失节之士，而密纠之。使明府赏刑得中，令问休扬，不亦万分之一乎！”昱惭服，待之弥厚。

zhuō dāo cáo cāo fú shǐ jiǎ jiān
捉刀曹操，拂矢贾坚。（一先·17）

◎**解读** 南朝宋·刘义庆《世说新语·容止》：魏武（曹操）将见匈奴使，自以形陋，不足雄远国，使崔季珪代之，自捉刀立床头。③ 既毕，令间谍问曰：“魏王何如？”匈奴使答曰：“魏王雅望非常，然床头捉刀人乃英雄也！”〇贾坚，字世固，南北朝时渤海人。《太平御览》卷七四四引《燕书》曰：贾坚弯弓三石余，烈祖（燕之慕容恪）以坚善射，故亲试之。乃取一牛至百步上，召坚使射，曰：“能中之乎？”坚曰：“少壮之时能令不中，今已老年，正可中之。”恪大笑。射发一矢，拂脊，再一矢，磨腹，皆附肤落毛，上下如一。恪曰：“复能中乎？”坚曰：“所贵者以不中为奇，中之何难！”一发中之。坚时年六十余矣，观者咸服其妙。

huì kěn fù guó zhì yuàn qīn xián
晦肯负国，质愿亲贤。（一先·18）

◎**解读** 晦，即徐晦，字大章，唐朝人。《旧唐书》本传：徐晦进士擢第，登直言极谏制科，授栎阳尉，皆自杨凭所荐。及凭得罪贬临贺尉，交亲无敢祖④送者，独晦送至蓝田，与凭言别。时故相权德舆与凭交分最深，知晦之行，因谓晦曰：“今日送临贺，诚为厚矣，无乃为累乎？”晦曰：“晦自布衣受杨公之眷，岂忍无言而别！如他日相公为奸邪所谮，失意于外，晦安得与相公轻别！”德舆嘉其真恳，大称之于朝。不数日，御史中丞李夷简荐晦为监察。晦白夷简曰：“生平不践公门，公何取信而见奖拔？”夷简曰：“闻君送杨临贺，不顾犯难，肯负国乎？”由是知名。〇质，即

---

① 寒蝉，谓寂默也。《楚辞》曰：“燕翩翩其辞归兮，蝉寂漠而无声。”

② 力行，尽力行善也。《礼记》曰：“好问近乎智，力行近乎仁。”

③ 刘孝标注：《魏氏春秋》曰：“武王姿貌短小，而神明英发。”又《魏志》曰：“崔琰字季珪，清河东武城人，声姿高畅，眉目疏朗，须长四尺，甚有威重。”

④ 祖，本指出行时祭祀路神，此指设宴饯行于路。

王质，字子野，北宋初人。宋·王称《东都事略》卷四十：范仲淹以言事贬饶州。方治党人甚急，质独扶病率子弟饯于东门，留连数日。大臣有以诮质，曰："长者亦为此乎？何自陷朋党！"质曰："昔徐晦不负杨临贺，今质愿负范饶州？若得为党人，公之赐厚矣！"闻者愧伏。

luó yǒu féng guǐ, pān gǔ chēng xiān
罗友逢鬼，潘谷称仙。（一先·19）

◎解读 罗友，东晋襄阳人。唐·余知古《渚宫旧事》卷五：罗友家贫，乞禄于桓温，虽以才学遇之，而谓其诞肆，非治民才，许而不用。后同府人有得郡者，温为坐饮饯别，友至尤迟晚。温问之，答曰："臣出门于中路见鬼，揶揄云：'我只见汝送人作郡，不见人送汝作郡。'友始怖终惭，不觉成淹缓之罪。"温笑其滑稽，而颇愧焉，后以为襄阳太守。○潘谷，宋代人，精于制墨。宋·何薳《春渚纪闻》卷八《杂书琴事》（附《墨说》）：潘谷卖墨都下。元祐初，余为童子，侍先君居武学直舍中。谷尝至，负墨箧而酣咏自若，每笏止取百钱。或就而乞，探箧取断碎者与之，不吝也。其用胶不过五两之制，亦遇湿不败。后传谷醉饮郊外，经日不归，家人求之，坐于枯井而死，体背柔软，疑其解化也。东坡先生尝赠之诗，有"一朝入海寻李白，空看人间画墨仙"之句，盖言其为墨隐也。

mào hóng shū fú, zǐ jìng qīng zhān
茂弘练服，子敬青毡。（一先·20）

◎解读 王导，字茂弘，随晋元帝渡江，定都建康后，为丞相，开东晋百年基业。《晋书·王导传》：导少有风鉴，识量清远。年十四，陈留高士张公见而奇之，谓其从兄敦曰："此儿容貌志气，将相之器也。"导善于因事，虽无日用之益，而岁计有余。时帑①藏空竭，库中惟有练②数千端，鬻之不售，而国用不给。导患之，乃与朝贤俱制练布单衣，于是士人翕③然竞服之，练遂踊贵。乃令主者出卖，端至一金。

① 帑，音躺，库藏钱财。

② 练，音书，粗麻布。

③ 翕，音西，收聚和合，亦指顺从。

○王献之，字子敬，东晋书法家，王羲之之子。《晋书》本传：子敬夜卧斋中，有偷人入其室，盗物都尽。献之徐曰："偷儿！青毡乃我家故物，可特置之。"群偷惊走。

wáng qí yàn zì　hán pǔ luán jiān
王奇雁字，韩浦鸾笺。（一先·21）

◎**解读**　王奇，字汉谋，宋赣县人。清·雍正年间修《江西通志》引《赣州府志》：奇少为县掾史，县令偶题屏障画雁云："只只衔芦背晓霜，尽随鸳鹭立寒塘。"奇密续云："晓来渔棹惊飞去，书破遥天字一行。"令奇之，因劝之学。后游京师，有声场屋间。真宗见屏间《秋兴》诗："雁声不到歌楼上，秋色偏欺客路中。宿寺梦回荷叶雨，渡江衣冷荻花风。"问为谁作，左右以奇对。召对称旨，特许殿试。○韩浦，长安人。后周显德初举进士。博学善持论，详练台阁故事，多知唐朝氏族，与人谈，娓娓可听，号为"近世肉谱"，缙绅颇推之。尤善笔札，人多藏其尺牍。弟韩洎（音继）亦进士及第。宋·阮阅《诗话总龟·诙谐门》引《谈苑》：韩浦、韩洎咸有词学，浦善声调，洎能为古文。洎尝轻浦，语人曰："吾兄为文，譬如绳枢草舍，庇风雨而已。予之文，是造五凤楼手。"浦性滑稽，窃闻其言，因有亲知遗蜀笺，浦作诗与洎曰："十样鸾笺出益州，寄来新自浣溪头。老兄得此全无用，助尔添修五凤楼。"

ān zhī huà dì　dé yù chóu biān
安之画地，德裕筹边。（一先·22）

◎**解读**　安之，即唐代严安之，唐玄宗年间曾任赤县尉、河南丞、京兆尹等职。唐·郑綮《开天传信记》：上御勤政楼大酺①，纵士庶观看，百戏竞作，人物填咽，金吾卫士白棒雨下不能制止。上患之，谓高力士曰："吾以海内丰稔，四方无事，故盛为宴乐，与百姓同欢，不知下人喧乱如此。汝何以止之？"力士曰："臣不能也。陛下召严安之处分打场，必有可观。"上从之。安之到，则周行广场，以手板画地示众，曰："犯此者死！"以是终五日酺宴，咸指其地画曰"严公界"，竟无一人敢犯者。○德裕，即唐代李德裕，字文饶，元和间任宰相。据《新唐书》本传：文宗太和四年十月，李德裕自兵部侍郎为剑南西川节度使，于成都建筹边楼，上绘《山川

① 上，指唐玄宗。大酺，古官方特许之大聚饮。

险要图》：南道山川险要与蛮相入者，图之左；西道与吐蕃接者，图之右；其部落众寡，馈餫①远迩，曲折咸具。乃诏习边事者，与之指画商订，凡虏之情伪尽知之。

píng yuán shí rì　sū zhāng èr tiān
平原十日，苏章二天。（一先·23）

◎**解读**　平原，即赵国平原君赵胜，战国四公子之一。《史记·范雎蔡泽列传》：初，魏相魏齐得罪范雎，雎遣人谓魏王曰："急持魏齐头来！不然者，我且屠大梁。"② 魏齐恐，亡走赵，匿平原君所。秦昭王欲为范雎报仇，乃佯为好书遗平原君，曰："寡人闻君之高义，愿与君为布衣之友，君幸过寡人，寡人愿与君为十日之饮。"平原君畏秦，而入秦见昭王。昭王与平原君饮数日，谓平原君曰："昔周文王得吕尚，以为太公；齐桓公得管夷吾，以为仲父。今范君亦寡人之叔父也。范君之仇，在君之家，愿使人归取其头来。不然，吾不出君于关。"平原君曰："贵而为友者，为贱也；富而为交者，为贫也。夫魏齐者，胜之友也。在，固不出也；今又不在臣所。"昭王乃遗赵王书曰："王之弟在秦，范君之仇魏齐在平原君之家，王使人疾持其头来。不然，吾举兵而伐赵，又不出王之弟于关。"赵孝成王乃发卒围平原君家。魏齐夜亡，出见赵相虞卿。虞卿度赵王终不可说，乃解其相印，与魏齐亡，间行走大梁，欲因信陵君以走楚。信陵君闻之，畏秦，犹豫，未肯见。魏齐怒而自刭。赵王闻之，卒取其头予秦，秦昭王乃出平原君。○苏章，字孺文，东汉扶风平陵人。《后汉书·苏章传》：章少博学，能属文。安帝时举贤良方正，对策高第为议郎，数陈得失，其言甚直。出为武原令，时岁饥，辄开仓廪，活三千余户。顺帝时迁冀州刺史，故人为清河太守，章行部案其奸臧，乃请太守，为设酒肴，陈平生之好，甚欢。太守喜曰："人皆有一天，我独有二天。"章曰："今夕苏孺文与故人饮者，私恩也。明日冀州刺史案事者，公法也。"遂举正其罪。州境知章无私，望风畏肃。

xú miǎn fēng yuè　qì jí yún yān
徐勉风月，弃疾云烟。（一先·24）

---

① 餫，音运，粮食运输。

② 此情节参见本书"张禄绨袍"（四豪·2）条解读。

◎**解读** 徐勉，字修仁，南朝东海郯人。《梁书》本传：勉幼孤贫，早励清节。及长，笃志好学，起家国子生。太尉王俭时为祭酒，每称勉有宰辅之量。射策举高第，补西阳王国侍郎，寻迁太学博士。常与门人夜集，客有虞暠（音浩）求詹事五官，勉正色答云："今夕止可谈风月，不宜及公事。"故时人咸服其无私。○弃疾，即南宋词人辛弃疾，字幼安，号稼轩。其《稼轩词》卷四《西江月》（示儿曹以家事付之）云："万事云烟忽过，百年蒲柳先衰。而今何事最相宜，宜醉宜游宜睡。早趁催科了纳，更量出入收支。乃翁依旧管些儿，管竹管山管水。"

shùn qīn dǒu jiǔ fǎ zhǔ pú jiān
舜钦斗酒，法主蒲鞯。（一先·25）

◎**解读** 舜钦，即宋初文学家苏舜钦，字子美。少慷慨有大志，状貌怪伟，为人倜傥不羁，耽酒。善行草，时人以为墨宝。同时学者为文多病偶对，独舜钦与穆修好为古文歌诗，一时豪俊多从之游。其《对酒》诗云："丈夫少也不富贵，胡颜奔走乎尘世。予年已壮志未行，案上敦敦考文字。有时愁思不可掇，峥嵘腹中失和气。倚官得来太行颠，太行美酒清如天。长歌忽发泪迸落，一饮一斗心浩然。嗟乎吾道不如酒，平褫（一概扫除）哀乐如摧朽。读书百车人不知，地下刘伶吾与归。"○法主，即隋唐时李密，字法主，又字玄邃，本辽东襄平人，徙长安。蒲鞯，蒲草织成的鞍垫。《旧唐书·李密传》：密少以读书为事，时人希见其面。尝乘一黄牛，被以蒲鞯，仍将《汉书》一帙挂于牛角上，一手捉牛靷，一手翻书读之。尚书令越国公杨素见于道，从后按辔蹑之。既及，问曰："何处书生，耽学若此？"密识越公，乃下牛再拜，自言姓名。又问所读书，答曰："《项羽传》。"越公奇之，与语，大悦，谓其子玄感等曰："吾观李密识度，汝等不及。"于是玄感倾心结托。

rào cháo zèng cè fú lǔ tóu biān
绕朝赠策，苻虏投鞭。（一先·26）

◎**解读** 绕朝，春秋时秦国大夫。"绕朝赠策"事见《左传·文公十三年》，其大略谓：士会，晋国大夫，其封邑在随，故称随会，因故投奔秦国。晋人担心他被秦国重用，乃集六卿谋，设计赚士会返回晋国。遂使寿余假装叛晋，主动投靠秦国，秦伯许之。寿余在秦国朝堂上蹑士会之足，暗示其配合自己行动。寿余对秦伯曰："请求派遣一位在晋国有号召力的人，说服魏地①上下民众投靠秦国。我愿与其先行至魏。”秦伯遂遣士会。士会推辞曰：“晋人，虎狼也。若背其言，臣固然死于魏，臣之妻子亦为秦人所戮。无益于君，不可悔也。”秦伯曰：“若背其言，亦当遣归汝妻子，决不食言。”士会乃行。秦大夫绕朝赠之以策②，暗示：“你不要以为我们秦国没有人才，不能识破你的打算，只是秦国不采纳我的意见而已。”士会和寿余渡过黄河到达晋境，即不再返回秦国。秦伯如约遣归士会的妻儿，其支裔留秦者为刘氏。〇苻，即苻坚，字永固，一名文玉，小名坚头，氐族人，十六国时期前秦皇帝。虏，犹言胡虏也。据《晋书·载记》：太元六年，坚集群臣会议曰：“吾统承大业，垂二十载，四方略定，惟东南一隅，未宾王化。今欲起天下兵以讨之，略计兵仗，精卒可有九十七万。吾将躬先启行，薄伐南裔，于诸卿意何如?”左仆射权翼进曰：“臣以为晋未可伐。夫以纣之无道，天下离心，八百诸侯不谋而至，武王犹曰：‘彼有人焉。’回师止旆。三仁③诛放，然后奋戈牧野。今晋道虽微，未闻丧德，君臣和睦，上下同心，谢安、桓冲，江左伟才，可谓晋有人焉。臣谓师克在和，今晋和矣，未可图也。”坚默然久之，曰：“吾闻武王伐纣，逆岁犯星。天道幽远，未可知也。虽有长江，其能固乎？以吾之众旅，投鞭于江，足断其流!”遂兴兵伐晋，号称百万之师。既至淝水，大为谢玄等所败。

豫让吞炭，苏武餐毡。（一先·27）

yù ràng tūn tàn　sū wǔ cān zhān

◎解读　《史记·刺客列传》：豫让者，晋人也。故尝事范中行氏，而无所知名。去而事智伯，智伯甚尊宠之。后赵襄子与韩、魏合谋，灭智伯，三分其地。赵襄子最怨智伯，漆其头以为饮器④。豫让遁逃山中，曰：“嗟乎！士为知己者死，女为说己者容。今智伯知我，我必为报仇而死，以报智伯，则吾魂魄不愧矣!”乃变名姓为刑人，入宫涂（通“除”，打扫）厕中，挟匕首，欲以刺襄子。襄子如厕，心动，执

---

① 魏地，此指寿余在晋国的食邑。

② 策，马鞭。这里有双关意：策又指简策，可书写文字。当时事情紧急，又属机密，绕朝无法将自己的意思书写在简策上，只好以马鞭赠士会，暗示自己已经知道对方的计谋。

③ 三仁，指商纣王的三位贤人微子、箕子、比干，参见本书“殷室三仁（十一真·1）”条解读。

④ 饮器，饮酒之器也。一说，为溲杯，小便器也，恐非。

问涂厕之刑人，则豫让也。左右欲诛之，襄子曰："彼义人也，吾谨避之耳。且智伯亡，无后，而其臣欲为报仇，此天下之贤人也。"卒释去之。居顷之，豫让又漆身为厉，吞炭为哑，[①] 使形状不可知。行乞于市，其妻不识也。行见其友，其友识之，曰："汝非豫让邪？"曰："我是也。"其友为泣曰："以子之才，委质而臣事襄子，襄子必近幸子。近幸子，乃为所欲，顾不易邪？[②] 何必残身苦形，欲以求报襄子，不亦难乎？"豫让曰："既已委质臣事人，而求杀之，是怀二心以事其君也。且吾所为者，极难耳。然所以为此者，将以愧天下后世之为人臣怀二心以事其君者也。"既去，顷之，襄子当出，豫让伏于所当过之桥下。襄子至桥，马惊。襄子曰："此必是豫让也。"使人问之，果豫让也。于是襄子乃数豫让曰："子不尝事范中行氏乎？智伯尽灭之，而子不为报仇，而反委质臣于智伯。智伯亦已死矣，而子独何以为之报仇之深也？"豫让曰："臣事范中行氏，范中行氏皆众人遇我，我故众人报之。至于智伯，国士遇我，我故国士报之。"[③] 襄子喟然叹息而泣曰："嗟乎豫子！子之为智伯，名既成矣，而寡人赦子亦已足矣！子其自为计，寡人不复释子。"使兵围之。豫让曰："臣闻明主不掩人之美，而忠臣有死名之义。前君已宽赦臣，天下莫不称君之贤。今日之事，臣固伏诛，然愿请君之衣而击之焉，以致报仇之意，则虽死不恨，非所敢望也。敢布腹心。"于是襄子大义之，乃使使持衣与豫让。豫让拔剑，三跃而击之，曰："吾可以下报智伯矣！"遂伏剑自杀。死之日，赵国志士闻之，皆为涕泣。○《汉书·苏武传》：苏武，字子卿，少以父任，兄弟并为郎。天汉元年，武帝遣武以中郎将持节使匈奴。单于欲降之，使卫律[④]召武受辞。武曰："屈节辱命，虽生，何面目以归汉？"引佩刀自刺。卫律惊自抱持武，驰召医，凿地为坎，置煴（音晕阴平）火，覆武其上，蹈其背以出血。武气绝，半日复息。单于壮其节，朝夕遣人候问武。武益愈，单于使卫律晓武："律前负汉，归匈奴，幸蒙大恩，赐号称王，拥众数万，马畜弥山，富贵如此。苏君今日降，明日复然。空以身膏草野，谁复知之？"武不应。律曰："君因我降，与君为兄弟。今不听吾计，后虽欲复见我，尚可得乎？"武骂律曰："汝为人臣子，不顾恩义，畔主背亲，为降虏于蛮夷，何以汝见

---

① 厉，音义同"癞"，癞疮也。哑，喑哑。

② 意谓假托臣事赵襄子，以亲近之，然后行刺，为智伯报仇，难道不更容易吗？

③ 意谓范中行氏把我作为普通人来对待，我就以普通人的做法回报他；智伯把我作为国士来对待，我就用国士的做法回报他。

④ 卫律，本为汉将，前此已率部降匈奴。

为？且单于信汝，使决人死生，不平心持正，反欲斗两主，观祸败。南越杀汉使者，屠为九郡；宛（音渊）王杀汉使者，头县（同‘悬’）北阙；朝鲜杀汉使者，实时诛灭。独匈奴未耳！若知我不降明，欲令两国相攻，匈奴之祸，从我始矣！”律知武终不可胁，白单于，单于愈益欲降之。乃幽武，置大窖中，绝不饮食。天雨雪，武卧啮雪，与毡毛并咽之，数日不死。匈奴以为神，乃徙武北海上无人处，使牧羝，羝乳乃得归。武既至海上，廪食不至，掘野鼠去（同“弆”，收藏，保藏）草实而食之，杖汉节牧羊，卧起操持，节旄尽落。昭帝即位，匈奴与汉和亲，武乃得归汉。苏武留匈奴凡十九岁，始以强壮出，及还，须发尽白。

jīn tái zhāo shì　yù shǔ zhù xián
金台招士，玉署贮贤。（一先·28）

◎解读　金台，又称黄金台。明·董说《七国考》卷四“黄金台”条引《上谷郡图经》云：黄金台，易水东南十八里，昭王置千金于台上，以延天下之士。《战国策·燕策》：燕昭王即位，卑身厚币，以招贤者，欲将以报仇于齐也。郭隗曰：“臣闻古之国君有以千金求千里马者，三年不能得。涓人①言于君曰：‘请求之。’君遣之三月，得千里马，马已死，买其首五百金，反以报君。君大怒，曰：‘所求者生马，安事死马，而捐五百金？’涓人对曰：‘死马且买之五百金，况生马乎！天下必以王为能市马，马今至矣。’于是不期年，千里之马至者三。今王诚欲致士，先从隗始。隗且见事，况贤于隗者乎？岂远千里哉！”于是昭王为隗筑宫而师之。乐毅自魏往，邹衍自齐往，剧辛自赵往，士争凑燕。② ○玉，即玉堂，唐宋时翰林院之正堂。宋·叶梦得《石林燕语》卷七：学士院（即翰林院）正厅曰玉堂，盖道家之名。初，李肇《翰林志》末言：居翰苑者，皆谓“凌玉清”“溯紫霄”，岂止于“登瀛洲”哉？亦曰“登玉堂”焉。自是遂以“玉堂”为学士院之称，而不为榜。太宗时，苏易简为学士，上尝语曰：“玉堂之设，但虚传其说，终未有正名。”乃以红罗飞白③“玉堂之署”四字赐

---

① 涓人，谒者，又称中涓。涓，清除洒扫，言居宫中负责洒扫之役者。又谓为宫中负责通报信息之人。

② 今按，《史记》记此事稍略，然不言昭王为郭隗修黄金台事。

③ 飞白，书法之一种，指用枯笔写字，笔画中间夹杂着丝丝点点的白痕，能给人以飞动的感觉，故称为“飞白”。

之。易简即扃鐍（音决）置堂上，每学士上事，始得一开视，最为翰林盛事。

sòng chén zōng zé　hàn shǐ zhāng qiān
宋臣宗泽，汉使张骞。（一先·29）

◎解读　宗泽，字汝霖，婺州义乌人。自幼豪爽，有大志，文韬武略，皆一时之选。登元祐六年进士第。力主抗金，极陈时弊，屡屡受到排挤。《宋史·宗泽传》云：泽忧愤成疾，疽发于背。诸将入问疾，泽矍（音绝）然曰："吾以二帝蒙尘，积愤至此。汝等能歼敌，则我死无恨！"众皆流涕，曰："敢不尽力！"诸将出，泽叹曰："出师未捷身先死，长使英雄泪满襟！"翌日，风雨昼晦，泽无一语及家事，但呼"过河"者三而薨（音烘）。〇张骞，西汉武帝时汉中人。据《汉书·张骞传》：骞建元中为郎。时汉欲通使月氏[①]，募能使者，骞以郎应募，出陇西，经匈奴。匈奴得之，传[②]诣单于。单于曰："月氏在吾北，汉何以得往使？吾欲使越，汉肯听我乎？"留骞十余岁，予妻，有子，然骞持汉节不失。后与其属亡，向月氏西走，数十日至大宛。大宛闻汉饶财，欲通汉使，乃为骞发译道[③]，抵康居（音渠），康居传致大月氏。大月氏地肥饶，少寇，志安乐，又自以远汉，殊无通汉之心。骞从月氏至大夏，竟不能得月氏要领。留岁余，欲从羌中归，复为匈奴所得。留岁余，单于死，国内乱，骞与胡妻亡归汉，拜大中大夫。初骞行时百余人，去十三岁，唯二人得还。骞身所至者，大宛、大月氏、大夏、康居，而传闻其旁有大国五六，具为天子言其地形所有，天子欣欣以骞言为然。后骞以校尉从大将军击匈奴，知水草处，军得以不乏，乃封骞为博望侯。

hú jī rén zhǒng　míng jì shū xiān
胡姬人种，名妓书仙。（一先.30）

◎解读　阮咸，字仲容，"竹林七贤"之一，为人放达，不拘礼节。南朝宋·刘义庆《世说新语·任诞》：阮仲容先幸姑家鲜卑婢，及居母丧，姑当远移，初云当留

① 月氏（音枝），西域部族名。

② 传即传车，驿车也。

③ 道，即"导"。译道，犹言翻译、向导也。

婢，既发定，将去。仲容借客驴著重服[1]自追之，累骑而返，曰：“人种不可失。”婢，即遥集[2]之母也。〇明·彭大翼《山堂肆考》卷一百十一《人品·娼妓》：唐长安中娼妓曹文姬，工翰墨，为关中第一，号为书仙。每求为偶者，先投诗以待其自择。有岷江任生投诗云：“玉皇殿上掌书仙，一染尘心谪九天。莫怪浓香薰透骨，云衣曾惹御炉烟。”文姬得诗喜，遂留为偶者。五年后，因歌送春诗，乃与生曰：“妾本上天司书仙，以情爱谪居人世。今当回，子宜偕行。”俄见朱衣吏，持玉版至，曰：“李长吉新撰《白玉楼记》，召汝书碑。”生方悟妓为仙女也。

---

① 重服，母丧所著之丧服也。

② 阮咸之子阮孚，字遥集。

二　萧

téng wáng jiá dié　mó jié bā jiāo
滕王蛱蝶，摩诘芭蕉。（二萧·1）

◎解读　滕王蛱蝶，谓滕王所画《蛱蝶图》也。滕王，即李元婴，唐高祖李渊之子，太宗李世民异母弟。蛱蝶，即蝴蝶。段成式《酉阳杂俎》续集卷二“滕王图”条：一日，紫极宫会秀才，刘鲁封云：尝见滕王《蛱蝶图》，有名江夏斑、大海眼、小海眼、村里来、菜花子。此图北宋时尚存于宫秘。〇摩诘，唐诗人、画家王维之字。摩诘芭蕉，谓王维所画《袁安卧雪图》，雪中绘有芭蕉。宋·沈括《梦溪笔谈》卷十七引张彦远《画评》云：“王维画物，多不问四时。如画花，往往以桃、杏、芙蓉、莲花同画一景。”予家所藏摩诘画《袁安卧雪图》，有雪中芭蕉。此乃得心应手，意到便成，故其理入神，迥得天意，难可与俗人论也。

què yī shī dào　tóu bǐ bān chāo
却衣师道，投笔班超。（二萧·2）

◎解读　师道，即北宋陈师道，字履常，一字无己，彭城人。《宋史》本传云：师道少而好学，年十六，以文谒曾巩，巩一见奇之。熙宁中，王安石经学盛行，师道心非其说，遂绝意进取。元祐初，苏轼等荐其文行，起为徐州教授。后以其进非科第，罢归。调彭泽令，不赴。家素贫，或经日不炊，妻子愠见，弗恤也。与赵挺之友婿，而素恶其人。适预郊祀行礼，寒甚，衣无绵，妻就假于挺之家。师道问所从得，却去不肯服，遂以寒疾死，年四十九。〇班超，字仲升，扶风平陵人。班彪之少子，班固之弱弟也。《后汉书》谓其为人有志，不修细节，然内孝谨，居家常执勤苦，有口辩，而涉猎书传。永平五年，兄固被召，诣校书郎，超与母随至洛阳。家贫，常为官佣书以供养。久劳苦，尝辍业投笔，叹曰：“大丈夫无他志略，犹当效傅介子、张骞立功异域，以取封侯，安能久事笔砚间乎！”左右皆笑之。超曰：“小子安知壮士志哉！”

féng guān wǔ dài　jì xiàng sān cháo

冯官五代，季相三朝。（二萧·3）

◎**解读**　冯，即五代时冯道。“冯官五代”，参见本书“冯道痴顽”（十五删·3）条解读。○季，即季文子，名行父，文是其谥号，春秋时鲁国人。鲁桓公曾孙。历鲁宣公、成公、襄公三朝，为执政大夫。其于国则忠，于家则俭，内无衣帛之妾，外无食粟之马，金玉非所藏，宝器非所重，鲁君以为社稷之臣，国家存亡之所系也。事见《左传》。《论语·公冶长》云：季文子三思而后行。子闻之，曰：“再，斯可矣。”

liú fén xià dì　lú zhào duó biāo

刘蕡下第，卢肇夺标。（二萧·4）

◎**解读**　刘蕡，字去华，唐昌平人。据《旧唐书·刘蕡传》，蕡博学善属文，尤精《左氏春秋》。与朋友交，好谈王霸大略，耿介嫉恶，言及世务，慨然有澄清之志。自元和末，阍寺[1]权盛，天子废立，由其可否。蕡在草泽中，居常愤惋。文宗太和二年策试贤良。时对策者百余人，所对止循常务，唯蕡切论黄门太横，将危宗社，言论激切，士林感动。时登科者二十二人，而中官当途，考官不敢留蕡在籍中，物论喧然不平之。守道正人传读其文，至有相对垂泣者。谏官御史扼腕愤发，而执政之臣从而弭之，以避黄门之怨。唯登科人李郃谓人曰：“刘蕡不第，我辈登科，实厚颜矣！”○卢肇，字子发，唐代袁州人。会昌三年进士第一，充集贤院直学士。历歙（音社）、宣、池、吉四州刺史，所至有治声。宋·阮阅《诗话总龟》卷三十八云：卢肇、黄颇皆宜春人，颇富于财，而肇苦贫，与颇同日赴举，亦同日登途。郡守独饯颇于邮亭，而遣肇。明年，肇状元登第归，郡守会肇看竞渡。肇即席作诗曰：“向道是龙刚（偏）不信，果然夺得锦标归。”太守大惭。

líng gān xiáng lǔ　zhú chǐ chén zhāo

陵甘降虏，蠋耻臣昭。（二萧·5）

---

① 阍，宫门。寺，近侍，特指宦官。阍寺，即宦官，与下文黄门、中官同义。

◎解读　陵，即李陵，字少卿，汉飞将军李广之孙。虏，此指匈奴。《汉书·李陵苏武传》云：陵善骑射，爱人，谦让下士，甚得名誉。武帝以为有广之风，拜为骑都尉。天汉二年，贰师李广利将三万骑出酒泉，召陵欲使将辎重。陵叩头自请曰："臣愿得自当一队，以分单于兵。"上曰："将恶相属邪?① 吾发军多，无骑予汝。"陵对曰："无所事骑②。臣愿以少击众，步兵五千人涉单于庭。"上壮而许之。陵于是将步卒五千人出居延，北行三十日，与单于骑三万相值，遂围陵军。陵引士出营外为陈（同"阵"），前行持戟盾，后行持弓弩，令曰："闻鼓声而纵，闻金声而止。"虏见汉军少，直前就营。陵搏战攻之，千弩俱发，应弦而倒。虏还走上山，汉军追击，杀数千人。单于大惊，召左右八万余骑攻陵，陵且战且引南行。数日，抵山谷中连战，士卒中矢伤。三创者载辇，两创者将车，一创者持兵战。明日复战，斩首三千余级，引兵东南循故龙城道行，四五日抵大泽葭苇中。虏从上风纵火，陵亦令军中纵火以自救③。战一日数十合，复伤杀虏二千余人。虏不利，欲去。会陵军候为校尉所辱，亡降匈奴，具言陵军无后救，射矢且尽。单于大喜，使骑并急攻汉军，疾呼曰："李陵趣降!"陵居谷中，虏在山上，四面射矢如雨下。汉军南行，百五十万矢皆尽，即弃车去，士尚三千余人，徒斩车辐而持之。抵山，入狭谷，单于遮其后，乘隅下垒石，士卒多死，不得行。陵曰："无面目报陛下!"遂降。〇蠋，即王蠋，战国时齐人。昭，即燕昭王。《史记·田单列传》：燕使乐毅伐齐，齐愍王出奔莒（音举），为淖齿所杀，燕遂破齐。燕人闻画邑人王蠋贤，令军中曰"环画邑三十里无入"，以王蠋之故。已而使人谓蠋曰："齐人多高子之义，吾以子为将，封子万家。"蠋固谢。燕人曰："子不听，吾引三军而屠画邑。"王蠋曰："忠臣不事二君，贞女不更二夫。齐王不听吾谏，故退而耕于野。国既破亡，吾不能存；今又劫之以兵，为君将，是助桀为暴也。与其生而无义，固不如烹。"遂经其颈于树枝，自奋绝脰（音豆，颈）而死。

lóng pín shài fù　　qián lǎn zhé yāo
隆贫晒腹，潜懒折腰。（二萧·6）

---

① 意谓：莫非不愿意归属贰师将军统领吗?

② 谓我不需要骑兵。

③ 谓先将自己旁边的草木烧尽，令敌火无法延烧到身边，所以自救。

◎解读 隆，即晋代郝隆，字仕治，汲郡人。仕吴至征西将军，后为桓温南蛮府参军。《世说新语·排调》：隆少博学，无书不读。七月七日见富室曝衣，隆乃出日中仰卧曝腹。人问其故，曰："我晒腹中书耳！"〇潜，即晋代诗人陶渊明，名潜，又字元亮。《晋书·隐逸传》：潜少怀高尚，博学善属文，颖脱不羁，任真自得，为乡邻之所贵，尝著《五柳先生传》以自况。以亲老家贫，起为州祭酒，不堪吏职，少日自解归。后为彭泽令，不私事上官。郡遣督邮至县，吏白应束带见之。潜叹曰："吾不能为五斗米折腰，拳拳事乡里小人邪！"遂解印去。

wéi shòu shǔ jǐn　yuán zǎi jiāo xiāo
韦绶蜀锦，元载鲛绡。（二萧·7）

◎解读 韦绶，唐人，德宗时以左补阙为翰林学士①，贞元之政多所参决，议论常合中道，然畏慎致伤，晚得心疾，故不极其用。帝尝幸其院，韦妃从。会绶方寝，学士郑絪欲驰告之，帝不许。时大寒，帝以妃蜀襭②袍覆而去，其待遇若此。事见新旧《唐书·韦贯之传》。〇元载，字公辅，凤翔岐山人也。家本寒微，自幼嗜学，好属文，性敏惠，博览子史，尤学道家之书。天宝初，玄宗崇奉道教，下诏求明《庄》《老》《文》《列》四子之学者，载策入高科。代宗时为相，结党营私，恣为不法，聚敛财货，侈僭（音建）无度。以致人神共愤，满门伏法。事见两《唐书》本传。鲛绡，即鲛绡纱，又名龙纱，传为鲛人泉先所织，其价百余金，以为服，入水不濡。唐·苏鹗《杜阳杂编》卷上云：元载末年，更构沉檀为梁栋，饰金银为户牖，内设悬黎屏风、紫绡帐。紫绡帐得于南海溪洞之酋帅，即鲛绡之类也。轻疏而薄，如无所碍，虽属凝冬，而风不能入，盛夏则清凉自至。其色隐隐焉，忽不知其帐也，谓载卧内有紫气。而服玩之奢，僭拟于帝王之家。

pěng xí máo yì　jué jū wēn jiào
捧檄毛义，绝裾温峤。（二萧·8）

---

① 今按：唐有两韦绶，其一乃唐宪宗时宰相贯之之伯兄，元和间为相，德宗朝为翰林学士，得覆锦袍者即此人也；其一字子章，京兆人，穆宗朝吏部尚书，两《唐书》有传。

② 襭，音协，指蜀锦。

◎解读　《后汉书·刘平传》序云：毛义，字少节，家贫，以孝行称。南阳张奉慕其贤，往候之。坐定，而府檄适至，以义为守令①。义奉檄而入，喜动颜色。张奉者志尚士也，心贱之，自恨来，固辞而去。及母死，义去官行服，进退必以礼。后举贤良，公交车征，竟不至。张奉叹曰："贤者固不可测！往日之喜，乃为亲屈也。"斯盖所谓"家贫亲老，不择官而仕"者也。〇温峤，字太真，晋人。《资治通鉴·晋纪·中宗元皇帝·大兴元年》：初，温峤为刘琨奉表诣建康，其母崔氏固止之，峤绝裾而去②。既至，屡求返命，朝廷不许。会琨死，除散骑侍郎，闻母亡，峤阻乱不得奔丧临葬，苦请北归。诏曰："凡行礼者，当使理可常通。今桀逆未枭，诸军奉迎梓宫犹未得进，峤何以一身济其私难，而不从王命邪？"峤不得已，乃受命。

zhèng qián zhù shì　huái sù zhòng jiāo

郑虔贮柿，怀素种蕉。（二萧·9）

◎解读　《新唐书·文艺传》：郑虔，郑州荥阳人。天宝初为协律郎，集缀当世事，著书八十余篇。初，虔追紬③故书可志者，得四十余篇，国子司业苏源明名其书为《会粹》。虔善图山水，好书，常苦无纸，于是慈恩寺贮柿叶数屋，遂往，日取叶肄（练习）书，岁久殆遍。〇唐僧怀素，字藏真，长沙人。幼而事佛，经禅之暇，颇好笔翰。尝观夏云随风变化，顿有所悟，遂至妙绝，如壮士拔剑，神采动人，以善狂草称于世。宋·陈思《书苑菁华》卷十八引唐陆羽《僧怀素传》：怀素疏放，不拘细行，万缘皆谬，心自得之。于是饮酒以养性，草书以畅志。时酒酣兴发，遇寺壁、里墙、衣裳、器皿，靡不书之。贫无纸可书，常于故里种芭蕉万余株，以供挥洒。书不足，乃漆一盘书之，又漆一方板，书至再三，盘板皆穿。

yán zǔ hè lì　mào hóng lóng chāo

延祖鹤立，茂弘龙超。（二萧·10）

◎解读　嵇绍，字延祖，三国时魏中散大夫嵇康之子也。《晋书·忠义传》：绍十岁

---

① 府檄，此指官府任命状。据《东观汉记》，义本为安阳尉，今府檄到，晋义为县令也。

② 谓峤母不忍儿子远离，牵衣挽留。峤以国事重于亲恩，以致扯断衣襟，舍亲赴任。后母亡，峤不得归葬，遂成终生遗恨。

③ 紬，同"抽"，缀辑。

而孤，事母孝谨，山涛荐为秘书丞。绍始入洛，或谓王戎曰："昨于稠人中始见嵇绍，昂昂然如野鹤之在鸡群。"戎曰："君复未见其父耳！"○王导，字茂弘，小字阿龙，东晋初位至丞相。《世说新语·企羡》：王丞相拜司空，桓廷尉作两髻葛裙，策杖路边窥之，叹曰："人言阿龙超，阿龙故自超，不觉至台门①。"

xuán yú yáng xù　liú dú shí miáo
悬鱼羊续，留犊时苗。（二萧·11）

◎**解读**　羊续，字兴祖，东汉太山平阳人。以忠臣子孙拜郎中，迁为庐江太守，为官清正，百姓欢服。时权豪之家多尚奢丽，续深疾之，常敝衣薄食，车马羸败，其资藏唯有布衾、敝絮，盐麦数斛而已。府丞尝献其生鱼，续受而悬于庭。丞后又进之，续乃出前所悬者，以杜其意。事具《后汉书》本传。○《三国志·魏志·常林传》裴松之注引《魏略·清介传》：时苗字德胄，巨鹿人也。少清白，为人疾恶。建安中入丞相府，出为寿春令，令行风靡。其始之官，乘薄軬车，驾黄牸牛②，载布被囊。居官岁余，牛生一犊。及其去，留其犊，谓主簿曰："令来时本无此犊，犊是淮南所生有也。"群吏曰："六畜不识父，自当随母。"苗不听，时人皆以为激，然由此名闻天下。

guì fēi pěng yàn　nòng yù chuī xiāo
贵妃捧砚，弄玉吹箫。（二萧·12）

◎**解读**　贵妃，即唐杨玉环。此事亦见前"李白乘驴"（六鱼·14）条解读。○弄玉，春秋时秦穆公之女。托名刘向所作《列仙传》卷上云：萧史者，秦穆公时人也，善吹箫，能致孔雀、白鹤于庭。穆公有女字弄玉，好之，公遂以女妻焉，日教弄玉作凤鸣。居数年，吹似凤声，凤凰来止其屋。公为作凤台，夫妇止其上，不下数年，一旦皆随凤凰飞去。故秦人为作"凤女祠"于雍宫中，时有箫声而已。

---

① 台门，中央官署的代称。王导官拜司空，为三公之一，故以台门代其官位。

② 軬，音饭，车棚。牸，音自，母牛。

三　肴

luán bā jiù huǒ　xǔ xùn chú jiāo
栾巴救火，许逊除蛟。（三肴·1）

◎**解读**　栾巴，字叔元，东汉魏郡内黄人（一说蜀人）。好道，曾任豫章太守。郡土多山川鬼怪，小人常破资产以祈祷。巴素有道术，能役鬼神，乃悉毁坏房祀，剪理奸诬，于是妖异自消，百姓安之。事具《后汉书》本传。晋·葛洪《神仙传》卷五：巴为尚书，正旦，会群臣饮酒，巴乃含酒起，望西南噀[①]之，奏云："臣本乡成都市失火，故为救之。"帝驰驿往问之，云："正旦失火，时有雨自东北来灭火，雨皆作酒气也。"○许逊，字敬之，传为晋时学道有法术之人。唐·张鷟《朝野佥载》卷三：西晋末，有旌阳县令许逊者，得道于豫章西山。江中有蛟为患，旌阳没水剑斩之，后不知所在。顷渔人网得一石甚鸣，击之声闻数十里。唐朝赵王为洪州刺史，破之，得剑一双，视其铭，一有"许旌阳"字，一有"万仞"字。

shī　qióng wǔ jì　yì　bù sān yáo
《诗》穷五际，《易》布三爻。（三肴·2）

◎**解读**　诗，即《诗经》；穷，推究穷尽之谓；际，边际，此指极限。易，即《周易》；布，摆开，布置；爻，组成《周易》各卦的横道，分阳爻（⚊）、阴爻（⚋）两种，六爻组成一卦。《汉书·翼奉传》载翼奉上封事云："《易》有阴阳，《诗》有五际，《春秋》有灾异，皆列终始、推得失、考天心，以言王道之安危。"所谓"五际"者，乃汉儒说《诗》之辞，认为《诗经》有五个关键点。应劭以君臣、父子、兄弟、夫妇、朋友这五大伦理为《诗》之五际，而孟康则引《诗内传》之说，认为卯、酉、午、戌、亥五个年份，是阴阳终始际会之岁，于此则有变改之

---

① 噀，音迅，含在口中喷出。

政，为《诗》之五际。郑玄《六艺论》引纬书《泛历枢》更引申说：午、亥之际为革命，卯、酉为改正，辰在天门，出入候听。卯，《天保》也；酉，《祈父》也；午，《采芑》也；亥，《大明》也。亥为革命，一际也；辰为天门，出入候听，二际也；卯为阴阳交际，三际也；午为阳谢阴兴，四际也；酉为阴盛阳微，五际也。① ○虞翻，字仲翔，会稽余姚人，曾为《周易》作注。《三国志·吴志·虞翻传》裴松之注引《虞翻别传》曰：翻初立《易》注，奏上，曰："臣郡吏陈桃梦臣与道士相遇，放发被鹿裘，布《易》六爻，挠②其三以饮臣。臣乞尽吞之，道士言：'《易》道在天，三爻足矣！'岂臣受命，应当知经！所览诸家解不离流俗，义有不当实，辄悉改定，以就其正。"今按："《诗》穷五际，《易》布三爻"，谓于《诗》《易》等儒家经典研究精彻，造诣独到。清·朱彝尊《曹先生溶挽诗六十四韵》云："说《诗》穷五际，布《易》得三爻。"③ 即用此义。

清时安石，奇计居鄛。（三肴·3）

qīng shí ān shí, qí jì jū cháo

◎解读 《晋书·谢安传》：谢安，字安石，神识沉敏，风宇条畅，善行书，王导深器之，由是少有重名。寓居会稽，与王羲之及高阳许询、桑门支遁游，出则渔弋山水，入则言咏属文，无处世意。年四十余始有仕进志，征西大将军桓温请为司马，朝士咸送。中丞高崧戏之曰："卿累违朝旨，高卧东山。诸人每相与言：安石不肯出，将如苍生何？苍生今亦将如卿何？"安甚有愧色。○居鄛，古县名，治所在今安徽桐城南（一说在今安徽巢县）。此代指秦末追随项梁、项羽起事的谋士范增。《史记·项羽本纪》：居鄛人范增，年七十，素居家，好奇计，往说项梁曰："陈胜败固当。夫秦灭六国，楚最无罪。自怀王入秦不反，楚人怜之至今，故楚南公曰：'楚虽三户，亡秦必楚也。'今陈胜首事，不立楚后而自立，其势不长。今君起江东，楚蜂午之将皆争附君者，以君世世楚将，为能复立楚之后也。"于是项梁然其言，乃求楚怀王孙心民间，立以为楚怀王。

---

① 今按：此皆汉儒臆说，不必盲从。

② 今按：挠有搅动义，有抓搔义，似皆不合本旨。别本引此文作"娆"，或是。

③ 见《曝书亭集》卷十二。

hú xún yīng dòu quán fǎng hǔ páo
湖循莺脰，泉访虎跑。（三肴·4）

◎解读 莺脰，湖名。脰，颈也。循，遵循，谓湖形像莺之脰。明·王鏊《姑苏志》卷十：莺脰湖在太湖之南，其源自天目，东流至荻塘会烂溪水，并出平望安德桥，汇于此。以其形似莺脰，故名。亦名莺斗湖。〇虎跑，泉名。跑，音义同刨。访，音义同昉，起始、发端也。明·田汝成《西湖游览志》卷五引宋濂《虎跑泉铭》序云：虎跑泉在杭之南山大慈定慧禅院。唐元和十四年，性空大师来游兹山，乐其灵气郁盘，栖禅其中。寻以无水，将他之。忽神人跪而告曰："自师之来，我等徼（音邀，招致）惠者甚大，奈何弃去？南岳童子旋当遣二虎来移，师无忧也。"翌日，果见二虎跑山出泉，甘洌胜常。大师因留，建立伽蓝（佛寺）。苏文忠公守杭，为之赋诗，有"虎移泉眼趁行脚"之句，盖纪实也。

jìn yóu shù xī guǐ shù shī jiǎo
近游束皙，诡术尸佼。（三肴·5）

◎解读 《晋书·束皙传》：束皙，字广微，阳平元城人，汉太子太傅疏广之后也。皙博学多闻，撰《晋书》帝纪、十志。太康二年，汲郡人不准①盗发魏襄王墓，或言安釐（音西）王冢，得竹书数十车，盖魏国之史书，大略与《春秋》皆多相应，文既残缺，不复诠次。晋武帝以其书付秘书，校缀次第，寻考指归，而以今文写之。皙在著作，得观竹书，随疑分释，皆有义证。撰有《近游赋》，明·张溥《汉魏六朝百三家集》卷四十三《束皙集》有辑本。〇《汉书·艺文志·诸子略》"杂家"类有《尸子》二十篇，注云：名佼，鲁人，秦相商君师之。鞅死，佼逃入蜀。或云尸佼乃商鞅之客，其论多诡变之术。

áo kuáng xī fà jī lǎn zhuǎn pāo
翱狂晞发，嵇懒转胞。（三肴·6）

◎解读 晞发，把洗过的头发晾干。《四库全书总目提要》集部"别集类"：《晞发

---

① 汲郡盗发魏王墓之人，名叫不（音否）准。

集》十卷、《晞发遗集》二卷、《遗集补》一卷，宋谢翱撰。翱字皋羽，一字皋父，长溪人，后徙浦城。咸淳中试进士不第，文天祥署为咨议参军。天祥兵败，避地浙东，后以元贞元年卒于杭州。事迹具《宋史》本传。〇嵇，嵇康。胞，同“脬”，膀胱。嵇康《与山巨源绝交书》云：吾少加孤露，母兄见骄，不涉经学，性复疏懒，筋驽肉缓，头面常一月十五日不洗，不大闷痒，不能沐也。每常小便，而忍不起，令胞中略转乃起耳。

xī xī yàn yǒng　běi lǒng kǒng cháo

西溪晏咏，北陇孔嘲。（三肴·7）

◎**解读**　晏，即北宋文学家晏殊。宋·王辟之《渑水燕谈录》卷八：海陵西溪盐场，初文靖公（晏殊）尝官于此，手植牡丹一本，有诗刻石。后范文正公亦尝临莅，复题一绝：“阳和不择地，海角亦逢春。忆得上林色，相看如故人。”后人以二公诗笔，故题咏极多，而花亦为人贵重，每岁花开百朵，为海滨之奇观。〇孔，即南朝宋孔稚珪。据《齐书》，稚珪字德璋，会稽人也。少涉学，有美誉，举秀才。曾随周颙隐居北锺山。后周颙出任海盐令，稚珪遂撰《北山移文》，借山灵之口，嘲骂冒隐居之名、行求官之实的人，其中云：“于是南岳献嘲，北陇腾笑，列壑争讥，攒峰竦诮。慨游子之我欺，悲无人以赴吊。”

mín jiē zì zhèng　qiāng yuàn xìng bāo

民皆字郑，羌愿姓包。（三肴·8）

◎**解读**　《三国志·魏志·郑浑传》：郑浑，字文公，河南开封人也。太祖闻其笃行，召为掾，复迁下蔡长、邵陵令。天下未定，民皆剽轻，不念产殖，其生子无以相活，率皆不举。浑所在，夺其渔猎之具，课使耕桑，又兼开稻田，重去子之法。民初畏罪，后稍丰给，无不举赡，所育男女多以“郑”为字。〇《宋史纪事本末》卷九：熙宁四年八月，西羌俞龙珂归附宋朝，自言：“平生闻包中丞朝廷忠臣，乞赐姓包氏。”帝如其倩（音庆，请），赐姓包，名顺。

qí péng shěn huì　shè yā mèng jiāo
骑鹏沈晦，射鸭孟郊。（三肴·9）

◎解读　沈晦，字元用，钱塘人。宣和间进士，廷对第一，除校书郎，迁著作佐郎。《宋史》有传。宋·何薳《春渚纪闻》卷二“沈晦梦骑鹏抟风”条：沈晦赴省，至天长道中，梦身骑大鹏抟风而上，因作《大鹏赋》以记其事，已而果魁天下。〇孟郊，字东野，湖州武康人。为诗有理致，最为韩愈所称。《徐氏笔精》卷五：孟郊作尉，开“射鸭堂”，盖性喜射鸭为乐也。其《送淡公》诗有云：“不如竹枝弓，射鸭无是非。”实自况耳。

dài yóng gǔ chuī　jiǎ dǎo tuī qiāo
戴颙鼓吹，贾岛推敲。（三肴·10）

◎解读　戴颙，字仲若，谯郡铚人也。《南史》卷七十五有传。其父逵善琴书，颙并传之，凡诸音律皆能挥手。《云仙杂记》卷二“俗耳针砭诗肠鼓吹”条云：戴颙春携双柑斗酒，人问何之，曰：“往听黄鹂声。此俗耳针砭、诗肠鼓吹，汝知之乎?”〇宋·魏庆之《诗人玉屑》卷十五“僧敲月下门”条云：《唐书》载：贾岛字浪仙，初为浮屠，名无本。来东都时，洛阳令禁僧午后不得出，岛为诗自伤。韩愈怜之，因教其为文，遂去浮屠，举进士。当其苦吟，虽逢值公卿贵人，皆不之觉也。按《刘公嘉话》云：岛初赴举京师，一日于驴上得句云：“鸟宿池边树，僧敲月下门。”始欲著“推”字，又欲著“敲”字，炼之未定，遂于驴上吟哦，时时引手作推敲之势。时韩愈吏部权京兆，岛不觉冲至第三节。左右拥至尹前，岛具对所得诗句云云。韩立马良久，谓岛曰：“作‘敲’字佳矣!”遂与并辔而归，留连论诗，与为布衣之交。

四　豪

yǔ chéng yú shùn　yuè xiàng yīn gāo
禹承虞舜，说相殷高。（四豪·1）

◎**解读**　《帝王世纪》曰：伯禹，夏后氏，姒（音似）姓也。生于石坳，名文命，字高密。身长九尺二寸，长于西羌，西羌夷人也。其父既放，降在匹庶，有圣德。舜进之尧，尧命以为司空，继鲧治水。乃劳身涉勤，不重径尺之璧，而爱日之寸阴，手足胼胝。又纳礼贤人，一沐三握发，一食三起。尧美其绩，乃赐姓姒氏，封为夏伯，故谓之伯禹。天下宗之，谓之大禹。后受舜禅而有天下。〇说，即傅说，商代贤臣。殷高，商王武丁也。《史记·殷本纪》：帝武丁即位，思复兴殷，而未得其佐，三年不言政事，以观国风。武丁夜梦得圣人，名曰说。以梦所见视群臣百吏，皆非也。于是乃使百工营求之野，得说于傅险中。是时说为胥靡筑于傅险①，见于武丁，武丁曰："是也！"得而与之语，果圣人，举以为相，殷国大治。故遂以傅险姓之，号曰傅说。

hán hóu bì kù　zhāng lù tí páo
韩侯敝袴，张禄绨袍。（四豪·2）

◎**解读**　韩侯，即韩昭侯，战国时韩国君主韩武，又称韩釐侯。袴，"裤"的异体字。《韩非子·内储说上》：韩昭侯使人藏敝袴。侍者曰："君亦不仁矣！敝袴不以赐左右而藏之！"昭侯曰："非子之所知也！吾闻明主之爱，一颦一笑，颦有为颦，而笑有为笑。今夫袴，岂特颦笑哉！袴之与颦笑远矣。吾必待有功者。"② 故收藏之，

---

① 胥靡，古代服劳役的奴隶或刑徒；亦为刑罚名，特指腐刑。筑，捣土使坚实。险，或作"岩"。傅岩，地名，傅说筑版服役之处。

② 此言君主一颦一笑，皆不妄为。颦必忧其不善，而笑则劝其能善。一颦一笑尚不妄为，况敝裤岂可无功而与哉？故必待有功者。

未有予也。〇张禄，战国时秦相范雎的化名。绨袍，粗厚的袍子。《史记·范雎蔡泽列传》：范雎者，魏人也，字叔。欲事魏王，家贫无以自资，乃先事魏中大夫须贾。须贾为魏昭王使于齐，范雎从。齐襄王闻雎辩口，乃使人赐雎金十斤及牛酒。雎辞谢，不敢受。须贾知之，大怒，以为雎持魏国阴事告齐。既归，以告魏相。魏相魏齐使舍人笞击雎，折胁折齿。雎佯死，即卷以箦①，置厕中。雎既得出，乃亡，更名姓曰张禄。当此时，秦昭王使谒者王稽于魏。张禄夜见王稽，语未究，王稽知其贤，与私约过载入秦，因报王曰："魏有张禄先生，天下辩士也。曰'秦王之国危于累卵，得臣则安，然不可以书传也。'臣故载来。"于是秦昭王大说，召范雎，因言秦国利害。昭王闻之大惧，乃拜范雎为相。范雎既相秦，秦号曰张禄，而魏不知，以为范雎已死久矣。魏闻秦且东伐韩、魏，使须贾于秦。范雎闻之，为微行敝衣，间步之邸见须贾。须贾见之而惊曰："范叔固无恙乎?"范雎曰："然。"须贾笑曰："范叔有说于秦邪?"曰："否也。雎前日得过于魏相，故亡逃至此，安敢说乎!"须贾曰："今叔何事?"范雎曰："臣为人佣赁。"须贾意哀之，留与坐，饮食。曰："范叔一寒如此哉!"乃取其一绨袍以赐之。须贾因问曰："秦相张君，公知之乎? 吾闻幸于王，天下之事皆决于相君。今者事之去留在张君，孺子岂有客习于相君者哉"? 范雎曰："主人翁习知之，雎请为君见于张君。"范雎为须贾御，入秦相府。府中望见，有识者皆避匿。须贾怪之。至相舍门，谓须贾曰："待我，我为君先入通于相君。"须贾待门下，持车良久，问门下曰："范叔不出，何也?"门下曰："无范叔。"须贾曰："乡者与我载而入者。"门下曰："乃吾相张君也!"须贾大惊，自知见卖，乃肉袒膝行，因门下人谢罪。于是范雎盛帷帐，见之。须贾顿首，言："死罪!"曰："贾不意君能自致于青云之上! 贾不敢复读天下之书，不敢复与天下之事。贾有汤镬之罪，唯君死生之!"范雎曰："汝罪有几?"曰："擢贾之发以续贾之罪，尚未足!"范雎曰："汝罪有三耳! 昔者楚昭王时，而申包胥为楚却吴军，楚王封之以荆五千户，包胥辞不受，为丘墓之寄于荆也。今雎之先人丘墓亦在魏，公前以雎为有外心于齐，而恶雎于魏齐，公之罪一也。当魏齐辱我于厕中，公不止，罪二也。更醉而溺我，公其何忍乎! 罪三矣。然公之所以得无死者以绨袍，恋恋有故人之意，故释公!"乃罢归须贾。须贾辞于范雎，范雎尽请诸侯使，与坐堂上，食饮甚盛，而

---

① 《索隐》曰：箦，谓苇荻之箔也，用之以裹其尸。

坐须贾于堂下，置莝[①]豆其前，令两黥徒夹而马食之。数曰：“为我告魏王！急持魏齐头来。不然者，我且屠大梁！”须贾归，以告魏齐。魏齐恐，亡走赵。

xiàng rú tí zhù　hán yù fén gāo

相如题柱，韩愈焚膏。(四豪·3)

◎**解读**　汉朝司马相如，成都人。北魏·郦道元《水经注·江水》：成都城北十里曰升仙桥，有送客观。司马相如将入长安，题其门曰：“不乘高车驷马，不过汝下也！”后入邛蜀，果如志焉。〇韩愈七岁读书，日记数千言，比长不倦，为国子博士。作《进学解》自嘲曰：“口不绝吟于六艺之文，手不停披于百家之编。记事者必提其要，纂言者必钩其玄。贪多务得，细大不捐，焚膏油以继晷，恒兀兀以穷年。”

juān shēng jǐ xìn　zhēng sǐ kǒng bāo

捐生纪信，争死孔褒。(四豪·4)

◎**解读**　捐，弃也。《史记·项羽本纪》：项王急围荥阳，汉王患之。汉将纪信说汉王曰：“事已急矣！请为王诳楚。为王，王可以间出。”于是汉王夜出女子荥阳东门，被甲二千人，楚兵四面击之。纪信乘黄屋车，傅左纛，曰：“城中食尽，汉王降！”楚军皆呼万岁。汉王亦与数十骑，从城西门出走成皋。项王见纪信，问：“汉王安在？”信曰：“汉王已出矣！”项王烧杀纪信。〇孔褒，孔子二十代孙，孔融之兄。《后汉书·孔融传》：山阳张俭为中常侍侯览所怨，下州郡捕俭。俭与融兄褒有旧，亡抵于褒，不遇。时融年十六，俭少之，而不告。融见其有窘色，谓曰：“兄虽在外，吾独不能为君主邪？”因留舍之。后事泄，遂并收褒、融送狱。融曰：“保纳舍藏者，融也。当坐之。”褒曰：“彼来求我，非弟之过。请甘其罪！”吏问其母，母曰：“家事任长，妾当其辜。”一门争死，郡县疑不能决，乃上谳之，诏书竟坐褒焉。

kǒng zhāng wén bà　mèng dé shī háo

孔璋文伯，梦得诗豪。(四豪·5)

---

① 莝，音错，铡碎的草料。

◎**解读**　东汉陈琳，字孔璋。伯，音义同“霸”。《三国志·吴志·张纮传》裴松之注引《吴书》曰：纮见楠榴（或作“瘤”）枕，爱其文，为作赋。陈琳在北见之，以示人曰：“此吾乡里张子纲所作也。”后纮见陈琳作《武库赋》《应机论》，与琳书，深叹美之。琳答曰：“自仆在河北，与天下隔，此间率少于文章，易为雄伯。故使仆受此过差之谈，非其实也。今景兴在此，足下与子布在彼，所谓小巫见大巫，神气尽矣。”张纮字子纲，王朗字景兴，张昭字子布。〇刘禹锡，字梦得，唐代诗人，擢博学宏词科，累官至太子宾客，晚年以文章自适。白居易推为诗豪。尝作《九日诗》，以五经无糕字，辍不复成。宋祁为诗讥之，云：“飙馆轻霜拂曙袍，糗餈花饮斗分曹。刘郎不敢题糕字，虚负诗家一代豪。”

mǎ yuán jué shuò　cháo fǔ qīng gāo
马援矍铄，巢父清高。（四豪·6）

◎**解读**　《后汉书·马援传》：马援，字文渊，扶风茂陵人也。后事光武，为伏波将军，累功封新息侯。至年六十二，五溪蛮夷乱，援复请行。帝愍其老，不许。援披甲上马，据鞍顾盼，以示可用。帝笑曰：“矍铄哉！是翁也！”遂遣之。〇晋·皇甫谧《高士传》卷上：巢父者，尧时隐人也，山居不营世利，年老以树为巢，而寝其上，故时人号曰“巢父”。尧之让许由也，由以告巢父。巢父曰：“汝何不隐汝形，藏汝光？若非吾友也！”击其膺而下之。由怅然不自得，乃过清泠之水，洗其耳，拭其目，曰：“向闻贪言，负吾之友矣！”遂去，终身不相见巢父。

bó lún jī lèi　chāo zōng fèng máo
伯伦鸡肋，超宗凤毛。（四豪·7）

◎**解读**　《晋书·刘伶传》：刘伶，字伯伦，沛国人也。身长六尺，容貌甚陋。放情肆志，常以细宇宙齐万物为心。尝醉与俗人相忤，其人攘袂奋拳而往，伶徐曰：“鸡肋不足以安尊拳。”其人笑而止。〇《南齐书·谢超宗传》：超宗，陈郡阳夏（音甲）人也。与慧休道人来往，好学有文辞，盛得名誉。尝作《殷淑仪诔》，孝武帝大嗟赏，曰：“超宗殊有凤毛！”

fú qián lìn zuò　chē yìn chóng láo
服虔赁作，车胤重劳。（四豪·8）

◎**解读**　汉服虔，字子慎，河南荥阳人也。《世说新语·文学》：服虔既善《春秋》，将为注，欲参考同异，闻崔烈集门生讲传，遂匿姓名，为烈门人赁作食。每当至讲时，辄窃听户壁间。既知不能逾己，稍共诸生叙其短长。烈闻，不测何人，然素闻虔名，意疑之。明蚤往，及未寤，便呼："子慎！子慎！"虔不觉惊应，遂相与友善。〇晋车胤，字武子，南平人也。太元中领国子博士，迁吏部尚书。《世说新语·文学》：武帝将讲《孝经》，谢安兄弟与诸人私庭讲习。车武子难苦问谢，谓袁羊曰："不问则德音有遗，多问则重劳二谢。"袁曰："必无此嫌！"车曰："何以知尔？"袁曰："何尝见明镜疲于屡照，清流惮于惠风？"

zhāng yí zhé zhú　rén mò rán hāo
张仪折竹，任末燃蒿。（四豪·9）

◎**解读**　《太平御览》卷四百六十四引王子年《拾遗录》曰：张仪、苏秦二人递剪发以相活，或佣力写书。行遇圣人之文，无以题记，则以墨书于掌中及股里，夜还折竹写之。二人假食于路，剥树皮为囊，以盛天下良书。每息大树之下，假息而寐。有一先生问曰："二子何勤苦若是？"而仪、秦共与言曰："子是何人？"答曰："吾死生于山谷，世论谓余归谷子也。"仪、秦后游学，复逢归谷子，乃请其学术，则教以干世俗之辩。〇任末，字叔本，蜀郡繁人也。少习《齐诗》，游京师，教授十余年。《后汉书》有传。王子年《拾遗录》云：任末年十四，学无常师。或依林木之下，编茅为庵，削荆为笔，刻树汁以为书，夜则映月望星，暗则燃蒿自照。

hè xún bīng yù　gōng jǐn chún láo
贺循冰玉，公瑾醇醪。（四豪·10）

◎**解读**　《晋书·贺循传》：贺循，字彦先，会稽山阴人也。其先庆普，汉世传《礼》，世所谓"庆氏学"。后避安帝父讳，改姓贺氏。循操高清厉，建武初拜太常，朝廷疑滞皆咨之，循辄依经礼而对，为当世儒宗。其后帝以循清贫，下令曰："循冰清玉洁，行为俗表，位处上卿，而居身服物盖周形而已，屋室才庇风雨。孤近造其庐，以为慨然。其赐六尺床荐席褥，并钱二十万，以表至德，畅孤意焉！”循又让，不得已留之。○醇醪，指美酒。《三国志·吴志·周瑜传》裴松之注引《江表传》：程普颇以年长数（音朔）陵侮瑜，瑜折节容下，终不与校。普后自敬服而亲重之，乃告人曰：“与周公瑾交，若饮醇醪，不觉自醉。”时人以其谦让服人如此。公瑾，周瑜字也。

páng gōng xiū chàng liú zǐ gāo cāo
庞公休畅，刘子高操。（四豪·11）

◎解读　《水经注·沔水》：襄阳城东有东白沙，白沙北有三洲，东北有宛口，即淯水所入也。沔水中有鱼，梁洲庞德公所居。士元居汉之阴，在南白沙，世故谓是地为白沙曲矣。司马德操宅洲之阳，望衡对宇，欢情自接，泛舟褰裳，率尔休畅，岂待还桂柁于千里，贡深心于永思哉！○《南史·刘訏（音须）传》：刘訏，字彦度，善玄言，尤精意释典。尝著谷皮巾披纳衣，每游山泽，辄留连忘返。神理闲正，姿貌甚华，在林谷之间，意气弥远。或有遇之者，皆谓神人。陈留阮孝绪博学隐居，不交当世，恒居一鹿床，环植竹木，寝处其中。时人造之，未尝见也。訏经一造，孝绪即顾以神交。訏族兄歊（音消）又履高操，三人日夕招携，故都下谓之“三隐”。其族祖刘孝标与书称之曰：“訏超超越俗，如半天朱霞；歊矫矫出尘，如云中白鹤；皆俭岁之粱稷，寒年之纤纩。”

jì zhá guà jiàn lǚ qián zèng dāo
季札挂剑，吕虔赠刀。（四豪·12）

◎解读　季札，春秋时期吴国贤公子，虞仲十九世孙。兄诸樊让国于季札，不受。封之延陵，号延陵季子。汉·刘向《新序》卷七：延陵季子将西聘晋，带宝剑以过徐君。徐君观剑不言，而色欲之。延陵季子为有上国之使，未献也，然其心许之矣。致使于晋，顾反，则徐君死于楚。于是脱剑致之嗣君。从者止之，曰：“此吴国之宝，非所以赠也。”延陵季子曰：“吾非赠之也。先日吾来，徐君观吾剑不言，而其色欲之。吾为有上国之使，未献也。虽然，吾心许之矣。今死而不进，是欺心也。爱剑伪心，廉者不为也。”遂脱剑致之嗣君。嗣君曰：“先君无命，孤不敢受剑。”于是季子以剑带（系，挂）徐君墓树而去。徐人嘉而歌之曰：“延陵季子兮不忘故，脱千金之剑兮带丘墓。”〇吕虔，东汉末年将领。《晋书·王览传》：初，吕虔有佩刀，工相之，以为必登三公，可服此刀。虔谓祥曰：“苟非其人，刀或为害。卿有公辅之量，故以相与。”祥固辞，强之，乃受。祥临薨以刀授其弟览，曰：“汝后必兴，足称此刀。”览后累世多贤才，兴于江左矣。

lái hù zhuó luò liáng sǒng jīn gāo
来护卓荦，梁竦矜高。（四豪·13）

◎解读 《隋书·来护儿传》：来护儿，字崇善，江都人也。幼而卓诡，好立奇节。初读《诗》，至“击鼓其镗，踊跃用兵”“羔裘豹饰，孔武有力”，舍书而叹，曰：“大丈夫在世当如是，会为国灭贼，以取功名，安能区区久事陇亩！”群辈惊其言而壮其志。[①] 〇《后汉书·梁竦传》：竦，字叔敬，少习孟氏《易》。生长京师，不乐本土，自负其才，郁郁不得意。尝登高远望，叹息言曰：“大丈夫居世，生当封侯，死当庙食。如其不然，闲居可以养志，《诗》《书》足以自娱。州郡之职，徒劳人耳！”

zhuàng xīn chǔ zhòng cāo xíng chén táo
壮心处仲，操行陈陶。（四豪·14）

◎解读 处仲，乃王敦之字。《晋书·王敦传》：初，敦务自矫厉，雅尚清谈，口不言财色。既素有重名，又立大功于江左，专任阃外，手控强兵，群从贵显威权莫贰。遂欲专制朝廷，有问鼎之心。帝畏而恶之，遂引刘隗、刁协等以为心膂，敦益不能平。于是嫌隙始构矣。每酒后，辄咏魏武帝乐府歌曰：“老骥伏枥，志在千里。烈士暮年，壮心不已。”以如意打唾壶为节，壶边尽缺。〇《唐才子传》卷八：陈陶，字嵩伯，鄱阳剑浦人。举进士不第，为诗云：“中原不是无麟凤，自是皇家结网疏。”颇负壮怀，志远心旷，遂高居不求进达，恣游名山，自称三教布衣。时严宇牧豫章，慕其清操，尝备斋供，俯就山中，挥麈谈终日。欲试之，遣小妓莲花往侍。陶笑不答。莲花赋诗求去，曰：“莲花为号玉为腮，珍重尚书送妾来。处士不生巫峡梦，虚

---

① 明·彭大翼《山堂肆考》卷一百四“赵来诵诗”条：隋赵来诵诗，至“击鼓其镗，踊跃用兵”，舍书叹曰：“大丈夫安能区区事笔砚乎！”后为名将。

劳云雨下阳台。”陶赋诗赠之云：“近来诗思清于水，老去风情薄似云。已向升天得门户，锦衾深愧卓文君。”宇见诗，益嘉贞节。

zǐ jīng shuǎng mài　xiào bó qīng cāo
子荆爽迈，孝伯清操。（四豪·15）

◎解读　《晋书·孙楚传》：楚，字子荆，才藻卓绝，爽迈不群。初，楚与同郡王济友善。楚少时欲隐居，谓济曰：“当欲枕石漱流。”误云“漱石枕流”。济曰：“流非可枕，石非可漱。”楚曰：“所以枕流，欲洗其耳；所以漱石，欲厉其齿。”〇《晋书·王恭传》：王恭，字孝伯，少有美誉，清操过人。自负才地高华，恒有宰辅之望。与王忱齐名友善，慕刘惔之为人。尝从其父自会稽至都，忱访之，见恭所坐六尺簟。忱谓其有余，因求之。恭辄以送焉，遂坐荐上。忱闻而大惊。恭曰：“吾生平无长物。”其简率如此。

lǐ dìng liù yì　shí yǔ sān háo
李订六逸，石与三豪。（四豪·16）

◎解读　李，即李白。《旧唐书·文苑传》：李白，字太白，少有逸才，志气宏放，飘然有超世之心。少与鲁中诸生孔巢父、韩准、裴政、张叔明、陶沔等隐于徂徕山，酣歌纵酒，时号“竹溪六逸”。〇石，即石延年，字曼卿，以气节自豪，不务世事，工诗。其句有“乐意相关琴对语，生香不断树交花”，为世所叹赏。宋·苏轼《东坡志林》卷一：石介作《三豪诗》，其略云：曼卿豪于诗，永叔豪于文，而杜默豪于歌也。永叔亦赠默诗云：“赠之三豪篇，而我滥一名。”默之歌少见于世，初不知之。后闻其一篇云：“学海波中老龙，圣人门前大虫。”皆此等语。甚矣，介之无识也！永叔不欲嘲笑之者，此公恶争名，且为介讳也。吾观杜默豪气，正是京东学究饮私酒、食瘴死牛肉，醉饱后所发者也。作诗狂怪，至卢仝、马异极矣。若更求奇，便作杜默矣。

zhèng hóng huán jiàn　yuán xìng chéng dāo
郑弘还箭，元性成刀。（四豪·17）

◎解读 宋·马永易《实宾录》卷十“郑公风”条引《会稽记》曰：射的山南有白鹤，为仙人取箭。汉太尉郑弘尝采薪，得一遗箭。顷之，有人觅箭，还之。问弘曰：“何所欲?”弘识其神人也，曰：“常患若耶溪载薪为难。愿旦南风，暮北风。”后果然，至今犹然，俗呼为“郑公风”。〇元，即三国时蒲元。此谓“元性”，恐误。《艺文类聚》卷六十引《蒲元传》：蒲元性多奇思，于斜谷为诸葛亮铸刀三千口。刀成，自言汉水钝弱，不任淬用。蜀江爽烈，是谓大金之元精，乃命人于成都取江水。元以淬刀，言杂涪水，不可用。取水者捍言不杂。元以刀画水，言杂八升。取水者叩头曰：“于涪津覆水，遂以涪水八升益之。”因易，淬之。以竹筒内铁珠满中，举刀断之，应手虚落，因曰“神刀”。

liú yīn qī yè hé diǎn sān gāo
刘殷七业，何点三高。（四豪·18）

◎解读 《晋书·孝友传》：刘殷，字长盛，新兴人也。殷七岁丧父，哀毁过礼，丧服三年，未曾见齿。曾祖母王氏盛冬思堇[1]而不言，食不饱者一旬矣。殷怪而问之，王言其故。殷时年九岁，乃于泽中恸哭，曰：“殷罪衅（罪过）深重，幼丁艰罚。王母[2]在堂，无旬月之养。殷为人子，而所思无获。皇天后土，愿垂哀悯!”声不绝者半日。于是忽若有人云“止止”声，殷收泪视地，便有堇生焉。因得斛余而归。又尝夜梦人谓之曰：“西篱下有粟。”寤而掘之，得粟十五钟，铭曰：“七年粟百石，以赐孝子刘殷。”有七子，五子各授一经，一子授《太史公》，一子授《汉书》。一门之内，七业俱兴，北州之学，殷门为盛。〇《南史·何尚之传》：何点，字子皙，宋太始末，征为太子洗马。齐初，累征中书侍郎，太子中庶子，并不就。梁武帝与点有旧，及践阼，手诏论旧，赐以鹿皮巾等，并召之，辞疾不起。点弟何胤以会稽山多灵异，往游焉，居若邪山云门寺。初，胤二兄求、点并栖遁，求先卒，至是胤又隐世，号点为“大山”，胤为“小山”，世谓“何氏三高”。

---

① 堇，音谨，野菜名，花紫，叶滑，可食。

② 王母，祖母，非谓其王姓也。

五　歌

èr shǐ rù shǔ　wǔ lǎo yóu hé
二使入蜀，五老游河。（五歌·1）

◎解读　《艺文类聚》卷一引《李郃（音核）传》曰：李郃好天文之术。和帝遣使者观风俗，有二使来益州。夏夜，郃露坐问二人曰："君发京师，宁知二使何时发？"二人惊问曰："何以知之？"郃指星曰："有二使星来向益郡。"○明·孙瑴（音构）《古微书》卷二十五引《论语比考谶》：仲尼曰：吾闻帝尧率舜等游首山，观河渚，有五老游河渚。一曰："河图将来告帝期。"二曰："河图将来告帝谋。"三曰："河图将来告帝书。"四曰："河图将来告帝图。"五曰："河图将来告帝符。"有顷，五老乃为流星上入昴（音卯，二十八宿之一）。

sūn dēng zuò xiào　tán qiào xíng gē
孙登坐啸，谭峭行歌。（五歌·2）

◎解读　《晋书·阮籍传》：籍尝于苏门山遇孙登①，与商略终古，及栖神道气之术。登皆不应。籍因长啸而退。至半岭，闻有声若鸾凤之音，响乎岩谷，乃登之啸也。遂归著《大人先生传》。○唐·沈汾《续仙传》卷下"谭峭"条云：谭峭，字景升，国子司业洙之子。好黄老诸子，及周穆、汉武、茅君、列仙内传，靡不精究。师于嵩山道士十余年，得辟谷养气之术。唯以酒为乐，常醉腾腾周游，无所不之，常欣欣如也，或谓风狂。其行吟曰："线作长江扇作天，靸鞋抛向海东边，蓬莱信道无多路，只在谭生拄杖前。"后入青城山而不出矣。

---

① 《世说新语·栖逸》刘孝标注：孙登者，不知何许人。无家，于汲郡北山土窟住，夏则编草为裳，冬则被发自覆。好读《易》。鼓一弦琴，见者皆亲乐之。

hàn wáng fēng chǐ　qí zhǔ pēng ē
汉王封齿，齐主烹阿。（五歌·3）

◎**解读**　《史记·留侯世家》：汉高祖大封同姓，诸将坐沙中偶语。上望见之，问张良。良曰："陛下以若属取天下，而止大封同姓，诸将欲谋反耳。"因劝上急封所最憎之雍齿为什方侯。诸将曰："齿且侯，吾辈无患。"○《史记·田敬仲完世家》：齐威王时，即墨大夫毁言日至，使视之，而即墨治；阿大夫誉言日至，使视之，而阿不治。于是封即墨以万家，即日烹阿大夫及左右尝誉之者。群臣怵惧，务尽其情。齐国大治。

dīng lán kè mù　wáng zhì làn kē
丁兰刻木，王质烂柯。（五歌·4）

◎**解读**　《孝子传》：汉丁兰，河内人。性至孝。母亡，刻木为母，事之若生。邻人张叔假物，兰禀于母像，色似不许。张叔醉詈母像，以杖击其首。兰归，像色若有不怿。询知之，即奋击张叔。吏捕兰，像为之垂泣。郡守嘉其孝通神明，奏之，诏图其形。○任昉《述异记》卷上：晋王质，衢州人。入山伐木，至石室，见二童子围棋。质置斧观之。童子以物如枣核与质含之，不觉饥。俄顷局终，童子谓曰："何不去？"质起视，斧柯已烂。至家，已数百年，亲旧无复存者。后复入山得道，人往往见之，因名其山曰"烂柯山"。

huò guāng zhōng hòu　huáng bà kuān hé
霍光忠厚，黄霸宽和。（五歌·5）

◎**解读**　《汉书·霍光传》：霍光，字子孟，骠骑将军霍去病弟也。去病死后，光为奉车都尉、光禄大夫，出则奉车，入侍左右，出入禁闼二十余年，小心谨慎，未尝有过，甚见亲信。征和二年，上年老，宠姬钩弋赵倢伃有男，上心欲以为嗣，命大臣辅之。察群臣，唯光忠厚，堪大任，可属社稷。上乃使黄门画者画周公负成王朝诸侯图，以赐光。后元二年春，上病笃，光涕泣问曰："如有不讳，谁当嗣者？"上曰："君未谕前画意耶？立少子，君行周公之事。"遂以光为大司马、大将军，拜卧内床下，受遗诏，辅少主。明日，武帝崩，太子袭尊号，是为孝昭皇帝。○黄霸，字次公，淮阳阳夏人也。少学律令，喜为吏，武帝末为河南太守丞。霸为人明察内敏，又习文法，然温良有让，吏民爱敬焉。自武帝末，用法深。昭帝立，幼，大将军霍光秉政，遵武帝法度，以刑罚痛绳群下。由是俗吏尚严酷以为能，而霸独用宽和为名。宣帝即位，闻霸持法平，召以为廷尉。

huán tán fēi chèn　wáng shāng zhǐ é
桓谭非谶，王商止讹。（五歌·6）

◎解读　《后汉书·桓谭传》：东汉光武以赤伏符即位，由是信用谶文。给事中桓谭极谏，帝不悦。会议灵台所处，帝谓谭曰："吾欲以谶决之。"谭曰："臣不读谶。"且极言谶之非经。帝怒桓谭非圣，将下斩之。谭叩头流血，乃得解，出为六安丞。○《汉书·王商传》：汉王商，成帝朝为左将军。京师无故惊言大水将至，奔走蹂躏。大将军王凤以为太后与上当御船，令吏民上城避水。商曰："此必讹言，不宜重惊百姓。"有顷稍定，果讹言。上于是美商，数称其仪。凤乃大惭，自恨失言。止讹，制止谣言传播。

yǐn wēng gōng shèng　cì kè jīng kē
隐翁龚胜，刺客荆轲。（五歌·7）

◎解读　《汉书·龚胜传》：龚胜，字君宾，哀帝时谏议大夫。王莽秉政，归隐，号为隐翁。莽既篡国，征之，使太守以下千人致诏。胜谓门人高晖等曰："谊岂一身事二姓乎！"语毕，遂不复开口饮食，积十四日死。死时，七十九矣。有老父来吊，哭甚哀，既而曰："嗟乎！熏，以香自烧；膏，以明自销。龚生竟夭天年，非吾徒也。"○《史记·刺客列传》：荆轲，卫人。燕太子丹客之，称荆卿，令劫秦王，反侵地，不可，刺之。乃奉燕督亢（音刚）地图与樊将军於期（音乌基）头入秦。太子宾客皆白衣冠送至易水，高渐离击筑，荆卿和而歌之，士皆瞋目，发尽指冠。时有白虹贯日之异。至秦，事败，死之。

lǎo rén jié cǎo　è fū dǎo gē
老人结草，饿夫倒戈。（五歌·8）

◎解读　《左传·宣公十五年》：晋文公之臣魏武子有嬖妾。武子疾，命子颗曰："必嫁是。"疾革①，则曰："必以为殉。"及卒，颗嫁之，曰："疾革则乱。吾从其治也。"秦师伐晋，颗御之，见老人结草以抗秦将杜回。杜回踬而颠，故获之。夜梦老人曰："余，汝所嫁妇人之父也。尔用先人之治命，余是以报。"○《左传·宣公二年》：晋灵公不君，饮（音印）赵盾酒，伏甲攻之。灵辄倒戈以御公徒，而免之。初，宣子田首山，舍于翳桑，见灵辄饿，问其病，曰："不食三日矣。"食之，舍其半。问之，曰："宦三年矣，未知母之存否。今近焉，请以遗之。"使尽之，而为之箪食与肉，置之橐以与之。至是与为灵公介士，遂倒戈以御公徒。宣子得免，问何故，对曰："翳桑之饿人也。"问其名居，不告，遂自亡去。

yì kuān lǐ nè　　bēi zhuàn sūn hé
弈宽李讷，碑赚孙何。（五歌·9）

◎解读　宋·钱易《南部新书》卷七：唐李讷仆射性卞急，而酷嗜弈棋，每下子极宽缓。有时躁急，家人辈则密以棋具置前，便忻然取子布算，都忘其恚②。○宋·司马光《涑水记闻》卷三：宋孙何性落拓，而酷好古文。为转运使，颇尚苛峻。州县吏患之，乃求古碑字磨灭者纸本数联，钉于馆中。何至，则读其碑，辨识文字，以爪搔发垢而嗅之，遂往往至暮，不复省录文案。

zǐ yóu xiào yǒng　　sī lì yín é
子猷啸咏，斯立吟哦。（五歌·10）

◎解读　《晋书·王羲之传》：王羲之之子徽之，字子猷，性卓荦不羁。时吴中一士大夫家有好竹，欲观之。主人已知子猷当往，洒扫施设相待。王肩舆径造竹下，啸咏良久，不顾而出。主人大不堪，乃令闭门。徽之便以此赏之，尽欢而去。尝暂寄人空宅中住，便令种竹。或问其故，徽之但啸咏，指竹曰："何可一日无此君邪！"○韩愈《蓝田县丞厅壁记》：崔立之，字斯立，元和初为蓝田丞。邑庭有老槐四行，南墙巨竹千挺，俨立若相持，水循除（台阶）鸣。斯立痛扫溉，对树二松，日哦其间。有问者，辄对曰："余方有公事，子姑去。"

---

① 革，音义同"亟"，危急。
② 恚，音会，怒恨也。

yì shì diāo ěr lǘ lǐ míng kē
奕世貂珥，闾里鸣珂。（五歌·11）

◎解读 奕世，累世。珥，插也。北方以貂皮温额，汉因以金珰饰首，前插貂尾，加以蝉为文。侍中插左，常侍插右，故或称“貂蝉”云。《汉书·金日磾传》：汉金日磾，休屠[①]王子，没入官。武帝奇其貌，拜为侍中，赐姓金氏。后为车骑将军，与霍光同受遗诏辅昭帝，素著忠勋，封秺（音杜）侯。二子赏、建，昭帝时俱为侍中，赏嗣侯爵，与张安世皆七叶貂珥。汉代衣冠，惟金、张为盛。〇《新唐书·张嘉贞传》：唐张嘉贞，以张循宪荐则天，诏为监察御史，历梁秦二州都督、长史。开元中拜中书令，弟嘉佑任金吾将军，昆弟并居将相之位，甚为时人所畏惮。每上朝，轩盖骓（音追）导盈闾巷，时号所居坊曰“鸣珂[②]里”。

tán chuò sī zhú póu fèi lù é
昙辍丝竹，裒废《蓼莪》。（五歌·12）

◎解读 《晋书·谢安传》：羊昙者，太山人，知名士也。谢安之甥，为安所爱重。安薨后，昙辍乐弥年，行不由西州路。尝因过石头，大醉，扶路唱乐，不觉至州门。左右白曰：“此西州门。”昙悲感不已，以马策扣扉，诵曹子建诗曰：“生存华屋处，零落归山丘。”恸哭而去。〇《晋书·孝友传》：晋文帝以直言斩王仪，仪子裒痛父死于非命，未尝西向而坐，示不臣于晋也。隐居教授，累辟不就。庐于墓侧，攀柏悲号，涕泪著树，树为之枯。母在畏雷，死后每雷鸣，裒辄至墓前，曰：“裒在此。”读《诗》至“哀哀父母，生我劬劳”[③]，未尝不三复流涕。门人受业者并废《蓼莪》之篇，恐裒闻之，而触其悲也。

---

① 休屠，音朽除；一说音休秃。
② 珂，玉佩饰，碰撞有声，故云鸣。
③ 此二句出自《诗经·小雅·蓼莪》。

jī chén wǔ fú　　huà zhù sān duō
箕陈五福，华祝三多。（五歌·13）

◎解读　《尚书·洪范》：武王灭商，亲访道于箕子。箕子为之陈《洪范》九畴①，次九为飨，用五福，一曰寿，二曰富，三曰康宁，四曰攸好德，五曰考终命，皆极之所感。② ○《庄子·天地》：尧观乎华，华封人曰："嘻！圣人！请祝圣人！使圣人寿！"尧曰："辞。""使圣人富！"尧曰："辞。""使圣人多男子！"尧曰："辞！"封人曰："寿、富、多男子，人之所欲也。女（同'汝'）独不欲，何邪？"尧曰："多男子则多惧，富则多事，寿则多辱。是三者，非所以养德也。故辞！"封人曰："始也，我以女为圣人邪。今者，君子也。天生万民，必授之职。多男子而授之职，则何惧之有？富而使人分之，则何事之有？千岁厌世，去而上仙，乘彼白云，至于帝乡。三患莫至，身常无殃，则何辱之有？"

① 畴，类也。治天下之大法，其类有九，故云九畴。

② 寿，百二十年；富，财丰备；康宁，无疾病；攸好德，所好者德福之道；考终命，各成其短长之命以自终，不横夭。

六 麻

wàn shí qín shì sān jǐ cuī jiā
万石秦氏，三戟崔家。（六麻·1）

◎解读 《后汉书·循吏传》：秦彭，字伯平，扶风茂陵人也。自汉兴之后，世位相承。六世祖袭，为颍川太守，与群从（通“纵”）同时为二千石[1]者五人，故三辅号曰“万石”。〇《新唐书·崔琳传》：崔琳，开元中为中书令，弟珪为太子詹事，瑶为光禄卿，俱列棨戟[2]，时号三戟。每岁时家宴，组佩辉映，以一榻置笏，重叠于其上。开元天宝间，中外族属无缌（音思）麻之丧，其福履昌盛如此。

tuì zhī qū è shū áo mái shé
退之驱鳄，叔敖埋蛇。（六麻·2）

◎解读 《新唐书·韩愈传》：韩愈，字退之。宪宗迎佛骨，愈表谏，上怒，将加极刑。裴度、崔群为言，贬湖州刺史。问民疾苦，皆告曰：“鳄溪有鱼，食民生产且尽。”愈作文祭而驱之，即夕风雨大震，鳄鱼遂西徙六十里，民赖以安。〇汉·刘向《列女传》卷三：楚令尹孙叔敖，为婴儿之时出游，见两头蛇，杀而埋之。归见其母，而泣焉。母问其故，对曰：“吾闻：见两头蛇者死。今者出游，见之。”其母曰：“蛇今安在？”对曰：“吾恐他人复见之，杀而埋之矣。”其母曰：“汝不死矣！夫有阴德者，阳报之。德胜不祥，仁除百祸，天之处高而听卑。《书》不云乎：皇天无亲，惟德是辅。尔默矣，必兴于楚。”及叔敖长，为令尹。

---

① 石，此处为容量单位，音十，十斗为一石。另有作重量单位者，音但，百二十斤为一石。

② 棨戟，官吏出行时用作前导的仪仗，木制，外套赤黑色缯衣。

yú xǔ yì fú dào jì liáng shā
虞诩易服，道济量沙。（六麻·3）

◎**解读** 《后汉书·虞诩传》：虞诩，字升卿，陈国武平人。孝养祖母，举顺孙，为朝歌长，有治声。迁武都太守，兵不过三千，羌万余围之。诩陈兵，令从东郭出，西郭入，贸易衣服，回转数周。羌不知其数，恐而退。诩计贼当退，乃潜遣五百余人于浅水设伏，候其走路。虏果大奔，因掩击，大破之，斩获甚众。〇《南史·檀道济传》：檀道济仕刘宋，文帝进爵司空，使领兵伐魏，粮尽引还。魏人追之，恐兵溃，夜乃唱筹量沙，以少米覆其上。及旦，魏人见道济资粮有馀，乃具告降卒为妄，斩之。道济因全军而返。

jí cí kuì ròu qióng què xiǎng guā
伋辞馈肉，琼却饷瓜。（六麻·4）

◎**解读** 伋，孔子之孙孔伋，字子思。《孟子·万章下》：万章曰："君馈之，则受之，不识可常继乎？"曰："缪公之于子思也，亟（音气，屡次）问，亟馈鼎肉。子思不悦。于卒也，摽①使者出诸大门之外，北面稽首再拜而不受，曰：'今而后，知君之犬马畜伋。'"〇《北齐书·循吏传》：北齐苏琼守清河，六载，绝不通馈饷。郡先达赵颖献瓜，琼勉留，置梁上，竟不剖食。人闻受颖瓜，竞献新果至门。知颖瓜犹在梁上，相顾而还。

zhài zūn zǔ dòu chái shào pí pá
祭遵俎豆，柴绍琵琶。（六麻·5）

◎**解读** 《后汉书·祭遵传》：祭遵，字弟孙，颍川颍阳人。少好经书。为人廉约小心，克己奉公，赏赐辄尽与士卒，家无私财。身衣（音益）韦绔，布被，夫人裳不加缘。从光武征河北，帝以是重焉。博士范升上疏称曰："遵为将取士，皆用儒术，对酒设乐，雅歌投壶，虽在军旅，不忘俎豆，可谓好礼悦乐、守死善道者也！"〇《新唐书·柴绍传》：柴绍，字嗣昌，晋州临汾人也。尚高祖平阳公主，公主与绍

---

① 摽，音标，挥之使出。

助太宗定天下，号“娘子军”。吐谷（音玉）浑与党项俱来寇边，绍讨之。虏据高临下射绍，军中矢下如雨。绍乃遣人弹胡琵琶，二女子对舞。虏异之，驻弓矢而相与聚观。绍见虏阵不整，密使精骑自后击之。虏大溃，斩首五百余级。

fǎ cháng píng jiǔ　　hóng jiàn lùn chá
法常评酒，鸿渐论茶。（六麻·6）

◎解读　宋·陶谷《清异录》卷下：河阳释法常性英爽，酷嗜酒，无寒暑风雨，常醉。醉即熟寝，觉即朗吟，曰：“优游曲世界，烂漫枕神仙。”尝谓同志云：“酒天虚无，酒地绵邈，酒国安恬。无君臣贵贱之拘，无财利之图，无刑罚之避。陶陶焉，荡荡焉，其乐可得而量也。转而入于飞蝶都，则又蒙腾浩渺，而不思觉也。”〇《新唐书·隐逸传》：唐竟陵僧于水滨得婴儿，育为弟子。及长，自筮得《蹇》之《渐》，爻曰：“鸿渐于陆，其羽可用，为仪吉。”乃姓陆氏，字鸿渐，名羽。嗜茶，著《茶经》三篇，言茶之原、之法、之具尤备，天下益知饮茶矣。又唐·封演《封氏闻见记》卷六云：御史大夫李季卿宣慰江南，有荐羽者，召之。鸿渐身衣野服，随茶具而入。李公心鄙之。茶毕，命奴子取钱三十文，酬煎茶博士。鸿渐游江界，通狎胜流，及此羞愧，复著《毁茶论》。

táo yí sōng jú　　tián lè yān xiá
陶怡松菊，田乐烟霞。（六麻·7）

◎解读　陶，即晋代陶潜。《晋书·隐逸传》：晋陶潜解组归田，赋《归去来兮辞》，有“三径就荒，松菊犹存”之句，盖以松菊自怡悦也。〇田，即唐代田游岩。乐，以……为乐。《新唐书·隐逸传》：唐田游岩隐箕山，居许由祠旁，自谓“东邻”，频召不出。高宗幸嵩山，亲至其门。田野服出拜，仪止谨朴。帝问：“先生比来佳否？”对曰：“臣所谓泉石膏肓，烟霞痼疾者。”召至京师，天子自书榜其门曰“处士田游岩宅”，与韩法昭、宋之问为方外友。

mèng yè jiǔ suì　　zhèng jué yì má
孟邺九穗，郑珏一麻。（六麻·8）

◎**解读** 《北史·循吏传》：北齐·孟邺为东郡太守，以宽惠著名。郡内麦或一茎五穗，或三穗四穗。县人送嘉禾一茎九穗，咸以为政化所感。○宋·曾慥《类说·纪异录》：后唐郑珏、李愚同为学士。郑阁中有一麻生，李曰："承旨入相矣！"时亢旱甚久，麻独茂盛。霜降成实，即白麻也。是夜制出，郑果登庸[①]。

yán huí liàn mǎ yuè guǎng bēi shé
颜回练马，乐广杯蛇。（六麻·9）

◎**解读** 宋·李石《续博物志》卷七：颜渊与孔子俱上泰山，东南望吴阊门外。孔子见白马，引颜渊指之，"若见吴阊门乎?"颜渊曰："见之。有系练之状。"孔子抚其目而止之。颜渊发白齿落，遂以病死。盖精力不及圣人，而强役之也。○《晋书·乐广传》：晋乐广尝饮亲故以酒。忽告曰："前蒙赐酒，见杯中有蛇，既饮而疾作。"盖厅壁有角弓，其影落于杯中，似蛇形也。广因复置酒，问曰："有所见否?"曰："如初。"广乃告以弓影之故，客疑遂释，而沉疴顿愈。

luó xiàng chí jié wáng bō lǒng shā
罗向持节，王播笼纱。（六麻·10）

◎**解读** 明·徐应秋《玉芝堂谈荟》卷六"饭后钟"条：唐段文昌家寓江陵，少以贫窭，进修常患口食不给，每听曾口寺斋钟动，即诣谒餐，为寺僧所厌，自此乃斋后扣钟。后入台座，连出大镇，拜荆南节度，有诗《题曾口寺》云"曾见阇（音舌）黎饭后钟"，盖为此也。○《唐摭言》：王播，少孤贫，客扬州惠照寺木兰院，随僧斋餐，僧厌怠，乃斋罢而后击钟。播作诗，有"惭愧阇黎饭后钟"之句。后二纪，播自重位出镇是邦，因访旧游，问所题者，则碧纱幕（笼罩）之矣。遂足成之，曰："上堂已了各西东，惭愧阇黎饭后钟。三十年来尘扑面，而今始得碧纱笼。"又曰："三十年前此院游，木兰花发院新修。如今再到经行处，树老无花僧白头。"《监戒录》：罗使君向[②]，庐州人。不事产业，以至困穷。常游福泉寺，随僧饭，而业未尝废。二十年间持节归乡里，及境，书僧房壁曰："二十年前此布衣，鹿鸣西上虎符

---

① 登庸，谓选技任用，或指科考中选。

② 罗向，或以为罗珦，未详待考。

归。故时宾从论前事，到处松杉长旧围。野老共遮官路拜，沙鸥遥认隼旟（音于，古代一种军旗）飞。春风一宿琉璃殿，惟有泉声惬素机。”然则罗之始沦落，而后贵显，再游旧地，题壁赋诗，颇类王、段二公。特当日炎凉之感，微有不同耳。

néng yán lǐ bì　gǎn jiàn xiāng jū
能言李泌，敢谏香车。（六麻·11）

◎解读　宋·司马光《资治通鉴》卷二百二十：甲辰，平叛捷书至凤翔，百寮入贺。唐肃宗涕泗交颐，即日遣中使入蜀奏上皇，命左仆射入京师告郊庙及宣慰百姓。上以骏马召李泌于长安。既至，因就泌饮酒，同榻而寝。泌固请还山。上曰：“朕与先生累年同忧患，今方相同娱乐，奈何遽欲去乎？”对曰：“陛下不听臣去，是杀臣也。”上曰：“不意卿疑朕如此！岂有如朕而杀卿邪？是直以朕为句践也？”对曰：“陛下向日待臣如此，臣于事犹有不敢言者。况天下既安，臣敢言乎？”上良久曰：“卿以朕不从卿北伐之谋乎？”对曰：“非也。所不敢言者，乃建宁耳。”上曰：“建宁，朕之爱子，性英果，艰难时有功。朕岂不知之？但因欲害其兄广平，图继嗣，朕以社稷大计，不得已而除之。卿不细知其故邪！”对曰：“若有此心，广平当怨之。广平每与臣言其冤，辄流涕呜咽。臣今必辞陛下去，始敢言之耳。”上曰：“建宁尝夜扪广平，意欲加害。”对曰：“此皆出谗人之口，岂有建宁之孝友聪明，肯为此乎！且陛下昔欲用建宁为元帅，臣请用广平。建宁若有此心，当深憾于臣，而以臣为忠，益相亲善。陛下以此可察其心矣！”上乃泣下，曰：“先生言是也。既往不咎，朕不欲闻之。”泌曰：“臣所以言之者，非咎既往，乃欲使陛下慎将来耳。昔武后有四子，长曰太子弘，武后方图称制，恶其聪明，鸩杀之，立次子雍王贤。贤内忧惧，作《黄台瓜辞》，冀以感悟武后。武后不听，贤卒死于黔中。其辞曰：‘种瓜黄台下，瓜熟子离离。一摘使瓜好，再摘使瓜稀。三摘犹为可，四摘抱蔓归。’今陛下已一摘矣！慎毋再摘！”上愕然曰：“安有是哉！卿录是辞，朕当书绅！”是时广平王有大功，良娣（音第）忌之，潜构流言，故泌言及之。明代胡三省注云：李泌历事肃、代、德三朝，皆能言人所难言，奇士也。〇香车，又作“香居”。汉·刘向《新序·刺奢》：齐宣王为大室，大盖百亩，堂上三百户。以齐国之大，具之三年而未能成。群臣莫敢谏者。香居问宣王曰：“荆王释先王之礼乐，而为淫乐，敢问荆邦为有主乎？”王曰：“为无主。”“敢问荆邦为有臣乎？”王曰：“为无臣。”居曰：“今王为大室，三年不能成，而群臣莫敢谏者，敢问王为有臣乎？”王曰：“为无臣。”香居曰：“臣请避矣。”趋而出。王曰：“香子留！何谏寡人之晚也！”遽召尚书曰：“书之！寡人不肖，好为大室，香子止寡人也。”

hán yù pì fó　fù yì chú xié
韩愈辟佛，傅奕除邪。（六麻·12）

◎解读　韩愈，字退之，昌黎人。辟，驳斥。《新唐书·韩愈传》：唐宪宗时，凤翔法门寺有护国真身塔，塔内有释迦文佛指骨一节。元和十四年正月，宪宗令人持香花赴临皋驿迎佛骨，自光顺门入大内，留禁中三日，乃送诸寺。王公士庶奔走舍施，唯恐在后。百姓有废业破产，烧顶灼臂，而求供养者。愈素不喜佛，上疏谏之，谓宜“以此骨付之水火，永绝根本，断天下之疑，绝后代之惑”。疏奏，宪宗怒甚，将加极法。裴度、崔群及国戚诸贵皆以罪愈太重，乃贬为潮州刺史。〇《资治通鉴》卷一百九十五：唐太史令傅奕精究术数之书，而终不信之。贞观中，有僧自西域来，善咒术，能令人立死，复咒之使苏。太宗择飞骑中壮者试之，皆如其言，以告奕。奕曰：“此邪术也！臣闻邪不干正，请使咒臣，必不能行。”上命僧咒奕，奕初无所觉。须臾，僧忽僵仆，若为物所击，遂不复苏。

chūn cáng zú gòu　yōng shì chuāng jiā
春藏足垢，邕嗜疮痂。（六麻·13）

◎解读　《南史·阴子春传》：阴子春，字幼文，武威姑臧人也。官至刺史。春身服垢污，脚数年一洗，言每洗则失财。后于梁州洗足者再，竟败事。〇《宋书·刘穆之传》：刘邕嗜食疮痂，以为味似鳆鱼。尝诣孟灵休，灵休先患灸疮，疮痂落床上，因取食之。灵休大惊，答曰：“性之所嗜。”灵休疮痂未落者，悉褫①取以饴邕。邕既去，灵休与何勖书曰：“刘邕向顾见啖，遂举体流血。”

---

① 褫，本义是夺去衣服或带，此指揭去。

xuē jiān chéng cǎi　jiāng bǐ shēng huā
薛笺成彩，江笔生花。（六麻·14）

◎解读　明·彭大翼《山堂肆考》卷一百十一：唐蜀妓薛涛字洪度，本长安良家女。韦皋镇蜀，召令侍酒，因入乐籍。元稹元和中初授监察御史，出使西蜀，与涛相见。自后元公赴京，涛归浣花溪。其浣花之人多造十色彩笺，于是涛别模新样小幅松花纸，多用题诗。因寄元百余幅，元于松花纸上寄赠一律，曰："锦江滑腻峨眉秀，幻出文君与薛涛。言语巧偷鹦鹉舌，文章分得凤凰毛。纷纷辞客多停笔，个个公侯欲梦刀。别后相思隔烟水，菖蒲花发五云高。"又唐·李匡乂《资暇集》卷下"薛陶笺"条：松花笺，世以为薛陶笺，误也。松花笺其来旧矣。元和初，薛陶尚斯色，而好制小诗，惜其幅大，不欲长，乃命匠人狭小之。蜀中才子既以为便，后减诸笺亦如是，特名曰"薛陶笺"。今蜀纸有小样者，皆是也。〇《南史·江淹传》：江淹，字文通，济阳考城人也。少以文章显。令蒲城时，宿郭外孤山，梦人授以五色笔，文词日丽。后十余年，宿治亭，梦一美丈夫，自称郭璞，曰："吾有笔在卿处多年，可见还。"淹探怀中笔还之。嗣后诗绝无美句，人谓"江郎才尽"。

bān zhāo hàn shǐ　cài yǎn　hú jiā
班昭汉史，蔡琰《胡笳》。（六麻·15）

◎解读　《后汉书·列女传》：扶风曹世叔妻者，同郡班彪之女也，名昭，字惠，博学高才。其兄班固著《汉书》，其八《表》及《天文志》未及竟而卒。和帝诏昭就东观藏书阁踵而成之。帝数召入宫，令皇后诸贵人师事焉，号为"曹大家"①。〇同书：陈留董祀妻者，同郡蔡邕之女也，名琰，字文姬。博学有才辩，又妙于音律。兴平中，天下丧乱，文姬为胡骑所获，没于南匈奴左贤王，在胡中十二年，生二子。曹操素与邕善，痛其无嗣，乃遣使者以金璧赎之，而重嫁于祀。后感伤乱离，追怀悲愤，作诗二章，其一"汉季失权柄，董卓乱天常"云云，其二"嗟薄佑兮遭世患，宗族殄兮门户单"云云。又《文献通考·经籍考》著录《胡笳十八拍》一卷，引晁公武曰：汉蔡邕女琰为胡骑所掠，因胡人吹芦叶以为歌，遂翻为琴曲，其辞古淡。刘商因拟之，以叙琰事，盛行一时。

---

① 家，音姑。大家，对老年女子的尊称。

fèng huáng lǜ lǚ yīng wǔ pí pá
风凰律吕，鹦鹉琵琶。（六麻·16）

◎**解读** 《吕氏春秋·仲夏纪》：昔黄帝使伶伦取嶰谷①之竹，吹之，为黄钟之音。于是制十二管，以听凤凰之鸣，其雄鸣为六律，雌鸣为六吕，谓之律本。○宋·曾慥《类说》卷十五引《侯鲭（音争）录》：宋蔡确为相，贬新州。侍儿名琵琶，尝养一鹦鹉甚慧。公每呼琵琶，即扣一响板，鹦鹉传言呼之。琵琶卒，后误触响板，鹦鹉犹传呼，公感伤成疾，不起。尝为诗云："鹦鹉言犹在，琵琶事已非。伤心瘴江水，同渡不同归。"

dù chuán táo yè cūn míng xìng huā
渡传桃叶，村名杏花。（六麻·17）

◎**解读** 《南史·陈本纪》载：江东谣多唱王献之《桃叶辞》，云："桃叶复桃叶，度江不用楫。但度无所苦，我自接迎汝。"宋·郭茂倩《乐府诗集·清商曲辞》引《古今乐录》曰：《桃叶歌》者，晋王子敬之所作也。桃叶，子敬妾名，缘于笃爱，所以歌之。子敬，献之字也。○清·雍正重修《江西通志·舆地志·徽州府》载：杏花村在府秀山门外里许，因唐杜牧诗有"牧童遥指杏花村"得名。明太守顾元镜有诗："牧童遥指处，杜老旧题诗。红杏添新色，黄炉忆昔时。远山凭作画，好鸟解吹篪（音迟）。偷得余闲在，官钱换酒卮（音支）。"

① 嶰，音蟹。嶰谷，在大夏之西。

七　阳

jūn qǐ pán gǔ　rén shǐ yà dāng

君起盘古，人始亚当。（七阳·1）

◎解读　自太极生两仪，两仪生四象，四象变化而庶类繁矣。相传首出御世者曰盘古氏，又曰浑沌氏，明天地之道，达阴阳之理，为三才首。当其时，民风淳朴，居不知其所，行不知所之，闷闷然如人之方孩，兽之适野。梁·任昉《述异记》卷上：昔盘古氏之死也，头为四岳，目为日月，脂膏为江海，毛发为草木。秦汉间俗说：盘古氏头为东岳，腹为中岳，左臂为南岳，右臂为北岳，足为西岳。先儒说：盘古氏泣为江河，气为风，声为雷，目瞳为电。古说：盘古氏喜为晴，怒为阴。吴楚间说：盘古氏夫妻，阴阳之始也。今南海有盘古氏墓，亘三百余里。按《路史》考之正闰，五德终始之传，乃谓天地之初，有浑敦①氏者出之为治，即世所谓盘古氏也。继之以天皇氏、地皇氏、人皇氏。〇《格致草》云：西京所载造人之始，以水土合和成男，复取男一肋成女，男曰亚当，妇曰阨襪（音袜）。生二子，一名迦音，一名亚伯，种类蕃息，秽染天地。自亚当生后一千六百五十六年，洪水稽天，仅留一善者名诺阨，夫妇及三子夫妇共八人而已。三子一名生，一名刚，一名雅弗种，传贤圣分掌天下。意盘古正当此时。《清文献通考》卷二百九十八《四裔考》：传闻意达里亚旁有八九国，西洋人艾儒为《职方外纪》，道诸国山川风俗，略言：由意达里亚东行，为厄勒，祭亚当。

míng huáng huā è　líng yùn chí táng

明皇花萼，灵运池塘。（七阳·2）

◎解读　《新唐书·三宗子传》：唐玄宗素友爱，宋王成器等请献兴庆坊为离宫，

① 浑敦，又称浑沌。

制许之。始作兴庆宫，仍各赐成器等宅，环于宫。西南置楼，题其西曰花萼相辉之楼，南曰勤政务本之楼。上或登楼，问诸王奏乐，则召升楼同榻坐，或幸其所居，尽欢，赏赐优渥。〇《南史·谢灵运传》：谢惠连年十岁能属文，族兄灵运加赏之，云："每有篇章，对惠连辄得佳语。"尝于永嘉西堂思诗，竟日不就。忽梦见惠连，即得"池塘生春草"，大以为工。尝云："此语有神功，非吾语也。"

shén wēi yì dé　yì yǒng yún cháng
神威翼德，义勇云长。（七阳·3）

◎**解读**　《三国志·蜀志·张飞传》：季汉张飞，字翼德，义释严颜。先主败奔江南，曹追之。飞于霸陵桥瞋目横矛，曰："身是张翼德也，可来决死！"敌皆无敢近者。史称其神威亚于关公，魏谋臣程昱等咸称飞与关公"万人敌"。〇《三国志·蜀志·关羽传》：季汉关公，字云长，善《左氏春秋》。与先主誓同生死，尝守先主家累于下邳（音披）。操闻之，使张辽说降，公表三约以明志。寻于万众中斩颜良以示报效，后尽封所赐而奔刘。及先主即位，假节钺镇荆州，威震华夏。

yì xióng shè rì　yǎn fèn fēi shuāng
羿雄射日，衍愤飞霜。（七阳·4）

◎**解读**　《淮南子·本经训》：逮至尧之时，十日并出，焦禾稼，杀草木，而民无所食。尧乃使羿上射十日，万民皆喜，置尧以为天子。〇《论衡·感虚篇》：邹衍闻燕昭王下士，乃自梁至。燕昭王拥彗（扫帚）先驱，筑碣石宫，师视之。王崩，惠王信谗，系衍于狱。衍冤不能白，仰天而哭，夏月天为之降霜。

wáng xiáng qiú lǐ　shū xiàng mái yáng
王祥求鲤，叔向埋羊。（七阳·5）

◎**解读**　晋·干宝《搜神记》卷十一：王祥字休征，琅邪人。性至孝，早丧亲。继母朱氏不慈，数谮（诬蔑，中伤）之。由是失爱于父，每使扫除牛下。父母有疾，衣不解带。母常欲生鱼，时天寒冰冻，祥解衣，将剖冰求之，冰忽自解，双鲤跃出，持之而归。母又思黄雀炙，复有黄雀数十入其幙（音目，"幕"的异体字），复以供母。乡里惊叹，以为孝感所致。〇叔向，名肸（音希），晋卿也。《艺文类聚》卷九十四引《左传》曰：昔有攘羊者，以羊头遗晋叔向。向母埋之，不食。后三年，攘羊事发，追捕向家，检羊，骨肉都尽，唯有舌在。国人异之，遂以羊舌为族。

亮方管乐，勒比高光。（七阳·6）

liàng fāng guǎn yuè　lè bǐ gāo guāng

◎解读　《三国志·蜀志·张飞传》：诸葛亮躬耕南阳，好为《梁父[1]吟》，每旦抱膝长啸，以管仲、乐毅自比，时人莫许，惟博陵崔州平、颍水徐元直谓为信然。后出仕先主，三分鼎峙。〇勒，即石勒，十六国时后赵的缔造者。高，即汉高祖刘邦，光，即汉光武帝刘秀。《晋书·石勒载记》：勒因酒酣问徐光曰："朕方自古开基何等主也?"对曰："陛下神武筹略，迈于高皇；雄艺卓荦，超绝魏祖。自三王以来，无可比也。其轩辕之亚乎?"勒笑曰："人岂不自知！卿言亦以太过！朕若逢高皇，当北面而事之，与韩、彭竞鞭而争先耳。若遇光武，当并驱于中原，未知鹿死谁手。大丈夫行事，当礌礌落落，如日月皎然，终不能如曹孟德、司马仲达父子，欺他孤儿寡妇，狐媚以取天下也。朕当在二刘之间耳，轩辕岂所拟乎!"其群臣皆顿首，称万岁。

世南书监，晁错智囊。（七阳·7）

shì nán shū jiàn　cháo cuò zhì náng

◎解读　虞世南，字伯施，越州余姚人。唐"十八学士"之一。两《唐书》有传。监，魏晋至隋唐官署名，如秘书监、殿中监等，其主官称监。世南文章赡博，太宗尝称其五绝：一德行，二忠直，三博学，四文辞，五书翰。上一日出行，有司请载书以从。上曰："虞世南在，行总书监也，不用载书。"〇《史记·袁盎晁错列传》：晁错者，颍川人也。学申、商刑名于张恢，以文学[2]为太常掌故。错为人峭直刻深，诏以为太子舍人、门大夫、家令。以其辩得幸太子，太子家号曰"智囊"。

---

① 梁父，泰山下小山。父，音义同"甫"。

② 此"文学"，并非今天所谓"文学"。

chāng qiú yǒu lǐ　shōu dùn shǒu yáng
昌囚羑里，收遁首阳。（七阳·8）

◎**解读**　《史记·周本纪》：周文王，名昌。纣为不道，醢（音海，古代把人剁成肉酱的酷刑）九侯，脯鄂侯。文王闻之窃叹。崇侯虎谮之，纣乃囚之羑里。昌因演伏羲八卦为六十四卦，而系之辞，是为《周易》。○《新唐书·薛收传》：隋末薛收闻唐高祖兴，遁入首阳山，将应义举。入唐为秦王府主簿，从讨王世充及平刘黑闼。为书檄露布①，或马上占辞，明敏如素构。后封汾阴侯，早卒。太宗即位，谓房玄龄曰："收若在，当以中书令处之。"

shì gōng zhèng shū　jùn jǔ lǐ gāng
轼攻正叔，浚沮李纲。（七阳·9）

◎**解读**　《宋史纪事本末》卷十：程颐，字正叔，哲宗朝为讲官，持己过庄，在经筵多用古礼，苏轼谓其不近人情。颐深嫉之，每加玩侮。值司马光之卒，百官方有庆礼，事毕，欲往吊。颐不可，曰："子于是日哭，则不歌。"或曰："不言'歌则不哭'！"轼曰："此枉死市叔孙通制此礼也！"二人遂成嫌隙。轼尝发策试馆职，于是颐门人贾易、朱光庭等劾轼策问谤讪。因犯众怒，大臣多不悦。御史中丞胡宗愈、给事中顾临连章力诋颐不宜在经筵，谏议大夫孔文仲因奏颐污下憸（音先，奸佞）巧，素无乡行，致市井目为五鬼之魁，请放还田里，以示典刑。乃罢颐出，管勾西京国子监。○据《宋史·李纲传》：李纲，钦宗朝为相。张浚为侍御史，劾纲以买马招军之罪。黄潜善、汪伯彦复力排之，遂贬提举洞霄观，在相位仅七十七日，议者惜之。

xiáng jīn liú yù　shùn lǔ bāng chāng
降金刘豫，顺虏邦昌。（七阳·10）

◎**解读**　《宋史·叛臣传》：刘豫，字彦游，景州阜城人也。举进士，元符中登第。政和二年召拜殿中侍御史，黜为两浙察访。宣和六年，除河北提刑。金人南侵，豫

① 露布，一种写有文字用以通报四方的旗子，多用来传递军事捷报。

弃官避乱仪真。豫善中书侍郎张悫，建炎二年用悫荐，除知济南府。时盗起山东，豫不愿行，请易东南一郡。执政恶之，不许。豫忿而去。是冬，金人攻济南，因遣人啖豫以利。豫惩前忿，遂畜反谋，杀其将关胜，率百姓降金。百姓不从，豫缒城纳款。金人册豫为皇帝，国号大齐，都大名府，奉金正朔。〇同书：张邦昌，字子能，永静军东光人也。举进士，累官大司成，知光、汝二州。政和末，由知洪州改礼部侍郎。首请取崇宁、太观以来瑞应尤殊者增制旗物从之。宣和元年，除尚书右丞，转左丞，迁中书侍郎。钦宗即位，拜少宰。金人犯京师，朝廷议割三镇，俾康王及邦昌为质于金以求成，命邦昌为河北路割地使。初，邦昌力主和议，不意身自为质。及行，乃要钦宗署御批无变割地议，不许；又请以玺书付河北，亦不许。其冬，金人陷京师，令推异姓堪为人主者，遂定议以邦昌治国事。邦昌北向，拜舞受册，即伪位，僭（音建）号大楚，拟都金陵。是日风霾，日晕无光。百官惨沮，邦昌亦变色。

yú shāo chì bì　shì zhé huáng gāng
瑜烧赤壁，轼谪黄冈。（七阳·11）

◎解读　《三国志·吴志·周瑜传》：周瑜，字公瑾，仕吴，为建威中郎将。曹操治水军八十万征吴，议者欲迎之，瑜独请精兵三万往擒之。遂与程普等逆操师于赤壁，火攻破之，以功拜偏将军，领南郡太守。〇《宋史·苏轼传》：苏轼出判杭州，中丞李定、御史舒亶（音胆）摘其诗文，摭其表语，以为怨谤君父，逮下台狱。欲置之死。锻炼久之，不决。神宗独怜之，贬为黄州团练副使。轼与田父野老相从溪山间，筑室于东坡，自号“东坡居士”。

mǎ róng jiàng zhàng　lǐ hè jǐn náng
马融绛帐，李贺锦囊。（七阳·12）

◎解读　《后汉书·马融传》：马融，字季长，扶风茂陵人也。为人美辞貌，有俊才。历南郡守，忤梁冀，免官。高才博学，世称通儒，从游者以千计，卢植、郑玄皆其高弟。善鼓琴，好吹笛。堂施绛纱帐，前授生徒，后列女乐。达生任性，不拘儒者之节。〇李贺，字长吉，唐朝诗人，其《昌谷集》有《小传》云：长吉细瘦，通眉，长指爪，能苦吟，疾书。最先为昌黎韩愈所知。每旦日出，与诸公游，未尝得题然后为诗，如他人强牵合以及程限为意。恒从小奚奴，骑蹇驴，背一古破锦囊，遇有所得，即书投囊中。及暮归，太夫人使婢探囊出之，见所书多，辄曰："是儿要当呕出心乃已尔！"上灯与食，长吉从婢取书研墨，迭纸，足成之，投他囊中。非大醉及吊丧日，率如此。

tán qiān yíng zàng　zhī xí lín sāng
昙迁营葬，脂习临丧。（七阳·13）

◎**解读**　昙迁，姓支，本月支人，寓居建康。笃好玄、儒，游心佛义，善谈《庄》《老》。《何氏语林》卷一：释昙迁经与范蔚宗、王昙首游款。后蔚宗被诛，门有十二，交知无敢近者。昙迁抽货衣物，悉营葬送。宋孝武闻而叹赏，语徐爰曰："卿著《宋书》，勿遗此士。"〇元·郝经《续后汉书·孔融传》：脂习者，字元升，京兆人，与孔融亲善。操为司空，威望日盛。而融故以旧意书疏倨傲。习常戒融刚直取祸，宜改节，融不从。及融被诛许下，莫敢收视。而习独往抚尸而哭之，曰："文举舍我死，我当复谁与语！安用生为！"哀动一市。操闻大怒，将收习杀之，寻以忠直见原。后见操，操呼其字曰："元升，卿故慷慨！"因问其居处，赐谷百斛。

rén yù shī jiào　liú shì mò zhuāng
仁裕诗窖，刘式墨庄。（七阳·14）

◎**解读**　《十国春秋·王仁裕传》：王仁裕，字德辇，天水人也。少不知书，以狗马弹射为乐。年二十五始就学，而为人俊秀，以文辞知名秦陇间。仁裕喜为诗。其少也尝梦剖其肠胃，以西江水涤之。顾见江中沙石，皆成篆籀之文。由是文思日进，生平作诗满万首，蜀人呼曰"诗窖子"。〇宋·叶廷珪《海录碎事》卷十八：宋刘式，清江人，太宗朝掌邦计者十余年，既没而家徒壁立，惟遗书数千卷。其妻陈氏指示诸子曰："此汝父墨庄也。今贻汝辈为学殖之具。"后诸子及孙并起高第，为时名臣。

liú kūn xiào yuè　bó qí lǚ shuāng
刘琨啸月，伯奇履霜。（七阳·15）

◎解读　《晋书·刘琨传》：刘琨，字越石，中山魏昌人，汉中山靖王胜之后也。琨少负志气，有纵横之才，善交胜己，而颇浮夸。与范阳祖逖（音替）为友，闻逖被用，与亲故书曰："吾枕戈待旦，志枭逆虏，常恐祖生先吾着鞭。"其意气相期如此。在晋阳尝为胡骑所围数重，城中窘迫无计。琨乃乘月登楼清啸，贼闻之，皆凄然长叹。中夜奏胡笳，贼又流涕歔欷，有怀土之心。向晓复吹之，贼并弃围而走。〇清·李锴《尚史》卷二十六引蔡邕《琴操》：《履霜操》，周尹伯奇所作也。伯奇无罪，为后母谗而见逐，乃集芰荷为衣，采楟（音亭，山梨）花为食，晨朝履霜，自伤见放，于是援琴鼓之，而作操曰："履朝霜兮采晨寒，考不明其心兮听谗言。孤息别离兮推肺肝，何辜皇天兮遭此愆。痛殁不同兮恩有偏，谁能流顾兮知我冤！"曲终，投河而死。一说，尹伯奇作《履霜操》以歌之。宣王出游，吉甫从，闻其歌，宣王曰："此孝子之辞也。"吉甫乃求伯奇于野，已化为伯劳。吉甫遂射杀后妻以谢之。

sài wēng shī mǎ　　zāng gǔ wáng yáng

塞翁失马，臧縠亡羊。（七阳·16）

◎解读　《淮南子·人间训》：塞上之翁马无故亡入胡，人吊之，翁曰："安知非福！"数月，其马带胡骏而归，人皆贺之，翁曰："安知非祸！"其子乘之坠，折臂。人又吊之，翁又曰："安知非福！"后胡兵大战，丁壮者多死，其子以折臂仅存。固知祸福相倚而生也。〇臧，奴仆。縠，小孩儿，指童仆。《庄子·骈拇》：臧与縠二人相与牧羊，而俱亡其羊。问臧奚事？则挟策读书。问縠奚事？则博塞①以游。二人者事业不同，其亡羊均也。

kòu gōng kū zhú　　shào bó gān táng

寇公枯竹，召伯甘棠。（七阳·17）

◎解读　元·李衎《竹谱》卷八"莱公竹"：宋寇莱公准为丁谓所谗害，乾兴初再贬雷州，道出公安县，公剪竹插神祠前，祝之曰："准若无负朝廷，枯竹再生！"已

---

① 博塞（音赛），博戏，双陆之类。

而果生。后公卒，诏还葬洛阳。丧还过公安，民皆迎祭，哭其丧，斩竹插地，以挂纸钱焚之。竹遂不根而生，寻复成林。邦人神之，号曰“相公竹”，不忍剪伐。○《史记·燕召（音绍）公世家》：召公奭（音式），与周同姓，姓姬氏。周武王之灭纣，封召公于北燕。召公之治西方，甚得兆民和。召公巡行乡邑，有棠树①，决狱政事其下。自侯伯至庶人，各得其所，无失职者。召公卒，而民人思召公之政，怀棠树，不敢伐，歌咏之，作《甘棠》之诗。

kuāng héng záo bì　sūn jìng xuán liáng

匡衡凿壁，孙敬悬梁。（七阳·18）

◎**解读**　匡衡，字稚圭，东海承人也。《西京杂记》卷二：匡衡勤学而无烛，邻舍有烛而不逮。衡乃穿壁引其光，以书映光而读之。邑人大姓家富多书，衡乃与其佣作，而不求偿。主人怪问衡，衡曰：“愿得主人书遍读之。”主人感叹，资给以书，遂成大学。衡能说《诗》，时人为之语曰：“无说《诗》，匡鼎来。匡说《诗》，解人颐。”鼎，衡小名也，时人畏服之如是。十年之间，不出长安城门，而致相位。○《艺文类聚》卷五十五引《后汉书》曰：孙敬，字文质，好学，闭户读书，不堪其睡，乃以绳悬之屋梁，人曰“闭户先生”。又，卷一百八十四引《楚国先贤传》曰：孙敬入学，闭户牖（音有，窗户），精力过人。太学号曰“闭户先生”。

yì lú mǐn sǔn　shān zhěn huáng xiāng

衣芦闵损，扇枕黄香。（七阳·19）

◎**解读**　《太平御览》卷四百一十三引《孝子传》曰：闵损，字子骞，鲁人，孔子弟子也，以德行称。早失母，后母遇之甚酷，惟爱己所生之二子。损事之弥谨。损衣皆芦花为絮，其子则绵纩重厚。父使损御，冬寒失辔；后母子御则不然。父怒诘之，损默然而已。后视二子衣，乃知其故。将欲遣妻。损谏曰：“母在，一子寒；母去，三子单。”父感其言，乃止。母因感悟，遂以慈终。○《东观汉记》卷十九：黄香，字文强，江夏安陆人也。事亲至孝。香家贫无奴仆，香躬执勤苦，尽心供养。冬无被袴，而亲极滋味。暑即扇床枕，寒即以身温席。九岁失母，哀毁骨立。比长，

① 甘棠，张守节《正义》曰：今之棠梨树也。

博通能文章。京师语曰："天下无双，江夏黄童。"后累迁尚书令。

yīng fú zhào wǔ　jí shā huái wáng
婴扶赵武，籍杀怀王。（七阳·20）

◎解读　汉·刘向《新序》卷七：程婴、公孙杵臼者，晋大夫赵朔客也。晋赵穿弑灵公，赵盾时为贵大夫，亡不出境，还不讨贼，故《春秋》责之，以盾为弑君。屠岸贾者，幸于灵公。晋景公时，贾为司寇，欲讨灵公之贼，盾已死，欲诛盾之子赵朔。遍告诸将曰："盾虽不知，犹为首贼。贼臣弑君，子孙在朝，何以惩罪？请诛之！"韩厥曰："灵公过贼，赵盾在外。吾先君以为无罪，故不诛。"屠岸贾不听。韩厥告赵朔趣亡，赵朔不肯，曰："子必不绝赵祀。予死不恨！"韩厥许诺，称疾不出。贾不请而擅与诸将攻赵氏于下宫，杀赵朔、赵同、赵括、赵婴齐，皆灭其族。赵朔妻乃成公姊，有遗腹，走公宫匿。公孙杵臼谓程婴："胡不死？"婴曰："朔之妻有遗腹，若幸而男，吾奉之。即女也，吾徐死耳！"无何而朔妻免（同"娩"），生男。屠岸贾闻之，索于宫，朔妻置儿袴中，祝曰："赵宗灭乎，若号。即不灭乎，若无声！"及索儿，竟无声。已脱，程婴谓杵臼曰："今一索不得，后必且复之，奈何？"杵臼曰："立孤与死，孰难？"婴曰："立孤亦难耳。"杵臼曰："赵氏先君遇子厚，子强为其难者。吾为其易者，吾请先死。"而二人谋取他婴儿，负以文褓，匿山中。婴谓诸将曰："婴不肖，不能立孤。谁能与吾千金，吾告赵氏孤处。"诸将皆喜，许之。发师随婴攻杵臼，杵臼曰："小人哉程婴！下宫之难，不能死。与我谋匿赵氏孤儿，今又卖之！纵不能立孤儿，忍卖之乎！"抱而呼："天乎！赵氏孤儿何罪！请活之！独杀杵臼也！"诸将不许，遂并杀杵臼与儿。程婴卒与赵氏真孤儿俱匿山中。居十五年，韩厥知赵孤存，具以实告晋景公。景公乃与韩厥谋立赵孤儿，召匿之宫中。诸将入问病，景公因韩厥之众以胁诸将，而见赵孤儿，孤儿名武。诸将不得已，乃曰："昔下宫之难，屠岸贾为之，矫以君命，并命群臣。非然，孰敢作难！今君有命，群臣愿之。"于是立赵氏，程婴遍拜。诸将遂俱与程婴、赵氏攻屠岸贾，灭其族，复与赵氏田邑如故。赵武冠，为成人。程婴乃谓赵武曰："昔下宫之难，皆能死。我非不能死，思立赵氏后。今子既立为成人，赵宗复故，我将下报赵孟（盾）与公孙杵臼。"赵武号泣，固请曰："武愿苦筋骨，以报子至死。而子忍弃我死乎？"程婴曰："不可！彼以我为能成事，故皆先我死。今我不下报之，是以我事为不成也。”遂自杀。赵武服衰（音崔）三年，为祭邑，春秋祠之，世不绝。〇《史记·项羽本纪》：项梁兵起，从范增言，求楚怀王孙心民间，立为怀王，以从民望。后项籍尊为义帝。及灭秦，自王。乃使人徙义帝于长沙，阴令九江王黥布弑于江中。新城三老董公说汉王发丧，率诸侯之师伐籍。

wèi zhēng wǔ mèi　ruǎn jí chāng kuáng
魏征妩媚，阮籍猖狂。（七阳·21）

◎**解读**　《新唐书·魏征传》：唐·魏征事太宗，谏有不从，帝与语辄不应。帝曰：“应而后谏，何伤?”征曰：“昔舜戒面从，臣心知其非而口应陛下，是面从也。岂稷、契（音谢）事舜之意?”帝笑曰：“人言魏征疏慢，我视之更觉妩媚，正为此耳!”〇《晋书·阮籍传》：阮籍容貌瑰杰，任情不羁，或闭户读书，累月不出，或登山临水，竟日忘归。时率意独驾，不由径路，车迹所穷，辄痛苦而返。唐·王勃《滕王阁序》：“阮籍猖狂，岂效穷途之哭!”

diāo lóng liú xié　mǐn jì yīng yáng
雕龙刘勰，愍骥应玚。（七阳·22）

◎**解读**　刘勰，字彦和，东莞莒人也。《南史》有传。刘勰撰《文心雕龙》五十篇，论古今文体，欲取定于沈约，无由自达，乃负书候约于车前，状若货鬻者。约取读，大重之，谓深得文理，当陈诸几案。〇愍，同“悯”。应玚，“建安七子”之一，《三国志》有传。时遭董卓之乱，玚不得志于时，因作《愍骥赋》，愍良骥之不遇，以自寓也。故谢灵运《邺中诗》序云：“应玚，汝颍之士，流离世故，颇有飘薄之叹。”又子建《送应氏》诗：“清时难屡得，嘉会不可常。天地无终极，人命若朝霜。”即不遇可知已。

yù chē tài dòu　xí shè jǐ chāng
御车泰豆，习射纪昌。（七阳·23）

◎**解读**　此二事均出《列子·汤问》。造父（音斧）之师曰泰豆氏，造父始从学御，三年不告。造父执礼愈谨，泰豆告之曰：“古言良弓之子必先为箕，良冶之子必先为裘。汝先观吾趋，趋如吾，然后六辔可持，六马可御。”乃立木为途，仅可容足，履之而行，趋走往还，无失跌也。造父学之三日，即尽其巧。泰豆于是乃告以得手应心之妙。为箕、为裘，取其相似而易学也。〇周纪昌学射于飞卫，卫曰：“尔先学不瞬，而后可以言射。”昌归卧其妻之机下，以目承牵挺①。二年后，锥末到眦而不瞬也。卫曰：“未也。必视小如大，视微如著，而后告我。”昌以牦垂虱于牖，南面望之，浸（逐渐）大，三年后，如车轮焉，以视馀物，如丘山。乃射，贯虱之心而垂不绝。

yì rén yàn bó　nán zǐ tiān xiáng

异人彦博，男子天祥。（七阳·24）

◎解读　明·彭大翼《山堂肆考》卷四十三：宋文彦博立朝端重有威，契丹使耶律永昌入觐，见彦博，却立数步，曰：“此潞公耶？何其壮也！”东坡曰：“使者见其容，未闻其语。其总理庶务，贯穿古今，虽少年名家有不如。”永昌拱手曰：“天下异人也。”〇《宋史·文天祥传》：文天祥，字宋瑞，又字履善，吉之吉水人也。体貌丰伟，美皙如玉，秀眉而长，目顾盼煜（音玉）然。兵败被俘，元主欲以为相，不屈，命杀之。天祥因南面再拜而死。其衣带中赞曰：“孔曰成仁，孟曰取义。惟其义尽，所以仁至。读圣贤书，所学何事？而今而后，庶几无愧！”元帝临朝，叹曰：“文丞相真男子！本朝将相皆不能及，诚可惜也！”

zhōng zhēn gǔ bì　qí jié rén táng

忠贞古弼，奇节任棠。（七阳·25）

◎解读　《北史·古弼传》：古弼，代人也。少忠谨，善骑射。仕魏，以忠直闻。尝入奏减苑囿，太武方与刘树棋，弼侍坐良久，不获申，乃起，于帝前捽②树頫下床，以手搏之，曰：“朝廷不理，实尔之罪！”帝愕然曰：“不听奏事，朕之过也。树何罪！”弼具状，帝奇而可其奏。弼头尖，时称“笔公”，太武尝称为“社稷臣”，又称为“国宝”。〇《后汉书·庞参传》：汉·任棠隐居教授，有奇节。太守庞参候

---

① 牵挺，指织布机的踏板。

② 捽，音昨，揪。

之，棠不与言，但以薤[①]一大本，水一盂，置户屏前，自抱儿孙伏户下。参想其意，良久曰："水者，欲吾清也；拔大本薤者，欲吾击强宗也；抱儿当户，欲吾开门恤孤也。"叹息而还。

hé yàn tán yì guō xiàng zhù zhuāng
何晏谈《易》，郭象注《庄》。（七阳·26）

◎**解读** 《通志》卷一百八十二：何晏言《易》义精了，所不了者九事。一日，迎管辂共论，辂为剖析玄旨，九事皆明。时邓玄茂在坐，言："君善《易》，而语不及《易》中辞义。"辂曰："善《易》者不论《易》。"晏含笑赞曰："可谓要言不烦。"〇《晋书·郭象传》：郭象，字子玄，少有才理，好《老》《庄》，能清言。向秀注《庄子》，旧注之外，妙析奇致，大畅玄风，惟《秋水》《至乐》二篇未竟而卒。子幼弱，遂零落。郭象遂窃以为己注，乃自注《秋水》二篇，又易《马蹄》一篇，其余点定文句而已。

wò yóu zōng zǐ zuò yǐn wáng láng
卧游宗子，坐隐王郎。（七阳·27）

◎**解读** 明·彭大翼《山堂肆考》卷一百九：宋宗炳，字少文，南阳人。西陟荆幽，南登衡岳，因结庐衡山，欲怀尚平之志。有疾，还江陵。叹曰："老疾已至，名山恐难遍识。惟澄怀观道，卧以游之！"凡所游履，皆图之于室。东晋末，刘毅辟为主簿，不就，曰："吾栖丘饮谷三十年，岂于王门折腰为吏耶！"〇晋朝王坦之誉辑朝野，标的当时，累迁侍中、中书令，领北中郎将，故称中郎。《世说新语·艺巧》云：王中郎以围棋为坐隐，支公以围棋为手谈。

dào jiǔ bì zhuó gē ròu dōng fāng
盗酒毕卓，割肉东方。（七阳·28）

◎**解读** 《世说新语·任诞》：毕茂世云："一手持蟹螯，一手持酒杯，拍浮酒池

① 薤，音谢，蔬菜名，属荤，叶似韭。

中，便足了一生。”刘孝标注引《晋中兴书》曰：“毕卓字茂世，新蔡人。少傲达，为胡母辅之所知。太兴末，为吏部郎，尝饮酒废职。比舍郎酿酒熟，卓因醉，夜至其瓮间取饮之。主者谓是盗，执而缚之。知为吏部也，释之。卓遂引主人燕瓮侧，取醉而去。温峤素知爱卓，请为平南长史，卒。”〇《汉书·东方朔传》：东方朔，字曼倩，平原厌次人也。文辞不逊，高自称誉，上伟之，令待诏公车。伏日，诏赐从官肉。大官丞日晏不来，朔独拔剑割肉，谓其同官曰：“伏日当蚤归，请受赐！”即怀肉去。大官奏之，朔入，上曰：“昨赐肉，不待诏，以剑割肉而去之，何也？”朔免冠谢。上曰：“先生起，自责也。”朔再拜曰：“朔来！朔来！受赐不待诏，何无礼也！拔剑割肉，壹何壮也！割之不多，又何廉也！归（音愧，同‘馈’）遗细君[①]，又何仁也！”上笑曰：“使先生自责，乃反自誉！”复赐酒一石，肉百斤，归遗细君。

李膺破柱，卫瓘抚床。（七阳·29）

lǐ yīng pò zhù　wèi guàn fǔ chuáng

◎**解读**　《后汉书·李膺传》：汉李膺迁司隶校尉，时内侍张让弟朔为野王令，贪残无道，畏膺威严，逃还京师，匿于兄家合柱中。膺知其状，率吏卒破柱取朔，付洛阳狱，受辞毕即杀之。自此内侍皆鞠躬屏气。〇《晋书·卫瓘传》：晋惠帝为太子时，咸谓其不堪。卫瓘会醉，遂跪床前曰：“臣欲有所启。”帝曰：“卿欲何言？”瓘言而复止者三，因以手抚床曰：“此坐可惜！”[②] 帝意乃悟，因谬曰：“公直大醉耶？”

营军细柳，校猎长杨。（七阳·30）

yíng jūn xì liǔ　jiào liè cháng yáng

◎**解读**　《史记·绛侯周勃世家》：汉文朝匈奴入云中，以周亚夫次细柳，刘礼次霸上，徐厉次棘门。上自劳军，霸上、棘门直驰入。既而之细柳，先驱曰：“天子且至军门！”都尉曰：“军中但闻将军令，不闻天子诏。”上使使持节诏将军，乃传令开壁门。门士请曰：“将军约军中不得驰骤。”上乃按辔徐行。至营，亚夫曰：“介胄之

---

① 唐·颜师古曰：细君，朔妻之名。一说：细，小也。朔辄自比于诸侯，谓其妻曰小君。

② 意谓将此座传给太子太可惜。

士不拜。”天子改容曰：“此真将军！棘门、霸上儿戏耳！”〇《汉书·扬雄传》：汉成帝羽猎，扬雄从，归作《校猎赋》以讽。明年秋，又捕兽，以槛车输长杨射熊馆，纵禽兽其中，令胡人手搏之，上亲临观焉。而农民不得收敛。雄从至射熊馆还，上《长杨赋》，因笔墨成文章，故藉翰林以为主人，子墨为客卿以讽。校猎，遮拦禽兽以猎取之。

zhōng wǔ jù diàn　dé yù jū sāng
忠武具奠，德玉居丧。（七阳·31）

◎解读　忠武，指宋代岳飞，谥忠武。《宋史·岳飞传》：岳飞字鹏举，相州汤阴人，世力农。飞生时，有大禽若鹄飞鸣室上，因以为名。未弥月，河决内黄，水暴至。母姚抱飞坐瓮中，冲涛及岸，得免，人异之。少负气节，沈厚寡言。家贫力学，尤好《左氏春秋》、孙吴《兵法》。生有神力，未冠，挽弓三百斤，弩八石。学射于周同，尽其术，能左右射。同死，朔望设祭于其家。父义之曰：“汝为时用，其殉国死义乎？”〇德玉，指唐代顾德玉。元·陶宗仪《辍耕录》卷六：唐顾德玉，字润之，槜（音最）李人，自幼从儒学教授俞观光先生学。先生无子，尝与人曰：“吾昔寝疾于杭，润之侍汤药，情至切，若父子。医为之感动，弗忍受金。今我行且老，必托之以死。”既而访医吴中，病且革，趣舟归润之。进次尹山，卒。明日，乃至槜李。润之奉其尸，敛于家，衰绖（音崔叠），就位。邦人来吊者，润之拜之。越明年，葬于海盐，近顾氏之先茔，岁时祭享惟谨。或曰：“敛于家，礼与？”曰：“吾闻：‘师，哭诸寝。’又云：‘生于我乎馆，死于我乎殡。’非家敛之，则将师尸委诸草莽？生服其训，死而委诸草莽，有人心者弗为也！”曰：“‘师无服。’而为衰绖，固近于掠美者矣。”曰：“‘二三子绖而出，至葬除之。’‘心丧，戚容终三年。’夫民生于三，师居其一，于父子也何异？今吾则加一等以行之。盖出于人心天理之本然。若之何其惑也？”闻者叹伏。

áo cáo xióng yì　yuán fā shū kuáng
敖曹雄异，元发疏狂。（七阳·32）

◎解读　《北史·高允传》附《高昂传》：高昂，字敖曹，其母张氏始生一男，二岁令婢为汤，将浴之。婢置而去，养猿系解，以儿投鼎中，烱（同“焰”）而死。张使积薪于村外，缚婢及猿焚杀之，扬其灰于漳水，然后哭之。昂性似其母，幼时便有壮气。及长，俶傥，胆力过人，龙眉豹颈，姿体雄异。其父为求严师，令加捶挞。昂不遵师训，专事驰骋。每言："男儿当横行天下，自取富贵。谁能端坐读书作老博士也！"父曰："此儿不灭吾族，当大吾门。"后北齐神武以为西南道大都督，渡河，祭河伯，言曰："河伯水中之神，高敖曹地上之虎。"〇宋·徐度《却扫编》卷中：滕达道字元发，布衣时尝为范文正公客。时范尹京，滕少年颇不羁，往往潜出，从狭邪纵饮。范公病之。一夕至滕书室中，滕已出矣。因明烛观书，以俟其至，意将愧之。滕至夜分大醉而归。范公阳不视，以观其所为。滕略无慑惧，长揖问曰："公所读何书？"公曰："《汉书》。"复问："汉高祖何如人？"公逡巡而去。

kòu què lì bù　lǚ zhì jiā náng
寇却例簿，吕置夹囊。（七阳·33）

◎解读　《宋史·寇准传》：寇准，真宗朝拜相，用人多不以次，同列颇不悦。他日，又除官，同列因吏持例簿①以进，准曰："宰相所以进贤退不肖也，若用例，一吏职耳。"却去不用。寻为王钦若所谗，罢为刑部尚书，出知陕州，复知天雄军。契丹使过之，谓准曰："相公重望，何以不在中书？"公曰："主上以朝廷无事，北门锁钥非准不可。"〇朱熹纂《宋名臣言行录》前集卷一：吕蒙正夹袋中有册子。每四方人谒见，必问其有何人才。客去，随即疏之，悉分门类。或有一人而数人称之者，必贤也。朝廷求贤，取之囊中。故公为相，文武百官各称职者，以此。

yàn shēng bái jiǎn　yuán lǔ qīng xiāng
彦升白简，元鲁青箱。（七阳·34）

◎解读　《梁书·任昉传》：任昉，字彦升，乐安博昌人。幼好学，早知名，八岁能属文。初仕齐，为太学博士，王俭、沈约皆推让其文。后仕梁武，为御史中丞，每奏弹，必曰："臣谨奉白简以闻。"简，略状也。凡弹文，白纸为重，黄纸为轻。又，魏制，置殿中侍御史二员，簪白笔侧阶而作，伺察非法。〇《南史·王准之

① 例簿：记录人员履历的册子。

传》：王准之，字元鲁①，琅邪临沂人，晋尚书仆射彬玄孙也。曾祖彪之位尚书令，祖临之、父讷之并御史中丞。彪之博闻多识，练悉朝仪。自是家世相传，并谙江左旧事，缄之青箱，世谓之“王氏青箱学”。

kǒng róng liǎo liǎo　huáng xiàn wāng wāng
孔融了了，黄宪汪汪。（七阳·35）

◎解读　《世说新语·言语》：汉孔融十岁随父到洛阳，时李膺有盛名，诣门者多不得通。融谓门者曰：“我与李府君亲故。”乃通。坐定，膺问曰：“高明祖父与仆有由乎？”对曰：“昔先君仲尼与君先人伯阳同道，而相师友，则融与君累世通家也。”膺与宾客皆奇之。陈韪（音伟）后至，人语之。韪曰：“小时了了，大未必佳。”融曰：“想君小时，必当了了。”韪大踧踖（音促急，恭敬而不安的样子）。〇黄宪，字叔度，汝南慎阳人。时论者咸云“颜子复生”。汪汪，水面宽广。此指学识渊博。《世说新语·德行》：周乘常云：“吾时月不见黄叔度，则鄙吝之心已复生矣！”郭林宗至汝南造袁奉高，车不停轨，鸾不辍轭，诣黄叔度，乃弥日信宿。人问其故，林宗曰：“叔度汪汪，如万顷之陂（音卑，池塘），澄之不清，扰之不浊，其器深广难测量也。”

sēng yán bú cè　zhào yī fēi cháng
僧岩不测，赵壹非常。（七阳·36）

◎解读　《南史·赵僧岩传》：赵僧岩寥廓无常，人不能测，与刘善明友善。明为青州，欲举为秀才，大惊，拂衣而去。后忽为沙门，栖迟山谷，常以一壶自随。一日，谓弟子曰：“吾今夕当死壶中。”至夜而亡。〇《后汉书·文苑传》：汉赵壹客游成州，上计到京，长揖司空袁逢。逢让，壹曰：“昔郦食其（音意基）长揖汉王，今揖三公何遽怪？”逢下执手，敬重之。造河南尹羊陟，不得见，因上堂大哭。陟知其非常人，出与语，大奇之。明旦造访诸计吏，皆盛饰骑从。壹独柴车露宿。陟曰：“良璞不剖，必有泣血以相明者。”遂与袁共荐之。寻西还，十辟公府，皆不就。

---

① 《宋书》卷六十作“准之字元曾”。

shěn sī hào kè　yán sì wéi láng
沈思好客，颜驷为郎。（七阳·37）

◎解读　宋·叶梦得《避暑录话》卷下：唐吕洞宾得仙术上升，于宋熙宁九年游湖州归安之东林。有隐君子沈思者，号东老，能酿十八仙白酒。吕一日自称回道人求饮，自午至暮，饮数斗，殊无酒容，谢曰："久不游吴中，为子有阴德，留诗赠子。"乃擘席上石榴皮书于壁，曰："西邻已富忧不足，东老虽贫乐有余。白酒酿来缘好客，黄金散尽为收书。"〇宋·王益之《西汉年纪》卷十一：汉武帝尝辇至郎署，一老郎鬓眉皓白，衣服不整。上问曰："公何时为郎？何其老也？"对曰："臣姓颜名驷，江都人也，以文帝时为郎。"上曰："何其不遇也？"驷曰："文帝好文，而臣好武；景帝好老，而臣尚少；陛下好少，而臣已老。是以三世不遇也！"上感其言，将擢用之。韩安国谏曰："无才能者托于不遇，陛下如擢用之，臣恐名实乱也。"上弗听，乃用为会稽都尉。①

shēn tú sōng wū　wèi yě cǎo táng
申屠松屋，魏野草堂。（七阳·38）

◎解读　《后汉书·申屠蟠传》：申屠蟠，字子龙，陈留外黄人也。九岁丧父，哀毁过礼，服除不进酒肉十余年，每忌日，辄三日不食。初，京师游士汝南范滂（音乓）等非讦②朝政，自公卿以下皆折节下之，太学生争慕其风，以为文学将兴，处士复用。蟠独叹曰："昔战国之世，处士横议，列国之王，至为拥篲（音惠，扫帚）先驱，卒有坑儒烧书之祸，今之谓矣。"乃绝迹于梁、砀（音荡）之间，因树为屋③，自同佣人。居二年，滂等果罹党锢，或死或刑者数百人。〇《宋史·魏野传》：魏野，字仲先，陕州陕人也，世为农。及长，嗜吟咏，不求闻达，居州之东郊，手植竹树，清泉环绕，旁对云山，景趣幽绝。凿土袤丈，曰"乐天洞"，前为草堂，弹琴其中，号"草堂居士"。好事者多载酒肴从之游，啸咏终日。前后郡守皆所礼遇，或亲造诣。野不喜巾帻，无贵贱皆纱白衣以见。出则跨白驴，过客居士往来，留题命

---

① 或云：此事出《武帝故事》。然未见。

② 非，非议，非难。讦，音洁，谓横议是非也。

③ 今按：谢承《后汉书》曰："居蓬莱之室，依桑树以为栋也。"并未言松树。

话，累宿而去。野为诗精苦，有唐人风格，有“棋进莫饶客，琴生却问儿”“松风轻赐扇，石井胜颁冰”“洗砚鱼吞墨，烹茶鹤避烟”诸佳句。太宗祀汾阴，召之不至。一日方教鹤舞，忽报中使至，抱琴逾垣而走。

dài yuān xī luò zǔ tì nán táng
戴渊西洛，祖逖南塘。（七阳·39）

◎**解读** 《世说新语·自新》：戴渊少时游侠，不治行检，尝在江淮间攻掠商旅。陆机赴假还洛，辎重甚盛。渊使少年掠劫。渊在岸上，据胡床指麾，左右皆得其宜。渊既神姿锋颖，虽处鄙事，神气犹异。机于船屋上遥谓之曰：“卿才如此，亦复作劫邪?”渊便泣涕，投剑归机。机弥重之，定交，作笔荐焉，后仕至征西将军。〇《世说新语·任诞》：祖车骑过江时，公私俭薄，无好服玩。王、庾诸公共就祖，忽见裘袍重叠，珍饰盈列，诸公怪问之，祖曰：“昨夜复南塘一出。”祖于时恒自使健儿鼓行劫钞，在事之人亦容而不问。刘孝标注：《晋阳秋》曰：逖性通济，不拘小节，又宾从多是桀黠勇士，逖待之皆如子弟。永嘉中，流民以万数，扬土大饥，宾客攻剽，逖辄拥护全卫。谈者以此少之，故久不得调。

qīng chéng dá jǐ jià lǔ wáng qiáng
倾城妲己，嫁虏王嫱。（七阳·40）

◎**解读** 《史记·殷本纪》：商纣伐有苏，得美女妲己，色可倾城。纣嬖之，牝（母）鸡司晨，惟言是用，劝纣为炮烙[①]之刑，遂致亡国。〇《汉书·元帝纪》：汉元帝使画工图后宫，按图召幸，宫女皆赂工。昭君王嫱姿容甚丽，志不待求，工遂毁其妆。匈奴人朝，命后宫愿往者赐之。嫱愿往，陛辞，光彩射人，帝悔恨无及。画工毛延寿等同日弃市。汉人怜嫱远嫁，多作歌送之。后子为单于。

① 炮烙（音咆落），传为殷代酷刑，用炭烧热铜柱，令有罪者爬行其上。人堕入火炭中被烧死。

guì fēi táo jì　　gōng zhǔ méi zhuāng
贵妃桃髻，公主梅妆。（七阳·41）

◎解读　王仁裕《开元天宝遗事》卷一“助娇花”条：御苑新有千叶桃花，帝亲折一枝，插于妃子宝冠上，曰：“此个花尤能助娇态也。”又，卷二“销恨花”条：明皇于禁苑中，初有千叶桃盛开。帝与贵妃日逐宴于树下，帝曰：“不独萱草忘忧，此花亦能销恨。”〇明·陈耀文《天中记》卷五十二“寿阳妆”条引《金陵志》：南朝宋武帝女寿阳公主人日①卧于含章殿檐下，梅花落公主额上，成五出之华，拂之不去。皇后留之，看得几时。经二日，洗之乃落。宫女奇其异，效之。今称梅花妆，是也。宋·程大昌《演繁露》卷三“含章梅妆”亦谓：寿阳公主在含章殿，梅花飘着其额。因模仿之，以为妆样。

jí liǎo sī hàn　　gòng fèng zhōng táng
吉了思汉，供奉忠唐。（七阳·42）

◎解读　明·曹安《谰言长语》：泸南有畜秦吉了②者，能作人言，夷酋欲以钱十万买之。其人告以贫，欲卖之。秦吉了曰：“我汉禽也，不愿入蛮夷山。”不食而死。〇唐昭宗时，有猴号“孙供奉”③，能随班起居。朱温篡位，欲猴起居，不从，径趋温所奋击。温令左右杀之。平阳林景熙谓：“李陵事虏，冯道滥禄，不若二物也。”其诗曰：“桓桓李将军，甘作单于鬼。皤皤长乐老，阅代如传舍。”

---

① 正月初七日为“人日”。
② 秦吉了，鸟名，俗称“了哥”。
③ 此即罗隐诗“何如学取孙供奉，一笑君王便著绯”者也。

八　庚

xiāo shōu tú jí　kǒng xī fán yīng
萧收图籍，孔惜繁缨。（八庚·1）

◎**解读**　《史记·萧相国世家》：汉萧何从沛公入关，秦王子婴来降。诸将争走财货之府，何独收秦丞相御史律令图书藏之。沛公因具知天下厄塞（音赛）户口多少强弱处，民所疾苦者。〇《左传·成公二年》：卫孙桓子帅师伐齐遇败，新筑人救桓子，是以免。卫人赏之邑，辞，请曲县繁缨①以朝，许。仲尼闻之，曰："惜也！不如多与之邑。惟名与器，不可以假人。"

biàn zhuāng cì hǔ　lǐ bái qí jīng
卞庄刺虎，李白骑鲸。（八庚·2）

◎**解读**　《史记·张仪列传》：秦惠王曰："今韩魏相攻，期（音基）年不解。或谓寡人救之便，或曰勿救便。寡人不能决，愿为寡人计之。"陈轸（音枕）对曰："亦尝有以夫'卞庄子刺虎'闻于王者乎？庄子欲刺虎，馆竖子止之曰：'两虎方且食牛，食甘必争，争则必斗，斗则大者伤，小者死。从伤而刺之，一举必有双虎之名。'卞庄子以为然。有顷，两虎果斗，大者伤，小者死。庄子从伤者而刺之，一举果有双虎之功。今韩魏相攻，期年不解，是必大国伤，小国亡。从伤而伐之，一举必有两实。此犹'庄子刺虎'之类也。"惠王曰："善！"卒弗救。大国果伤，小国亡，秦兴兵而伐大，克之。此陈轸之计也。〇杜甫《送孔巢父谢病归游江东兼呈李白》："巢父掉头不肯住，东将入海随烟雾。诗卷长留天地间，钓竿欲拂珊瑚树。深山大泽龙蛇远，春寒野阴风景暮。蓬莱织女回云车，指点虚无引归路。自是君身有

---

① 晋·杜预注：繁缨，马饰，皆诸侯之服。按：县即悬。礼：天子乐县四面，诸侯缺南方，谓之轩县，即曲县。繁为大带，缨为金马鞅也，皆诸侯之服。

仙骨，世人那得知其故。惜君只欲苦死留，富贵何如草头露。蔡侯静者意有馀，清夜置酒临前除。罢琴惆怅月照席，几岁寄我空中书。南寻禹穴见李白，道甫问信今何如。”其末句或作“若逢李白骑鲸鱼，道甫问讯今何如”。盖传云李白访谒族人李阳冰于当涂，泛舟游采石，大醉，见水中月影，狂歌捉之，堕水而死，后人因建“捉月亭”吊之。或云骑鲸上天而去。

wáng róng zhī gǔ　lǐ mì chén qíng
王戎支骨，李密陈情。（八庚·3）

◎解读　《世说新语·德行》：王戎、和峤同时遭大丧，俱以孝称。王鸡骨支床，和哭泣备礼。武帝谓刘仲雄曰：“卿数省王、和否？闻和哀若过礼，使人忧之。”仲雄曰：“和峤虽备礼，神气不损。王戎虽不备礼，而哀毁骨立。臣以和峤生孝，王戎死孝，陛下不应忧峤，而应忧戎。”〇《晋书·孝友传》：李密，字令伯，犍为武阳人也，一名虔。父早亡，母何氏改醮（音叫，改醮指改嫁）。密时年数岁，感恋弥至。烝烝之性，遂以成疾。祖母刘氏躬自抚养，密奉事以孝谨闻。刘氏有疾，则涕泣侧息，未尝解衣，饮膳汤药，必先尝后进。有暇，则讲学忘疲。武帝征为太子洗马，密上表《陈情》，乞赐归养。其警句云：“臣无祖母，无以至今日；祖母无臣，无以终馀年。母孙二人，更相为命，是以区区不能远废。”帝览表叹曰：“密不空有此名！”下诏褒之，赐奴婢二人，郡县时给精膳。

xiàng rú wán bì　lián pō fù jīng
相如完璧，廉颇负荆。（八庚·4）

◎解读　《史记·廉颇蔺相如列传》：赵得楚和氏璧，秦昭王请易以十五城。蔺相如奉璧入秦，秦王无偿城意。相如乃绐云璧有瑕，取示之，乃令秦王斋五日而受璧，阴使使者怀归，以身待命于秦。秦王以为贤，礼而归之。赵终不与秦璧。〇同篇：廉颇、蔺相如同仕赵，相如位居颇上。颇怒，欲辱之。相如每称疾以避，人皆耻之。相如语舍人曰：“秦人不敢加兵于赵，以吾两人在也。吾所为者，先国家之急而后私仇也。”颇闻之，肉袒负荆，造门请罪，卒成刎颈之交。

cóng lóng jiè zǐ fēi yàn sū qīng
从龙介子，飞雁苏卿。(八庚·5)

◎**解读** 明·薛虞畿《春秋别典》卷四：晋文公重耳亡在外，十九年反国。至于河，咎犯[①]中夜而哭。文公曰："祸福利害，不与外氏同之者，有如白水！"祝之，乃沉璧而盟。介子推曰："献公之子九人，唯君在耳！天未绝晋，必将有主，主晋祀者，非公而何？唯二三子者以为己力，不亦诬乎！"文公即位，赏不及推。推母曰："盍亦求之？"推曰："尤[②]而效之，罪又甚焉！且出怨言，不食其食。"其母曰："亦使知之？"推曰："言，身之文也。身将隐，焉用文！"其母曰："能如是，与若俱隐，至死不复见。"推从者怜之，乃县书宫门，曰："有龙矫矫，顷失其所。五蛇从之，周遍天下。龙既无食，一蛇割股[③]。龙反其渊，安其壤土。四蛇入穴，皆有处所。一蛇无穴，号于中野。"文公出见书，曰："嗟乎！此介子推也。吾方忧王室，未图其功。"使人召之，则亡。遂求其所在，闻其入绵上山中。于是文公表绵上山中而封之，以为介子推田，号曰"介山"。〇《汉书·苏武传》：汉苏武，字子卿，武帝遣使匈奴，迫降不得，屏居北海者十九年。昭帝即位，复遣使至匈奴，常惠夜见汉使，教使者谓单于言天子射上林，得雁，足缚帛书，知武等俱在某泽中。单于惊，乃遣武等南还。

zhōng chén hóng hào yì shì tián héng
忠臣洪皓，义士田横。(八庚·6)

◎**解读** 《宋书·洪皓传》：宋洪皓为大金通问，使至云中，金人迫使仕刘豫。皓曰："万里衔命，不能奉两宫南归，恨力不能磔（音哲）逆豫，忍事之耶？愿就鼎镬！"粘没喝怒，将杀之，旁一校曰："此真忠臣也！"为皓跪请，乃得流递冷山。绍兴十二年始归。粘没喝，金臣名。〇《史记·田单列传》：齐田横，故齐王荣弟，自立为王。高帝即位，与其徒五百余人居海岛。帝召之，横与二客诣洛阳。未至三十里，自杀。二客传首洛阳，并拜为都尉，以王者礼葬横。既葬，二客来冢自刎，其

---

① 咎犯，又作"舅犯"，晋文公之舅狐偃也。

② 尤，指怪罪。

③ 介子推原名王光，重耳饥于曹，推割股奉之。

徒五百人俱自杀。闻者皆窃叹，以为义士，作《薤露》《蒿里》之歌哀之。

lǐ píng lín jiǎ　gǒu biàn gān chéng
李平鳞甲，苟变干城。(八庚·7)

◎解读　李平，原名李严，字正方，三国时蜀国人。诸葛亮军祁山，李平催督运事，不继，遣人呼亮来还。及还，乃更佯惊，以辞己责。又表说军伪退，诱贼与战。亮因出前后平书，表平颠倒不职，遂徙平梓童郡为民。《三国志·蜀志·陈震传》：陈震字孝起，南阳人也。九年，都护李平坐诬罔废。诸葛亮与长史蒋琬、侍中董允书曰："孝起前临至吴，为吾说正方腹中有鳞甲，乡党以为不可近。吾以为鳞甲者，但不当犯之耳，不图复有苏、张之事，出于不意，可使孝起知之。"《汉魏六朝百三家集》卷二十二有诸葛亮《与李丰书》，亦云：初，亮以李严子丰为江州都督，命严以中都护署府事。严改名平，亮军祁山，平催督运事。值天霖雨，运粮不继，呼亮来还。军退，乃更阳惊：'军粮饶足，何以便归?'又表后主，说军诈退，欲以诱贼。亮出其前后书疏，表废为民。○题汉·孔鲋《孔丛子》卷上《居卫》第七：子思言苟[①]变于卫侯曰："其才可将五百乘[②]。"公曰："吾知其可将，然变也。尝为吏赋于民，而食人二鸡子，故弗用也。"子思曰："夫圣人之官人，犹匠之用木也，取其所长，弃其所短。故杞、梓连抱而有数尺之朽，良工不弃。今君处战国之世，选爪牙之士，而以二卵弃干城[③]之将！此不可使闻于邻国也。"公再拜曰："谨受教矣！"

jǐng wén yǐn zhèn　máo jiāo fú pēng
景文饮鸩，茅焦伏烹。(八庚·8)

◎解读　《南史·王彧传》：王彧，字景文，其名与明帝讳同，故以字行。景文以外戚贵重，深为明帝所忌。泰豫元年春，上疾笃，遣使送药赐景文死，敕曰："朕不谓卿有罪，然吾不能独死，请子先之。"时景文正与客棋，览手诏毕，复还封置局

---

① 苟，姓也。《国语》曰：苟，本自黄帝之子。

② 古者兵车一乘，甲士三人，步卒七十二人。五百乘，三万七千五百人。

③ 《诗》："赳赳武夫，公侯干城。"毛氏《传》曰："干，扞也。"郑氏《笺》曰："干也，城也，皆所以御难也。"

下，神色怡然不变。与客争劫竟，敛子内奁毕，徐谓客曰："奉敕见赐以死。"方以敕示之。乃酌而谓曰："此酒不可相劝。"自仰而饮之，时年六十。○刘向《说苑·正谏》：秦吕不韦通太后，恐觉，以舍人嫪毐[1]诈为宦者进之，生二子。事泄伏诛，迁太后于雍，敢谏者死。死者二十七人。齐客茅焦请谏王。王怒，欲烹之。焦徐前，曰："陛下车裂假父，囊扑二弟，迁母于雍，残戮谏士，桀纣之行不至是。臣恐天下瓦解，无向秦者。"言讫解衣伏质。王下殿手接之，爵以上卿，自驾迎太后归。

xǔ chéng ěr zhòng　dīng yuàn mù máng
许丞耳重，丁掾目盲。（八庚·9）

◎**解读**　《汉书·循吏传》：汉黄霸为颍川太守，长吏许县丞老，病聋。督邮白欲逐之。霸曰："许丞廉吏，虽老，犹能拜起送迎，或颇重听，何伤？且善助之，无失贤者意。"或问其故，霸曰："数易长吏，有送故迎新之费。且奸吏缘绝簿书盗财物[2]，公私费耗甚多，皆当出于民。所易新吏又未必贤，或不如其故，徒相益为乱。凡治道，去其泰甚者耳。"○丁掾，即三国时丁仪。《三国志·魏志·陈思王植传》裴松之注引《魏略》曰：丁仪字正礼，沛郡人也。眇一目。曹操闻仪为令士，虽未见，欲以爱女妻之，以问曹丕。丕曰："女人观貌。而正礼目不便，诚恐爱女未必悦也。"太祖从之。寻辟仪为掾，到与论议，嘉其才，曰："丁掾好士也！即使其两目盲，尚当与女，何况单眇！是吾儿误我！"时仪亦恨不得尚公主，而与临淄侯曹植亲善，数称其奇才。

yōng shū dé rùn　mài bǔ jūn píng
佣书德润，卖卜君平。（八庚·10）

◎**解读**　《三国志·吴志·阚泽传》：阚泽，字德润，吴人。家贫好学，为人佣书。所佣既毕，诵读亦遍。兼通历数，举孝廉，除钱塘长，累官至太子太傅。朝廷大议经典所疑必咨访之。初，泽十三时，梦见名字灿然在月中。○晋·皇甫谧《高士传》卷中：严遵，字君平，蜀人也。隐居不仕，常卖卜于成都市，日得百钱以自给，卜

---

① 嫪毐，音涝矮，人名，战国时秦国人。
② 颜师古曰：缘，因也。因交代之际而弃匿簿书，以盗官物也。

讫则闭肆下帘，以著书为事。扬雄少从之游，屡称其德。蜀有富人罗冲者，问君平曰："君何以不仕?"君平曰："无以自发。"冲为君平具车马衣粮。君平曰："吾病耳，非不足也。我有余而子不足，奈何以不足奉有余?"冲曰："吾有万金，子无儋[①]石，乃云'有余'，不亦谬乎!"君平曰："不然。吾前宿子家，人定而役未息，昼夜汲汲，未尝有足。今我以卜为业，不下床而钱自至，犹余数百，尘埃厚寸，不知所用。此非我有余，而子不足邪?"冲大惭。君平叹曰："益我货者损我神，生我名者杀我身。故不仕也。"时人服之。

马当王勃，牛渚袁宏。（八庚·11）

mǎ dāng wáng bó　niú zhǔ yuán hóng

◎**解读**　马当山在彭泽，去南昌七百里。王勃省（音醒）父，舟次马当，梦水神告曰："助汝顺风一帆。"达旦即抵南昌，值都督阎伯屿重修滕王阁，九日宴宾侪于上。而王勃适逢其会。五代·王定保《唐摭言》卷五：王勃著《滕王阁序》时年十四，都督阎公不之信。勃虽在座，而阎公意属子婿孟学士者为之，已宿构矣。及以纸笔，延让宾客。勃不辞让。公大怒，拂衣而起，专令人伺其下笔。第一报云："南昌故郡，洪都新府。"公曰："亦是老生常谈。"又报云："星分翼轸，地接衡庐。"公闻之，沈吟不言。又云："落霞与孤鹜齐飞，秋水共长天一色。"[②] 公矍然而起，曰："此真天才！当垂不朽矣。"遂亟请，宴所极欢而罢。○《晋书·文苑传》：袁宏，字彦伯，有逸才，文章绝美。父勖（音序），为临汝令。曾为《咏史诗》，是其风情所寄。少孤贫，以运租自业。谢尚时镇牛渚，秋夜乘月，率尔与左右微服泛江。会宏在舫中讽咏，声既清会，辞又藻拔，遂驻听久之。遣问焉，答云："是袁临汝郎诵

① 儋，音淡，量词，两石为儋。

② 宋·王楙（音冒）《野客丛书》卷十三：王勃云"落霞与孤鹜齐飞，秋水共长天一色"，当时以为工。仆观《骆宾王集》，亦曰："断云将野鹤俱飞，竹响共雨声相乱。"曰："金飙将玉露俱清，柳黛与荷缃渐歇。"曰："缁衣将素履同归，廊庙与江湖齐致。"此类不一，则知当时文人皆为此等语。且勃此语不独见于《滕王阁序》，如《山亭记》亦曰："长江与斜汉争流，白云将红尘并落。"欧公《集古录》载《德州长寿寺碑》与《西清诗话》，如此等语不一。仆因观《文选》及晋宋间集，如刘孝标、王仲宝、陆士衡、任彦升、沈休文、江文通之流，往往多有此语，信知唐人句格皆有自也。李商隐曰："青天与白水环流，红日共长安俱远。"陈子昂曰："残霞将落日交晖，远树与孤烟共色。"曰："新交与旧识俱欢，林壑共烟霞对赏。"

诗，即其《咏史》之作也。”尚顷率有胜致，即迎升舟与之谭论，申旦不寐，自此名誉日茂。

tán tiān zōu yǎn　jī gǔ huán róng
谭天邹衍，稽古桓荣。（八庚·12）

◎解读　谭，即谈。邹衍，也作驺衍。《史记·孟子荀卿列传》：邹衍闻燕昭王好士，乃自梁入燕。昭王作碣石宫，师事之。燕有谷地美而寒，不生黍稷，衍为吹律以温其气，黍乃生，因名黍谷。尤要谭天事。《战国策》曰：邹衍大言天事，号为“谭天衍”是也。又刘向《别录》云：驺衍所言五德始终，天地广大，书沿天事，故称“谭天驺”。〇《后汉书·桓荣传》：桓荣，字春卿，沛郡龙亢人也。少学长安，习欧阳《尚书》，事博士九江朱普。贫窭无资，常客佣以自给，精力不倦，十五年不窥家园。光武朝拜议郎，授天子经延，迁太子少傅。车驾幸太学，诏诸博士论难于前。荣辨明经义，每以礼让相厌，不以辞长胜人。帝赐以辎车乘马。荣大会诸生，陈其车马印绶，曰：“今日所蒙，稽古之力也，可不勉哉！”明帝立，犹尊以师礼，拜为五更。五更，通五行者也。

qí céng fàn bǐng　píng dé fēn gēng
岐曾贩饼，平得分羹。（八庚·13）

◎解读　岐，即东汉赵岐。《艺文类聚》卷七十二引《三辅决录》：赵岐避难北海，于市中贩胡饼①。孙嵩乘犊车入市，见岐，疑非常人，问曰：“自有饼耶？”曰：“贩之。”嵩曰：“买几钱？卖几钱？”岐曰：“买三十，卖亦三十。”嵩曰：“视处士之状，非卖饼者。”乃开车后，载还家。〇唐·白居易《白孔六帖》卷十六“甘露羹”条引《唐明皇杂录》：李林甫婿郑平为户部员外郎。一日，林甫就院省女，因邀之，见其鬓发班白，谓平曰：“上明日当赐甘露羹，郑郎其食此羹，纵华皓亦必鬓黑。”明日，果有中使至林甫第赐食。因以羹与平食，一夕鬓黑。

---

① 胡饼，又称麻饼，上有芝麻，故称，即今之“烧饼”也。

wò chuáng yì shào shēng zuò yán míng
卧床逸少，升座延明。（八庚·14）

◎解读 《世说新语·雅量》：郗太傅鉴在京口，遣门生与王丞相导书，求女婿。丞相语（音预）郗信："君往东厢任意选之。"门生归白郗，曰："王家诸郎亦皆可嘉，闻来觅婿，咸自矜持。唯有一郎在东床上坦腹卧，如不闻。"郗公云："正此好！"访之，乃是逸少。[①] 因嫁女与焉。〇《北史·刘延明传》：刘昞（音丙），字延明，敦煌人也。年十四，就博士郭瑀（音语）。瑀弟子五百余人，通经业者八十余人。瑀有女给笄（音基），妙选良偶，有心于延明。遂别设一席，谓弟子曰："吾有一女，欲觅一快女婿。谁坐此席者，吾当婚焉！"延明遂奋衣坐，神志湛然，曰："延明其人也！"瑀遂以女妻之。

wáng bó xīn zhī jiǎ kuí shé gēng
王勃心织，贾逵舌耕。（八庚·15）

◎解读 《云仙杂记》卷九"心织笔耕"条引《北里志》：《翰林盛事》云：王勃所至，请托为文金帛丰积，人谓"心织笔耕"。〇《汉书·贾逵传》：贾逵，字景伯，扶风平陵人也。其父徽从刘歆受《左氏春秋》，兼习《国语》《周官》，又受《古文尚书》于涂恽，学《毛诗》于谢曼卿，作《左氏条例》二十一篇。逵悉传父业，弱冠能诵《左氏传》及五经本文，以大夏侯《尚书》教授，虽为古学，兼通五家《穀梁》之说。自为儿童，常在太学，不通人间事。诸儒为之语曰："问事不休贾长头。"尤明《左氏传》《国语》，为之《解诂》五十一篇，永平中上疏献之。显宗重其书，写藏秘馆。帝嘉之赐布五百匹，衣一袭。逵母常有疾，帝欲加赐，以钱二十万与之，谓曰："贾逵母病，此子无人事于外，屡空，则从孤竹之子于首阳山矣！"[②] 宋·朱胜非《绀珠集》卷八"舌耕"条：贾逵口授经传，致粟盈仓，谓之"舌耕"。尝语人曰："人而不学，行尸走肉耳！"

---

① 刘孝标注：《王氏谱》曰：逸少，羲之小字。羲之妻太傅郗鉴女，名璇，字子房。

② 唐·李贤注：无人事，谓不广交通也。屡，数也。空，乏也。《史记》曰：伯夷、叔齐，孤竹君之子也，隐于首阳山，卒饿死也。

xuán hé guō zǐ　huǎn jiá lì shēng
悬河郭子，缓颊郦生。（八庚·16）

◎解读　《晋书·郭象传》：郭象，字子玄，少有才理，好《老》《庄》，能清言。太尉王衍每云："听象语，如悬河泻水，注而不竭。"○《史记·魏豹彭越列传》：魏王豹以国属汉王，遂从击楚于彭城。汉败，还至荥阳，豹请归视亲病。至国即绝河津，畔汉。汉王闻魏豹反，方东忧楚，未及击，谓郦生[①]曰："缓颊往说魏豹。能下之，吾以万户封若。"郦生说豹，豹谢曰："人生一世间，如白驹过隙耳！[②] 今汉王慢而侮人，骂詈诸侯群臣如骂奴耳，非有上下礼节也！吾不忍复见也。"于是汉王遣韩信击虏豹于河东。

shū chéng fèng wěi　huà diǎn lóng jīng
书成凤尾，画点龙睛。（八庚·17）

◎解读　《南史·齐高帝诸子传》：南朝齐江夏王锋字宣颖，高帝第十二子也。时年四岁，性方整，好学书。无纸札，乃倚井栏为书，书满则洗之，已复更书，如此者累月。又晨兴不肯拂窗尘，而先画尘上，学为书字。五岁，高帝使学凤尾诺[③]，一学即工。高帝大悦，以玉麒麟赐之，曰："麒麟赏凤尾矣！"○参见本书"烈裔刻虎"（八齐·9）条解读。又，唐·张彦远《历代名画记》：唐张僧繇丹青绝代，于金陵安乐寺画二龙于壁，不点睛。人问其故，曰："点之即飞去。"人以为妄，固请点之。才及一龙，须臾即雷电破壁，骧腾飞去，惟未点者在。

---

① 郦生，郦食其也。

② 司马贞《索隐》：《庄子》云：无异骐骥之驰，过隙则谓马也。小颜云：白驹，谓日影也。隙，壁隙也。以言速疾，若日影过壁隙也。

③ 宋·陈思《书小史》卷二引唐陆龟蒙《说凤尾诺》云：或问余曰："凤尾诺为何等物？国耶？书耶？"对曰："余之所闻，自晋讫于梁陈以来藩邸之书也。凡封子弟为王，则开府辟僚属，取当时士有学行才藻者中是选。其所下书，东宫则曰令，上书则曰笺。诸王下书则曰教，上书则曰启。应和文章，则曰应令、应教。下其制一等故也。其事行，则曰诺，犹汉天子肯臣下之奏曰可也。凤尾，则所诺笺之文也。既肯其行，必有褒异之辞，若今之批答。案，晋元帝为琅琊王时，帝美其才，令通习外事，常使批凤尾诺。南齐江夏王锋，高帝第十二子，甚怜之，年五岁，使学凤尾诺，下笔便工，帝大悦，以玉麒麟赐之。余未见其出。"

gōng chén tú gé xué shì dēng yíng
功臣图阁，学士登瀛。（八庚·18）

◎**解读** 《旧唐书·太宗纪》：唐太宗贞观十七年正月戊申，诏图画司徒赵国公无忌等勋臣二十四人于凌烟阁。〇《旧唐书·褚亮传》：太宗既平寇乱，留意儒学，乃于宫城西起文学馆，以待四方文士。于是以属大行台司勋郎中杜如晦，记室考功郎中房玄龄及于志宁，军咨祭酒苏世长，天策府记室薛收，文学褚亮、姚思廉，太学博士陆德明、孔颖达，主簿李玄道，天策仓曹李守素，记室参军虞世南，参军事蔡允恭、颜相时，著作佐郎摄记室许敬宗、薛元敬，太学助教盖（音葛）文达，军咨典签苏勖，并以本官兼文学馆学士。及薛收卒，复征东虞州录事参军刘孝孙入馆。寻遣图其状貌，题其名字爵里，乃命阎立本图像，亮为之像赞，号十八学士，写真图藏之书府，以彰礼贤之重也。三番更值，讨论文籍，或至夜分乃寝。时为所倾慕，谓之“登瀛洲”。

lú xié mào chǒu wèi jiè shén qīng
卢携貌丑，卫玠神清。（八庚·19）

◎**解读** 宋·吴处厚《青箱杂记》卷五：小说载卢樵貌陋，尝以文章谒韦宙。韦氏子弟多肆轻侮。宙语之曰：“卢虽人物不扬，然观其文章有首尾，异日必贵。”后竟如其言。〇《世说新语·识鉴》：晋卫玠神清韵远，俊爽有风姿。骠骑王武子是玠之舅，见玠，辄叹曰：“珠玉在侧，觉我形秽！”刘孝标注引《玠别传》：骠骑王济，玠之舅也。尝与同游，语人曰：“昨日吾与外生共坐，若明珠之在侧，朗然来照人。”

fēi xióng zài shì yuán zé sān shēng
非熊再世，圆泽三生。（八庚·20）

◎**解读** 元·辛文房《唐才子传》卷八：顾况，字逋翁，苏州人。暮年一子暴亡，追悼哀切，吟曰：“老人丧爱子，日暮泣成血。老人年七十，不作多时别。”其年又生一子，名非熊。三岁始言：“在冥漠中闻父吟苦，不忍，乃来复生。”及长，应举擢第。〇圆泽，应为“圆观”之误。唐·袁郊《甘泽谣·圆观》：圆观者，大历末洛阳惠林寺僧，能事田园，富有粟帛，时人以富僧为名。李源，公卿之子，当天宝之际，以游宴饮酒为务，悉将家业为寺财。寺人日给一器食一杯饮而已，不置仆使，唯与圆观为忘言交，促膝静话，自旦及昏，如此三十年。二公一旦约游蜀川，抵青城峨眉，同访道求药。圆观欲游长安，出斜谷，李公欲上荆州三峡，争此两途，半年未决。李公曰："吾已绝世事，岂取途两京！"圆观曰："行固不由人，请出三峡而去。"遂自荆江上峡。行次南浦，维舟山下，见妇人数人锦裆①负罂②而汲，圆观望见泣下，曰："某不欲至此，恐见其妇人也。"李公惊问曰："自上峡来，此徒不少，何独恐此数人？"圆观曰："其中孕妇姓王者，是某托身之所，逾三载尚未娩怀，以某未来之故也。今既见矣，即命有所归，释氏所谓循环也。"谓公曰："浴儿三日③，公当访临。若相顾一笑，即某认公也。更后十二年，中秋月夜，杭州天竺寺外，与公相见之期。"李公遂悔此行，为之一恸。是夕，圆观亡，而孕妇产矣。李公三日往观新儿，果致一笑。后十二年秋八月，直指余杭，赴其所约。时天竺寺山雨初晴，月色满川，无处寻访。忽闻葛洪川畔有牧童歌《竹枝词》者，双髻短衣，乘牛叩角，歌曰："三生石上旧精魂，赏月吟风不要论。惭愧情人远相访，此身虽异性常存。"李公就谒曰："观公健否？"答曰："李公真信士！然俗缘未尽，慎勿相近，但愿勤修不堕，即遂相见。"又歌曰："身前身后事茫茫，欲话因缘恐断肠。吴越山川游已遍，却回烟棹上瞿塘。"词切韵高，莫知所诣。

ān qī dōng dù, pān yuè 《xī zhēng》
安期东渡，潘岳《西征》。（八庚·21）

◎**解读**　《晋书·王湛传》：王承，字安期，太原晋阳人。清虚寡欲，无所修尚。言理辩物，但明其指要，而不饰文辞，有识者服其约而能通。为东海太守，政尚清静，不为细察。寻去官，东渡江。是时道路梗涩，人怀危惧，承每遇艰险，处之夷然，虽家人近习，不见其忧喜之色。既至下邳，登山北望，叹曰："人言愁，我始欲愁矣！"渡江名臣王导、卫玠、周顗、庾亮之徒，皆出其下，为中兴第一。○潘岳，字安仁，西晋人。少以才颖见称，乡邑号为奇童。《晋书》有传。《文选》卷十李善

① 裆，此指背心。

② 罂，音英，大腹小口的瓶。

③ 唐·孙思邈《备急千金要方》卷九"浴儿法"：儿生三日，宜用桃根汤浴。桃根、李根、梅根各二两，以水三斗煮二十沸，去滓浴儿。良去不祥，令儿终身无疮疥。

注引臧荣绪《晋书》曰:“岳为长安令,作《西征赋》,述行历,论所经人物山水也。”又云:“岳,荥阳中牟人。晋惠元康二年,岳为长安令,因行役之感,而作此赋。岳家在巩县东,故言西征。”

zhì hé dān diào　zōng yí chuò gēng
志和耽钓,宗仪辍耕。(八庚·22)

◎解读　《新唐书·隐逸传》:张志和,字子同,婺州金华人,始名龟龄。年十六擢明经,以策干肃宗,特见赏重,命待诏翰林,授左金吾卫、录事参军,因赐名。后坐事贬南浦尉,会赦还,以亲既丧,不复仕,居江湖,自称烟波钓徒,每垂钓不设饵,志不在鱼也。御赐奴婢各一,以为夫妇,号渔童、樵青。陆羽尝问:“孰为往来者?”对曰:“太虚为室,明月为烛,与四海诸公共处,未尝少别也,何有往来?”颜真卿为湖州刺史,志和来谒,真卿以舟敝漏,请馆[①]之。志和曰:“愿为浮家泛宅,往来苕霅[②]间。”善图山水,酒酣或击鼓吹笛,笔辄成。尝撰渔歌“西塞山前白鹭飞”者是也。○陶宗仪,字九成,黄岩人。元末举进士不中,即弃去。洪武中乃出为教官。事迹具《明史·文苑传》。元·孙作《辍耕录序》云:余友天台陶君九成避兵三吴间,有田一廛[③],家于松南。作劳之暇,每以笔墨自随,时时辍耕,休于树阴,抱膝而叹,鼓腹而歌,遇事肯綮,摘叶书之,贮一破盎[④],去则埋于树根,人莫测焉。如是者十载,遂累盎至十数。一日尽发其藏,遣门人小子萃而录之,得若干条,合三十卷,题曰《南村辍耕录》,上兼六经百氏之旨,下极稗官小史之谈。

wèi yāng xíng zhà　yáng hù tuī chéng
卫鞅行诈,羊祜推诚。(八庚·23)

---

① 馆,为设馆安置也。

② 霅,音闸,溪名,即霅川,在浙江湖州南。张志和《渔父词》有“霅溪湾里钓鱼翁”句。

③ 廛,音缠,用于田亩的量词。古代一个成年男子所耕的田,为一百亩。《周礼·遂人》:“夫一廛,田百亩。”

④ 盎,腹大口小的容器,多为陶器。

◎解读 卫鞅，即商鞅。《史记·商君列传》：商君者，卫之诸庶孽①公子也，名鞅，姓公孙氏，其祖本姬姓也。鞅少好刑名之学，闻秦孝公下令国中求贤者，乃遂西入秦，因孝公宠臣景监以求见孝公。孝公既用卫鞅，变法。行之十年，秦民大说（同“悦”），道不拾遗，山无盗贼，家给人足。民勇于公战，怯于私斗，乡邑大治。孝公使卫鞅将而伐魏，魏使公子卬将而击之。军既相距，卫鞅遗魏将公子卬书曰：“吾始与公子欢，今俱为两国将，不忍相攻，可与公子面相见，盟，乐饮而罢兵，以安秦魏。”魏公子卬以为然。会盟已，饮，而卫鞅伏甲士而袭虏魏公子卬，因攻其军，尽破之以归秦。魏惠王乃使使割河西之地，献于秦以和。而魏遂去安邑，徙都大梁。卫鞅既破魏，还，秦封之於、商十五邑，号为商君。○《晋书·羊祜传》：羊祜，字叔子，泰山南城人也。镇襄阳，绥怀远近，甚得江汉之心。在军轻裘缓带，身不被甲，铃阁之下，侍卫不过数十人。与陆抗对境，务修德信以怀吴人，不为掩袭之计。进谲计者辄饮以醇酒，使不得言。军行吴境，刈稻为粮，偿之逸绢。抗遣使遗祜酒，即饮之不疑。抗疾，祜以成药与之，抗即服，人多谏止，抗曰：“岂有鸩人羊叔子哉？”

林宗倾粥，文季争羹。（八庚·24）

lín zōng qīng zhōu　wén jì zhēng gēng

◎解读 后汉学者郭泰，字林宗。唐·徐坚《初学记》卷二十六《服食部·粥》引《郭林宗列传》曰：林宗尝止陈国，童子魏德公②知其有异德，求近其房供给洒扫。林宗体尝不佳，命中夜作粥，一啜怒而诃之，曰：“为长者作粥，使沙不可食！”以杯掷地。德公更为进之，三诃，德公终无变容。林宗曰：“始见子之面，今乃知子之心矣！”遂友善之，卒成妙士。○沈文季，南齐大臣，吴兴武康人。《南齐书》有传。齐高祖置酒为乐，羹脍既至，崔祖思谓此味为南北所推。侍中沈文季曰：“羹脍吴食，非祖思所解。”祖思曰：“炰（音袍，烹煮）鳖脍鲤，似非句吴之诗。”文季曰：

---

① 庶，宗室的旁支，与“嫡”相对。孽，古代指非正妻所生的儿子。

② 一说，童子魏照求入事郭泰，供给洒扫。泰曰：“当精义讲习，何来相近？”照曰：“经师易获，人师难遭。欲以素丝之质，附近朱蓝。”照与德公不知是否一人。参见本书“郭泰人师”（四支·16）条。

“千里莼羹，岂关鲁卫之说?”高祖悦甚，曰：“莼羹故应还沈。”炰鳖脍鲤、千里莼羹，两句均为《诗经》中诗句。

mào zhēn kē shuì　yáng chéng huǎn zhēng
茂贞苛税，阳城缓征。（八庚·25）

◎解读　《五代史·杂传》：李茂贞，深州博野人也，本姓宋，名文通，为博野军卒。后为凤翔节度使，赋税烦苛，油灯皆有征。遂不许松薪入城，恐以松薪为光，必减油税，故严禁之。时有优人为戏语，讽之曰：“臣请并禁月明。”〇《资治通鉴》卷二百三十五：太学生薛约师事司业阳城，坐言事，徙连州。城送之郊外。上以城党罪人，已巳左迁城道州刺史。城治民如治家，州之赋税不登。观察使数加诮让，城自署其考曰：“抚字心劳征科政拙，考下下。”观察使遣判官督其赋，至州，城先自囚于狱。判官大惊，驰入，谒城于狱，曰：“使君何罪？某奉命来候安否耳!”留一二日未去，城不复归。馆门外有故门扇横地，城昼夜坐卧其上。判官不自安，辞去。其后又遣他判官往按之，他判官载妻子中道逸去。

běi shān xué shì　nán guō xiān shēng
北山学士，南郭先生。（八庚·26）

◎解读　清·厉鹗《宋诗纪事》卷三十四：徐大正，字得之，瓯宁人。元祐中筑室北山下，名闲轩。秦少游为之记，苏子瞻为赋诗，人以“北山学士”呼之。《建宁府志》：得之尝赴省试，过子陵钓台，赋诗云：“光武初从血战回，故人长短尚论材。中宵若起唐虞兴，未必先生恋钓台。”东坡见之，遂与定交。〇《京口耆旧传》卷三：陈辅字辅之，丹阳人。少负俊才，不屑事科举。文辞雄伟不蹈故常，尤工于诗，自号南郭子，人因称“南郭先生”。尝题所居云：“湖水山云绕县斜，茂林修竹野人家。宿酲过午无人问。卧听东风扫落花。”或诵之于王安石。安石称诗甚佳，但落花无声，宜改“听”为“倩”字。由是出入安石之门，安石厚遇之。另清·雍正重修《江南通志》卷一百六十九《人物志》：宋雍存，全椒人，隐居求志，以文史自娱，号“南郭先生”。以县有独山，晚又号“独山翁”。州守钱公辅、曾肇皆与之游。又，或谓《韩非子》：齐宣王使人吹竽，有南郭先生者云云。其实《韩子》所谓乃“南郭处士”，非“南郭先生”也。

wén rén péng jǔ　míng shì dào héng
文人鹏举，名士道衡。（八庚·27）

◎**解读**　《北史·文苑传》：温子升，字鹏举，博学百家，文章清婉，孝庄以为主客郎中。济阴王晖业尝云：“江左文人，宋有颜延之、谢灵运，梁有沈约、任昉，温子升足以凌颜轹谢，含任吐沈。”庾信至北，惟爱温子升《寒山寺碑》。后南还，人问北方人物，信曰：“惟寒山寺一片石，差可共语耳！”〇宋·曾慥《类说》卷五十四引《隋唐嘉话》：薛道衡聘陈，作《人日诗》，云：“入春才七日，离家已二年。”南人嗤之，曰：“是底语！谁谓此虏解作诗？”及云：“人归落（音辣）雁后，思发在花前。”乃喜曰：“名下固无虚士！”

guàn yuán chén dìng　wéi pǔ sū qīng
灌园陈定，为圃苏卿。（八庚·28）

◎**解读**　晋·皇甫谧《高士传》卷中：陈仲子，字子终，齐人也。其兄戴为齐卿，食禄万钟。仲子以为不义，将妻子适楚，居於陵，自谓於陵仲子。穷不苟求，不义之食不食。遭岁饥，乏粮三日，乃匍匐而食井上李实之虫者，三咽而能视。身自织履，妻擘纑（音卢，纻麻线）以易衣食。楚王闻其贤，欲以为相，遣使持金百镒，至於陵聘仲子。仲子入谓妻曰：“楚王欲以我为相。今日为相，明日结驷连骑，食方丈于前，意可乎？”妻曰：“夫子左琴右书，乐在其中矣。结驷连骑，所安不过容膝；食方丈于前，所甘不过一肉。今以容膝之安、一肉之味而怀楚国之忧，乱世多害，恐先生不保命也。”于是出谢使者。遂相与逃去，为人灌园。〇《宋史·文苑传》：苏云卿，广汉人。绍兴间来豫章东湖，结庐独居，待邻曲有恩礼，无良贱老稚，皆爱敬之，称曰“苏翁”。身长七尺，美须髯，寡言笑，布褐草履，终岁不易，未尝疾病。披荆畚砾为圃，艺植耘芟，灌溉培壅，皆有法度，虽隆暑极寒，土焦草冻，圃不绝蔬，滋郁畅茂，四时之品无阙者，味视他圃尤胜。溉园之隙，闭门高卧，或危坐终日，莫测识也。

róng fù cāng hǎi zǔ yǒng péng chéng
融赋沧海，祖咏彭城。（八庚·29）

◎解读 《南齐书·张融传》：张融，字思光，吴郡吴人也。浮海至交州，于海中作《海赋》，警句有："穷区没渚，万里藏岸，湍转则日月似惊，浪动则星河若覆。"以示徐凯之。凯之曰："卿此赋实超玄虚，但惧不道盐耳。"融即索笔增曰："漉沙构白，熬波出素，积雪中春，飞霜暑路。"玄虚，木华字，先是曾作《海赋》①。〇《北史·祖莹传》：王肃曾于省中咏《悲平城》，诗云："悲平城，驱车入云中，阴山常晦雪，荒松多朔风。"彭城王勰甚称其美，欲使肃更咏，乃失语云："公可更为诵《悲彭城》诗。"肃因戏勰云："何意呼'悲平城'为'悲彭城'也?"勰有惭色。莹在座。即云："《悲彭城》，王公自未见耳！"肃云："可为诵之！"莹应声曰："悲彭城，楚歌四面起，尸积石梁亭，血流睢水里。"肃甚嗟赏之，勰亦大悦。退谓莹曰："卿定是神口！今日若不得卿，几为吴子所屈。"

wēn gōng wàn juàn shěn yuē sì shēng
温公万卷，沈约四声。（八庚·30）

◎解读 宋·费衮《梁溪漫志》卷三：宋司马温公独乐园文史万卷，晨夕批阅，虽数十年皆新，若未手触者。尝谓子弟曰："贾竖藏货贝，吾辈惟此耳！当极加宝惜。吾每岁必暴其脑，至启卷先视几案净洁，藉以裀褥，然后敢启。每览一板，即侧右手大指衬其底，而复以次指面捻而挟过。每见汝辈轻以两指爪撮起，是爱书不如爱货贝，其人可知矣。"〇《南史·沈约传》：沈约，字休文，吴兴武康人也。撰《四声谱》，以为在昔词人，累千载而不悟，而独得胸襟，穷其妙旨，自谓入神之作。武帝雅不好焉，尝问周舍曰："何谓四声?"舍曰："'天子圣哲'② 是也。"

xǔ xún shèng jù líng yùn yóu qíng
许询胜具，灵运游情。（八庚·31）

---

① 《何氏语林》卷八引王俭《七志》：木华字云虚，广川人。文章隽丽，为杨骏府主簿。
② 今按："天子圣哲"四字，古音分别读平、上、去、入四声。

◎解读 《世说新语·栖逸》：许询好游山水，而体便登陟。时人云：“许非徒有胜情，实有济胜之具。”○《宋书·谢灵运传》：谢灵运寻山陟岭，必造幽峻岩嶂，千里莫不遍历。登蹑常著木屐，上山则去前齿，下山则去后齿。尝自始宁南山伐木开径，直至临海，从者数百人。临海太守王琇（音秀）惊骇，谓为山贼。徐知是灵运，乃安。

bù qí zǎi shàn　zǐ tuī xiàng jīng

不齐宰单，子推相荆。（八庚·32）

◎解读 《吕氏春秋》卷二十一：宓子贱[1]治单父，弹鸣琴，身不下堂，而单父治。巫马期以星出，以星入，日夜不居，以身亲之，而单父亦治。巫马期问其故于宓子，宓子曰：“我之谓任人，子之谓任力。任力者故劳，任人者故逸。”宓子则君子矣，逸四肢，全耳目，平心气，而百官以治，义矣，任其数而已矣。巫马期则不然，劳手足，烦教诏，虽治，犹未至也。○汉·刘向《说苑》卷八：介子推行年十五而相荆。仲尼闻之，使人往视，还曰：“廊下有二十五俊士，堂上有二十五老人。”仲尼曰：“合二十五人之智，智于汤武；并二十五人之力，力于彭祖。以治天下，其固免矣乎。以治其国，能不济乎？”荆，楚也。

zhòng yān fù xìng　pān làng cáng míng

仲淹复姓，潘阆藏名。（八庚·33）

◎解读 《宋史·范仲淹传》：宋范仲淹，吴人。生三岁而孤，随母改适长山朱氏，冒姓朱。大中祥符间举进士，改本姓。其谢启曰：“志在投秦，入境遂称夫张禄；名非霸越，乘舟乃效于陶朱。”时人服其亲切。张禄，范雎。陶朱，范蠡。○宋初潘阆自号逍遥子，工诗，其《苦吟诗》云：“发在茎茎白，诗须字字清。”又《贫居诗》：“长喜诗无病，不忧家更贫。”坐卢多逊党，得罪，避潜山。宋·刘攽（音班）《中山诗话》：宋太宗晚年烧炼丹药，潘阆尝献方书。及帝升遐，惧诛，匿舒州潜山寺，为行者。题诗于钟楼云：“绕寺千千万万峰，（原注：忘第二句）。顽童趁暖贪春睡，

① 宓，音伏。宓子贱，孔子弟子宓不齐也。

忘却登楼打晓钟。"① 孙仅为郡官，见诗，曰："此潘逍遥也。"告寺僧，呼行者。潘已亡去。

pēng chá xiù shí　lù jiǔ yuān míng

烹茶秀实，漉酒渊明。(八庚·34)

◎解读 清·潘永因《宋稗类钞》卷十五：五代陶谷，字秀实，幼有俊才，仕周为翰林学士。尝买得党太尉家故妓，命掬雪水烹团茶，谓曰："党家有此风味乎?"妓曰："彼粗人，安得有此！但知销金帐内浅酌低唱，饮羊羔美酒耳。"陶有惭色。② ○《南史·隐逸传》：陶渊明性恬淡，嗜酒，公田半令种黍。客造辄设酒。若先醉，便语客曰："我醉欲眠，君且去。"尝曰："吾夏日虚闲，高卧北窗之下，清风飒至，真羲皇上人也！"曾邻家招饮酒，有滓，即脱巾漉之。漉毕，还著之。庐山僧惠远爱其清逸，招之入社，渊明曰："许饮即往。"惠远诈许之。既至，无酒，攒眉而归。

shàn niàng bái duò　zòng yǐn gōng róng

善酿白堕，纵饮公荣。(八庚·35)

◎解读 北魏·杨衒之《洛阳伽（音茄）蓝记》卷四：晋·刘白堕，河东人。善酿酒，六月以罂贮酒，曝于日中，一旬味不变，醉则经月不醒。朝贵相饷，逾于千里，以其远至，号曰"鹤觞"。青州刺史毛鸿宾赍酒一罂，路逢盗，饮之即醉，皆被擒。时人语曰："不畏张公拔刀，惟畏白堕春醪。"○《世说新语·任诞》：晋刘公荣与人饮酒，杂秽非类。或讥之，答曰："胜公荣者不可不与饮，不如公荣者亦不可不与饮，是公荣辈者又不可不与饮。"故终日共饮而醉。一日，阮籍与王戎饮，公荣在坐，无预焉而谈笑。或问之，阮曰："胜公荣者不得不与饮，不如公荣者不得不与饮，惟公荣可不与饮。"

---

① 宋·潘阆《逍遥集》有《宿灵隐寺》，云："绕寺千千万万峰，满天风雪打杉松。地炉火暖黄昏睡，更有何人似我慵。"注云：此诗从咸淳《临安志》补入。今按：此诗首句与题钟楼诗首句同。

② 党太尉，可参见本书"腹负将军"（十二文·4）条解读。

yí dí zào jiǔ　dé yù tiáo gēng
仪狄造酒，德裕调羹。（八庚·36）

◎**解读**　《战国策·魏策二》：梁王魏婴觞诸侯于范台。酒酣，请鲁君举觞。鲁君兴，避席，择言曰："昔者帝女令[①]仪狄作酒而美，进之禹。禹饮而甘之，遂疏仪狄，绝旨酒，曰：'后世必有以酒亡其国者！'齐桓公夜半不快，易牙乃煎熬燔炙，和调五味而进之。桓公食之而饱，至旦不觉，曰：'后世必有以味亡其国者！'晋文公得南之威，三日不听朝，遂推南之威而远之，曰：'后世必有以色亡其国者！'楚王登强台而望崩山，左江而右湖，以临彷徨，其乐忘死。遂盟强台而弗登，曰：'后世必有以高台陂池亡其国者！'今主君之尊，仪狄之酒也；主君之味，易牙之调也；左白台而右闾须，南威之美也；前夹林而后兰台，强台之乐也。有一于此，足以亡其国。今主君兼此四者，可无戒与！"梁王称善。〇李德裕，字文饶，赵郡人。《云仙杂记》卷九"一杯羹三万钱"条引《博异志》：李德裕奢侈，每食一杯羹，其费约钱三万。杂珠玉宝贝雄黄朱砂煎汁，为之过三煎，即弃其滓。

yìn píng wáng shì　qián xí jiǎ shēng
印屏王氏，前席贾生。（八庚·37）

◎**解读**　宋·朱胜非《绀珠集》卷五"手印屏风"条：明皇所幸美人王氏数梦人招饮密会，具言于上。上曰："必术士所为。汝若再往，以物志之。"其夕梦中又往，因就砚中濡手印于屏风上，既寤即告。潜索于外，果于东明观中得其手印纹，而道士已遁矣。〇《史记·屈原贾生列传》：贾谊年少多才，河南守吴公[②]荐之文帝，召为博士，岁中超迁，至大中大夫。绛、灌等毁之，出为长沙王太傅。帝忽思之，召见宣室，因问鬼神事。至夜半，帝不觉前席，寻叹曰："吾久不见贾生，自谓过之，乃不及也。"拜为梁太傅，上《治安策》。

---

① 原注：一本无"令"字。

② 吴公，吴姓，公名。或云失名，非。

九　青

jīng chuán yù shǐ　jì zèng tí xíng
经传御史，偈赠提刑。（九青·1）

◎解读　《三字经》，幼学初阶。本为宋元人作，及得成氏所藏大板《三字经》，明蜀人梁应升为之图，聊城傅光宅侍御史为之序，较坊本多“胡元盛，灭辽金，承宋统，十四君。大明兴，逐元帝，统华夷，传万世”八句，“十七史”为“十九史”，乃知出于明人，究未知谁氏也。明神宗居东宫时颇读之。明·王世贞《弇州续稿·徐文贞公行状下》：神宗皇帝为皇子时，甫五龄，遇公等于御道西，召公谓曰：“先生每辛苦！”公等顿首谢，因谓：“殿下茂龄，宜读书进学。”皇太子顾公而曰：“我已读《三字经》矣。”又曰：“先生每请回。”如是者再，睿音琅然，不摄不骤。○宋·释晓莹《罗湖野录》卷四：白云端和尚于皇祐四年寓归宗书堂，郭功甫任星子主簿，时相过从，扣以心法。逮端住承天寺，迁圆通寺，郭复尉于江州德化，往来尤密。端移舒州白云海会寺，郭乃自当涂往谒。端问曰：“牛醇乎？”对曰：“醇矣。”端遽厉声叱之，郭不觉拱而立。端曰：“醇乎！醇乎！”于是为郭升堂而发挥之，曰：“牛来山中，水足草足；牛出山去，东触西触。”又不免送之以偈，曰：“上大人，丘乙己，化三千，可知礼。”① 未几示寂。郭为铭其塔，略曰：“师之道，超佛越祖；师之言，通今彻古。收则绝纤毫，纵则若猛虎。”可谓知言矣。

shì ān zhèng zì　cì zhòng tán jīng
士安正字，次仲谈经。（九青·2）

---

① 明·叶盛《水东日记》卷十：“上大人，丘乙己，化三千，七十士，尔小生，八九子，佳作仁，可知礼也。”“尚士由山水，中人坐竹林。王生自有性，平子本留心。”“王子去求仙，丹成入九天。山中方七日，世上几千年。”已上数语，凡乡学小童临仿字书皆昉于此，谓之描朱。尔传我习，几遍海内，然皆莫知所谓。或云仅取字画简少，无他义；或云义有了了可解者，且有出也。诸暨陈儒士洙近日云：“尝见宋学士晚年以眼明自夸，细书小字，尝及此。”

◎**解读** 刘晏，字士安，曹州南华人。年七岁举神童，授秘书省正字。《太平御览》卷二百三十四引《唐明皇杂录》：刘晏以神童为秘书省秘书正字。上问晏曰："正字正得几字？"晏曰："天下字皆正，惟有朋字未正。"玄宗大奇之。○《后汉书·儒林传》：戴凭，字次仲，汝南平舆人也。习京氏《易》。年十六郡举明经，征试博士，拜郎中。建武中正旦朝贺，帝令群臣说经相难诘，义有弗通，辄传席以益通者。凭遂至坐五十余席。故京师语曰："解经不穷戴侍中。"

xián zūn zǔ là　kuān shí tiān xīng

咸遵祖腊，宽识天星。（九青·3）

◎**解读** 《后汉书·陈宠传》：陈咸西汉末官至尚书。王莽专政，诛何武、鲍宣。咸喟然叹曰："吾可以逝矣！"即乞骸骨去，闭门不出，犹用汉家视腊①。或问之，答曰："吾祖宗岂知王氏腊乎？"○《太平御览》卷六十二引《益部耆旧传》：汉武帝祀甘泉，至渭桥，有女子浴于渭，乳长七尺。上怪而问之，女曰："帝后七车侍中知我所来。"时张宽在第七车，对曰："此天星，主祭祀者。斋戒不严，则女人星见。"甘泉宫，郊祀之地。

jǐng huàn chuí jiè　bān gù lè míng

景焕垂戒，班固勒铭。（九青·4）

◎**解读** 宋·洪迈《容斋续笔》卷一十八"戒石铭"条："尔俸尔禄，民膏民脂。下民易虐，上天难欺。"乃太宗皇帝书此以赐郡国，立于厅事之南，谓之《戒石铭》。按成都人景焕有《野人闲话》一书，宋乾德三年（965 年）所作，其首篇载蜀王孟昶（音敞）为文颁诸邑云："朕念赤子，旰食宵衣，言之令长，抚养惠绥。政存三异，道在七丝。驱鸡为理，留犊为规。宽猛得所，风俗可移。无令侵削，无使疮痍。下民易虐，上天难欺。赋舆是切，军国是资。朕之赏罚，固不踰时。尔俸尔禄，民膏民脂。为民父母，莫不仁慈。勉尔为戒，体朕深思。"凡二十四句，区区爱民之心在焉。○《后汉书·窦融传》：东汉窦宪为车骑将军，大破匈奴，遂登燕然山刻石勒

① 腊，岁终祭名，夏曰嘉平，殷曰清祀，周曰大蜡，汉曰腊。

功，纪汉威德，令班固作铭，曰："铄王师兮征荒裔，剿凶虐兮截（同'截'）海外。夐（音雄去，远）其邈兮亘地界，封神丘兮建隆嵑（音节，碑碣），熙帝载兮振万世。"

néng shī dù fǔ　shì jiǔ liú líng
能诗杜甫，嗜酒刘伶。（九青·5）

◎解读　《新唐书·文艺传赞》：唐兴，诗人承陈隋风流，浮靡相矜。至宋之问、沈佺期等，研揣声音，浮切不差，而号律诗，竞相袭沿。逮开元间，稍裁以雅正。然恃华者质反，好丽者壮违，人得一概，皆自名所长。至甫浑涵汪茫，千汇万状，兼古今而有之，他人不足，甫乃厌馀，残膏剩馥，沾丐后人多矣。故元稹谓："诗人以来，未有如子美者。"甫又善陈时事，律切精深，至千言不少衰，世称"诗史"。[①] ○《晋书·刘伶传》：刘伶，字伯伦，沛国人也。身长六尺，容貌甚陋，放情肆志，常以细宇宙齐万物为心，澹默少言，不妄交游，与阮籍、嵇康相遇，欣然神解，携手入林。初不以家产有无介意，常乘鹿车，携一壶酒，使人荷锸而随之，谓曰："死便埋我。"其遗形骸如此。尝渴甚，求酒于其妻，妻捐酒毁器，涕泣谏曰："君酒太过，非摄生之道，必宜断之！"伶曰："善！吾不能自禁，惟当祝鬼神自誓耳，便可具酒肉。"妻从之。伶跪，祝曰："天生刘伶，以酒为名。一饮一斛，五斗解酲。妇儿之言，慎不可听！"仍引酒御肉，隗然复醉。

zhāng chuò jiǎn dié　chē yìn náng yíng
张绰剪蝶，车胤囊萤。（九青·6）

◎解读　《桂苑丛谈》"张绰有道术"条：咸通初，有进士张绰者，下第后多游江淮间，颇有道术。常养气绝粒，嗜酒耽棋。或人召饮，若合意则索纸剪蛱蝶三二十枚，以气吹之，成列而飞，俄尔复在手中，人有求者即不许。后又因醉剪纸鹤二只，以水与之，翔翥（音助）而去。○《晋书·车胤传》：晋车胤风姿美劭，太守王胡之

---

① 宋·朱胜非《绀珠集》卷九"杜诗治疟"条引《古今诗话》：有病疟者，杜子美曰："诵吾诗可治。"令诵"夜阑更秉烛，相对如梦寐"，疟如初。又令诵"手提髑髅血模糊"，疾果顿愈。

谓其父曰："此儿当成卿门户，宜更令学问。"胤每笃学，贫无膏烛，夏月乃练囊盛萤火以继日，因遂有大萤常来照读。桓温引为博士，每张晏，胤必与。终吏部尚书。

qú yù xué yǔ yīng wǔ sòng jīng
鸜鹆学语，鹦鹉诵经。（九青·7）

◎**解读**　《太平御览》卷九百二十三引《幽明录》：晋司空桓豁[①]在荆州，有参军五月五日剪鸜鹆[②]舌，教令学语，遂无所不言。顾参军善弹琵琶，鸜鹆每立听移时，又善能效人语声。司空大会吏佐，令悉效四坐语，无不绝似。有生齆[③]鼻，语难学，学之不肖，纳头于瓮中以效焉，遂与齆者语声不异。主典人于鸜鹆前盗物，参军如厕，鸜鹆伺无人，密白："主典人盗某物。"参军衔之而未发。后盗牛肉，鸜鹆复白，参军曰："汝云盗肉，应有验。"鸜鹆曰："以新荷裹著屏风后。"检之果然。盗者患之，以热汤灌杀。〇宋·晁迥《法藏碎金录》卷二引唐李繁《玄圣蘧庐·心法篇》云：东都有人养鹦鹉，以其慧甚而施于僧。僧教之，能念经，往往架上不言不动。问其故，对云："身心俱不动，为求无上道。"及其死，焚之有舍利，洛人为之作塔。又，宋·祝穆《古今事文类聚》后集卷四十三"呼雪衣女"条引《明皇杂录》：开元中，岭南献白鹦鹉，养之宫中，颇聪慧，洞晓言词。上及贵妃皆呼"雪衣女"，常纵其饮啄飞鸣，然亦不离屏帏间。上令以近代词臣诗篇授之，数遍便可讽诵。上每与贵妃及诸王博戏，上稍不胜，雪衣娘必飞入局中鼓舞，以乱其行列，或啄嫔御及诸王手，使不能争道。忽一日飞上贵妃镜台，语曰："雪衣娘昨夜梦为鸷鸟所搏，将尽于此乎?"上使贵妃授以《多心经》，记诵颇精熟，日夜不息，若惧祸难有所禳[④]者。上与贵妃出于别殿，贵妃置雪衣娘于步辇竿上，与之同去。既至，上命从官校猎于殿下，鹦鹉方戏于殿上，忽有鹰搏之而毙。上与贵妃叹息久之，遂命瘗（音艺）于苑中，为立冢，呼为"鹦鹉冢"。

---

① 桓豁，字朗子，谯国龙亢（今安徽怀远）人。东晋将领，大司马桓温之弟。

② 又作"鸲鹆"，鸟名，即八哥。

③ 齆，音瓮，鼻塞。《诸病源候论·鼻齆候》："不知香臭而为齆也。"

④ 禳，祭祷以消灾求福。

十　蒸

gōng yuǎn wán yuè　fǎ xǐ guān dēng
公远玩月，法喜观灯。（十蒸·1）

◎解读　罗公远者，唐玄宗时有道术人也。《太平广记》卷二十二“罗公远”条：开元中，中秋望夜时，玄宗于宫中玩月。公远奏曰：“陛下莫要至月中看否?”乃取拄杖向空掷之，化为大桥，其色如银。请玄宗同登，约行数十里，精光夺目，寒色侵人。遂至大城阙，公远曰：“此月宫也。”见仙女数百，皆素练霓衣，舞于广庭。玄宗问曰：“此何曲也?”曰：“《霓裳羽衣》也。”玄宗密记其声调而回。却顾其桥，随步而灭。旦召伶官，依其声调作《霓裳羽衣曲》。○叶法喜，唐玄宗时法师。宋·祝穆《古·今事文类聚》前集卷七“广陵观灯”条引《幽怪录》：开元十八年正月望日，帝谓叶仙师曰：“四方之盛，此夕何处极丽?”对曰：“天下无逾于广陵。”帝曰：“何术以观之?”师曰：“可!”俄而虹桥起于殿前，师奏：“桥成！但无回顾。”于是帝步而上，太真及高力士、黄播绰、乐官数人从行。俄顷已到广陵寺，观陈设之盛，灯火之光照灼其殿，士女华丽，皆仰面曰：“仙人现于五色云中!”帝大悦。

yàn tóu zhāng yuè　fèng jí xú líng
燕投张说，凤集徐陵。（十蒸·2）

◎解读　张说，字道济，唐代著名诗人。其先范阳人，代居河东，后徙家河南之洛阳。永泰间中策贤良方正第一，累官至中书令，封燕国公。事具两《唐书》本传。《开元天宝遗事》卷一“梦玉燕投怀”条：张说母梦有一玉燕自东南飞来，投入怀中而有孕，生说，果为宰相，其至贵之祥也。○徐陵，南朝梁陈时期著名文学家。《陈书》卷二十六《徐陵传》云：陵字孝穆，东海剡（音善）人也。其母臧氏尝梦五色云化而为凤，集左肩上，已而诞陵焉。陵八岁能属文，十二通《庄》《老》义。既长，博涉史籍，纵横有口辩。梁大通二年，为皇太子东宫置学士，陵充其选。为一代文宗，国家有大手笔，皆陵草之。其文颇变旧体，缉裁巧密，多有新意，每一文出手，好事者已传写成诵，遂被之华夷，家藏其本。

xiàn zhī shū liàn xià sǒng tí líng
献之书练，夏竦题绫。（十蒸·3）

◎**解读** 献之，即晋代书法家王献之。宋·陈元靓《岁时广记》卷二“书新裙”条引《南史》：羊欣字敬元，长于隶书。父不疑为乌程令，欣时年十二，随之官。王献之为吴兴守，甚知爱之，尝夏月入县，欣著新练裙昼寝，献之书裙数幅而去。欣本工书，因此弥善。〇夏竦，字子乔，北宋时江州德安人。以文学起家，有名一时，且多识古文，学奇字，至夜以指画肤。其为政有治绩，然为人深刻阴险，一时名臣多为构陷。著有文集百卷、《策论》十三卷、《笺奏》三卷、《古文四声韵》五卷、《声韵图》一卷。《宋史》有传。宋·魏泰《东轩笔录》卷二载其事云：夏郑公竦举制科对策，廷下有老宦者前揖曰：“吾阅人多矣，视贤良，他日必贵，乞一诗以志今日之事。”因以吴绫手巾展于前。郑公乘兴题曰：“帘内衮衣明黼黻（音府服），殿前旌旆（音配）杂龙蛇。纵横落笔三千字，独对丹墀日未斜。”

ān shí zhí niù wèi dào mó léng
安石执拗，味道模棱。（十蒸·4）

◎**解读** 安石，即北宋名相王安石。《宋史·王安石传》：安石未贵时，名震京师。性不好华腴，自奉至俭，或衣垢不浣，面垢不洗。世多称其贤，蜀人苏洵独曰：“是不近人情者，鲜不为大奸慝①！”作《辩奸论》以刺之，以为必乱天下。安石性强忮（音至，嫉妒），遇事无可否，自信所见，执意不回。安石传经义出己意，辩论辄数百言，众不能诎（音屈，同“屈”），甚者谓“天变不足畏，祖宗不足法，人言不足恤”。罢黜中外老成人几尽，多用门下儇②慧少年。明·冯梦龙《警世通言》中有《拗相公》一篇，专述其事。〇味道，即初唐诗人苏味道。《新唐书》卷一百十四本传云：味道，赵州栾城人。九岁能属辞，与里人李峤（音叫）俱以文翰显时，号

① 慝，音特，奸邪坏人。
② 儇，音宣，指敏慧机灵。

"苏李"。举进士中第，累官至凤阁鸾台平章事。其为相特具位①，未尝有所发明，脂韦②自营而已。常谓人曰："决事不欲明白，误则有悔，摸棱持两端可也。"故世号"摸棱手"。又，宋·王钦若等编《册府元龟》卷三百三十五：苏味道则天时为凤阁侍郎，同凤阁鸾台三品，前后居相位数载，竟不能有所发明，但脂韦其间，苟度取容而已。尝谓人曰"处事不欲决断明白，若有错误，必贻咎谴，但模棱以持两端可矣。"时人由是号为"苏模棱"。

韩仇良复，汉纪备承。（十蒸·5）

hán chóu liáng fù　hàn jì bèi chéng

◎解读　韩，指战国时之韩国。良，即西汉初年辅佐刘邦之张良。《史记·留侯世家》：留侯张良者，其先韩人也。大父开地③相韩昭侯、宣惠王、襄哀王，父平④相釐王、悼惠王。秦灭韩，良年少，未宦事韩。韩破，良悉以家财求客刺秦王，为韩报仇，以大父、父五世相韩故。良尝东见仓海君，得力士，为铁椎（音垂）重百二十斤。秦皇帝东游，良与客狙击秦皇帝博浪沙中，误中副车。秦皇帝大怒，大索天下，求贼甚急，为张良故也。良乃更名姓，亡匿下邳。后良佐沛公灭秦而归韩。项王不遣韩王成之国，乃以为侯，又杀之彭城。良遂亡，间行归汉王。汉王复以良为成信侯，从东击楚，终灭项王而定天下，封留侯。良乃称曰："家世相韩，及韩灭，不爱万金之资，为韩报仇强秦，天下振动。今以三寸舌为帝者师，封万户，位列侯，此布衣之极，于良足矣！愿弃人间事，欲从赤松子⑤游耳。"乃学辟谷⑥，道引轻身⑦。○备，即刘备。东汉末刘备，中山靖王刘胜之后。尝奉密诏讨曹操，不克。后曹丕称帝，备亦于蜀即皇帝位，是为汉昭烈皇帝，以存刘汉之馀脉也。事具《三国志·蜀志·先主传》。

---

① 具位，徒具其位，充数备员而已。

② 脂，油脂。韦，皮革。脂韦指阿谀奉承。

③ 大父，祖父。张良之祖父名开地。

④ 张良之父名平。

⑤ 赤松子，神农时雨师，能入火自烧，随风雨上下。

⑥ 辟谷，最早源自《庄子·逍遥游》："藐姑射之山，有神人居焉，肌肤若冰雪，淖约若处子，不食五谷，吸风饮露，乘云气，御飞龙，而游乎四海之外。"后指道家的一种养生方式，又称却谷、去谷、绝谷、绝粒、却粒、休粮等。

⑦ 道（同"导"）引轻身，指学道引，欲轻举也。

cún lǔ duān mù　jiù zhào xìn líng
存鲁端木，救赵信陵。（十蒸·6）

◎解读　端木，即孔子弟子端木赐。据《史记·仲尼弟子列传》：端木赐，卫人，字子贡，少孔子三十一岁。子贡利口巧辞，孔子常黜其辩。田常①欲作乱于齐，惮高、国、鲍、晏②，故移其兵欲以伐鲁。孔子闻之，谓门弟子曰："夫鲁，坟墓所处，父母之国。国危如此，二三子何为莫出？"子路请出，孔子止之。子张、子石③请行，孔子弗许。子贡请行，孔子许之。遂行至齐，说田常曰："君之伐鲁，过矣！夫鲁，难伐之国。其城薄以卑，其地狭以泄，其君愚而不仁，大臣伪而无用，其士民又恶甲兵之事，此不可与战。君不如伐吴。夫吴，城高以厚，地广以深，甲坚以新，士选以饱，重器精兵，尽在其中，又使明大夫守之，此易伐也。"田常忿然作色曰："子之所难，人之所易；子之所易，人之所难。而以教常，何也？"子贡曰："臣闻之：忧在内者攻强，忧在外者攻弱。今君忧在内，吾闻君三封而三不成者，大臣有不听者也。今君破鲁以广齐，战胜以骄主，破国以尊臣④，而君之功不与焉。是君上骄主心，下恣群臣，求以成大事，难矣！夫上骄则恣，臣骄则争，是君上与主有隙，下与大臣交争也。如此，则君之立于齐危矣，故曰不如伐吴。伐吴不胜，民人外死，大臣内空，是君上无强臣之敌，下无民人之过，孤主制齐者，唯君也。"田常曰："善！虽然，吾兵业已加鲁矣。去而之吴，大臣疑我，奈何？"子贡曰："君按兵无伐，臣请往使吴王，令之救鲁而伐齐，君因以兵迎之。"田常许之，使子贡南见吴王，说曰："臣闻之：王者不绝世，霸者无强敌，千钧之重，加铢两而移。今以万乘之齐，而私千乘之鲁，与吴争强，窃为王危之。且夫救鲁，显名也；伐齐，大利也。以抚泗上诸侯，诛暴齐以服强晋，利莫大焉！名存亡鲁，实困强齐，智者不疑也。"吴王曰："善！虽然，吾尝与越战，栖之会稽，越王苦身养士，有报我心。子待我伐越而听子。"子贡曰："越之劲（音敬）不过鲁，吴之强不过齐，王置齐而伐越，则

---

① 田常，即田恒，齐国大夫。后篡姜齐而有其国，是为田齐。

② 高、国、鲍、晏，均为齐国有权势的大家族。

③ 子石，司马贞《史记索隐》曰：公孙龙也。

④ 此谓齐若伐鲁，鲍、晏等大夫必帅师而往，鲁国既破，鲍、晏等则有战胜之功，是"破国以尊臣"也。

齐已平鲁矣！且王方以存仁继绝为名，夫伐小越而畏强齐，非勇也。夫勇者不避难，仁者不穷约，智者不失时，王者不绝世，以立其义。今存越，示诸侯以仁，救鲁伐齐，威加晋国，诸侯必相率而朝吴，霸业成矣！且王必恶越，臣请东见越王，令出兵以从。”吴王大说，乃使子贡之越。越王除道郊迎，身御至舍而问曰：“此蛮夷之国，大夫何以俨然辱而临之？”子贡曰：“今者吾说吴王以救鲁伐齐，其志欲之，而畏越，曰：‘待我伐越乃可。’如此，破越必矣！且夫无报人之志，而令人疑之，拙也；有报人之意，使人知之，殆也；事未发而先闻，危也。三者举事之大患！”句践顿首再拜，曰：“孤尝不料力乃与吴战，困于会稽，痛入于骨髓，日夜焦唇干舌，徒欲与吴王接踵而死，孤之愿也！”遂问子贡，子贡曰：“吴王为人猛暴，群臣不堪，国家敝于数战，士卒弗忍，百姓怨上，大臣内变，太宰嚭用事，顺君之过，以安其私，是残国之治也。今王诚发士卒佐之，以激其志，重宝以说（同‘悦’）其心，卑辞以尊其礼，其伐齐必也。彼战不胜，王之福矣；战胜，必以兵临晋。臣请北见晋君，令共攻之。其锐兵尽于齐，重甲困于晋，而王制其敝，此灭吴必矣！”越王大说，许诺。子贡遂行报吴王曰：“臣敬以大王之言告越王，越王大恐，曰：‘孤不幸少失先人，内不自量，抵罪于吴，军败身辱，栖于会稽。赖大王之赐，使得奉俎豆而修祭祀，死不敢忘，何谋之敢虑！’”后五日，越使大夫种顿首言于吴王曰：“东海役臣孤句践使者臣种，敢修下吏，问于左右！今窃闻大王将兴大义，诛强救弱，困暴齐而抚周室，请悉起境内士卒三千人，孤请自被坚执锐，以先受矢石，因越贱臣种，奉先人藏器，以贺军吏！”吴王大说，乃遂发九郡兵伐齐。子贡因去之晋，谓晋君曰：“臣闻之：虑不先定，不可以应卒①；兵不先辨，不可以胜敌。今夫齐与吴将战，彼战而不胜，越乱之必矣；与齐战而胜，必以其兵临晋。”晋君大恐，曰：“为之奈何？”子贡曰：“修兵休卒以待之。”晋君许诺。子贡去而之鲁，吴王果与齐人战于艾陵，大破齐师而不归，果以兵临晋，与晋人相遇黄池之上。吴晋争强，晋人大败吴师。越王闻之，涉江袭吴，去城七里而军。吴王闻之，去晋而归，与越战于五湖，三战不胜，城门不守，越遂围王宫，杀夫差而戮其相，破吴而霸。故子贡一出，存鲁乱齐，破吴强晋，而霸越。○《史记·魏公子列传》：魏公子无忌者，魏昭王少子，而魏安釐王异母弟也，封为信陵君。公子为人仁而下士，士无贤不肖皆谦而礼交之，不敢以其富贵骄士。士以此方数千里争往归之，致食客三千人。当是时，诸

① 卒，音义同“猝”，仓猝。此指突发事件。

侯以公子贤，多客，不敢加兵谋魏十余年。魏安釐王二十年，秦昭王进兵围邯郸。公子姊为赵惠文王弟平原君夫人，数遗魏王及公子书，请救于魏。魏王使将军晋鄙将十万众救赵。秦王使使者告魏王曰："吾攻赵，旦暮且下，而诸侯敢救者，已拔赵，必移兵先击之。"魏王恐，使人止晋鄙。平原君使使让魏公子曰："今邯郸旦暮降秦，而魏救不至，安在公子能急人之困也?"公子患之，数请魏王，及宾客辩士说王万端。魏王畏秦，终不听公子。公子自度（音夺）终不能得之于王，乃用侯生计，使如姬盗兵符，矫魏王令代晋鄙。晋鄙合符，疑之，欲无听。而屠客朱亥袖四十斤铁椎，椎杀晋鄙。公子遂将晋鄙军，勒兵，下令军中曰："父子俱在军中，父归；兄弟俱在军中，兄归；独子无兄弟，归养。"得选兵八万人，进兵击秦军。秦军解去，遂救邯郸，存赵。

shào yōng shí luàn　líng mǔ zhī xīng
邵雍识乱，陵母知兴。（十蒸·7）

◎解读　邵雍，字尧夫，北宋著名理学家，自号安乐先生，卒谥康节。其子邵伯温《闻见录》卷十九纪其事云：治平①间，与客散步天津桥上，闻杜鹃声，惨然不乐。客问其故，则曰："洛阳旧无杜鹃，今始至，有所主。"客曰："何也?"康节先公曰："不二年，上用南士为相，多引南人，专务变更，天下自此多事矣!"客曰："闻杜鹃何以知此?"康节先公曰："天下将治，地气自北而南；将乱，自南而北。今南方地气至矣，禽鸟飞类，得气之先者也。"至熙宁初其言乃验②。○陵，即西汉初王陵。《史记·陈丞相世家》：王陵者，故沛人。始为县豪，高祖微时，兄事陵。陵少文任气，好直言。及高祖起沛，入至咸阳，陵亦自聚党数千人，以兵属汉。项羽取陵母，置军中。陵使至，则东乡③坐陵母，欲以招陵。陵母既私送使者，泣曰："为老妾语陵，谨事汉王。汉王，长者也，无以老妾故持二心。妾以死送使者!"遂伏剑而死。项王怒，烹陵母。陵卒从汉王定天下，封安国侯，为右丞相。

---

① 北宋年号，1064 年—1067 年。

② 谓王安石为相，推行新法。

③ 乡（繁体为"鄉"），同"向"（繁体为"嚮"）。古人设席，以东向坐为尊。项羽拘禁王陵母于军中，东向坐之，以示尊重，欲以招降王陵。

十一　尤

qín gāo chì lǐ　lǐ ěr qīng niú
琴高赤鲤，李耳青牛。（十一尤·1）

◎解读　《太平御览》卷九百三十六“鳞介部”引《列仙传》：琴高，赵人也。以鼓琴为宋康王舍人，行治鼓之术，浮游冀州涿郡间二百余年。后辞入涿水中取龙子，与诸弟子期曰：“皆洁斋，候于水旁，设祠屋。”果乘赤鲤来，出祠中，有万人观之。留一月，复入水去。〇《史记·老子韩非列传》：老子者，楚苦县厉乡曲仁里人也，姓李氏，名耳，字伯阳，谥曰聃，周守藏室之史也。老子修道德，其学以自隐无名为务。居周久之，见周之衰，乃遂去。至关，关令尹喜曰：“子将隐矣！强为我著书。”于是老子乃著书上下篇五千余言而去，莫知其所终。司马贞《史记索隐》引《列异传》：老子西游，关令尹喜望见其有紫气浮关，而老子果乘青牛而过。

míng huáng jié gǔ　yáng dì lóng zhōu
明皇羯鼓，炀帝龙舟。（十一尤·2）

◎解读　明皇，即唐玄宗李隆基。羯鼓，据说是来源于羯族的乐器，两面蒙以公羊皮，细腰。古时，龟兹（音丘词）、高昌、疏勒、天竺等地的居民均用之。宋·王谠《唐语林》卷四引南卓《羯鼓录》：明皇洞晓音律，丝管皆造其妙，制作诸曲，随意即成。尤爱羯鼓、横笛，云“八音之领”，诸乐不可为比。尝遇二月初吉旦，巾栉方毕，时宿雨始晴，景气明丽，上临轩纵击羯鼓一曲，名《春光好》，神气自得，嫔嫱侍臣皆称万岁。又，明皇性俊迈，不好琴。曾听琴，正弄①未毕，叱琴者曰：“待诏出！”谓内官曰：“速令花奴②将羯鼓来，为我解秽！”〇炀帝，即隋炀帝杨广。《隋

---

① 弄，乐曲。正弄，即正曲。繁（音婆）钦《与魏文帝笺》：“馀弄未尽。”此言“馀弄”，与“正弄”恰相对。

② 花奴，唐玄宗时汝阳王李琎，以善击羯鼓，得玄宗喜爱。

书·炀帝纪》：大业元年八月壬寅，上御龙舟，幸江都，以左武卫大将军郭衍为前军，右武卫大将军李景为后军，文武官五品以上给楼船，九品以上给黄蔑[①]，舳舻（音竹卢）相接二百余里。

羲叔正夏，宋玉悲秋。（十一尤·3）

xī shū zhèng xià　sòng yù bēi qiū

◎解读　羲叔，上古羲和氏之子。《尚书·尧典》："（帝尧）申命羲叔，宅南交，平秩南譌，敬致。日永、星火，以正仲夏。"申，重也。宅，居住也。南交，谓南方之交趾也。平，或作苹，使也。秩，或作程，谓课其技能也。譌，即讹，又作"为"或"伪"。南讹即南为，五行家以南方配夏，故南为即夏为，谓夏之农事也。敬致者，即《周礼》所谓"冬夏致日"，以夏至之日中，祠日而识其影，即以土圭测量日影也。永，长也，夏至昼最长，故言日永。火，星名，即大火星，亦即二十八宿之心宿，是东方七宿之一。星火，谓初昏时大火星在正南方出现，乃夏至时之景象。"羲叔正夏"谓古帝尧命羲叔居住南方，验日影之长短以确定夏至，来安排夏天的农事。○宋玉，战国末期楚国诗人。《史记·屈原贾生列传》：屈原既死之后，楚有宋玉、唐勒、景差之徒者，皆好辞而以赋见称，然皆祖屈原之从容辞令，终莫敢直谏。《楚辞》有宋玉所作《九辩》，其开篇曰："悲哉！秋之为气也，萧瑟兮草木摇落而变衰。"[②]

才压元白，气吞曹刘。（十一尤·4）

cái yā yuán bái　qì tūn cáo liú

◎解读　元、白，即中唐诗人元稹（音诊）和白居易。唐宝历年间，杨于陵仆射入觐[③]，其子嗣复率两榜门生迎于潼关，宴新昌里，元稹、白居易俱在。赋诗席上，杨汝士诗后成。元、白览之，失色。诗曰："隔坐应须赐御屏，尽将仙翰入高冥。文章

---

① 黄蔑，小舟也。

② 东汉·王逸《楚辞章句》卷八注云：寒气聊戾，岁将暮也。阴冷促急，风疾暴也。华叶陨零，肥润去也。形体易色，枝叶枯槁也。自伤不遇，将与草木俱衰老也。

③ 觐，本指诸侯于秋季朝见天子，后来泛指臣下朝见君王。

旧价留鸾掖，桃李新阴在鲤庭。再岁生徒陈贺宴，一时良吏尽传馨。当时疏广虽云盛，讵有兹筵醉醁醽[①]。”杨大醉归，谓其子弟曰：“吾今日压倒元、白！”语在王定保《唐摭言》卷三。〇曹、刘，即建安时期文学家曹植和刘桢。唐元和中文学家元稹曾论杜甫诗云：至于子美，盖所谓上薄《风》《骚》，下该沈、宋，言夺苏、李，气吞曹、刘，掩颜、谢之孤高，杂徐、庾之流丽，尽得古今之体势，而兼人人之所独专矣。[②]

xìn qín mèng zé fān xǐ jiāo zhōu
信擒梦泽，翻徙交州。(十一尤·5)

◎**解读** 信，即汉初辅佐刘邦定天下之韩信。梦泽，即楚地之云梦泽。《史记·淮阴侯列传》：汉六年，人有上书告楚王信反，高帝发使告诸侯会陈：“吾将游云梦。”实欲袭信。信自度无罪，谒高祖于陈。上令武士缚信，载后车。信曰：“果若人言：‘狡兔死，良狗烹；高鸟尽，良弓藏；敌国破，谋臣亡。’天下已定，我固当烹！”上曰：“人告公反！”遂械系信。至雒（音洛）阳赦信罪，以为淮阴侯。〇翻，即虞翻。《三国志·吴志·虞翻传》：翻，字仲翔，会稽余姚人也。孙权以为骑都尉。翻数犯颜谏争，权不能悦，又性不协俗，多见谤毁。权积怒非一，遂徙翻交州。翻虽处罪放，而讲学不倦，门徒常数百人，又为《老子》《论语》《国语》训注，皆传于世。裴松之《三国志注》引《翻别传》云：翻放弃南方，云：“自恨疏节，骨体不媚，犯上获罪，当长没海隅，生无可与语，死以青蝇为吊客。使天下一人知己者，足以不恨！”

cáo cān fǔ hàn zhōu bó ān liú
曹参辅汉，周勃安刘。(十一尤·6)

◎**解读** 《史记·曹相国世家》：曹参者，沛人也，从高祖起事。天下已定，以参

① 醁（音录）、醽（音灵），皆指美酒。

② 《风》，《国风》，此代指《诗经》；《骚》，《离骚》，此代指《楚辞》。沈、宋，唐初诗人沈佺期、宋之问。苏、李，西汉时期的苏武和李陵，传该二人是五言古诗的首创者。颜、谢，南朝文学家颜延之、谢灵运。徐、庾，南朝梁陈间文学家徐陵、庾信。

为齐相国，封平阳侯。其治要用黄老术，故相齐九年，齐国安集，大称贤相。惠帝二年，萧何卒，参闻之，告舍人："趣治行，吾将入相!"居无何，使者果召参。参既为汉相，举事无所变更，一遵萧何约束。择郡国吏，木诎于文辞，重厚长者，即召除为丞相史；吏之言文刻深，欲务声名者，辄斥去之。日夜饮醇酒，不治事。惠帝责曰："高帝新弃群臣，相国日饮无所事事，何以忧天下乎?"参免冠谢曰："陛下自察，圣武孰与高帝?"上曰："朕乃安敢望先帝乎!"曰："陛下观臣能，孰与萧何贤?"上曰："君似不及也。"参曰："陛下言之是也！且高帝与萧何定天下，法令既明，今陛下垂拱，参等守职，遵而勿失，不亦可乎?"惠帝曰："善！君休矣!"为汉相国三年，百姓歌之曰："萧何为法，顜①若画一。曹参代之，守而勿失。载其清净，民以宁一。"○《史记·绛侯周勃世家》：周勃者，沛人也。以织薄曲②为生，常为人吹箫给丧事。后从高祖起事。天下已定，以军功封绛侯，迁太尉。为人木强敦厚，高帝以为可属大事。勃不好文学，每召诸生说（音税）士，东乡坐③而责之："趣为我语!"其椎④少文如此。高后崩，诸吕为乱，欲危刘氏。勃与丞相陈平谋，卒诛诸吕而立汉文帝。

tài chū rì yuè　jì yě chūn qiū
太初日月，季野春秋。（十一尤·7）

◎**解读**　太初，乃三国时夏侯玄之字。玄少知名，格量弘济。《世说新语·容止》云：时人目夏侯太初，朗朗如日月之入怀。○季野，乃东晋人褚裒（音抔）之字。《晋书·褚裒传》：褚裒，字季野，康献皇后父也。少有简贵之风，与京兆杜乂俱有盛名，冠于中兴。桓彝见而目之曰："季野有皮里春秋。"言其外无臧否，而内有所褒贬也。谢安亦雅重之，恒云："裒虽不言，而四时之气亦备矣。"

gōng chāo chéng shì　zhǎng rú wéi lóu
公超成市，长孺为楼。（十一尤·8）

① 顜，音讲，明白公正。

② 薄、曲同义，蚕箔也。

③ 古代宾主座次以东向为上。勃东乡坐，老大自居，不以宾主礼也。

④ 椎，音义同"锤"，愚重直钝也。

◎解读 《后汉书·张霸传》：张楷，字公超，蜀郡成都人，张霸之中子也。通《严氏春秋》《古文尚书》，门徒常百人，宾客慕之，自父党夙儒偕造门焉，车马填街，徒从无所止。黄门及贵戚之家，皆起舍巷次，以候过客往来之利。楷疾其如此，辄徙避之。家贫无以为业，常乘驴车至县卖药，足给食者，辄还乡里。司隶举茂才，除长陵令，不至官。隐居弘农山中，学者随之，所居成市，后华阴山南遂有“公超市”。五府①连辟举贤良方正，不就。〇《宋史·孙抃传》：孙抃，字梦得，眉山人。六世祖长孺喜藏书，号“书楼孙氏”。子孙以田为业，至抃始读书属文，中进士。又宋·苏颂《苏魏公文集》卷五十五《孙抃墓志铭》：孙氏世居富春，其族盛于江东。唐季多故，子孙因家于眉山，以聚书、治产、教子弟亲田畴为事，而眉人号其家曰“书楼孙氏”，然不仕。

chǔ qiū shǐ zhuàng tián yù qǐ xiū
楚邱始壮，田豫乞休。（十一尤·9）

◎解读 楚邱，也作“楚丘”。西汉·韩婴《韩诗外传》卷十：楚丘先生披蓑带索，往见孟尝君。孟尝君曰：“先生老矣！春秋高矣！多遗忘矣！何以教文？”楚丘先生曰：“恶君谓我老！恶君谓我老！意者将使我投石超距②乎？追车赴马乎？逐麋鹿搏豹虎乎？吾则死矣，何暇老哉！将使我深计远谋乎？定犹豫而决嫌疑乎？出正辞而当诸侯乎？吾乃始壮耳，何老之有！”孟尝君赧然，汗出至踵，曰：“文过矣！文过矣！”孟尝君，姓田名文，齐宗室，战国四公子之一。〇《三国志·魏志·田豫传》：田豫，字国让，渔阳雍奴人也。为官清约俭素，赏赐皆散之将士，每胡狄私遗，悉簿藏官，不入家，家常贫匮。正始初，迁使持节护匈奴中郎将，加振威将军，领并（音兵）州刺史。外胡闻其威名，相率来献，州界宁肃，百姓怀之。征为卫尉，屡乞逊位致仕。太傅司马宣王③以为豫克壮，不听其请。豫书答曰：“年过七十而居位，譬犹钟鸣漏尽而夜行不休，是罪人也。”遂固称疾笃。

---

① 五府，太傅、太尉、司徒、司空、大将军也。

② 投石超距，一种游戏，据地向前或向上跳跃。

③ 司马宣王，指司马懿。

xiàng cháng sǔn yì　hán yù dǒu niú
向长损益，韩愈斗牛。（十一尤·10）

◎解读　晋·皇甫谧《高士传》卷中：向长，字子平，河内朝歌人也。隐居不仕，性尚中和，好通《老》《易》。贫无资食，好事者更馈焉，受之，取足而反其余。王莽大司空王邑辟之，连年乃至，欲荐之于莽，固辞乃止。潜隐于家，读《易》至《损》《益》卦，喟然叹曰："吾已知富不如贫，贵不如贱，但未知死何如生耳！"后汉建武中，男女嫁娶既毕，遂肆意与同好俱游五岳名山，竟不知所终。〇韩愈，字退之，自叹生辰不祥，屡遭谗谤，命运多舛，故作《三星行》诗："我生之辰，月宿南斗。牛奋其角，箕张其口。牛不见服箱，斗不挹酒浆。箕独有神灵，无时停簸扬。无善名以闻，无恶声以攘。名声相乘除，得少失有馀。三星各在天，什五东西陈。嗟汝牛与斗，汝独不能神。"三星者，斗、牛、箕也。

jìn chú niàng bù　xuán bài yǐn hóu
琎除酿部，玄拜隐侯。（十一尤·11）

◎解读　琎，名李琎，唐睿宗皇帝之孙，玄宗之从子也。眉宇秀整，性谨洁，善射。帝爱之，封汝阳王。嗜酒，为唐"饮中八仙"之一，撰有《甘露经》，又有《酒谱》一卷。明·徐应秋《玉芝堂谈荟》卷二十八引《醉仙图记》：汝阳王琎取云梦石甃①泛春渠以置酒，作金龟银鱼浮沉其中，为酌酒具。家有酒法，号《甘露经》，自称"酿王"兼"曲部尚书"。曲，酒曲也。〇玄，即西汉隐士王玄。宋·龚颐正《芥隐笔记》云：《河南志》卢元明《侯山记》曰：汉有王玄者，隐于侯山，景帝再征，不屈，就其山封侯，因以为名。唐·宋之问《侯山诗》云"王玄拜隐侯"。

gōng sūn dōng gé　páng tǒng nán zhōu
公孙东阁，庞统南州。（十一尤·12）

◎解读　公孙，即西汉人公孙弘，曾为丞相，封平津侯。《汉书·公孙弘传》：弘至

---

①　甃，音宙，修砌也。

宰相，封侯，于是起客馆，开东阁[1]，以延贤人。○《三国志·蜀志·庞统传》：庞统，字士元，襄阳人也。少时朴钝，未有识者。颍川司马徽清雅有知人鉴，统弱冠往见徽，徽采桑于树上，坐统在树下，共语。自昼至夜，徽甚异之，称统当为“南州士之冠冕”，由是渐显。

yuán dān zhì mào rén jié xié qiú
袁耽掷帽，仁杰携裘。（十一尤·13）

◎解读 袁耽，晋人，字彦道，陈郡阳夏（音甲）人。魁梧爽朗，高风振迈，少倜傥不羁，有异才，士人多归之。《世说新语·任诞》：桓温少家贫，博戏大输，债主敦求甚切，思自振之方，莫知所出。陈郡袁耽俊迈多能，温欲求救于耽。耽时居丁艰，恐致疑，试以告焉。耽应声便许，略无慊（音千）吝，遂变服怀布帽随温去，与债主博。耽素有艺名，债主就局曰：“汝故不当是袁彦道耶?”遂共戏十万一掷，直上百万数，投马绝叫，旁若无人，探布帽掷地，曰：“汝竟识袁彦道不（同‘否’）!”○仁杰，即唐代名臣狄仁杰也。唐·薛用弱《集异记》云：则天时，南海郡献集翠裘，珍丽异常。张昌宗侍侧，则天因以赐之，遂命披裘供奉双陆[2]。宰相狄梁公仁杰时入奏事，则天令赐座，因命梁公与昌宗双陆。梁公拜恩就局，则天曰：“卿二人赌何物?”梁公对曰：“争先三筹，赌昌宗所衣毛裘。”则天谓曰：“卿以何物为对?”梁公指所衣紫絁[3]袍曰：“臣以此敌。”则天笑曰：“卿未知此裘价逾千金，卿之所指为不等矣。”梁公起曰：“臣此袍乃大臣朝见奏对之衣，昌宗所衣乃嬖幸宠遇之服，对臣之袍，臣犹怏怏!”则天业已处分，遂依其说，而昌宗心赧神沮，气势索莫，累局连北。梁公对御就褫[4]其裘，拜恩而出。及至光范门，遂付家奴衣之。

zǐ jiāng yuè dàn ān guó yáng qiū
子将月旦，安国阳秋。（十一尤·14）

① 阁者，小门也。东向开之，避当庭门而引宾客，以别于掾史官属也。
② 双陆，又作双六，博戏名。
③ 絁，音失，粗绸也。
④ 褫，剥脱。

◎解读 月旦，农历每月初一也。《后汉书·许劭传》：许劭，字子将，汝南平舆人。少峻名节，好人伦，多所赏识。时郭泰亦知人，故天下言拔士者称许、郭。曹操微时，常卑辞厚礼求为己目。邵鄙其人，曰："君清平之奸贼，乱世之英雄。"操大悦而去。初，劭与从兄许靖俱有高名，好共核论乡党人物，每月辄更其品题。故汝南俗有"月旦评"焉。劭兄虔亦知名，汝南称平舆渊有二龙焉。〇《晋书·孙盛传》：孙盛，字安国，太原中都人。笃学不倦，自少至老手不释卷。著《魏氏春秋》《晋阳秋》，并造诗赋论难复数十篇。《晋阳秋》词直而理正，咸称"良史"焉。既而桓温见之，怒谓盛子曰："枋头①诚为失利，何至乃如尊君所说！若此史遂行，自是关君门户事。"其子遽拜谢，谓请删改之。时盛年老还家，性方严，有轨宪，虽子孙班白而庭训愈峻。至此，诸子乃共号泣稽颡，请为百口切计。盛大怒，诸子遂窃改之。

dé yú xī yè　yǔ liàng nán lóu
德舆西掖，庾亮南楼。（十一尤·15）

◎解读 德舆，即唐代权德舆，字载之，天水略阳人。生四岁能属诗，七岁居父丧，以孝闻。十五为文数百篇，编为《童蒙集》十卷，名声日大。后为相，居西掖②八年，其间独掌者数岁，待人处事，为人钦佩。事具《旧唐书》本传。〇庾亮，晋人，字元规，明穆皇后之兄也，官居高位要津。初，亮所乘马有的颅（音地卢），殷浩以为不利于主，劝亮卖之。亮曰："曷有己之不安，而移之于人！"浩惭而退。亮在武昌，诸佐吏殷浩之徒乘秋夜往共登南楼，俄而不觉亮至，诸人将起避之，亮徐曰："诸君少住，老子于此处，兴复不浅。"便据胡床③与浩等谈咏竟坐，其坦率多此类也。

liáng yín kuǐ lěi　zhuāng mèng dú lóu
梁吟傀儡，庄梦髑髅。（十一尤·16）

---

① 枋头，地名。

② 掖，宫中旁舍。多用作中央官署或妃嫔居住之处。《汉官仪》云："中书为右曹，又称西掖。"

③ 胡床，轻便坐具，或谓即马扎也。

◎解读 梁，即唐代梁锽。锽有《傀儡吟》诗云："刻木牵丝作老翁，鸡皮鹤发与真同。须臾弄罢寂无事，还似人生一世中。"宋·吴曾《能改斋漫录》卷八曰：唐·梁锽《咏木老人诗》"刻木牵丝作老翁"云云，《开天传信记》称明皇还蜀，尝以为诵，而非明皇所作也。按《列子·汤问》：周穆王时巧人名偃师，所造倡者能歌舞。王与盛姬观之，舞罢则瞬目以招王之左右。王怒，欲杀偃师。偃师惧，立剖散倡者，皆革木胶漆之所为。此是傀儡之始。《山堂肆考》卷一六九引唐段安节《乐府杂录》云：傀儡子起于汉祖平城之围。其城一面即冒顿（音默独）妻阏氏（音烟支）兵，强于三面。陈平访知阏氏妒忌，造木偶妇人，运机关舞埤（音皮，矮墙）间。阏氏望见，谓是生人，虑下城冒顿必纳，遂退军。后翻为戏，其引歌舞者曰"郭郎"①，秃发善戏笑，凡戏场必在排儿之首。〇庄，即战国时期道家代表人物庄周。《庄子·至乐》：庄子之楚见空髑髅，髐然有形，撽以马捶②，因而问之曰："夫子贪生失理而为此乎？将子有亡国之事、斧钺之诛而为此乎？将子有不善之行、愧遗父母妻子之丑而为此乎？将子有冻馁之患而为此乎？将子之春秋故及此乎？"于是语卒，援髑髅枕而卧。夜半髑髅见梦曰："子之谈者似辩士。诸子所言，皆生人之累也，死则无此矣！子欲闻死之说乎？"庄子曰："然。"髑髅曰："死无君于上，无臣于下，亦无四时之事，从然以天地为春秋，虽南面王，乐不能过也！"庄子不信曰："吾使司命复生子形，为子骨肉肌肤，反子父母妻子、闾里、知识，子欲之乎？"髑髅深颦蹙额曰："吾安能弃南面王乐，而复为人间之劳乎！"

mèng chēng qīng fā　yīn hào fēng liú
孟称清发，殷号风流。（十一尤·17）

◎解读 孟，即唐代诗人孟浩然。唐天宝四载王士源撰《孟浩然集序》曰：孟浩然字浩然，襄阳人也。骨貌淑清，风神散朗。救患释纷，以立义表；灌蔬艺竹，以全高尚。交游之中，通脱倾盖，机警无匿。学不为儒，务掇菁藻，文不按古，匠心独妙。五言诗天下称其尽美矣。士源他时尝笔赞之曰："导漾挺灵，实生楚英。浩然清发，亦其自名。"开元二十八年，王昌龄游襄阳。时浩然疾疹发背，且愈。相得欢

---

① 《颜氏家训·书证篇》：或问："俗名傀儡子为'郭秃'，有故实乎？"答曰："《风俗通》云：诸郭皆讳'秃'，当是先世有姓郭而病秃者，滑稽调戏，故后人为其像呼为郭秃尔。"

② 髐，音消，髐然，枯骨暴露貌。撽，音俏，敲击。捶，鞭。

甚，浪情宴谑，食鲜疾动，终于治城南园，年五十有二。〇殷，即晋人殷浩，字深源，陈郡长平人。识度清远，弱冠有美名。尤善玄言，与叔父融俱好《老》《易》。融与浩口谈则辞屈，著篇则融胜，浩由是为风流谈论者所宗。或问浩曰："将莅官而梦棺，将得财而梦粪，何也?"浩曰："官本臭腐，故将得官而梦尸；钱本粪土，故将得钱而梦秽。"时人以为名言。事具《晋书》本传。

jiàn jī zǐ jìng fàn jì yáng xiū
见讥子敬，犯忌杨修。（十一尤·18）

◎**解读** 子敬，王献之之字。《晋书·王献之传》：献之少有盛名，而高迈不羁，虽闲居终日，容止不怠，风流为一时之冠。年数岁，尝观门生樗蒲[①]，曰："南风不竞。"[②] 门生曰："此郎亦管中窥豹，时见一斑。"献之怒曰："远惭荀奉倩，近愧刘真长。"遂拂衣而去。又宋·吴曾《能改斋漫录》卷十四"讽棋取怒"条载献之此事，并云：宋谢密字宏微，性宽博，无喜愠。尝与友人棋，友人西南棋有死势，复一客曰："西南风急，或有覆舟者。"友悟，乃救之。宏微大怒，投局于地。盖二人皆以讽于棋而取怒。〇《世说新语·捷悟》：魏武（曹操）尝过曹娥碑下，杨修从。碑背上见题作"黄绢幼妇，外孙齑臼[③]"八字，魏武谓修曰："解不（同'否'）?"答曰："已解。"魏武曰："卿未可言，待我思之。"行三十里，魏武乃曰："吾已得。"令修别记所知，修曰："黄绢，色丝也，于字为绝；幼妇，少女也，于字为妙；外孙，女子也，于字为好；齑臼，受辛也，于字为辞。所谓'绝妙好辞'也。"魏武亦记之，与修同。乃叹曰："我才不及卿，乃觉三十里。"遂深衔恨之。今按：或谓杨修解破曹瞒"鸡肋"与"一合酥"及门上书"活"字义，从而招忌也。

xún xī lěi luǎn wáng jī zài zhōu
荀息累卵，王基载舟。（十一尤·19）

◎**解读** 荀息，春秋时晋国大夫。宋·李昉等《太平御览》卷四百五十六引《说

---

① 樗蒲，又作摴蒱，古代一种博戏，此处似指围棋。

② 竞，强劲也。王献之言"南风不竞"，盖谓南方棋弱也。

③ 齑臼，犹蒜臼也。

苑》：晋灵公造九层台，费用千亿，谓左右曰："敢有谏者斩！"荀息闻之，上书求见。灵公张弩挟矢见之，谓曰："子欲谏耶?"息曰："不敢谏也。臣能累十二博棋，加九鸡子上。"公曰："子为寡人作之。"息即正颜色，定志意，以棋子置下，加九鸡子其上，左右慑息，灵公扶伏，气息不续，曰："危哉！危哉！"息曰："是不危也，复有危于此者！"公曰："愿复见之。"息曰："九层之台，三年不成，男不得耕，女不得织，国有空虚（同'虚'），邻国谋议，将欲兴兵，社稷亡灭，君欲何望?"灵公曰："寡人之过！"乃坏九层之台。〇《三国志·魏志·王基传》：王基，字伯舆，东莱曲城人也。为中书侍郎。明帝盛修宫室，百姓劳瘁，基上疏曰："臣闻古人以水喻民，曰：水所以载舟，亦所以覆舟。故在民上者，不可以不戒惧。夫民逸则虑易，苦则思难。是以先王居之以约俭，俾（音比，使）不至于生患。昔颜渊云：东野子之御马，力尽矣而求进不已，是以知其将败。今事役劳苦，男女离旷，愿陛下深察东野之弊，留意舟水之喻，息奔驷于未尽，节力役于未困。"

shā ōu kě xiá　jiāo lù nán qiú
沙鸥可狎，蕉鹿难求。（十一尤·20）

◎解读　《列子·黄帝篇》：海上之人有好鸥鸟者，每旦之海上从鸥鸟游，鸥鸟之至者百数而不止。其父曰："吾闻鸥鸟皆从汝游，汝取来吾玩之。"明日之海上，鸥鸟舞而不下也。〇《列子·周穆王篇》：郑人有薪于野者，遇骇鹿击而毙之，恐人见之也，遽藏诸隍中，覆之以蕉，不胜其喜。俄而遗其所藏之处，遂以为梦焉，顺涂而咏其事。傍人有闻者，用其言而取鹿。既归，告其妻曰："向薪者梦得鹿而不知其处，吾从其言而得之，彼直真梦者矣！"妻曰："子将是梦见薪者之得鹿邪？讵有薪者邪？今真得鹿，是子之梦真邪！"夫曰："吾据以得鹿，何用知彼梦、我梦邪?"薪者之归，不厌失鹿，其夜真梦藏之之处，又梦得之之主。爽旦，案所梦而寻得之，遂讼而争之有司。有司曰："若初真得鹿，妄谓之梦；真梦得鹿，妄谓之实。彼真取若鹿，而与若争鹿，其妻又谓梦认人鹿。今据有此鹿，请二分之。"以闻郑君，郑君曰："嘻！有司将复梦分人鹿乎！"访之国相，国相曰："梦与不梦，臣所不能辨也！"

huáng lián chí shàng　yáng yǒng lóu tóu
黄联池上，杨咏楼头。（十一尤·21）

◎**解读** 黄，即宋代黄鉴，字唐卿，建州浦城人。少敏慧过人，举进士。同郡杨亿尤善其文词，延置门下，由是知名。《氏族大全》卷八“幼悟”条：黄鉴七岁不能言，其祖喜其风骨之美，遇物诲之。一日，携至池上，祖曰：“水马池中走。”鉴对曰：“游鱼波上浮。”后任台阁。〇杨，即宋初诗人杨亿。宋·蔡正孙编《诗林广记》卷三录李白诗：“夜宿峰顶寺，举手扪星辰。不敢高声语，恐惊天上人。”并引《西清诗话》云：“蕲州黄梅县峰顶寺在水中央，环伏万山，人迹所罕到。曾阜为令时，因事登其上，见梁间一榜，尘暗粉落，拂涤视之，乃谪仙诗。世间传杨大年幼时诗，非也。”因附杨大年绝句云：“危楼高百尺，手可摘星辰。不敢高声语，恐惊天上人。”又引阮阅《诗话》云：“杨文正公亿生数岁不能言，一日，家人抱登楼，偶触其首，遂即能语，且吟此诗。”又宋·陈耆卿《赤城志》卷四十引《邵氏闻见录》云：舒州峰顶寺有李太白题诗云云。今天台华顶峰有孟观诗，云：“偶因华顶宿，抬手摘星辰。不敢高声语，恐惊天上人。”峰傍有摘星岭，因诗立名，则前所指为太白、文公语，疑好事者改之尔。

cáo bīng xùn sù lǐ shǐ chí liú
曹兵迅速，李使迟留。（十一尤·22）

◎**解读** 曹，即东汉末年曹操。《三国志·蜀志·先主传》：曹操以江陵有军实，恐先主据之，乃释辎重，轻军到襄阳。闻先主已过，曹公将精骑五千急追之，一日一夜行三百余里，及于当阳之长坂，先主弃妻子，与诸葛亮、张飞、赵云等数十骑走，曹公大获其人众辎重。〇李，即东汉李合。《后汉书·李合传》：李合字孟节，汉中南郑人也。游太学，通五经，外质朴，人莫之识。汉中太守召署户曹史，时大将军窦宪纳妻，天下郡国皆有礼庆，太守亦欲遣使。合进谏曰：“窦将军椒房之亲①，不修礼德，而专权骄恣，危亡之祸，可翘足而待。愿明府一心王室，勿与交通。”太守固遣之，合不能止，请求自行，许之。合遂所在留迟，以观其变。行至扶风，而宪就国自杀，支党悉伏其诛，凡交通宪者皆为免官，唯汉中太守不豫焉。

① 汉代宫中有椒房，为后妃居室。后因以“椒”字冠于后妃所居，如椒屋、椒第。

kǒng míng liú mǎ　tián dān huǒ niú
孔明流马，田单火牛。（十一尤·23）

◎解读 诸葛亮，字孔明。《三国志·蜀志·诸葛亮传》：亮性长于巧思损益，连弩、木牛、流马，皆出其意。推演兵法作《八阵图》，咸得其要。○《史记·田单列传》：田单者，齐诸田疏属也。愍王时，燕使乐毅伐破齐，田单东保即墨，乃收城中得千余牛，为绛缯衣，画以五彩龙文，束兵刃于其角，而灌脂束苇于尾，烧其端，凿城数十穴，夜纵牛，壮士五千人随其后。牛尾热，怒而奔燕军。燕军夜大惊。牛尾炬火光明炫耀，燕军视之皆龙文，所触尽死伤。五千人因衔枚击之，而城中鼓噪从之，老弱皆击铜器为声，声动天地。燕军大骇，败走。

wǔ hóu qí shàn　jiǔ bì zhēn xiū
五侯奇膳，九婢珍馐。（十一尤·24）

◎解读 河平二年，汉成帝悉封舅氏王谭为平阿侯，王商为成都侯，王立为红阳侯，王根为曲阳侯，王逢时为高平侯。五人同日封，故世谓之“五侯”。《汉书·游侠传》：楼护，字君卿，齐人。少随父为医，出入贵戚家。是时王氏方盛，宾客满门，五侯争名，其客各有所厚，不得相往来，唯护尽入其门，咸得欢心。汉·刘歆撰、晋·葛洪辑《西京杂记》卷二：楼护传食五侯间，各得其欢心，竞致奇膳。护乃合以为鲭①，世称“五侯鲭”，以为奇味焉。○元·陶宗仪《说郛》卷一百二十“邹平公食宪章”条：唐丞相段文昌②精馔事，第中庖厨榜曰“炼珍堂”，在涂号“行珍馆”。家有老婢掌其烹饪之法，指授女仆。老婢名膳祖，四十年阅百婢，独九婢可嗣法。文昌自编《食经》五十章，时称“邹平公食宪章”。

guāng ān gēng diào　fāng mù cháo yóu
光安耕钓，方慕巢由。（十一尤·25）

◎解读 光，即东汉严光。《后汉书·逸民传》：严光，字子陵，一名遵，会稽余姚

---

① 鲭，音征，鱼、肉合烧之杂烩。
② 段文昌，唐文宗时封邹平郡公。

人也。少有高名，与光武帝同游学。及光武即位，光乃变名姓隐身不见。帝思其贤，乃令以其形貌访之。后齐国上言：有一男子披羊裘钓泽中。帝疑其光，乃备安车玄纁（音勋，浅红色）遣使聘之，三反而后至。帝即日幸其馆，光卧不起，帝即其卧所抚光腹曰："咄！咄！子陵不可相助为理邪？"光又眠不应。良久，乃张目熟视，曰："昔唐尧著德，巢父洗耳。士故有志，何至相迫乎？"帝曰："子陵，我竟不能下汝邪？"于是升舆，叹息而去。除为谏议大夫，不屈，乃耕于富春山，后人名其钓处为"严陵濑"焉。○方，即西汉末薛方。巢、由，即巢父、许由也，传为上古隐士。《汉书·鲍宣传》：薛方尝为郡掾祭酒，尝征不至。及王莽以安车迎方，方因使者辞谢曰："尧舜在上，下有巢、由。今明主方隆唐虞之德，小臣欲守箕山[①]之节也。"使者以闻，莽说（同"悦"）其言，不强致。方居家以经教授，喜属文，著诗赋数十篇。

shì jī mìng jià fǎng dài cāo zhōu
适嵇命驾，访戴操舟。（十一尤·26）

◎**解读** 嵇，三国时人嵇康也。命驾，趣行也。《世说新语·简傲》：嵇康与吕安善，每一相思，千里命驾。安后来，值康不在，其兄嵇喜出户延之，不入，题门上作"鳳"字而去。喜不觉，犹以为欣。故作"鳳"字，凡鸟也[②]！○戴，即戴逵，字安道，晋谯国人也。少博学，好谈论，善属文，能鼓琴，工书画，其余巧艺靡不毕综。隐居会稽郯县，屡召不仕。《世说新语·任诞》：王子猷[③]居山阴，夜大雪，眠觉开室，命酌酒，四望皎然，因起彷徨，咏左思《招隐诗》，忽忆戴安道。时戴在剡，即便夜乘小船就之。经宿方至，造门不前而返。人问其故，王曰："吾本乘兴而行，兴尽而返，何必见戴！"

zhuàn tuī shǐ zhòu lì shàn zhōng yáo
篆推史籀，隶善锺繇。（十一尤·27）

---

① 张晏曰：许由隐于箕山，在阳城，有许由祠。

② 许慎《说文》曰：鳳，神鸟也，从鸟凡声。

③ 猷，音由。王子猷，即王徽之，任性放达，弃官东归，居山阴。

◎解读 唐代张怀瓘（音灌），《书断》卷上：大篆者，周宣王太史史籀所作也。或云柱下史始变古文，或同或异，谓之为篆。篆者传也，传其物理，施之无穷。甄酆（音丰）定“六书”，三曰篆书；八体书法，一曰大篆。又《汉书·艺文志》云：《史籀》十五篇，并此也．以史官制之用以教授，谓之《史书》，凡九千字。秦赵高善篆，教始皇少子胡亥书。又汉文帝、王遵、严延年并工《史书》是也。秦焚书，惟《易》与《史篇》得全。《吕氏春秋》云：“苍颉造大篆。”非也。若苍颉造大篆，则置古文何地？所谓籀、篆，盖其子孙是也。史籀即大篆之祖也。又：籀文者，周太史史籀之所作也，与古文、大篆小异。后人以名称书，谓之籀文。《七略》曰：史籀者，周时史官，教学童书也。与孔氏壁中古文异体。甄酆定“六书”，二曰奇字，是也，其迹有石鼓文存焉。盖讽宣王畋（音田，打猎）猎之所作，今在陈仓。李斯小篆兼采其意，史籀即籀文之祖也。又：隶书者，秦下邽（音规）人程邈所造也。邈字元岑，始为衙县狱吏，得罪始皇，幽系云阳 狱中。覃思十年，益大小篆方圆而为隶书三千字奏之，始皇善之。用惟御史以奏事繁多，篆字难成，乃用隶字以为隶人佐书，故名隶书。蔡邕《圣皇篇》云：程邈删古立隶文，甄酆“六书”云，四曰佐书是也。秦造隶书，以赴急速，为官司刑狱用之，馀尚用小篆焉。汉亦因循，至和帝时贾鲂撰《滂喜篇》，以《苍颉》为上篇，《训纂》为中篇，《滂喜》为下篇，所谓《三苍》也，皆用隶字写之，隶法由兹而广。汉陈遵字孟公，京兆杜陵人。哀帝之世为河南太守。善隶书，与人尺牍，主皆藏之以为荣，此其创开隶书之善也。尔后锺元常、王逸少各造其极焉。〇《书断》卷中：魏人锺繇，字元常，颍川长社人。才思通敏，善书。师曹喜、蔡邕、刘德升。真书绝世，刚柔备焉，点画之间，多有异趣，可谓幽深无际，古雅有馀，秦汉以来一人而已！虽古之善政遗爱结于人心未足多也，尚德哉若人！其行书则羲之、献之之亚，草书则卫、索之下，八分则有魏受禅碑称能为最。其隶入神，八分入妙。繇，一说音由。

shào guā wǔ sè　lǐ jú qiān tóu
邵瓜五色，李橘千头。（十一尤·28）

◎解读 《史记·萧相国世家》：邵平者，故秦东陵侯。秦破为布衣，贫，种瓜于长安城东。瓜美，故世俗谓之“东陵瓜”，从邵平以为名也。〇李，即李衡，东汉末丹阳太守。宋·萧常《续后汉书》卷三十五：衡每欲治产业，妻辄不听。后密遣客十人，于武陵龙阳洲上作宅，种甘橘千株，临终嘱其子曰：“汝母恶（音误）吾治家，故穷如是。吾洲里有千头木奴，不责汝衣食，岁止一匹绢，亦可足用。”既卒，其子以白其母。母曰：“此当是种甘橘也。汝家失十户客七八年矣，必汝父遣为宅。汝父常称太史公言：‘江陵千树橘，当封君家。’吾答曰：‘人患无德义，不患不富。若贵而能贫，方好耳。用此何为？’”后甘橘大熟成岁，鬻而得绢数千匹，家道益饶云。

fāng liú yù dài　lín bǔ jīn ōu

芳留玉带，琳卜金瓯。（十一尤·29）

◎**解读**　芳，即明代李春芳。《明史·舆服志》：春芳字子实，扬州兴化人。少时读书崇明寺，举乡试久不利。嘉靖二十六年举进士，以状元及第授翰林院修撰，拜相。因留其玉带于寺中楼上，故称“玉带楼”。○琳，即唐代崔琳。《新唐书·崔琳传》：初，玄宗每命相，皆先书其名。一日书琳等名，覆以金瓯。会太子入，帝谓曰：“此宰相名，若自意之，谁乎？即中，且赐酒。”太子曰：“非崔琳、卢从愿乎？”帝曰：“然！”赐太子酒。时两人有宰相望，帝欲相之数矣，以族大恐附离者众，卒不用。

sūn yáng shí mǎ　bǐng jí wèn niú

孙阳识马，丙吉问牛。（十一尤·30）

◎**解读**　孙阳，即伯乐，古代善识马者。《战国策·楚策四》：骥服盐车而上太行，蹄申膝折，尾湛胕溃，漉汁洒地，白汗交流，外阪迁延，负辕不能上。① 伯乐遭之，下车攀而哭之，解纻衣以幂之。骥于是俯而喷，仰而鸣，声达于天，若出金石声者，何也？彼见伯乐之知己也。○《汉书·丙吉传》：丙吉字少卿，鲁国人也。治律令，积功劳为丞相。尝出行，逢群斗者，死伤横道，吉过之不问。已而逢人逐牛，牛喘吐舌。吉止驻，使骑吏问：“逐牛行几里矣？”掾史谓丞相前后失问。吉曰：“民斗相杀伤，长安令、京兆尹职所当禁备逐捕。岁竟，丞相课其殿最②，奏行赏罚而已。宰

---

① 申，展也。湛，沉也。白汗，谓非因天热而流汗也。阪，陂（音泼）也。迁延，不得进也。

② 课，考评也。殿，考绩之最下等。最，考绩之较上等也。

相不亲小事，非所当于道路问也。方春，少阳用事，未可大热，恐牛近行，用暑故喘。此时气失节，恐有所伤害也。丞相典调和阴阳，职所当忧，是以问之。”掾史乃服，以吉知大体。

盖（gě）忘（wàng）苏（sū）隙（xì），聂（niè）报（bào）严（yán）仇（chóu）。（十一尤·31）

◎解读 盖、苏，即东汉人盖勋、苏正和，二人有隙。《后汉书·盖勋传》：盖勋字元固，敦煌广至人也。初举孝廉，为汉阳长史。时武威太守倚恃权执，恣行贪横。从事武都苏正和案致其罪。凉州刺史梁鹄畏惧贵戚，欲杀正和以免其负，乃访之于勋。勋素与正和有仇，或劝勋可因此报隙，勋曰：“不可！谋事杀良非忠也，乘人之危非仁也。”乃谏鹄曰：“夫绁食鹰鸢欲其鸷[①]，鸷而亨之，将何用哉？”鹄从其言。正和喜于得免，而诣勋求谢。勋不见，曰：“吾为梁使君谋，不为苏正和也。”怨之如初。○聂、严，即战国时人聂政、严仲子（名遂）。《史记·刺客列传》：聂政者，轵深井里人也。杀人避仇，与母、姊如齐，以屠为事。濮阳严仲子与韩相侠累有隙，欲求人可以报侠累者。齐人或言聂政勇敢士也，仲子乃具酒自畅聂政母前。酒酣，严仲子奉黄金百镒，前为聂政母寿。聂政惊怪其厚，严仲子乃辟人，因为聂政言曰：“臣有仇。闻足下义甚高，故进百金者，将用为大人粗粝之费，得以交足下之欢，岂敢以有求望邪！”聂政曰：“臣所以降志辱身、居市井屠者，徒幸以养老母。老母在，政身未敢以许人也。”竟不肯受。久之，聂政母死。既已葬，除服，聂政曰：“嗟乎！政乃市井之人，鼓刀以屠，而严仲子乃诸侯之卿相也，不远千里枉车骑而交臣，奉百金为亲寿，是深知政也。老母今以天年终，政将为知己者用！”遂西至濮阳，见严仲子曰：“前日所以不许仲子者，徒以亲在。今不幸而母以天年终，仲子所欲报仇者为谁？请得从事焉。”严仲子具告，聂政乃独行，仗剑至韩。韩相侠累方坐府上，持兵戟而卫侍者甚众。聂政直入上阶，刺杀侠累。左右大乱，聂政大呼，所击杀者数十人。因自皮面决眼，自屠出肠，遂以死。

---

① 绁，系也。食，音嗣，喂养。《广雅》曰：鸷，执也。

zhāng gōng bǎi rěn　sūn fǎng sì xiū
张公百忍，孙昉四休。（十一尤·32）

◎**解读**　张公，即郓州寿张人张公艺。《旧唐书·孝友传》：公艺九代同居。北齐时东安王高永乐诣宅慰抚，旌表焉。隋开皇中大使邵阳公梁子恭亦亲慰抚，重表其门。贞观中特敕吏加旌表，麟德中高宗封禅泰山，路过郓州，亲幸其宅，问其义由。公艺请纸笔，但书百余“忍”字。高宗为之流涕，赐以缣帛。〇宋·黄庭坚《四休居士诗序》：太医孙君昉，字景初，为士大夫发药，多不受谢，自号“四休居士”。山谷问其说，四休笑曰：“粗茶淡饭饱即休，补破遮寒暖即休，三平二满过即休，不贪不妒老即休。”山谷曰：“此安乐法也！”

qián táng yì dǐ　yàn zi lóu tóu
钱塘驿邸，燕子楼头。（十一尤·33）

◎**解读**　宋·郑文宝《南唐近事》卷二：宋初陶谷学士奉使南唐，恃上国势，下视江左，辞色毅然不可犯。韩熙载命妓秦弱兰诈为驿卒女，每日弊衣持帚扫地。陶悦之，与狎，失慎独之戒。又赠一词名《风光好》，云：“好因缘，恶因缘，只得邮亭一夜眠，别神仙。琵琶拨尽相思调，知音少。待得鸾胶续断弦，是何年？”明日后主李煜设宴，陶辞色如前，乃命弱兰歌此词劝酒。陶大沮，即日北归。〇宋·洪迈《容斋三笔》卷十二：白乐天《燕子楼诗序》云：徐州故张尚书[①]有爱妓曰盼盼，善歌舞，雅多风态。尚书既殁，彭城有旧第，第中有小楼名“燕子”。盼盼念旧爱而不嫁，居是楼十余年，幽独块然。白公尝识之，感旧游作二绝句，首章云：“满窗明月满帘霜，被冷灯残拂卧床。燕子楼中霜月苦，秋来只为一人长。”末章云：“今春有客洛阳回，曾到尚书冢上来。见说白杨堪作柱，争教红粉不成灰。”读者伤恻。

---

① 张尚书，或谓即唐代张建封。

十二 侵

sū dān jú jǐng dǒng fèng xìng lín
苏耽橘井，董奉杏林。（十二侵·1）

◎解读 苏耽，传为汉末得道仙人。明·彭大翼《山堂肆考》卷二十五引《列仙传》云：苏耽启母曰："明年天下病疫，庭中井水、井边种橘可以代养。井水一升、橘叶一枝，可以疗一人。"来年果疫，母如言救之，无不愈者。又《太平御览》卷四十九引《郡国志》曰：一日有众宾来，耽启母曰："受性当仙，仙人今招耽去。今年疾疫甚，饮家中井水即无恙。又种药于园梅树下，可治百病。卖此水及药，过于供养。"便去。母遽视之，众宾皆白鹤也。○董奉，三国时期名医。宋·张杲《医说》卷一引葛洪《神仙传》云：董奉，字君异，侯官（地名）人也。为人治病，病愈，令种杏五株，轻者一株。数年之间，杏有十万。杏熟，以谷一器易一器杏，以所得谷赈济贫乏。奉在人间近二百年，颜貌若三十许，一旦举手指天，竦身入云。

hàn xuān xù lìng xià yǔ xī yīn
汉宣续令，夏禹惜阴。（十二侵·2）

◎解读 《汉书·魏相传》：汉宣帝时，魏相奏请令通晓阴阳、精通经书者四人主管四时律令，以调和阴阳，如高祖时故事。帝从之。○禹，传为夏朝第一代帝王，曾治洪水。《淮南子·原道训》：时之反侧，间不容息，先之则大过，后之则不逮。夫日回而月周，时不与人游，故圣人不贵尺之璧，而重寸之阴，时难得而易失也。禹之趋时也，履遗而弗取，冠挂而弗顾，非争其先也，而争其得时也。又《晋书·陶侃传》：侃常语人曰："大禹圣者，乃惜寸阴。至于众人，当惜分阴，岂可逸游荒醉！生无益于时，死无闻于后，是自弃也。"

méng tián zào bǐ　　tài hào zhì qín
蒙恬造笔，太昊制琴。（十二侵·3）

◎**解读**　蒙恬，秦朝将领。《艺文类聚》卷五十八引《博物志》：蒙恬造笔。○太昊，上古帝名，又称伏羲、庖牺。《艺文类聚》卷十一引《帝王世纪》：太昊帝，庖牺氏，风姓也。蛇身人首，有圣德，都陈，作瑟三十六弦。又《太平御览》卷五七七引《琴操》曰：伏羲作琴长三尺六寸六分，象三百六十六日也；广六寸，象六合也；前广后狭，象尊卑也；上圆下方，法天地也。

jìng wēi xiè kuì　　míng shàn cí jīn
敬微谢馈，明善辞金。（十二侵·4）

◎**解读**　敬微，即南朝齐人宗测，字敬微。《南齐书·宗测传》：测，南阳人，宋征士炳孙也。征辟皆不就。性喜鳞羽，爱止山壑，眷恋松筠，轻迷人路。尝携《老子》《庄子》二书以游庐山，江州太守萧子响赠遗（赠送）甚厚。测曰："少有狂疾，寻山采药，远来至此，量腹而进松术①，度形而衣薜（音闭）萝，淡然已足，岂容当此横施！"子响命驾造之，测避不见。后子响不告而来，奄至所住。测不得已，巾褐对之，竟不交言，子响不悦而退。○明善，即元朝人元明善。元·陶宗仪《辍耕录》卷二"使交趾"条：翰林学士元文敏公明善，字复初，清河人。会朝廷遣蒙古大臣一员使交趾，公副之。将还，交趾国主赉以金，蒙古受之，公固辞。主曰："彼使臣已受矣，公独何为？"公曰："彼所以受者，安小国之心。我所以不受者，全大国之体。"国主叹服。

suī yáng jué chǐ　　jīn cáng pī xīn
睢阳嚼齿，金藏披心。（十二侵·5）

◎**解读**　睢阳，指唐代睢阳守将张巡。《旧唐书·忠义传》：张巡，蒲州河东人。以文行知名，聪悟有才干。举进士，三以书判拔萃入等。天宝中调授清河令，有能名，重义尚气节，人以危窘告者，必倾财以恤之。禄山之乱，巡召募豪杰为义举，坚守

① 术，音竹，草名，根、茎可入药。《隋书·徐则传》："餐松饵术。"

睢阳。贼将尹子奇攻围经年，城中粮尽，救兵不至。巡神气慷慨，每与贼战，大呼誓师，眦裂血流，齿牙皆碎。及城陷被俘，尹子奇谓巡曰："君每战眦裂，嚼齿皆碎，何至此耶?"巡曰："吾欲气吞逆贼，但力不遂耳!"子奇以大刀剔巡口，视其齿，存者不过三数。巡大骂曰："我为君父义死，尔附逆贼，犬彘（音至，猪）也，安能久哉!"遂遇害。〇金藏，即唐人安金藏（音葬）。《旧唐书·忠义传》：安金藏，京兆长安人。初为太常工人。则天称制，或有诬告皇嗣潜有异谋者，则天令来俊臣穷鞫（音居，审问）其状，左右不胜楚毒，皆欲自诬，惟金藏确然无辞，大呼谓俊臣曰："公不信金藏之言，请剖心以明皇嗣不反。"即引佩刀自剖其胸，五藏并出，流血被地，因气绝而仆。则天闻之，令舆入宫中，遣医人却内五藏，以桑白皮为线缝合，傅之药，经宿金藏始苏。则天亲临视之，叹曰："吾子不能自明，不如尔之忠也。"即令俊臣停推，太子由是免难。

gù yán liǔ zhī　xuán dé sāng yīn
固言柳汁，玄德桑阴。（十二侵·6）

◎**解读**　固言，即唐相国李固言。《说郛》卷一一九"柳神九烈君"引《三峰集》：李固言未第前行古柳下，闻有弹指声。固言问之，应曰："吾柳神九烈君，已用柳汁染子衣矣，科第无疑。果得蓝袍，当以枣糕祠我。"固言许之。未几状元及第。后世诗文多以"著柳汁衣"喻科举登第。〇玄德，刘备之字。《三国志·蜀志·先主传》：先主姓刘讳备，字玄德，涿郡涿县人，汉景帝子中山靖王胜之后也。先主少孤，与母贩履织席为业。舍东南角篱上有桑树，生高五丈余，遥望见童童如小车盖。往来者皆怪此树非凡，或谓当出贵人。先主少时，与宗中诸小儿于树下戏，言："吾必当乘此羽葆盖车。"

jiāng guì dūn fù　sōng bǎi shì lín
姜桂敦复，松柏世林。（十二侵·7）

◎**解读**　敦复，即南宋初晏敦复。据《宋史》本传：敦复字景初，北宋文学家晏殊之曾孙。少学于程颐，颐奇之。第进士，为御史台检法官，两月内论驳朝廷奏议廿四事，议者惮之。秦桧使所亲谕敦复曰："公能曲从"，要职"旦夕可致"。敦复曰："吾终不为身计误国家。况吾姜桂之性，到老愈辣，请勿言。"桧卒不能屈。〇世林，即东汉末宗承，字世林。《世说新语·方正》：南阳宗世林，魏武同时而甚薄其为人，不与之交。及魏武作司空，总朝政，从容问宗曰："可以交未?"答曰："松柏之志犹存!"

dù yù zhuàn pǐ liú jùn shū yín
杜预《传》癖，刘峻书淫。（十二侵·8）

◎解读　《晋书·杜预传》：杜预，晋人，字元凯，京兆杜陵人。博学多通，明于兴废之道，常言："德不可以企及，立功、立言可庶几也。"预文义质直，世人未之重，唯秘书监挚虞赏之，曰："左丘明本为《春秋》作传，而《左传》遂自孤行，《释例》本为传设，而所发明何但《左传》，故亦孤行。"时王济解相马，又甚爱之；而和峤颇聚敛。预常称济有"马癖"，峤有"钱癖"。武帝闻之，谓预曰："卿有何癖?"对曰："臣有《左传》癖。"〇南朝刘峻，字孝标，平原人。好学家贫，寄人庑下，自课读书，常燎麻炬从夕达旦。时或昏睡，爇[①]其发，既觉复读，终夜不寐，其精力如此。自谓所见不博，更求异书，闻京师有者必往祈借。清河崔慰祖谓之"书淫"。注《世说新语》传世。

zhōng huì qiè jiàn bù yí dào jīn
锺会窃剑，不疑盗金。（十二侵·9）

◎解读　锺会，字士季，三国时颍川长社人，太傅锺繇小子也。《世说新语·巧艺》：锺会，是荀勖从舅，二人情好不协。荀有宝剑可直百万，常在其母锺夫人处。会善书，学荀手迹作书与荀母取剑，乃窃去不还。荀勖知是锺，而无由得也，思所以报之。后锺兄弟以千万起一宅，始成，甚精丽，尚未移住。荀极善画，乃潜往画锺宅门堂，作太傅形象，衣冠状貌如平生。二锺入门，便大感恸，宅遂空废。〇不疑，即汉初直不疑。《史记·万石张叔列传》：塞侯直不疑者，南阳人也。为郎事文帝。其同舍有告归，误持同舍郎金去。已而金主觉，妄意不疑，不疑谢有之，买金偿。而告归者来而归金，而前郎亡金者大惭，以此称为长者。

---

① 爇，音弱，烧也。

huán yī nòng dí　zǐ áng suì qín
桓伊弄笛，子昂碎琴。（十二侵·10）

◎解读　《晋书·桓伊传》：桓伊，字叔夏，有武干，标格简率。频参诸府军事，累迁大司马参军，以功封永修县侯，进号右军将军，赐钱百万，袍表千端。伊性谦素，虽有大功而始终不替。善音乐，尽一时之妙，为江左第一。有蔡邕柯亭笛[①]，常自吹之。王徽之赴召京师，泊舟青溪侧。伊素不与徽之相识，时于岸上过，船中客称伊小字曰："此桓野王也。"徽之便令人谓伊曰："闻君善吹笛，试为我一奏。"伊是时已贵显，素闻徽之名，便下车踞胡床，为作《三调弄》毕，便上车去，客主不交一言。○子昂，即初唐文学家陈子昂。宋·计敏夫《唐诗纪事》卷八引《独异记》：子昂初入京，不为人知。有卖胡琴者，价百万，豪贵传视无辩者。子昂突出，谓左右曰："辇千缗[②]市之。"众惊问，答曰："余善此乐。"皆曰："可得闻乎？"曰："明日可集宣扬里。"如期偕往，则酒肴毕具，置胡琴于前。食毕，捧琴语曰："蜀人陈子昂，有文百轴，驰走京师，碌碌尘土，不为人知。此琴贱工之役，岂宜留心！"举而碎之，以其文轴遍赠会者，一日之内，声华溢都。

qín zhāng lǐ yì　sū shì wén xīn
琴张礼意，苏轼文心。（十二侵·11）

◎解读　琴张，即子琴张，传为古代得道高人。一说即琴牢，字子张，孔子弟子，恐非。[③]《庄子·大宗师》：子桑户、孟子反、子琴张三人相与为友。有间而子桑户死，未葬。孔子闻之，使子贡往吊焉。孟子反、子琴张或编曲，或鼓琴，相和而歌曰："嗟来桑户乎！嗟来桑户乎！而已反其真，而我犹为人猗！"子贡趋而进曰："敢问临尸而歌，礼乎？"二人相视而笑曰："是恶知礼意！"子贡反，以告孔子曰："彼何人者邪？修行无有而外其形骸，临尸而歌，颜色不变，无以命之，彼何人者邪？"孔子曰："彼游方之外者也，而丘游方之内者也。外内不相及，而丘使女（同

---

① 昔蔡邕尝经会稽柯亭，见屋东十六椽竹，取以为笛，果有异声。

② 缗，量词，古制千钱为一缗。《新唐书·韩休传》："岁铸钱四万五千缗输京师。"

③ 《左传·昭公二十年》："琴张闻宗鲁死，往吊之。"此琴张即孔子弟子。其吊宗鲁也，孔子斥为非礼，显与《庄子》之子琴张之行为不符。

‘汝’）往吊之，丘则陋矣。彼以生为附赘县（同‘悬’）疣，以死为决疽溃（音汇）痈，夫若然者，又恶知死生先后之所在！”○宋·何薳（音伟）《春渚纪闻》卷六“文章快意”条：东坡尝谓刘景文曰：“某平生无快意事，惟作文章，意之所到，则笔力曲折，无不尽意。自谓世间乐事，无逾此者。”

gōng quán yǐn jiàn　yùn gǔ xiáng zhēn
公权隐谏，蕴古详箴。（十二侵·12）

◎**解读**　公权，即唐代书法家柳公权，字诚悬。《旧唐书·柳公权传》：穆宗即位，公权入奏事。帝召见，谓曰：“我于佛寺见卿笔迹，思之久矣！”即日拜右拾遗，充翰林侍书学士，迁右补阙，司封员外郎。穆宗政僻，尝问公权：“笔何尽善？”对曰：“用笔在心，心正则笔正。”上改容，知其笔谏也。○蕴古，即唐初张蕴古，相州洹水人。《旧唐书·文苑传》：蕴古性聪敏，博涉书传，善缀文，能背碑覆局，尤晓时务，为州闾所称。太宗初即位，上《大宝箴》以讽，太宗嘉之，赐以束帛，除大理丞。

guǎng píng zuò fù　hé xùn xíng yín
广平作赋，何逊行吟。（十二侵·13）

◎**解读**　广平，即唐代宋璟，邢州南和人。其先自广平徙焉。少耿介，有大节。弱冠举进士，累转凤阁舍人。当官正色，武则天甚重之。睿宗朝迁吏部尚书，同中书门下三品。开元中拜侍中，累封广平郡公，后迁尚书右丞相。璟尝撰《梅花赋》。唐·皮日休《桃花赋序》云：余尝慕宋广平之为相，贞姿劲质，刚态毅状，疑其铁肠与石心，不解吐婉媚辞。然睹其文而有《梅花赋》，清便富艳，得南朝“徐庾体”，殊不类其为人。○何逊，字仲言，东海郯（音谈）人。南朝梁文学家。《渊鉴类函》卷四百引《梁书》曰：何逊为扬州法曹，廨舍有梅树一株，时吟咏其下。后居洛思梅花，请再任，从之。抵扬，花方盛开，对花彷徨终日。

jīng shān qì yù　mèng xué tuò jīn
荆山泣玉，梦穴唾金。（十二侵·14）

◎解读　荆，楚也。《史记·鲁仲连邹阳列传》：昔卞和献宝，楚王刖（音月，砍脚）之。裴骃《史记集解》引应劭曰：卞和得玉璞，献之楚武王。武王示玉人，玉人曰："石也。"刖右足。武王没，复献文王，玉人复曰："石也。"刖其左足。至成王时，卞和抱璞哭于郊，乃使玉尹攻之，果得宝玉。〇唐·释道世《法苑珠林》卷三十七引任昉《述异记》：南康雩（音于）都县沿江西出，去县三里，名梦口，有穴状如石室。旧传常有神鸡，色如好金，出此穴中，奋翼回翔，长鸣响彻，见人辄飞入穴中，因号此石为金鸡石。昔有人耕此山，侧望见鸡出游戏，有一长人操弹弹之，鸡遥见便飞入穴，弹丸正著穴上。丸径六尺许，下垂蔽穴，犹有间隙，不复容人。又有人乘船从下流还县，未至此崖数里，有一人通身黄衣，担两笼黄瓜，求寄载之。黄衣人乞食，船主与之。食讫，船适至崖下，船主乞瓜，此人不与，仍唾盘上，径上崖直入石中。船主初甚忿之，见其入石，始知神异，取向食器视之，见盘上唾悉是黄金。

mèng jiā luò mào　　sòng yù pī jīn
孟嘉落帽，宋玉披襟。（十二侵·15）

◎解读　《晋书·孟嘉传》：孟嘉，字万年，江夏人。少知名。为桓温参军，温甚重之。九月九日，温宴龙山，僚佐毕集。时佐吏并著戎服，有风至，吹嘉帽堕落，嘉不之觉。温使左右勿言，欲观其举止。嘉良久如厕，温令取还之，命孙盛作文嘲嘉，著嘉坐处。嘉还见，即答之，其文甚美，四坐嗟叹。嘉好酣饮，愈多不乱。温问嘉："酒有何好，而卿嗜之？"嘉曰："公未得酒中趣耳！"又问："听乐，丝不如竹，竹不如肉，何谓也？"嘉答曰："渐近自然。"一坐咨嗟。〇宋玉，战国末期楚国人。楚辞作家。《文选》卷十三宋玉《风赋》：楚襄王游于兰台之宫，宋玉、景差侍。有风飒然而至，王乃披襟而当之，曰："快哉此风！寡人所与庶人共者邪！"宋玉对曰："此独大王之风耳，庶人安得而共之！"

mò jīng sān bài　　huò bèi qī qín
沫经三败，获被七擒。（十二侵·16）

◎解读　沫，即春秋时鲁人曹沫①。《史记·刺客列传》：沫以勇力事鲁庄公。庄公

① 《左传》《穀梁传》均作"曹刿"，即以"一鼓作气"论战之曹刿也。盖沫、刿音近而字异耳。然《左传》唯记鲁庄十年战长勺，用曹刿谋败齐，而无劫桓公之事。

好力，曹沫为鲁将，与齐战三败北。鲁庄公惧，乃献遂邑之地以和，犹复以沫为将。齐桓公许与鲁会于柯而盟。桓公与庄公既盟于坛上，曹沫执匕首劫齐桓公，桓公左右莫敢动，而问曰："子将何欲？"曹沫曰："齐强鲁弱，而大国侵鲁亦以甚矣！今鲁城坏即压齐境①，君其图之。"桓公乃许尽归鲁之侵地。既已言，曹沫投其匕首下坛，北面就群臣之位，颜色不变，辞令如故。桓公怒，欲倍其约，管仲曰："不可！夫贪小利以自快，弃信于诸侯，失天下之援，不如与之。"于是桓公乃遂割鲁侵地，曹沫三战所亡地尽复予鲁。〇获，即三国时西南地区少数民族首领孟获。《三国志·蜀志·诸葛亮传》裴松之注引《汉晋春秋》曰：亮至南中，所在战捷，闻孟获者为夷、汉所服，募生致之。既得，使观于营陈（阵）之间，问曰："此军何如？"获对曰："向者不知虚实，故败。今蒙赐观看营陈，若只如此，即定易胜耳！"亮笑，纵使更战，七纵七禽（同"擒"），而亮犹遣获。获止不去，曰："公，天威也，南人不复反矣！"遂至滇池，皆即其渠率而用之。

易牙调味，锺子聆音。（十二侵·17）

yì yá tiáo wèi　zhōng zǐ líng yīn

◎解读　易牙，春秋时雍人，名巫，故又称雍巫也。知味，为齐桓公烹饪近臣。《韩非子·十过》：管仲疾病，桓公从而问曰："仲父即不幸，谁可为齐相者？"管仲曰："知臣惟君。"桓公曰："易牙可乎？"曰："不可！夫易牙为君主味，君之所未尝食，唯人肉耳。易牙蒸其首子而进之，君所知也。人之情莫不爱其子，今蒸其子以为膳于君，其子弗爱，又安能爱君乎？"《汉书·东方朔传》颜师古注：管仲死，遂逐易牙，而桓公食不甘味，曰："仲父不亦过乎！"于是复召易牙。明年，公有病，易牙与竖貂相与作乱，塞宫门，筑高墙，不通人，公虽欲食欲饮皆不可得。公慨然叹，涕出，曰："嗟乎！圣人所见岂不远哉！若死者有知，我将何面目见仲父乎！"以衣袂掩面而绝。〇锺子，即锺子期，春秋时楚人。少善听音。《吕氏春秋·本味》：俞伯牙鼓琴，锺子期听之。方鼓琴而志在太山，锺子期曰："善哉乎鼓琴！巍巍乎若太山！"少选之间，而志在流水。锺子期又曰："善哉乎鼓琴！汤汤乎若流水！"锺子期死，伯牙破琴绝弦，终身不复鼓琴，以为世无足复为鼓琴者。

---

① 言鲁国都之城崩坏，即压齐境者，为鲁地几尽归齐国也。

líng hú bīng yǔ　　sī mǎ qín xīn
令狐冰语，司马琴心。（十二侵·18）

◎**解读** 令狐，即晋人令狐策。《晋书·艺术传》：索紞（音胆），字叔彻，敦煌人也。少游京师，受业太学，博综经籍，遂为通儒。明阴阳、天文，善术数、占候。知中国将乱，避世而归。乡人从紞占问吉凶，门中如市。孝廉令狐策梦立冰上，与冰下人语。紞曰："冰上为阳，冰下为阴，阴阳事也。士如归妻，迨（音待，等到）冰未泮（音盼，融化），婚姻事也。君在冰上，与冰下人语，为阳语阴，媒介事也。君当为人做媒，冰泮而婚成。"策曰："老夫耄（音冒，老）矣，不为媒也！"会太守田豹因策为子求乡人张公徵女，仲春而成婚焉。今按：后世因称媒人为"冰人"，称媒人说媒之言为"冰言"或"冰语"。〇司马相如者，蜀郡成都人也，字长卿。少时好读书，学击剑，故其亲名之曰犬子。相如既学，慕蔺相如之为人，更名相如，以赀为郎，事孝景帝。客游梁，乃著《子虚》之赋。会梁孝王卒，相如归，而家贫，无以自业。时临邛（音穷）中富人卓王孙有女文君新寡，好音，故相如以琴心挑之。文君窃心悦而好之，乃夜亡奔相如。

miè míng huǐ bì　　páng yùn tóu jīn
灭明毁璧，庞蕴投金。（十二侵·19）

◎**解读** 灭明，即孔子弟子澹（音谈）台灭明，字子羽。《水经注》卷五《河水》：昔澹台子羽赍（音机，抱着）千金之璧渡河，阳侯波起，两蛟夹舟。子羽曰："吾可以义求，不可以威劫。"操剑斩蛟，蛟死波休，乃投璧于河，三投而辄跃出，乃毁璧而去，示无吝意。〇清·乾隆修《湖广通志·仙释志》：唐庞蕴，其先衡阳人，徙家襄阳，指月录，字道元。世本儒业，少悟尘劳，志求真谛。唐贞元初谒石头，后参马祖，悟后以舟尽载家资数万沉之湘流，举家修行。将入灭，谓刺史于迪曰："但愿空诸所有，慎勿实诸所无。"言讫，枕于公膝而化，遗命焚弃江湖。

zuǒ sī sān fù　　chéng yí sì zhēn
左思三赋，程颐四箴。（十二侵·20）

◎**解读** 左思，字太冲，西晋文学家，齐国临淄人也。其先齐之公族，有左右公子，因为氏焉。三赋，即左思所撰《三都赋》（《魏都赋》《吴都赋》《蜀都赋》）。《晋书·左思传》：思家世儒学，貌寝口讷，而辞藻壮丽。不好交游，惟以闲居为事。造《齐都赋》一年乃成，复欲赋三都。遂构思十年，门庭藩溷（音混，混乱），皆著笔纸，遇得一句，即便疏之。及赋成，时人未之重，思自以其作不谢班（固）、张（衡），恐以人废言，时皇甫谧有高誉，思造而示之。谧称善，为其赋序，张载为注魏都，刘逵注吴、蜀，而序之曰："观中古已来，为赋者多矣，相如《子虚》擅名于前，班固《两都》理胜其辞，张衡《二京》文过其意。至若此赋，拟议数家，傅辞会义，抑多精致，非夫研核者不能练其旨，非夫博物者不能统其异。世咸贵远而贱近，莫肯用心于明物，斯文吾有异焉，故聊以余思为其引诂，亦犹胡广之于《官箴》，蔡邕之于《典引》也。"自是之后，盛重于时，豪贵之家竞相传写，洛阳为之纸贵。〇程颐，号伊川，宋代理学家。《伊川文集》有《四箴并序》云：颜渊问"克己复礼"之目，夫子曰：非礼勿视，非礼勿听，非礼勿言，非礼勿动。四者身之用也，由乎中而应乎外，制于外所以养其中也。颜渊事斯语，所以进于圣人。后之学圣人者，宜服膺而勿失也。因箴以自警。（见《二程文集》卷九）

十三　覃

táo mǔ jié fà　jiāng hòu tuō zān
陶母截发，姜后脱簪。（十三覃·1）

◎解读　陶，即晋人陶侃。《晋书·陶侃传》：侃早孤贫，为县吏。鄱阳孝廉范逵尝过侃，时仓卒无以待宾，其母乃截发得双髲（音必，假发），以易酒肴，乐饮极欢。〇姜后，西周宣王之后也。唐·欧阳询等《艺文类聚》卷十五引《琐语》曰：周宣王夜卧而晏起，姜后乃脱簪珥待罪于永巷①，使其傅母通言于宣王曰："妾之过矣，至使君王失礼而晏起，以见君王之乐色而忘德也。乱之兴从婢子起，敢请罪！"王曰："寡人不德，实自生过，非夫人之罪也。"遂复姜后，而勤于政事，早朝晏退，卒成中兴之名。

dá mó miàn bì　mí lè tóng kān
达摩面壁，弥勒同龛。（十三覃·2）

◎解读　宋·释普济《五灯会元》卷一：初祖菩提达摩大师者，南天竺人也，姓刹帝利，本名菩提多罗。泛重洋凡三周寒暑，达于南海，实梁普通七年也。武帝遣使迎请至金陵，帝问曰："朕即位已来，造寺写经，度僧不可胜纪，有何功德？"祖曰："并无功德。"帝曰："何以无功德？"祖曰："此但人天小果，如影随形，虽有非实。"帝曰："如何是真功德？"祖曰："净智妙圆，体自空寂，如是功德，不以世求。"帝不领悟，祖知机不契，是月潜往江北，至于洛阳，当魏孝明帝正光元年也。寓止于嵩山少林寺，面壁而坐，终日默然，人莫之测，谓之壁观婆罗门。时有僧神光者，旷达之士也，久居伊洛，博览群书，善谈玄理，乃往彼晨夕参承。祖常端坐面壁，莫闻诲励。光闻祖诲励，潜取利刀，自断左臂，置于祖前。祖知是法器，乃

① 永巷，幽禁后妃之所。

与易名曰慧可。越九年，祖欲返天竺，命门人曰："时将至矣，汝等盍各言所得乎?"时有道副，对曰："如我所见，不执文字，不离文字，而为道用。"祖曰："汝得吾皮。"尼持曰："我今所解，如庆喜见阿閦（音触，众）佛国，一见更不再见。"祖曰："汝得吾肉。"道育曰："四大本空，五阴非有，而我见处，无一法可得。"祖曰："汝得吾骨。"最后慧可，礼拜，依位而立。祖曰："汝得吾髓。"乃顾慧可而告之曰："昔如来以正法眼付迦叶大士，展转嘱累而至于我，我今付汝，汝当护持。并授汝袈裟，以为法信。"遂端居而逝。〇弥勒，即弥勒佛。高僧修行，谓"与弥勒同龛"。《淳化阁帖》录褚遂良行书云："家侄至承法师道体安居，深以为慰耳。复闻久弃尘滓，与弥勒同龛，一食清斋，六时禅诵，得果已来，将无退转也。"

lóng páng jí jiàn　wáng yǎn qīng tán
龙逄极谏，王衍清谈。（十三章·3）

◎**解读**　龙逄，即关龙逄，传为夏桀之臣。明·陈士元《名疑》卷一云：桀谏臣关龙逄，关一作豢，逄一作庞。《潜夫论》以为桀之大夫，《战国策》以为桀之良将，《竹书》以为谏瑶台，《新序》以为谏酒也，《路史》以为引图进谏，立朝弗去而死，《韩子》以为伤其四肢，《符子》以为就炮烙。盖传闻多歧也。西汉东方朔《非有先生论》曰：昔关龙逄深谏于桀，而王子比干直言于纣，此二臣者，直言其失，切谏其邪，将以为君之荣，除主之祸也。今则不然，反以为诽谤君之行，无人臣之礼，戮及先人，为天下笑！故曰：谈何容易。故养寿命之士，莫肯进也，遂居深山之间，积土为室，编蓬为户，弹琴其中，以咏先王之风，亦可以乐而忘死矣。〇《晋书·王衍传》：衍，字夷甫，晋人。神情明秀，风姿详雅。总角尝造山涛，涛嗟叹良久。既去，目而送之，曰："何物老妪生此宁馨儿！然误天下苍生者，未必非此人也。"衍累居显职，为中军帅，迁尚书仆射，领吏部，后拜尚书令、司空、司徒。虽居宰辅之重，不以经国为念，而思自全之计。后为石勒所俘，自说少不豫事，欲求自免，因劝勒称尊号。勒怒曰："君名盖四海，身居重任，少壮登朝，至于白首，何得言不豫世事邪？破坏天下，正是君辈！"然不欲加以锋刃，乃使人夜排墙填杀之。

qīng wēi mò běi　bīn xià jiāng nán
青威漠北，彬下江南。（十三章·4）

◎解读 青，即西汉武帝时大将卫青。七次率军出击匈奴，屡立奇功，威震漠北。事具《史记·卫将军骠骑列传》。〇彬，即宋初大将曹彬，字国华。历仕后汉、后周，后官至宋枢密使。太祖南伐，彬率行营之师，陷金陵，俘获南唐后主李煜。事具《宋史·曹彬传》。

xiá fú guō lìng　shàng shòu tóng cān
遐福郭令，上寿童参。（十三覃·5）

◎解读 郭令，即唐郭子仪，华州郑人。为唐朔方节度使，平定“安史之乱”，功勋卓著。后回纥（音合）、吐蕃（音波）来犯，子仪因说服回纥联军攻吐蕃，大获全胜。历太尉、中书令，封汾阳郡王，故人称“郭汾阳”也。郭氏一门八子七婿，皆为朝廷显要，然子仪居功不骄，恭谨克己，子孙世受其福。事具《新唐书》本传。〇明·凌迪知《万姓统谱》卷一有“童参”，其注曰：参，瓯宁人。性淳朴，隐于耕。仁宗元年，参年百有三岁，敕赐慰劳云：“古者天子巡狩方岳之下，问百年者，就见之，令汝黄发鲐（音抬）背以上寿闻，其可使与编氓齿乎！往以忠孝教而子孙。”授承务郎，逾年卒。子珪登进士，授承奉郎，清远县主簿。

xī yīn qǐ qiè　yīn xiàn tóu hán
郗愔启箧，殷羡投函。（十三覃·6）

◎解读 郗愔，东晋人。任会稽内史，迁都督，参徐、兖、青、幽、扬州诸军事，领徐、兖二州刺史，转冠军将军。《晋书》本传：初，愔子超为大司马桓温参军，参预温谋逆，以父愔忠于王室，不令知之。后超疾濒死，出一箱书付门生曰：“本欲焚之，恐公必痛伤爱子。我亡后，公若大损眠食，可呈此箱。不尔，便烧之。”愔后果哀悼成疾，门生依超旨呈之，则悉与温往反密计。愔启箧（音窃，小箱子），大怒，曰：“小子死恨晚矣！”更不复哭。〇《晋书·殷浩传》：殷羡字洪乔，晋陈郡长平人也。殷浩之父。为豫章太守，都下人士因其致书者百余函[1]，行次石头城，皆投之水中，曰：“沉者自沉，浮者自浮，殷洪乔不为致书邮！”其资性介立如此。

---

① 即委托殷羡代为捎书信也。

yǔ chēng mǐn shàn　lǔ zhí chén hān
禹偁敏赡，鲁直沉酣。（十三覃·7）

◎**解读**　禹偁，即宋初文学家王禹偁。宋·朱熹《宋名臣言行录》前集卷九引《闻见录》：禹偁字元之，济州人。擢进士第，事太宗、真宗，官至知制诰。年七八已能文。毕文简为郡从事，始知之。问其家，以磨面为生，因令作磨诗。元之不思以对："但存心里正，无愁眼下迟。若人轻著力，便是转身时。"文简大奇之，留于子弟中讲学。一日太守席上出诗句："鹦鹉能言难似凤"，坐客未有对，文简写之屏间。元之书其下："蜘蛛虽巧不如蚕"。文简叹息曰："经纶之才也。"遂加以衣冠，呼为"小友"。○鲁直，宋代文学家黄庭坚之字。庭坚沉酣经史，又精诗文，名著天下。曾言："士大夫三日不读书，对镜觉面目可憎，向人则语言无味。"

shī tú bù suàn　gū fù shǒu tán
师徒布算，姑妇手谈。（十三覃·8）

◎**解读**　《旧唐书·方伎传》：初，僧一行访师至天台山国济寺，见一院古松十数，门有流水。一行立于门屏间，闻院僧于庭布算声，而谓其徒曰："今日当有弟子自远求吾算法，已合到门，岂无人导引也？"即除一算，又谓曰："门前水当却西流，弟子亦至。"一行承其言而趋入，稽首请法，尽受其术焉，而门前水果却西流。○姑妇，犹言婆媳。手谈，围棋之雅称。唐·薛用弱《集异记》：玄宗南狩①，百司奔赴行在，翰林善围棋者王积薪从焉。因沿溪深远，寓宿于山中孤姥（音母）之家，但有妇、姑。才暝，妇、姑皆阖户而休。积薪栖于檐下，夜阑不寐。忽闻堂内姑谓妇曰："良宵无以为适，与子围棋，一赌可乎？"妇曰："诺。"积薪私心奇之，况堂内素无灯烛，又妇姑各处东西室，积薪乃附耳门扉，俄闻妇曰："起，东五南九置子矣。"姑应曰："东五南十二置子矣。"妇又曰："起，西八南十置子矣。"姑又应曰："西九南十置子矣。"每置一子，皆良久思，惟夜将尽四更，积薪一一密记，其下止三十六。忽闻姑曰："子已败矣！吾止胜九枰（音平）耳。"妇亦甘焉。积薪迟明具衣冠请问，孤姥曰："尔可率己之意而按局置子焉。"积薪即出橐（音驼，口袋）中

① 避"安史之乱"于蜀地也。

局，尽平生之秘妙，而布子未及十数，孤姥顾谓妇曰："是子可教以常势耳。"妇乃指示攻守杀夺救应防拒之法，其意甚略。积薪即更求其说，孤姥笑曰："止此已无敌于人间矣。"积薪逊谢而别，行十数步，已失向之室间矣。自是，积薪之艺绝无其伦，即布所记妇姑对敌之局，罄竭心力较其九枰之胜，终不得也，因名"邓艾开蜀势"。至今其图有焉，而世人终莫得而解矣。

十四　盐

fēng yí lǐ kuí　gú xiàng lǚ yán
风仪李揆，骨相吕嵓。（十四盐·1）

◎**解读**　《新唐书·李揆传》：李揆，字端卿，性警敏，善文章，开元末擢进士。揆美风仪，善奏对，肃宗叹曰："卿门第、人物、文学皆当世第一，信朝廷羽仪乎?"故时称"三绝"。○嵓，同"岩"。吕岩字洞宾，晚唐京兆人。传为"八仙"之一。清·陈宏绪《江城名迹》卷三：吕岩始在襁褓，马祖见之曰："此儿骨性不凡，自是风尘表物，他时遇庐则居，见钟则扣，留心记取。"后游于庐山，始遇火龙真人，传天剑遁法，因号"纯阳子"。咸通中举进士，时年六十四。偶游长安酒肆，遇羽士状貌奇古，乃锺离权也，遂授以灵丹，并灵宝异法，至今在世行化度人。

wèi móu chǐ xǐ　péi dù qiān jiān
魏牟尺缌，裴度千缣。（十四盐·2）

◎**解读**　魏牟，战国时魏诸公子也。缌，帛也。《太平御览》卷六百八十四引桓谭《新论》曰：传记言：魏牟北见赵王，王方使冠工制冠。因问治国于牟，对曰："大王诚能重国若此二尺缌，则国治且安。"王曰："国，所受于先人，宗庙社稷至重，乃比之二尺缌，何也?"牟曰："大王制冠不使亲近，而必求良工者，非为其败缌而冠不成与?今治国不善，则社稷不安，宗庙不血食，大王不求良士而任使其私爱，此非轻国于二尺缌之制耶?"王无以应。事又见《战国策·赵策三》。○裴度，字中立，中唐河东闻喜人。缣，绢也。宋·晁公武《郡斋读书志》卷四：唐皇甫湜（音十），睦州人。元和元年进士。仕至工部郎中，辟东都判官。裴度修福先寺，求碑文于白居易。湜怒曰："近舍湜而远取居易，请从此辞!"度谢之，湜即酣饮，援笔立就。度赠车马缯（音增）彩甚厚，湜怒曰："吾自为《顾况集序》，未尝许人。今碑字三千，一字三缣，何遇我薄耶?"度笑曰："不羁之才也。"从而酬以绢九千匹。

孺子磨镜，麟士织帘。（十四盐·3）

rú zǐ mó jìng　lín shì zhī lián

◎解读　孺子，即东汉人徐穉（音至，"稚"的异体字）。《北堂书钞》卷一百三十六"磨镜取资"条引《海内士品》云：徐孺子常事江夏黄公。公卒，孺子往会葬，赴丧不远万里。家贫无行资，以磨镜具其自随，每至所在，赁磨镜取给，然后能得达。既至，设祭哭毕而返。〇《南史·隐逸传》：沈麟士字云祯，吴兴武康人也。幼而俊敏，年七岁，听叔父岳言玄，复述无所遗失。岳抚其肩曰："若斯文不绝，其在尔乎？"及长，博通经史，有高尚之心。家贫织帘，诵书口手不息，乡里号为"织帘先生"。尝行路，邻人误以其所著屐（音机，鞋）为己屐，麟士曰："是卿屐邪？"即脱而予之，跣（音险）足而反。后邻人觅得己屐，送前者还之，麟士曰："非卿屐邪？"笑而受之。

华歆逃难，叔子避嫌。（十四盐·4）

huà xīn táo nàn　shū zǐ bì xián

◎解读　《世说新语》卷上：华歆、王朗俱乘船避难，有一人欲依附，歆辄难之。朗曰："幸尚宽，何为不可。"后贼追至，王欲舍所携人，歆曰："本所以疑，正为此耳！既已纳其自托，宁可以急相弃邪？"遂携拯如初。世以此定华、王之优劣。南朝梁·刘孝标注引《华峤谱叙》曰：歆为下邽令，汉室方乱，乃与同志士郑太等六七人避世。自武关出道，遇一丈夫独行，愿得与俱，皆许之，歆独不可。众不忍，卒与俱行。丈夫中道堕井，皆欲弃之，歆乃曰："已与俱矣，弃之不义。"卒共出之而后别。〇叔子，即春秋时鲁国人颜叔子。宋·薛据《孔子集语》卷下：颜叔子独处于室，邻之嫠（音离）妇又独处于室，夜暴风雨至而室坏，妇人趋而至。颜叔子纳而使令秉烛，烛尽乃彻屋草续之，至明不乱，自以为辟嫌也。又曰：鲁人有男子独处室，邻之嫠妇独处于室，夜暴风雨至而室坏，妇人趋而就之，男子闭户而不纳。妇人自牖与之言曰："子何为不纳我乎？"男子曰："吾闻之也，男女不六十不同居。吾子幼，吾亦幼，不可以纳子。"妇人曰："子何不学柳下惠耶？"男子曰："柳下惠固可，吾固不可。吾将以吾不可，学柳下惠之可。"孔子曰："欲学柳下惠者，未有似于是者也。"

dào zhī lǐ shè　lǔ jù zhòng yān
盗知李涉，虏惧仲淹。（十四盐·5）

◎**解读**　李涉，唐代诗人。《唐才子传》卷四：李涉，洛阳人，自号清溪子。早岁客梁园，数逢兵乱，避地南来，乐佳山水，卜隐匡庐香炉峰下石洞间。尝养一白鹿，甚驯狎，因名所居曰“白鹿洞”。后徙居终南，归洛下，营草堂，隐少室。身自耕耘，妾能织纴，稚子供渔樵，拓落生计，伶俜酒乡，罕交人事。太和中，宰相累荐征起，为太学博士。致仕，卒。涉工为诗，词意卓荦，不群世俗，长篇叙事如行云流水，无可牵制，才名一时倾动。初，尝过九江至皖口，遇盗，问：“何人?”曰：“李山人。”豪首曰：“若是李涉博士，勿用剽夺，久闻诗名，愿题一篇足矣!”涉欣然书曰：“暮雨潇潇江上村，绿（音路）林豪客夜知闻。他时不用藏名姓，世上如今半是君。”盗喜，因以牛酒厚遗，再拜送之。〇仲淹，即宋初文学家范仲淹，字希文，谥文正。《山堂肆考》卷七十一“西贼破胆”条：宋范仲淹与韩琦协谋，欲复灵夏横山之地。边上谣曰：“军中有一韩，西贼闻之心胆寒；军中有一范，西贼闻之惊破胆。”元昊大惧，遂称臣。

wěi shēng qǐ xìn　zhòng zǐ fēi lián
尾生岂信，仲子非廉。（十四盐·6）

◎**解读**　《庄子·盗跖》：尾生[①]与女子期于梁下，女子不来，水至不去，抱梁柱而死。又《孟子·离娄上》：孟子曰：“有不虞之誉。”汉代赵岐注：虞，度（音夺）也。言人之行，有不度其将有名誉而得者。若尾生本与妇人期于梁下，不度水之卒至，遂至没溺，而获守信之誉。〇仲子，即陈仲子。《孟子·滕文公下》：孟子曰：“于齐国之士，吾必以仲子为巨擘焉。虽然，仲子恶能廉！充仲子之操，则蚓而后可者也。”宋·朱熹《集注》：巨擘，大指也，言齐人中有仲子，如众小指中有大指也。充，推而满之也；操，所守也。蚓，蚯蚓也，言仲子未得为廉也。[②]

---

① 尾生，一本作微生，《战国策》作尾生高。

② 朱意谓蚯蚓食壤饮泉，极廉矣，然无心无识；仲子织履绩麻，亦似廉矣，然不知仁义，固守一介，恶乎廉！

yóu cān lí huò　lì fàn yú yán
由餐藜藿，鬲贩鱼盐。（十四盐·7）

◎解读　由，即仲由，字子路。孔子弟子。《孔子家语》卷二：子路见于孔子曰："负重涉远，不择地而休。家贫亲老，不择禄而仕。昔者，由也事二亲之时，常食藜藿之实，为亲负米百里之外。亲殁之后，南游于楚，从车百乘，积粟万钟，累茵而坐，列鼎而食。愿欲食藜藿，为亲负米，不可复得也。枯鱼衔索，几何不蠹；二亲之寿，忽若过隙！"孔子曰："由也事亲，可谓生事尽力，死事尽思者也。"○鬲，即胶鬲[①]，商纣之贤臣也。自殷适周，佐武王以亡殷也。《孟子·告子下》：胶鬲举于鱼盐之中。宋·孙奭疏：胶鬲鬻（音玉，卖）贩于鱼盐之中，而周文王举为贤臣。又《山堂肆考》卷一九四：胶鬲遭纣之乱，隐居卖盐为业，文王闻其贤，举以为相。

wǔ hú fàn lǐ　sān jìng táo qián
五湖范蠡，三径陶潜。（十四盐·8）

◎解读　范蠡，春秋时越王句（音勾）践之谋臣。《史记·货殖列传》：范蠡既雪会稽之耻，乃喟然而叹曰："计然[②]之策七，越用其五而得意，既已施于国，吾欲用之家。"乃乘扁舟浮于江湖。唐·司马贞《史记正义》引《国语》云：句践灭吴，及至五湖，范蠡辞于王曰："君王勉之！臣不复入国矣！"遂乘轻舟，以入于五湖，莫知其所终极。○《陶渊明集》卷五《归去来兮辞》：乃瞻衡宇，载欣载奔，僮仆欢迎，稚子候门，三径就荒，松菊犹存。注：《三辅决录》云：蒋诩舍中竹下开三径，唯故人求仲、羊仲从之游也。

xú miǎo tōng jiè　cuī yǎn kuān yán
徐邈通介，崔郾宽严。（十四盐·9）

◎解读　徐邈，字景山，三国时魏国人。晋·陈寿《三国志·魏志·徐邈传》：卢

---

① 鬲，音立。商周时期指俘虏或奴隶。

② 计然者，传为范蠡之师，葵邱濮上人也，姓辛字文子，其先晋国之公子也。尝南游越，范蠡卑身事之。

钦著书称邈曰：徐公志高行洁，才博气猛。其施之也，高而不狷，洁而不介，博而守约，猛而能宽，圣人以清为难，而徐公之所易也。或问钦："徐公当武帝之时，人以为通；自在凉州，及还京师，人以为介。何也?"钦答曰："往者毛孝先、崔季珪等用事，贵清素之士，于时皆变易车服，以求名高，而徐公不改其常，故人以为通。比来天下奢靡，转相仿效，而徐公雅尚自若，不与俗同，故前日之通，乃今日之介也。是世人之无常，而徐公之有常也。"○崔郾，字广略，唐朝人。宋·司马光《资治通鉴》卷二四四：郾在陕，以宽仁为治，或经月不笞一人。及至鄂，严峻刑罚。或问其故，郾曰："陕土瘠民贫，吾抚之不暇，尚恐其惊。鄂地险，民杂夷俗，慓（音飘）狡为奸，非用威刑，不能致治。政贵知变，盖谓此也。"

yì cāo shǒu jiàn　guī zuì wèi jiān
易操守剑，归罪遗缣。（十四盐·10）

◎**解读**　《太平御览》卷三四三引《先贤行状》：王烈，字彦方，通识达道。时国中有盗牛者，牛主得之。盗者曰："我邂逅迷惑，从今以后将改过，子既已赦宥（音又，宽恕，原谅），幸无使王烈闻之。"人有以告烈者，烈以布一端遗之。或问："此人既有盗，畏君闻之，反与布，何也?"烈曰："昔秦穆公，人盗其骏马食之，已而赐之酒，盗者不爱其死，以救穆公之难。今此盗能悔其过，惧吾闻之，是耻恶，则善心将生，故与布劝为善也。"期年之中，老父行路担重，人代担行数十里，至家置而去，问姓字，不以告。顷之，老父复行，失剑于涂，有人行而遇之，欲置而去，惧后人得之，剑主永失，遂守之。至暮，剑主还见之，前者代担人也。老父揽其袂曰："子前者代吾担，不得姓名，今子复守吾剑于路，未有若子之人。子请告吾姓名，将以告王烈。"乃语之而去。老父以告烈，烈曰："世有仁人，吾未见之。"使人见之，乃昔时盗牛人也。○《后汉书·陈寔传》：陈寔，字仲弓，颍川许人也。寔在乡闾，平心率物，其有争讼，辄求判正，晓譬曲直，退无怨者，至乃叹曰："宁为刑罚所加，不为陈君所短。"时岁荒民俭，有盗夜入其室，止于梁上。寔阴见，乃起自整拂，呼命子孙正色训之，曰："夫人不可不自勉。不善之人，未必本恶，习以性成，遂至于此，梁上君子者是矣。"盗大惊，自投于地，稽颡归罪。寔徐譬之曰："视君状貌，不似恶人，宜深克己反善，然此当由贫困。"令遗缣二匹。自是，一县无复盗窃。

十五　咸

shēn qíng zǐ yě　shén shí ruǎn xián

深情子野，神识阮咸。（十五咸·1）

◎解读　《世说新语》卷下：桓子野每闻清歌，辄唤："奈何！"谢公闻之曰："子野可谓一往有深情。"○《晋书·律历志》：荀勖造新钟律，与古器谐韵，时人称其精密，惟散骑侍郎陈留阮咸讥其声高，声高则悲，非兴国之音。亡国之音哀以思，其人困，今声不合雅，惧非德正至和之音，必古今尺有长短所致也。会咸病卒，武帝以勖律与周汉器合，故施用之。后始平掘地得古铜尺，岁久欲腐，不知所出何代，果长勖尺四分，时人服咸之妙。

gōng sūn bái zhù　sī mǎ qīng shān

公孙白纻，司马青衫。（十五咸·2）

◎解读　公孙，即春秋时郑国大夫公孙侨，字子产。纻，衣之大带也。《左传·襄公二十九年》：吴公子季札聘于郑，见子产，如旧相识，与之缟带，子产献纻衣焉。谓子产曰："郑之执政侈，难将至矣。政必及子，子为政慎之以礼，不然，郑国将败。"○唐·白居易《白氏长庆集》卷十二：《琵琶行序》曰：元和十年，予左迁九江郡司马。明年秋，送客湓浦口，闻舟中夜弹琵琶者，听其音，铮铮然有京都声。问其人，本长安娼女，尝学琵琶于穆、曹二善才，年长色衰，委身为贾人妇。遂命酒，使快弹数曲，曲罢悯然。自叙少小时欢乐事，今漂沦憔悴，转徙于江湖间。予出官二年，恬然自安，感斯人言，是夕始觉有迁谪意，因为长句，歌以赠之，凡六百一十二言，命曰《琵琶行》。诗中云："座中泣下谁最多？江州司马青衫湿。"

dí liáng bèi zèn　yáng yì méng chán

狄梁被谮，杨亿蒙谗。（十五咸·3）

◎**解读**　狄梁，即唐代名臣狄仁杰也，封梁公。《旧唐书》卷八十九：天授二年九月丁酉，狄仁杰转地官侍郎，判尚书同凤阁鸾台平章事。则天谓曰："卿在汝南时，甚有善政，欲知谮卿者乎？"仁杰谢曰："陛下以臣为过，臣当改之；陛下明臣无过，臣之幸也。臣不知谮者，并为善友。臣请不知。"则天深加叹异。○杨亿，字大年，北宋初建州人。以神童召试，事太宗、真宗，官至翰林学士，谥文公。宋·吴处厚《青箱杂记》卷五：杨文公为执政所忌，母病，谒告，不俟（音四，等待）朝旨，径归韩城。与弟倚居逾年不调。公有启谢朝中亲友曰："介推母子愿归绵上之田，伯夷弟兄甘受首阳之饿。"后除知汝州而希旨。言事者攻击不已，公又有启与亲友曰："已挤沟壑，犹下石而弗休；方困蒺藜，尚关弓而相射。"

bù zhòng yí nuò　jīn shèn sān jiān
布重一诺，金慎三缄。（十五咸·4）

◎**解读**　布，即西汉初年季布。初为楚将，后归汉。《史记·季布栾布列传》：季布者，楚人也，为气任侠，有名于楚。楚人曹丘生，辩士，数招权顾金钱[①]，事贵人赵同[②]等，与窦长君善。季布闻之，寄书谏窦长君曰："吾闻曹丘生非长者，勿与通。"及曹丘生归，欲得书请季布[③]，窦长君曰："季将军不说（同'悦'）足下，足下无往。"固请书，遂行。使人先发书，季布果大怒待曹丘。曹丘至，即揖季布曰："楚人谚曰：'得黄金百（斤），不如得季布一诺。'足下何以得此声于梁楚间哉？且仆楚人，足下亦楚人也。仆游扬足下之名于天下，顾不重邪？何足下距仆之深也？"季布乃大悦，引入，留数月，为上客，厚送之。季布名所以益闻者，曹丘扬之也。○三国魏·王肃注《孔子家语》卷三：孔子观周，遂入太祖后稷之庙。庙堂右阶之前有金人焉，三缄其口，而铭其背曰：古之慎言人也。戒之哉！无多言，多言多败；无多事，多事多患；安乐必戒[④]，无所行悔[⑤]。又梁元帝萧绎《金楼子》卷二：后稷庙堂《金人铭》曰："戒之哉！无多言，多言多败；无多事，多事多患；勿谓何伤，其

---

① 裴骃《史记集解》引孟康曰：招，求也。以金钱事权贵，而求得其形势，以自炫耀也。

② 赵同即赵谈。司马迁父名司马谈，因避讳而称赵谈为"赵同"。

③ 曹丘生希望窦长君写信把自己推荐给季布。

④ 虽处安乐，必警戒也。

⑤ 言当详而后行，所悔之事不可复行。

祸将长；勿谓何害，其祸将大。”

yàn shēng fēi shǎo　zhòng jǔ bù fán

彦升非少，仲举不凡。（十五咸·5）

◎**解读**　彦升，乃南朝文学家任昉之字。《南史》卷五十九：昉，乐安博昌人也。父遥，齐中散大夫。遥妻河东裴氏，高明有德行，尝昼卧，梦有五色采旗盖四角悬铃自天而坠，其一铃落入怀中，心悸，因而有娠。占者曰：“必生才子。”及生昉，幼而聪敏，早称神悟。四岁诵诗数十篇，八岁能属文，自制《月仪》，辞义甚美。褚彦回尝谓遥曰：“闻卿有令子，相为喜之。所谓百不为多，一不为少。”由是闻声藉（音借）甚。〇仲举，乃东汉末陈蕃之字。《后汉书·陈蕃传》：蕃，汝南平舆人也。年十五尝闲处一室，而庭宇芜秽。父友同郡薛勤来候之，谓蕃曰：“孺子何不洒扫以待宾客?”蕃曰：“大丈夫处世，当扫除天下，安事一室乎!”勤知其有清世志，甚奇之。

gǔ rén wàn yì　bú jìn zī hán

古人万亿，不尽兹函。（十五咸·6）

◎**解读**　函，书帙也。兹，代词，这。

附录一

全文诵读

[上编]

一 东

粗成四字，诲尔童蒙。经书暇日，子史须通。重华大孝，武穆精忠。尧眉八彩，舜目重瞳。商王祷雨，汉祖歌风。秀巡河北，策据江东。太宗怀鹞，桓典乘骢。嘉宾赋雪，圣祖吟虹。邺仙秋水，宣圣春风。恺崇斗富，浑濬争功。王伦使虏，魏绛和戎。恂留河内，何守关中。曾除丁谓，皓折贾充。田骄贫贱，赵别雌雄。王戎简要，裴楷清通。子尼名士，少逸神童。巨伯高谊，许叔阴功。代雨李靖，止雹王崇。和凝衣钵，仁杰药笼。义伦清节，展获和风。占风令尹，辩日儿童。敝履东郭，粗服张融。卢杞除患，彭宠言功。放歌渔者，鼓枻诗翁。韦文朱武，阳孝尊忠。倚闾贾母，投阁扬雄。梁姬值虎，冯后当熊。罗敷陌上，通德宫中。

二 冬

汉称七制，唐美三宗。杲卿断舌，高祖伤胸。魏公切直，师德宽容。祢衡一鹗，路斯九龙。纯仁助麦，丁固梦松。韩琦芍药，李固芙蓉。乐羊七载，方朔三冬。郊祁并第，谭尚相攻。陶违雾豹，韩比云龙。洗儿妃子，校士昭容。彩鸾书韵，琴操参宗。

三 江

古帝凤阁，刺史鸡窗。亡秦胡亥，兴汉刘邦。戴生独步，许子无双。柳眠汉苑，枫落吴江。鱼山警植，鹿门隐庞。浩从床匿，崧避杖撞。刘诗瓿覆，韩文鼎扛。愿归盘谷，杨忆石淙。弩名克敌，城筑受降。韦曲杜曲，梦窗草窗。灵征刍狗，诗祸花龙。嘉贞丝幔，鲁直彩缸。

四 支

王良策马，傅说骑箕。伏羲画卦，宣父删《诗》。高逢白帝，禹梦玄彝。寅陈七策，光进五规。鲁恭三异，杨震四知。邓攸弃子，郭巨埋儿。公瑜嫁婢，处道还姬。允诛董卓，玠杀王夔。石虔趑捷，朱亥雄奇。平叔傅粉，弘治凝脂。伯俞泣杖，墨翟悲丝。能文曹植，善辩张仪。温公警枕，董子下帷。会书张旭，善画王维。周兄无慧，济叔不痴。杜畿国士，郭泰人师。程颐传《易》，觉范论诗。董昭救蚁，毛宝放龟。乘风宗悫，立雪杨时。阮籍青眼，马良白眉。韩子《孤愤》，梁鸿《五噫》。钱昆嗜蟹，崔谌乞麋。隐之卖犬，井伯烹雌。枚皋敏捷，司马淹迟。祖莹称圣，潘岳诚奇。紫芝眉宇，思曼风姿。毓会窃饮，谌纪成糜。韩康卖药，周术茹芝。刘公殿虎，庄子涂龟。唐举善相，扁鹊名医。韩琦焚疏，贾岛祭诗。康侯训侄，良弼课儿。颜狂莫及，山器难知。懒残煨芋，李泌烧梨。干椹杨沛，焦饭陈遗。文舒戒子，安石求师。防年未减，严武称奇。邓云艾艾，周曰期期。周师猿鹄，梁相鹓鸱。临洮大汉，琼崖小儿。东阳巧对，汝锡奇诗。启期三乐，藏用五知。堕甑叔达，发瓮钟离。一钱诛吏，半臂怜姬。王胡索食，罗友乞祠。召父杜母，雍友杨师。直言解发，京兆画眉。美姬工笛，老婢吹篪。

五 微

敬叔受饷，吴祐遗衣。淳于窃笑，司马微讥。子房辟谷，公信采薇。卜商闻过，伯玉知非。仕治远志，伯约当归。商安鹑服，章泣牛衣。蔡陈善谑，王葛交讥。陶公运甓，孟母断机。

六 鱼

少帝坐膝，太子牵裾。卫懿好鹤，鲁隐观鱼。蔡伦造纸，刘向校书。朱云折槛，禽息击车。耿恭拜井，郑国穿渠。国华取印，添丁抹书。细侯竹马，宗孟银鱼。管宁割席，和峤专车。永和拥卷，次道藏书。渭阳袁湛，宅相魏舒。镇周赠帛，宓子驱车。廷尉罗雀，学士焚鱼。冥鉴季达，预识卢储。宋均渡虎，李白乘驴。苍颉造字，虞卿著书。班妃辞辇，冯诞同舆。

七 虞

西山精卫，东海麻姑。楚英信佛，秦政坑儒。曹公多智，颜子非愚。伍员覆楚，句践灭吴。君谟龙片，王肃酪奴。蔡衡辨凤，义府题乌。苏秦刺股，李勣焚须。介诚狂直，端不糊涂。关西孔子，江左夷吾。赵抃携鹤，张翰思鲈。李佳国士，聂悯田夫。善讴王豹，直笔董狐。赵鼎倔强，朱穆专愚。张傧化石，孟守还珠。毛遂脱颖，终军弃𦈡。佐卿化鹤，次仲为乌。韦述杞梓，卢植楷模。士衡黄耳，子寿飞奴。直笔吴兢，公议袁枢。陈胜辍锸，介子弃觚。谢名蝴蝶，郑号鹧鸪。戴和书简，郑侠呈图。瑕丘卖药，邺令投巫。冰山右相，铜臭司徒。武陵渔父，闽越樵夫。渔人鹬蚌，田父逡卢。郑家诗婢，郗氏文奴。

八 齐

子胥牧豕，仙翁祝鸡。武王归马，裴度还犀。重耳霸晋，小白兴齐。景公禳彗，窦俨占奎。卓敬冯虎，西巴释麑。信陵捕鹞，祖逖闻鸡。赵苞弃母，吴起杀妻。陈平多辙，李广成蹊。烈裔刻虎，温峤燃犀。梁公驯雀，茅容割鸡。

九 佳

禹钧五桂，王祐三槐。同心向秀，肖貌伯喈。袁闳土室，羊侃水斋。敬之说好，郭讷言佳。陈瓘责己，阮籍咏怀。

十 灰

初平起石，左慈掷杯。名高麟阁，功显云台。朱熹正学，苏轼奇才。渊明赏菊，和靖观梅。鸡黍张范，胶漆陈雷。耿弇北道，僧孺西台。建封受财，孝基还财。准题华岳，绰赋天台。穆生决去，贾郁重来。台乌成兆，屏雀为媒。平仲无术，安道多才。杨亿鹤蜕，窦武蛇胎。湘妃泣竹，鉏麑触槐。阳雍五璧，温峤一台。

十一 真

孔门十哲，殷室三仁。晏能处己，鸿耻因人。文翁教士，朱邑爱民。太公钓渭，伊尹耕莘。皋惟团力，泌仅献身。丧邦黄皓，误国章惇。鞅更秦法，普读《鲁论》。吕诛华士，孔戮闻人。暴胜持斧，张纲埋轮。孙非识面，韦岂呈身。令公请税，长孺输缗。白州刺史，绛县老人。景行莲幕，谨选花裀。郗超造宅，季雅买邻。寿昌寻母，董永卖身。建安七子，大历十人。香山诗价，孙济酤缗。令严孙武，法变张巡。更衣范冉，广被孟仁。笔床茶灶，羽扇纶巾。灌夫使酒，刘四骂人。以牛易马，改氏为民。圹先表圣，灯候沈彬。

十二 文

谢敷处士，宋景贤君。景宗险韵，刘辉奇文。袁安卧雪，仁杰望云。貌疏宰相，腹负将军。梁亭窃灌，曾圃误耘。张巡军令，陈琳檄文。羊殖益上，宁越弥勤。蔡邕倒屣，卫瓘披云。巨山龟息，遵彦龙文。

十三　元

傲睨昭谏，茂异简言。金书梦珏，纱护卜藩。童恢捕虎，古冶持鼋。何奇韩信，香化陈元。徐干《中论》，扬雄《法言》。力称乌获，勇尚孟贲。八龙荀氏，五豸唐门。张瞻炊臼，庄周鼓盆。疏脱士简，博奥文元。敏修未娶，陈峤初婚。长公思过，定国平冤。陈遵投辖，魏勃扫门。孙琏织屦，阮咸曝裈。晦堂无隐，沩山不言。

十四　寒

庄生蝴蝶，吕祖邯郸。谢安折屐，贡禹弹冠。颉容王导，浚杀曲端。休那题碣，叔邵凭棺。如龙诸葛，似鬼曹瞒。爽欣御李，白愿识韩。黔娄布被，优孟衣冠。长歌宁戚，鼾睡陈抟。曾参务益，庞德遗安。穆亲杵臼，商化芝兰。葛洪负笈，高凤持竿。释之结袜，子夏更冠。直言唐介，雅量刘宽。捋须何点，捉鼻谢安。张华龙鲊，闵贡猪肝。渊材五恨，郭奕三叹。弘景作相，延祖弃官。二疏供帐，四皓衣冠。曼卿豪饮，廉颇雄餐。长康三绝，元方二难。曾辞温饱，城忍饥寒。买臣怀绶，逄萌挂冠。循良伏湛，儒雅兒宽。欧母画荻，柳母和丸。韩屏题叶，燕姞梦兰。漂母进食，浣妇分餐。

十五　删

令威华表，杜宇西山。范增举玦，羊祜探环。沈昭狂瘦，冯道痴顽。陈蕃下榻，郅恽拒关。雪夜擒蔡，灯夕平蛮。郭家金穴，邓氏铜山。比干受策，杨宝掌环。晏婴能俭，苏轼为悭。堂开洛水，社结香山。腊花齐放，春桂同攀。

[下编]

一　先

飞凫叶令，驾鹤缑仙。刘晨采药，茂叔观莲。阳公麾日，武乙射天。唐宗三鉴，刘宠一钱。叔武守国，李牧备边。少翁致鬼，栾大求仙。彧臣曹操，猛相苻坚。汉家三杰，晋室七贤。居易识字，童乌预《玄》。黄琬对日，秦宓论天。元龙湖海，司马山川。操诛吕布，膑杀庞涓。羽救巨鹿，准策澶渊。应融丸药，阎敞还钱。范居让水，吴饮贪泉。薛逢羸马，刘胜寒蝉。捉刀曹操，拂矢贾坚。晦肯负国，质愿亲贤。罗友逢鬼，潘谷称仙。茂弘练服，子敬青毡。王奇雁字，韩浦鸾笺。安之画地，德裕筹边。平原十日，苏章二天。徐勉风月，弃疾云烟。舜钦斗酒，法主蒲鞯。绕朝赠策，苻虏投鞭。豫让吞炭，苏武餐毡。金台招士，玉署贮贤。宋臣宗泽，汉使张骞。胡姬人种，名妓书仙。

二　萧

滕王蛱蝶，摩诘芭蕉。却衣师道，投笔班超。冯官五代，季相三朝。刘蕡下第，卢肇夺标。陵甘降虏，蠋耻臣昭。隆贫晒腹，潜懒折腰。韦绶蜀锦，元载鲛绡。捧檄毛义，绝裾温峤。郑虔贮柿，怀素种蕉。延祖鹤立，茂弘龙超。悬鱼羊续，留犊时苗。贵妃捧砚，弄玉吹箫。

三　肴

栾巴救火，许逊除蛟。《诗》穷五际，《易》布三爻。清时安石，奇计居鄛。湖循莺脰，泉访虎跑。近游束皙，诡术尸佼。翱狂晞发，嵇懒转胞。西溪晏咏，北陇孔嘲。民皆字郑，羌愿姓包。骑鹏沈晦，射鸭孟郊。戴颙鼓吹，贾岛推敲。

四豪

禹承虞舜，说相殷高。韩侯敝袴，张禄绨袍。相如题柱，韩愈焚膏。捐生纪信，争死孔褒。孔璋文伯，梦得诗豪。马援矍铄，巢父清高。伯伦鸡肋，超宗凤毛。服虔赁作，车胤重劳。张仪折竹，任末燃蒿。贺循冰玉，公谨醇醪。庞公休畅，刘子高操。季札挂剑，吕虔赠刀。来护卓荦，梁竦矜高。壮心处仲，操行陈陶。子荆爽迈，孝伯清操。李订六逸，石与三豪。郑弘还箭，元性成刀。刘殷七业，何点三高。

五歌

二使入蜀，五老游河。孙登坐啸，谭峭行歌。汉王封齿，齐主烹阿。丁兰刻木，王质烂柯。霍光忠厚，黄霸宽和。桓谭非谶，王商止讹。隐翁龚胜，刺客荆轲。老人结草，饿夫倒戈。弈宽李讷，碑赚孙何。子猷啸咏，斯立吟哦。奕世貂珥，闾里鸣珂。昙辍丝竹，裒废《蓼莪》。箕陈五福，华祝三多。

六麻

万石秦氏，三戟崔家。退之驱鳄，叔敖埋蛇。虞诩易服，道济量沙。伋辞馈肉，琼却饷瓜。祭遵俎豆，柴绍琵琶。法常评酒，鸿渐论茶。陶怡松菊，田乐烟霞。孟郸九穗，郑珏一麻。颜回练马，乐广杯蛇。罗向持节，王播笼纱。能言李泌，敢谏香车。韩愈辟佛，傅奕除邪。春藏足垢，邕嗜疮痂。薛笺成彩，江笔生花。班昭汉史，蔡琰《胡笳》。凤凰律吕，鹦鹉琵琶。渡传桃叶，村名杏花。

七阳

君起盘古，人始亚当。明皇花萼，灵运池塘。神威翼德，义勇云长。羿雄射日，衍愤飞霜。王祥求鲤，叔向埋羊。亮方管乐，勒比高光。世南书监，晁错智囊。昌囚羑里，收遁首阳。轼攻正叔，浚沮李纲。降金刘豫，顺虏邦昌。瑜烧赤壁，轼谪黄冈。马融绛帐，李贺锦囊。昙迁营葬，脂习临丧。仁裕诗窖，刘式墨庄。刘琨啸月，伯奇履霜。塞翁失马，臧榖亡羊。寇公枯竹，召伯甘棠。匡衡凿壁，孙敬悬梁。衣芦闵损，扇枕黄香。婴扶赵武，籍杀怀王。魏征妩媚，阮籍猖狂。雕龙刘勰，憨骥应玚。御车泰豆，习射纪昌。异人彦博，男子天祥。忠贞古弼，奇节任棠。何晏谈《易》，郭象注《庄》。卧游宗子，坐隐王郎。盗酒毕卓，割肉东方。李膺破柱，卫瓘抚床。营军细柳，校猎长杨。忠武具奠，德玉居丧。教曹雄异，元发疏狂。寇却例簿，吕置夹囊。彦升白简，元鲁青箱。孔融了了，黄宪汪汪。僧岩不测，赵壹非常。沈思好客，颜驷为郎。申屠松屋，魏野草堂。戴渊西洛，祖逖南塘。倾城妲己，嫁虏王嫱。贵妃桃髻，公主梅妆。吉了思汉，供奉忠唐。

八 庚

萧收图籍，孔惜繁缨。卞庄刺虎，李白骑鲸。王戎支骨，李密陈情。相如完璧，廉颇负荆。从龙介子，飞雁苏卿。忠臣洪皓，义士田横。李平鳞甲，苟变干城。景文饮鸩，茅焦伏烹。许丞耳重，丁掾目盲。佣书德润，卖卜君平。马当王勃，牛渚袁宏。谭天邹衍，稽古桓荣。岐曾贩饼，平得分羹。卧床逸少，升座延明。王勃心织，贾逵舌耕。悬河郭子，缓颊郦生。书成凤尾，画点龙睛。功臣图阁，学士登瀛。卢携貌丑，卫玠神清。非熊再世，圆泽三生。安期东渡，潘岳《西征》。志和耽钓，宗仪辍耕。卫鞅行诈，羊祜推诚。林宗倾粥，文季争羹。茂贞苛税，阳城缓征。北山学士，南郭先生。文人鹏举，名士道衡。灌园陈定，为圃苏卿。融赋沧海，祖咏彭城。温公万卷，沈约四声。许询胜具，灵运游情。不齐宰单，子推相荆。仲淹复姓，潘阆藏名。烹茶秀实，漉酒渊明。善酿白堕，纵饮公荣。仪狄造酒，德裕调羹。印屏王氏，前席贾生。

九　青

经传御史，偈赠提刑。士安正字，次仲谈经。咸遵祖腊，宽识天星。景焕垂戒，班固勒铭。能诗杜甫，嗜酒刘伶。张绰剪蝶，车胤囊萤。鸜鸲学语，鹦鹉诵经。

十　蒸

公远玩月，法喜观灯。燕投张说，凤集徐陵。献之书练，夏竦题绫。安石执拗，味道模棱。韩仇良复，汉纪备承。存鲁端木，救赵信陵。邵雍识乱，陵母知兴。

十一　尤

琴高赤鲤，李耳青牛。明皇羯鼓，炀帝龙舟。羲叔正夏，宋玉悲秋。才压元白，气吞曹刘。信擒梦泽，翻徙交州。曹参辅汉，周勃安刘。太初日月，季野春秋。公超成市，长孺为楼。楚邱始壮，田豫乞休。向长损益，韩愈斗牛。琎除酿部，玄拜隐侯。公孙东阁，庞统南州。袁耽掷帽，仁杰携裘。子将月旦，安国阳秋。德舆西掖，庾亮南楼。梁吟傀儡，庄梦髑髅。孟称清发，殷号风流。见讥子敬，犯忌杨修。荀息累卵，王基载舟。沙鸥可狎，蕉鹿难求。黄联池上，杨咏楼头。曹兵迅速，李使迟留。孔明流马，田单火牛。五侯奇膳，九婢珍馐。光安耕钓，方慕巢由。适嵇命驾，访戴操舟。篆推史籀，隶善钟繇。邵瓜五色，李橘千头。芳留玉带，琳卜金瓯。孙阳识马，丙吉问牛。盖忘苏隙，聂报严仇。张公百忍，孙昉四休。钱塘驿邸，燕子楼头。

十二　侵

苏耽橘井，董奉杏林。汉宣续令，夏禹惜阴。蒙恬造笔，太昊制琴。敬徽谢馈，明善辞金。睢阳嚼齿，金藏披心。固言柳汁，玄德桑阴。姜桂敦复，松柏世林。杜预《传》癖，刘峻书淫。锺会窃剑，不疑盗金。桓伊弄笛，子昂碎琴。琴张礼意，苏轼文心。公权隐谏，蕴古详箴。广平作赋，何逊行吟。荆山泣玉，梦穴唾金。孟嘉落帽，宋玉披襟。沫经三败，获被七擒。易牙调味，锺子聆音。令狐冰语，司马琴心。灭明毁璧，庞蕴投金。左思三赋，程颐四箴。

十三　覃

陶母截发，姜后脱簪。达摩面壁，弥勒同龛。龙逢极谏，王衍清谈。青威漠北，彬下江南。遐福郭令，上寿童参。郗愔启箧，殷羡投函。禹偁敏赡，鲁直沉酣。师徒布算，姑妇手谈。

十四　盐

风仪李揆，骨相吕嵓。魏牟尺缣，裴度千缣。孺子磨镜，麟士织帘。华歆逃难，叔子避嫌。盗知李涉，虏惧仲淹。尾生岂信，仲子非廉。由餐藜藿，鬲贩鱼盐。五湖范蠡，三径陶潜。徐邈通介，崔郾宽严。易操守剑，归罪遗缣。

十五　咸

深情子野，神识阮咸。公孙白纻，司马青衫。狄梁被谮，杨亿蒙谗。布重一诺，金慎三缄。彦升非少，仲举不凡。古人万亿，不尽兹函。

附录二

人物索引

说明：

本索引按照汉语拼音次序排列。同音字按笔画由少到多的次序排列。当一个人有多个名称时，尽量统一在常用的名称下索引，其他名称参见常用名称。如“重耳”就是“晋文公”，则“重耳”下安排索引，“晋文公”条下只列“晋文公，即重耳”。

名称后面的括号内是索引内容，如“白居易”条下有“(十一真·17)”，是指在“十一真”第17句中，有白居易名字出现。为方便检索，正文部分每句后也编排了序号，如“香山诗价，孙济酤缗。(十一真·17)”。

毕士安（十三覃·7）
毕　卓（七阳·28）
扁　鹊（四支·30）
卞　和（十二侵·14）
卞庄子（八庚·2）
丙　吉（十灰·2；十一尤·30）
伯　乐（十一尤·30）
伯　夷（五微·3）
卜　商，即子夏
卜　式（十四寒·23）
C
彩　鸾（二冬·11）
蔡　衡（七虞·6）
蔡　经（七虞·1）
蔡　克（一东·16）
蔡　伦（六鱼·3）
蔡　确（六麻·16）
蔡文姬（六麻·15）
蔡　襄（五微·7；七虞·5）
蔡　琰，即蔡文姬
蔡　邕（十二文·8；六麻·15）
蔡允恭（八庚·18）
蔡　泽（四支·30）
仓　颉（六鱼·15；十一尤·27）
苍　颉，即仓颉
曹　彬（六鱼·6；十三覃·4）
曹　参（十三元·12；十一尤·6）
曹　操（七虞·3；十灰·1；十一真·2；十二文·6；十四寒·5；一先·7；一先·12；一先·17；三肴·8；六麻·15；七阳·11；七阳·13；七阳·6；八庚·9；十一尤·14；十一尤·18；十一尤·22；十二侵·7）
曹大家，即班昭
曹景宗（十二文·2）
曹　沫（十二侵·16）
曹　丕（八庚·9）
曹丘生（十五咸·4）
曹世叔（六麻·15）
曹　嵩（十四寒·5）
曹文姬（一先·30）
曹　植（三江·5；四支·12；八庚·9；十一尤·4）
柴　绍（六麻·5）
常　惠（八庚·5）
晁　错（七阳·7）
巢　父（四豪·6；十一尤·25）
车　胤（四豪·8；九青·6）
陈　谌（四支·27；十四寒·20）
陈　登（一先·11）
陈　蕃（十五删·4；十五咸·4）
陈　辅（八庚·26）
陈　宫（一先·12）
陈　瓘（九佳·5）
陈　纪（四支·27；十四寒·21）
陈　峤（十三元·10）
陈　琳（十一真·16；十二文·6；四豪·5）

叶法喜（十蒸·1）
伊　尹（十一真·4）
仪　狄（八庚·36）
易　牙（八庚·36；十二侵·17）
羿　　（七阳·4）
翼　奉（三肴·2）
阴子春（六麻·13）
殷　浩（十一尤·15；十一尤·17）
殷　融（十一尤·17）
殷　羡（十三覃·6）
尹伯奇（七阳·15）
尹吉甫（七阳·15）
尹翁归（十灰·2）
尹　喜，即关令尹喜
尹子奇（十二侵·5）
应　融（一先·14）
应　劭（三肴·2）
应　玚（十一真·16；七阳·22）
嬴　政（七虞·2）
雍　齿（五歌·3）
雍　冲（四支·46）
雍　存（八庚·26）
雍　巫，即易牙
优　孟（十四寒·7）
于定国（十灰·2；十三元·11）
于　祐（十四寒·25）
于志宁（八庚·18）
余　玠（四支·8）
余良弼（四支·32）
於陵仲子，即陈仲子

俞伯牙（十二侵·17）
俞观光（七阳·31）
俞龙珂（三肴·8）
虞　翻（三肴·2；十一尤·5）
虞　卿（六鱼·15；一先·23）
虞世南（七阳·7；八庚·18）
虞　诩（六麻·3）
禹　　（四支·3；四豪·1；八庚·36；十二侵·2）
庾杲之（十一真·13）
庾　亮（十一尤·15）
庾　信（八庚·27）
豫　让（一先·27）
元德秀（四支·26）
元明善（十二侵·4）
元　晅（一先·5）
元延祖（十四寒·17）
元　载（二萧·7）
元　稹（六麻·14；十一尤·4）
袁　安（十二文·3）
袁　耽（十一尤·13）
袁　逢（七阳·36）
袁　闳（九佳·3）
袁　宏（八庚·11）
袁　尚（二冬·8）
袁　枢（七虞·19）
袁　谭（二冬·8）
袁天纲（七虞·6）
袁　羊（四豪·8）
袁　湛（六鱼·10）